U0889320

名家小史【图文版】

中国史学史

金毓黻 著

山东画报出版社

图书在版编目(CIP)数据

中国史学史/金毓黼著.—济南:山东画报出版社,2019.2
(名家小史丛书)
ISBN 978-7-5474-2708-8

Ⅰ.①中… Ⅱ.①金… Ⅲ.①史学史-中国 Ⅳ.①K092

中国版本图书馆CIP数据核字(2018)第077782号

中国史学史
金毓黼 著

责任编辑 秦 超
装帧设计 李 娜

出 版 人 李文波
主管部门 山东出版传媒股份有限公司
出版发行 山东画报出版社
社 址 济南市英雄山路189号B座 邮编 250002
电 话 总编室(0531)82098472
市场部(0531)82098479 82098476(传真)
网 址 http://www.hbcbs.com.cn
电子信箱 hbcb@sdpress.com.cn
印 刷 山东润声印务有限公司
规 格 210毫米×145毫米
15.5印张 48幅图 268千字
版 次 2019年2月第1版
印 次 2019年2月第1次印刷
印 数 1-6000册
书 号 ISBN 978-7-5474-2708-8
定 价 58.80元

名家撰小史 神笔写春秋

百余年前，国运衰微，列强环伺，中华民族到了生死存亡的关头。在这种情势下，从“闭关锁国”到“睁眼看世界”，许多有识之士怀抱“借西方文明之学术以改良东方之文化，必可使此老大帝国，一变而为少年新中国”（容闳语）的理想，开始正视西学，有意识且积极全面地向西方学习，将之视为可与“中学”对等的学术思想，探讨二者之优点并有机结合以帮助国家富强。

随着新式学堂的创办，留学教育的方兴未艾，“西学东渐”的客观态势业已形成，西方学术思想在中国这块古老的东方大地上得到广泛传播，同时推动了各个学科领域的蓬勃发展。尤其是以新文化运动为起点的，以宣传民主和科学为核心的思想潮流蓬勃兴起，先进的知识分子在这场运动中，受到了新思想的洗礼。思想长期被禁锢的国人得到彻底解放，思想观念得到更新。中国进入一个崭新的时代——思想学术的新时代。在这场划时代的思想变革中，涌现了一批声名遐迩、学贯中西的大师级的学者。这些学者以全新的理论工具和严谨治学的态度，对传统文化加以梳理和重新阐释，为现代学术奠定了基础，取得了令人瞩目的成就。

“温故而知新，述往事而思来者。”我们出版这套丛书的意义和指归，正在于此。重印昔贤经典，接续学术传统，亦是今日出版人义不容辞的责任。缘此，我们从浩瀚如烟的民国学术经典中遴选100部篇幅较小、雅俗共赏的史学名篇，取名《名家小史》，以丛书形式出版。这套丛书有一个共同之点，即作者都是世人所敬仰的学者，而各书均是写给普通读者的普及性读物。运笔举重若轻、文字洗练易懂，虽经岁月洗礼和时代考验，至今仍是声名远播、影响至深；是后人传承治学传统、接近经典的桥梁。

这套系列丛书，包含了哲学、伦理学、社会学、历史学、文字学（包括训诂学）、自然科学等多方面学科的发展史。这些著作，在让年轻一代读者享受备受尊敬的人文学术大师的文化成果的同时，也能感知中华民族五千年不屈不挠的精神和璀璨的文化内涵，增强民族文化、民族精神的自豪感、荣誉感、归属感和凝聚力。我们每一个中国人，都应该为自己生在中国倍感自豪，因为我们有着几千年的灿烂历史，我们的先人为我们创造了令人骄傲、无与伦比的文明篇章。

唐太宗李世民曾说：“以铜为镜，可以整衣冠；以史为镜，可以知兴替；以人为镜，可以明得失。”对于一个国家来说，历史是经验、教训，是过去的沉淀，是未来的导向；对于我们每一个人来说，历史是最好的老师。通过学习各种历史，不仅可以从中领悟到许多人生哲理，扩大知识面，增长见识，丰富头脑，亦可培养实事求是的态度，提高综合能力和综合素质。总之，学习历史可以让我们每一个人都终身受益，这一点是毋庸置疑的。

我们编辑出版这套《名家小史》，均采用民国时期的初版为底本，并进行了精心校订。校订时遵循以下几点原则：

1.将原书的繁体竖排，改为当今通行的简体横排；并对标点符号按现代汉语使用规范做了处理。

2.为了尊重作者及原著，对作者自有文风与习惯性行文遣词、概念术语，以及地名、译名等未做修改，皆仍其旧。

3.对原书中个别涉及原则性的文字，进行技术处理；同时对原书中一些因排印造成的讹误做了订正；如“日”“曰”，“己”“已”“巳”等。

限于学力和经验，编校过程中难免存在错讹疏漏之处，敬请广大方家、读者斧正！

《名家小史》丛书编辑委员会

目录
Contents

导 言

吾国先哲精研史学者，以刘知幾、章学诚二氏为最著，刘氏《史通·外篇》，有《史官建置》《历代正史》两篇，所论自上古迄唐初之史学源流演变，即中国史学史之滥觞也。章氏曾仿朱彝尊《经义考》之例，撰《史籍考》。寻其义例，盖欲藉乙部之典籍，明史学之源流，体大思精，信为杰作。惜其稿本，以未付刊而散佚，不然，亦史学史之具体而微者矣。近人梁启超晚年喜治史学，尝论及中国史学史之作法，谓其目有四：一曰史官，二曰史家，三曰史学之成立与发展，四曰最近史学之趋势。[1]其前两目，盖原本于《史通》，其后两目，则自此而引申之耳。其弟子姚名达，欲依梁氏所示，撰成一书，稿本略具，尚未刊行。何炳松、郑鹤声二氏皆有是作，何氏治史参用西法，卓然有声，其所著必甚可观，惜亦未见。[2]郑氏之作，尚未成书，仅见其间数章，[3]无从窥其全豹。今辑是稿，前无所承，虽有仰屋之勤，难免覆瓿之诮，重以颠沛之余，旧典多丧，即欲详说，实病未能。谨依刘、章之义例，纬以梁氏之条目，粗加诠次，以为诵说之资；若夫正谬补遗，始终条理，政有待于异日，更所望于方闻。编纂要义，檃括如下：

史字之义，本为记事，初以名掌书之职，后仍被于记事之籍，今世造新史者，上溯有史以前，覃及古代生物，而治史之的，仍为人类社会，研究人类社会之沿革，而求其变迁进化之因果，是谓之史。更就已撰之史，论其法式，明其义例，求其原理之所在，是谓之史学。最后就历代史家史籍所示之法式义例及其原理，而为系统之记述，以明其变迁进化之因果者，是谓之史学史。此为本编定义，亦足昭示范畴，循此以往，庶无懵乎。其要义一。

昔者刘氏造论，史有二体，而《隋志》以纪传体为正史，编年体不得与焉。后世仍之，良以纪传之史，虽以政事为主，亦兼述典章制度，诸志是也。近倾谈新史者，义取综合，粗者如自然科学，莫不有史，不仅以社会文化为重，然如诸志所述，包蕴甚广，杜佑、马端临二氏，引申而为《通典》《通考》，专详典章制度，亦如近世之有文化史矣。科条未密，时代使然，以后病前，讵为通论，本编所述，例取兼赅，虽述旧闻，蕲合新义。其要义二。

修史之序，先广搜史料，辑成长编，然后加以别择去取，勒成定本。在昔司马温公之修《通鉴》，即用此法。史料缺乏，固不足以言修史，史料凌杂，修史者亦无法致功。长编之法，即取多量史料，加以整齐排比，使其年经月纬，以类相从，秉笔者再为斟酌去取，修饰润色，而资以成史者也。兹为时间所限，不能先成长编，姑就所知，略加诠次。其有先哲时贤所论，足以明史学变迁进化之因果者，亦为择要录入，庶几异日有暇，重为厘定，而有组织之史，可与世人以共见乎！其要义三。

本编内容，略如梁氏所示四目，第近世新史，大概划分时期，以明变迁之迹，而本编亦不能外，如叙史官，则古重于今，如叙史家，则后多于前。古代只有史籍，而无所谓史学，近代史学成科，而亦寓乎史籍之中。至于旧史之范围狭，仅载君相名人之事迹，新史之包蕴广，兼详社会文化之情状，时代既殊，编法亦异。以及孔子之作《春秋》，子长之撰《史记》，皆各有其背景，初非无故而云然。诸如此类，非可以一端尽者，是则时代之先后，成立发展之次序，有不容或紊者矣。其要义四。

前举四义，略示撰述之旨，其有未尽，容俟补陈，全书结构，括以十章，粗具梗概，前后所述，牴牾亦所难免，悉加是正，亦待来日，大雅君子，幸督教之。

注释

[1]见《中国历史研究法补编》分论三，第四章，戊之五。

[2]商务印书馆发刊之《中国文化史丛书》目录，有何炳松《中国史学史》，尚未刊行。

[3]郑鹤声《中国史学史》之一部发表于《史学杂志》。

第一章

古代史官概述

史学寓乎史籍，史籍撰自史家。语其发生之序，则史家最先，史籍次之，史学居末。而吾国最古之史家，即为史官。盖史籍掌于史官，亦惟史官乃能通乎史学，故考古代之史学，应自史官始。

仓　颉
——从清道光十年（1830）刊本《古圣贤像传略》

邃古之初，史无可征，姑置弗论。《说文叙》云："黄帝之史仓颉，见鸟兽蹄迒之迹，初造书契。"此则古代史官之先见者也。荀卿有言："好书者众矣，然而仓颉独传者，一也。"《解蔽篇》《说文叙》亦谓，古之封于泰山者七十有二代，其文莫有同者。是则仓颉之前，吾国未尝无字，仓颉不过就当代流行之各体，从而整齐划一之。由是字乃可识，故以初造书契称之，执此以为吾国未有文字之日，史官制度既已确立，固不可也。考《风俗通》及卫恒《四体书势》，皆谓黄帝之世，与仓颉同制字者，尚有沮诵其人，亦史官也。《世本》作篇谓大挠作甲子，隶首作算数，容成造历。而宋衷注云："皆黄帝史官。"何是时史官之多也。吾考古代史官，职司记事，位非甚崇，试以周制征之。周礼，春官之属有大史，掌建邦之六典，小史掌邦国之志，内史掌王之八枋之法，掌书王命；外史掌书外令，掌四方之志。若以书使于四方，则书其令；御史掌邦国都鄙及万民之治令，掌赞书；而六官所属诸职司，莫不有史。史与胥徒并列，故又释之曰："史掌官书以赞治。"郑注云："赞治，若今起文书草也。"[1]征之汉制亦然。《汉书·艺文志》云："大史试学童，能讽书九千字以上乃得为史。"[2]又以六体试之，课最者以为尚书、御史、史书、令史。是则史之初职，专掌官文书及起文书草，略如后世官署之掾吏。如谓仓颉、沮诵为黄帝之史官，则其所掌当不外是。凡掌官文书者及起草文书者，日与文字为缘，整齐其现行之字，以供起草之用，亦史官之所有事。周之内史掌书王命，外史掌书外命，御史掌赞书，是史职起草文书之证也。太史掌邦之六典，内史掌八枋之法，外史掌四方之志，御史掌邦国都鄙及万民之治令，是史掌官文书之证也。凡周之六典、八枋之法、四方之志、邦国都鄙及万民之治令，或为当代之法典，或为治事之案据，今日称为寻常之官文书，异日则视为极可贵重之史料，古今一揆，理无二致。周代有然，黄帝以来讫于夏商，亦莫不如是。是则史之初职，本以记事为务，史官之多，亦以此也。夏之将亡，太史令终古出其图法，执而泣之以谏桀。殷之将亡，内史向挚载其图法，出亡之周。[3]所谓图法，即邦国之典志也。周衰，老聃为周室守藏史，其所谓藏，即文书典籍之藏，略如清代之内阁大库，而典守之官曰史，即为掌官文书者之分职。盖古人于官文书外，别无所谓典籍，凡古代文书典籍之藏，亦略如唐宋以来之四库、现代之图书馆，老聃以典守之官称史，亦与仓颉以治书之官称史同义。居是官者，以其见闻载之简册，名为“史记”，即谓史官所记。后世径名记事之书为史，此又书以官名者也。秦昭王赵惠文王二王会于渑池，各命其御史，书某年月日鼓瑟击缶，是时御史虽掌赞书之任，而其职渐尊，比于内史。及其末世，置御史大夫及丞，又遣御史监郡，始当纠察之任。[4]汉以后乃建署设台，比于三公，非复记事掌书之旧职矣。汉丞相，太尉府，皆置长史，以为诸令史之长，亦以主治文书为职。其后以丞相史出刺诸州，乃有刺史。亦犹秦代以掌赞书之御史，出当纠察之任耳。秦有内史，掌治京师，汉初因之，其名原于《周礼》，而其所司则异。[5]然皆由职司记事之史引申得之。愚谓史官之始，不过掌书起草，品秩最微，同于胥吏，只称为史，如汉人所称令史是也。其为诸史之长者，亦不过如汉代之长史、魏晋之掌书记。其以记事为职，古今亦无二致。继则品秩渐崇，入居宫省，出纳王言，乃有大史、小史、内史、外史、御史诸称，以别于掌书起草之史。然亦不过因诸史之长，而稍崇其体制，如汉晋之有中书监、令，唐宋之有翰林学士、知制诰，明清之有大学士，[6]是也。凡官之以史名者，既掌文书，复典秘籍，渐以闻见笔之于书，遂以掌书起草之史，而当载笔修史之任。初本以史名官，继则以史名书，而史官之名，乃为载笔修史者所独擅，而向之掌书起草以史名官之辈，转逊谢以为无与，不得不以吏自号矣。史官至此，盖经三变，发展之序，不外是矣。不知此义者，乃以史之有官，起于黄帝，以仓颉、沮诵之徒，当载笔修史之任，薄治书起草之职，以为不足言史。不悟吾国史学，发生虽早，要有一定之程。轩辕之世，始制文字，置有史官，以任记事，理所应有，细者掌书起草，高者出纳王言，所任之职，亦不外是。且事有精粗，语有工拙，尔时即有记载，亦不过如官署之有档案，以言文成条贯之史，似尚失之过早也。

寻史字之义，本为记事。《说文》：“史，记事者也，从又持中，中，正也。”江永为之说云：“凡官署簿书谓之中，故诸官言治中受中，小司寇断庶民讼狱之中，皆谓簿书，犹今之案卷也。此中字之本义，故掌文书者谓之史。其字从又，从中，又者右手，以手持簿书也。”[7]吴大澂则曰：“史，记事者也。象执简形，古文中作[illegible]，无作中者。推其意，盖以中当作)中(，即)卌(之省形，册为简策本字，持中，即持册之象也。”[8]章太炎先生亦云：“用从卜中，字形作)中(，乃纯象)卌(形，古文用作[illegible]，则中可作[illegible]，)卌(二编，此三编也。”章氏即引《周礼》治中受中为证，又谓《礼记》礼器之因名山升中于天，《论语》之允执其中，《国语》之右执鬼中，以及《汉官》之治中，皆当以此为义，此又视江、吴二氏加详者也。[9]王氏国维又有“释史”一文。其略云：

案《周礼》大史职，凡射事，饰中舍筭，大射仪，司射，命释获者，设中，大史释获，小臣师执中，先首坐设之，东面退，大史实八筭于中，横委其余于中西。又释获者坐取中之八筭，改实八筭，兴执而俟，乃射，若中，则释获者，每一个释一筭，上射于右，下射于左，若有余筭，则反委之。又取中之八筭，改实八筭于中，兴执而俟云云。此即大史职所云，饰中舍筭之事，是中者盛筭之器也。中之制度，《乡射礼》云，鹿中髹前足跪凿背，容八筭，释获者奉之先首。又云，君国中射，则皮树中，于郊则闾中，于竟则虎中，大夫兕中，士鹿中。是周时中制，皆作兽形，有首，有足，凿背容八筭，亦与中字形不类。余疑中作兽形者，乃周末弥文之制，其初当如中形，而于中之上横，凿空以立筭，达于下横，其中央一直，乃所以持之，且可建之于他器者也。考古者简与筭为一物，古之简策，最长者二尺四寸，其次二分取一，为一尺二寸，其次三分取一，为八寸，其次四分取一，为六寸，筭之制，亦有一尺二寸，与六寸二种，射时所释之筭，长尺二寸，投壶，筭长尺有二寸，计历数之筭，则长六寸。《汉书·律历志》：筭法用竹，径一分，长六寸。《说文解字》：筭长六寸，计历数者，尺二寸与六寸，皆与简策同制。故古筭筴二字，往往互用。《既夕礼》，主人之史，请读赗执筭，从柩东。**注：古文筭皆作筴。《老子》：善计者不用筹策，意谓不用筹筭也。**《史记·五帝本纪》，迎日推筴，《集解》引晋灼曰：筴，数也，迎数之也。案：筴无数义，惟《说文解字》云：算，数也。则晋灼时本，当作迎日推算，又假筭为算也。《汉荡阴令张迁碑》：八月筴民。案《后汉书·皇后纪》：汉法尝以八月算人，是八月筴民，即八月算民，亦以筴为算，是古筭筴同物之证也。射时舍算，既为史事，而他事用筭者，亦史之所掌，筭与简策，本是一物，又皆为史之所执，则盛筭之中，盖亦用以盛简，简之多者，自当编之为篇。若数在十简左右者，盛之于中，其用较便。《逸周书·尝麦解》：宰乃承王中，升自客阶，作筴执筴从中，宰坐尊中于大正之前，是中筴二物相将，其为盛筴之器无疑。故当时簿书，亦谓之中。《周礼·天府》：凡官府乡州及都鄙之治中，受而藏之；小司寇以三刺断庶民讼狱之中，又登中于天府；乡士、遂士、方士狱讼成，士师受中。《楚语》：左执鬼中。盖均谓此物也。然则史字从又持中，义为持书之人，与尹之从又持者同意矣。《观堂集林》卷六。

此其所释之大略也。考《说文》所释，以良史不隐为持中之道，而中正为无形之物德，非可手持，引起后贤之不满，故不从许氏，而别求解释之方。江氏据治中受中诸文，以中为簿书，手持簿书为史，正与掌文书之义合。然簿书何以谓中，江氏亦未有解释也。吴氏意谓簿书亦为简册之一，故以中从册省为说，章氏更从而引申之，诚足以补江说之未备矣。王氏取《周礼》郑注，以中为盛算之器，[10]谓其初制当如中形，是则中字象形，而无正字之义，又以盛算之中，亦用以承简册，簿书为简册之一，故簿书亦谓之中，此又自吴氏所说引申得之。夫盛算之器称中，诚与治中受中之中，同为物名，而非无形之物德，故以中正之说为不雠。惟王氏谓中作兽形，为周末弥文之制，必以凿空立算其形如中为释，是否合于古义，尚待商榷；且盛算之中，本为周制，制字之初，有无此器，亦有疑问。朱希祖先生《史学概论》。终以吴、章二氏，较为明白可据，准此以谈史之本义，无论为手持簿书，或简册，胥与掌书起草之义相符。且史之一辞，本指人而言，非以指记事之书，故《说文》以记事者释之也。

吾考中字之释义，尚有不止如上文所说者，《周礼·春官》之属有天府，“掌祖庙之守藏与其禁令，凡官府乡州及都鄙之治中，受而藏之，以诏王，察群吏之治”。又《地官》乡老及乡大夫，“群吏献贤能之书于王，王再拜受之，登于天府，内史贰之”。又《秋官·大司寇》：“凡邦之大盟约，莅其盟者而登之天府，大史、内史、司会及六官皆受其贰而藏之。”《小司寇》：“以三刺断庶民讼狱之中，岁终则群士计狱弊讼，登中于天府，及大比民数，自生齿以上登于天府，内史、司会、冢宰贰之，以制国用。”按郑注云：“治中谓职簿书之要。”此即江、吴诸氏以簿书释中之所本也。至其所谓贰，即簿书之副本，亦犹今世称分类存贮之簿书为档案；所谓天府，即储藏档案之库，略如清代之内阁大库。周制以档案正本之中，藏之天府，而大史、内史、司会及六官诸司受其贰而分藏之，此即保存档案之法也。[11]愚谓中之得名，盖对贰而言也。登于天府，等于中秘，外人无故不得而窥，故以中名之，此档案之正本也。副本对中而言，故曰贰。凡中与贰，皆为档案之专名，或以册释中，或以盛算之器释中，固各有其胜义。然《说文》何以释中为内，以别于外，置此而不数，未为善解。窃谓中有内义，或由秘藏簿书引申得之，如此则两义为一贯矣。老子为周室守藏史，所守之藏，必为天府，天府掌祖庙之守藏，是其证也。现代档案，即为他日之史料，古人于档案外无史，古史即天府所藏之中也。保藏之档案谓之中，持中之人谓之史，一指书言，一指人言，分际至明，后世乃可以史为书，而别以吏名史，遂不知中字含有簿书档案之义，此可于诸氏所说之外，又进一解者也。文始所释中字可供参考。

周代之五史：一曰大史、二曰小史、三曰内史、四曰外史、五曰御史，前已略论之矣。五史之秩以内史为尊中大夫，大史次之下大夫，外史又次之上士，小史、御史为下中士，此皆诸史之长属于春官者也。《礼记·玉藻》《汉书·艺文志》，皆谓古有左史、右史之官。一则曰，动则左史书之，言则右史书之；一则曰，左史记言，右史记事，事为《春秋》，言为《尚书》。两书所记，既有歧异，而左史、右史之名，何以不见于《周礼》，宜一为考释之。按《大戴礼·盛德篇》云："内史大史，左右手也。"卢辨注云："大史为左史，内史为右史。"熊安生申之云："《周礼·大史》之职云，大师抱天时与大师同车。《左氏》襄二十五年传曰：大史书曰，崔杼弑其君，是大史记动作之事，在君左厢记事，则大史为左史也。《周礼·内史》，掌王之八柄，其职云，凡命诸侯及孤卿大夫则策命之；僖二十八年传曰：王命尹氏及王子虎、内史叔兴父策命晋侯为侯伯；是皆言诰之事，是内史在君之右，故为右史。《尚书·酒诰》，郑注亦云：大史内史，掌记言记动，是内史记言，太史记行也。”熊说见《周礼·孔疏》。清贤黄以周本其说，论之云：

> 《盛德篇》：内史大史，左右手也。谓内史居左，大史居右。《觐礼》曰：大史是右，是其证也。古官尊左，内史中大夫，尊，故内史左，大史右。《玉藻》：动则左史书之，言则右史书之、左右字今互讹。《汉·艺文志》、郑《六艺论》并云，左史记言，右史记事，可证。熊氏谓大史左史，内史右史，非也。其申《尚书·酒诰》大史内史掌记言记行，谓大史记行，内史记言，是已。郑注《玉藻》云：其书《春秋》《尚书》具在，谓右史书动为《春秋》，左史书言为《尚书》也。荀悦《申鉴》云：古者天子诸侯有事，必告于庙，朝有二史，左史记言，右史书事，事为《春秋》，言为《尚书》，与郑注合。《礼书通故》三十四。[12]

依此所论，则古之左史即《周礼》之内史，右史即《周礼》之大史。《玉藻》之左右字，以互讹而异，宜从《汉志》作左史记言，或言则左史书之；右史记事，或动则右史书之，其论辩至为明晰矣。熊氏所说，虽于大史何以为左史，内史何以为右史之故，未能质言。而内史记言、大史记事之旨，则由其说而证明，盖其所释，亦仅一间之未达耳。

至章学诚则不信记言、记事由史官分任之说。其论有云：

> 记曰，左史记言，右史记动，其职不见于《周官》，其书不传于后世，殆礼家之愆文欤。后儒不察，而以《尚书》分属记言，《春秋》分属记动，则失之甚也。夫《春秋》不能舍传而空存其目，则《左氏》所记之言，不啻千万矣。《尚书》典谟之篇，记事而言亦具焉。训诰之篇，记言而事亦见焉。古人事见于言，言以为事，未尝分事与言为二也。《文史通义·书教上》

《命作册度图》
——从清光绪三十一年（1905）内府刊本《钦定书经图说·顾命》

章氏所论，诚当于理，然考之于古，恐亦未达一间。试以《周礼》证之。内史掌书王命，同于唐宋之知制诰，即左史记言之谓也。大史掌建邦之六典，同于魏晋六朝之著作郎，即右史记事之谓也。《尚书》之《酒诰》《顾命》，即内史所撰之王命，《春秋》为事典，《周礼》为政典，《仪礼》为礼典，即大史所掌之六典，所记之言，不必限于《尚书》，而其体必近于《尚书》，所记之事，不必限于《春秋》，而其体必近于《春秋》。如黄氏所释左史即内史，右史即大史之说为不误，则左史记言、右史记事之说，亦渊源甚古之记载也。章氏虽未释左右二史，当于《周礼》之何史，而于《周礼》之书，则深信不疑，知《周礼》之可信，则左史记言、右史记事之说，亦不得谓为无据矣。然记言者未尝不载事，如内史所撰之王命，必以事为依据是也。记事者未尝不载言，如大史所掌之六典，其中亦言事兼载是也。不过一重在言，一重在事，非谓言中无事，事中无言，《汉志》举《尚书》《春秋》为喻，亦举其大者言之耳。古人固未尝分事与言为二，而左史右史之职，则有记言记事之别，吾故曰，章氏所说亦未达一间之论也。

古代史官表

氏　名	时代	职名	出　　处	附　　考
仓颉	黄帝	史	《说文叙》、卫恒《四体书势》	
沮诵	黄帝	史	《风俗通》、卫恒《四体书势》	
大挠	同上	史	《世本》宋衷注	
隶首	同上	史	同上	
容成	同上	史	同上	
史皇	同上	史	同上	
孔甲	黄帝或夏初	史	《史通·史官篇》又注引《归云集》	
伯夷	虞舜	史	《大戴礼》	又尧舜时之历官有重黎羲和四氏且世其职亦史官也。
终古	夏桀	大史令	《吕览·先识》	

（续表）

氏　名	时代	职名	出　处	附　考
迟任	商盘庚	大史	《书·盘庚》郑注	
向挚	商纣	内史	《吕览·先识》《通典》《通考》俱作高势	
尹逸	商末	史	《周书·克殷》《史通·史官》	
辛甲	商末周初	大史	《左》襄四、《晋语》《韩非·说林》	《汉书·艺文志》谓辛甲纣臣，七十五谏而去，周封之。
史佚	周武王	内史	《史记·晋世家》	疑与尹逸为一人。《晋语》作大史。
史扁	周	史	《文选》注引《六韬》	
周任	周	大史	《左》隐六、《论语·季氏》	
鱼	周	大史	《周书·王会解》	
戎夫	周	左史	《周书·史记解》汲冢古文亦然	《汉书·人表》作右史，疑误。
武	周	右史	宋衷《世本注》	
史豹	周穆王	左史	《文选·思玄赋》注引	原文称曰左史氏。
史良	同上	左史	古文《周书》	
史籀	周宣王	大史	《汉·艺文志》《说文叙》	
史角	周	史	《吕览·当染》	
史伯	周	史	《郑语》韦注	《史记·郑世家》称大史伯。

（续表）

氏　名	时代	职名	出　　处	附　　考
过	周	内史	《左》庄三十二、《周语上》	
叔兴	周	内史	《左》僖十六、二十八，《周语上》《说苑》	
叔服	周	内史	《左》文元	
大玻	周	史	《庄子·则阳》	《汉书·古今人表》有周史大弢，当是一人。
柏常骞	周	史	《晏子春秋·内篇·问下》	
友	周	大史	《尚书·酒诰》	
友	周	内史	同上	
伯阳父	周	大史	《周语》《史记·周本纪》	或谓即老聃。
辛有	周	大史	《左》僖二十二、昭十五，《晋语四》	
棸子	周	内史	《汉书·古今人表》	一作掫之。
州黎	周	大史	《左》襄七、《说苑·君道》	
苌弘	周	史	《左》昭十一、《国语》《淮南子》	《汉志》称为周史。
蔡公	周	大史	《晋语》	原作诹于蔡原、访于辛尹。蔡，蔡公、原，原公，辛，辛甲、尹，尹佚，注皆周大史。
原公	周	大史	同上	

（续表）

氏　名	时代	职名	出　处	附　考
阙名	周	大史	《左》哀六	时居楚。
阙名	周	内史	《左》桓二、襄十	
老聃	周	守藏史	《史记·老子传》	
儋	周	大史	同上	
克	鲁	大史	《左》文十八	《鲁语》作里克。
固	鲁	大史	《左》哀十一	
阙名	鲁	大史	《左》昭二	韩宣子观《书》于大史氏。
左丘明	鲁	大史	《汉书·艺文志》	
掌恶臣	鲁	外史	《左》襄二十三	
阙名	郑	大史	《左》襄三十、昭元	《说苑》有史叟亦郑人。
阙名	齐	大史	《左》襄二十五	兄弟三人其中二人为崔杼所杀。
南史	齐	史	同上	《左传序正义》谓南史为大史之副，应是小史之官。
柳庄	卫	大史	《礼记·檀弓》《韩诗外传》	
华龙滑	卫	大史	《左》闵二	又有史朝史鱼史狗皆卫人。
礼孔	卫	大史	同上	
伯黡	晋	史	《左》昭十五	司典籍之史。
辛有二子	晋	董史 大史	同上	董史即董典籍之史董狐其后也。
史赵	晋	史	《左》襄三十、昭八、哀九	

（续表）

氏　名	时代	职名	出　处	附　考
史龟	晋	史	《左》哀九	
董狐	晋	大史	《左》宣二	
屠黍	晋	大史	《吕览·先识》《史通·史官》	《说苑·权谋篇》作屠余。
史苏	晋	史	《左》僖十五、《晋语》	
阙名	晋	左史	《左》襄十四	左史谓魏庄子云云。
史墨	晋	史	《左》昭二十九、哀九、襄二十作史黯	赵简子之史时，三家尚未分晋。
倚相	楚	左史	《左》昭十二、《楚语》	
史皇	楚	史	《左》定四	楚又有史疚战国时人。
史嚚	虢	史	《晋语二》	
阙名	邾	史	《说苑·君道》	
阙	宋	史	《国策》	宋康王使占雀生麒。
廖	秦	内史	《史记·秦本纪》	缪公时。
阙名	秦	御史	《史记·廉蔺列传》	
阙名	赵	御史	同上	
周舍	赵	史	《说苑》	
阙名	韩	御史	《战国策·韩策》	
史起	魏	史	《吕览·乐成》	魏襄王时人有民歌为邺圣令史公之语。
敫	田齐	大史	《战国策·国策》	
阙名	田齐	侍史	《史记·孟尝君传》	

（续表）

氏　名	时代	职名	出　处	附　考
胡毋敬	秦始皇	太史令	《汉书·艺文志》《说文叙》	
司马谈	汉	太史令	《史记·自序》	
司马迁	汉武帝	太史令	同上	

甲骨文、金文中时见古史官之名，兹不具引。[13]

按此即黄帝以迄汉武之史官，所可考见之大略也。兹更取表列周代史官，分为王室史官、列国史官二类，将其官名人数，综计如下。

王室史官	人　数	列国史官	人　数
内史	六人	大史	十四人
大史	十二人	左史	二人
左史	三人	内史	一人
右史	一人或二人	外史	一人
史	六人	御史	三人
守藏史	一人	史	十一人
		董史	一人
		传史	一人
		侍史	一人

《周礼》所载五史，即所谓王室史官也。兹则有内史而无外史，有大史而无小史，何也？据黄以周所考，内史为左史，而大史即为右史，是则戎夫、史豹、史良三人之称左史者，即为内史之异称，而右史仅见名武者一人，即为大史之异称，此可推而知之也。外史、小史秩卑，故无可称之人，或只称为史，所见史六

人，其中或为外史、小史之官。孔颖达《左传正义序》云：“齐大史书崔杼弑其君，南史闻大史尽死，执简而往。明南史是佐大史者，当为小史。”此其所说，虽为列国史官，正可借喻王室之有小史。五史中有御史，而王室史官中则不之见，亦以秩卑故耳。列国史官是否备有五史，颇有疑问。内史秩尊于大史，为王室所专有，孔颖达谓诸侯无内史，其说颇谛，于是有大史兼掌内史之说。然内史一称左史，而列国又有左史，何也。考春秋时，左史凡二见，一为晋左史，失其名，一为楚左史倚相。《左氏》哀公六年传，谓有周大史之在楚者。以此例之，安知非周内史之在晋楚者乎？藉令列国备五史之官，而改称内史为左史，亦以明其不敢同于王室之义，虽有左史无碍也。或谓鲁为周公之后，故得备立其官，韩宣子观书于大史氏，谓周礼尽在鲁，是也。惟鲁有无内史，则不可考，而有外史之官。《左》襄二十三年传，季孙召外史掌恶臣而问盟首焉，孔氏释以史官之居外者。盖诸侯有外史，自必有内史与之对立，孔谓诸侯无内史，则无外史可知也。然《史记》谓秦有内史廖，而晋、楚二国皆有左史，左史即内史也。内史或为秦左史之别称，否则为秦之僭制。夫列国既有左史，则有外史，亦无碍也。至其所见之史十一人，疑为外史、小史、御史之简称，以其秩卑，不为分别，亦与王室之史同。或疑晚周之御史之见于秦、赵、韩三国者，在君左右，职司记事，高于《周礼》掌赞书之御史，因而疑其不限于周制。[14]然秦汉以后，御史之官，且副丞相而为三公矣。其职司因时而变，又何足异。至其官名，必原于《周礼》之御史，不待问而知也。大抵列国之制。大史之官，在所必设，故见于记载者有十一人之多。至于左史外史，则或有或无，小史则虽有而只称为史，如南史之为小史是也。若夫守藏史、董史，皆由董守典籍而名。而传史、侍史则下比于周官之诸史，更不得与外史、小史、御史比伦矣。《汉书·张苍传》云：秦时为御史，主柱下方书。师古注云：居殿柱之下，若今侍立之御史，故《十三州志》，谓侍御史周官，即柱下史。《后汉纪》注引。是则周之御史，又一名柱下史。《史记·老子传》注引《张苍传》，因谓老子为柱下史，柱下者即藏书之柱下也。然御史所主之方书，方谓版也，记事于版，本为官府之档案，亦犹《周礼》掌赞书之谓，非老聃所守典籍之藏也。取以比附，恐未得实，应如《史记》称为守藏史，斯已可矣。此吾所释周代史官之大略也。[15]

周代以前之史官，其可考者，已具列于表。昔者班彪谓唐虞三代，世有史官，以司典籍，[16]即指记事之史而言。宋衷《世本》云：沮诵、仓颉为黄帝左右史，其语盖不足据。谓其时有记事之史则可，谓有左右史之名，则尚失之过早也。终古为夏之大史令，向挚为殷之内史，似夏殷之世已有大史、内史之称，而周因之。然大史称令，为秦、汉以后之官，周有大史而无令，由是推之，夏或有大史，而未必有大史令之称。近年在殷墟发现之甲骨文字，上刻贞人之名甚夥，凡甲骨上所刻之文字，悉为殷代之卜辞。其文中贞字之上一字，皆为人名，称之为贞人，贞人即为某事而贞卜之人，亦即当代之史官也。殷墟发现之卜辞，武丁之世最多，有所谓宫贞、宾贞者，宫、宾二字为贞人之名，亦即武丁时代之史官。依近年发见之甲骨，分为三期：一为武丁时代之贞人，二为祖庚、祖甲时代之贞人，

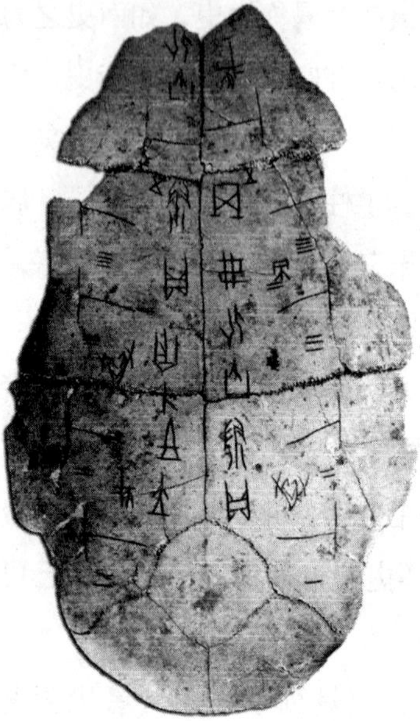

甲骨文

三为廪辛康丁时代之贞人。依其贞人之名，即可断言甲骨属于某一时代，贞人记其所贞之事于甲骨之版，正为记事者之所司，故称贞人为当代之史官，其说甚确，此近人董作宾之所考定者也。**详见第十章**。[17]由此可知，周代以前凡职司记事之人，皆谓之史；其为帝王记事者，其位稍尊，故亦谓之内史大史；究之其职司记事则一也。

晚周以前，有大史而无令，大读如泰，而义同大小之大，如《周礼》之大卜、大祝皆是。汉以后始改大为太，称为太史。《说文叙》云："秦始皇帝初兼天下，太史令胡毋敬作《博学篇》。"而《汉书·艺文志》亦有是语。是则改大为太，称太史令，盖自秦时始矣。《汉书·百官公卿表》，奉常之属官有太史令。《续汉书·百官志》云："太史令一人，六百石，掌天时星历，凡岁将终，奏新年历，凡国祭祀丧娶之事，掌奏良日，及时节禁忌，国有瑞应，掌记之。"按汉之大中大夫二千石，谏大夫千石，而太史令为六百石，仅当于下大夫。故司马迁自云，常厕下大夫之列，亦周代大史之品秩也。《史记·太史公自序》，谓司马氏世典周史，而谈为太史公，太史公学天官于唐都。此所谓天官者，即自序所谓，颛顼命南正重以司天，北正黎以司地，若在《周礼》，则属于春官，以当大史、大卜、大祝诸职，而无与于冢宰之天官者也。司马迁又述其父谈之言曰："余先世周室之太史也。自上世常显功名于虞夏，典天官事，后世中衰，绝于予乎，汝复为太史，则续吾祖矣。"《史记·自序》又自言："仆之先人，非有剖符丹书之功，文史星历，近乎卜祝之间，固主上之所戏弄，倡优畜之，流俗之所轻也。"[18]此皆可与《汉志》相印证。故汉制以太史令掌天时星历之任，亦犹尧时有治历明时之羲和也。古之史官，有司天事者，有司人事者，星历属于天事，文史属于人事，皆由记事之史司之本刘氏师培说。故司马氏以掌天官之太史，而自当执笔修史之任，此亦古代史官与历官合而不分之证也。第《汉仪注》谓："武帝置太史公，位丞相上，天下计书先上太史公，副上丞相，如古春秋，迁死后，宣帝以其官为令，行太史公文书而已。"[19]而刘知幾、钱大昕皆信之。[20]吾谓此说非也。按《汉书·百官公卿表》，太史有令而无公，且秩仅六百石，去食禄万石之丞相远甚；即如《汉旧仪》所说，实有太史公秩二千石之官，[21]亦不得位丞相上。司马贞《索隐》谓，迁尊其父，故称公而斥位丞相上之语为谬，允矣。吾考《汉书·律历志》及《兒宽传》，皆称司马迁为太史令，而不称公，即为汉无太史公一官之反证。且天下计书，先上太史公副上丞相之语，亦失之夸。《索隐》谓："修史之官，别有著撰，则令州县所上图书，皆先上之，后人不晓，以在丞相上耳。"此解得之。汉世史有专官，职司记载，故命天下计书，于上丞相之外，分上太史，以为记撰之依据。计书，即当日之政务报告，以有数字者为主，易言之，即史料之一种也。再证以迁所自言，文史星历，近乎卜祝之间，固主上之所戏弄，流俗之所轻。益知位丞相上，绝无其事，而其职实合古大史、大卜、大祝三职而一之，亦不待烦言而解矣。且考《周礼》以大史介乎大祝、大卜之间，而同属于春官、大祝之属；又有司巫；而大史所职，如正岁告朔卜日读诔，亦与卜祝为近；周尝以祝宗卜史赐鲁。见《左》定三年。故古人尝以巫史、祝史并言，巫祝之事，尝以瞽者为之，又称瞽史。盖古人所重为鬼神灾祥之事，考记其事者，亦名为史。[22]缘是可知汉世史官之置实缘古制，亦如周代之有大史，位非甚尊，此盖应诠之义也。

《汉书·艺文志》，原于刘歆之《七略》，其叙诸子十家，谓皆出于某官；又谓道家者流，盖出于史官。所谓某官，即周代王官之所掌也。章学诚尝于所著《校雠通义·原道篇》，畅发此义云：

> 刘歆盖深明乎古人官师合一之道，而有以知私门无著述之故也。何则？其叙《六艺》而后，次及诸子百家，必云某家者流，盖出于古者某官之掌，其流而为某氏之学，失而为某氏之弊。其云某官之掌，即法具于官，官守其书之义也；其云流而为某家之学，即官司失职而师弟传业之义也；其云失而为某氏之弊，即孟子所谓生心发政作政害事；辨而别之，盖欲庶几于知言之学者也。

又云：

> 《六艺》乃周官之旧典也。《易》掌太卜、《书》掌

外史、《礼》在宗伯、《乐》隶司乐、《诗》领于太师、《春秋》存于国史。夫子自谓述而不作，明乎官司失守，而师弟子之传业，于是判焉。秦人禁偶语《诗》《书》，而云欲学法令者，以吏为师。其弃《诗》《书》，非也，其曰以吏为师，则犹官守学业合一之谓也。由秦人以吏为师之言，想见三代盛时，《礼》以宗伯为师，《乐》以司乐为师，《诗》以太师为师，《书》以外史为师，《三易》《春秋》，亦若是而已矣。

此所谓官师合一，即古人学在王官之证。古人之要典，皆由百司之史掌之。故百家之学，悉在王官，而治学之士，多为公卿之子弟，就百官之史而学之，故其学不能下逮于庶民。迨周之衰，王官失守，散而为诸子百家，民间亦得以其业，私相传授。而刘、班二氏溯其源，曰某家者流，出于古者某官，虽其所说，未必尽雠，而古人官师合一之旨，藉是以明，章氏所说，最为得古人之意者也。秦人以吏为师，吏即史也，惟古今有不同者，一则学下逮于庶民，而百家之学以兴，一则所学以法令为限，而百家之学以绝耳。《汉志》谓道家出于史官，其为说之当否，姑不具论，惟章学诚谓六经皆史，[23]近人多宗其说。[24]至谓六经百家之学，悉出于史官，究有断限不明之嫌，若谓其书悉掌于百司之史，则无可疑者也。《庄子·天道篇》谓："孔子西藏书于周室，见老聃，缙十二经以说。"《史记·十二诸侯年表序》又谓："孔子西观周室，论史记旧闻。"而同书《孔子世家》，及《老子列传》，皆谓孔子适周，问礼于老子，而老子固周之守藏史也。或谓老子世为史官，掌周室之典籍，故孔子从而问礼焉。此亦古人官师合一之证。孔子身非史官，而修《春秋》，诚由王官失守，学下逮于庶民之故。然非西适周室，以观藏书，问礼于守藏之史，亦无以考文献而证旧闻。司马迁以身为史官，而修《史记》，正为合于古法，此亦应诠之义也。

问礼老聃
——从清刊本《圣迹全图》

最后更有一义，应为之阐明者，则汉以前未有以史名书是也。古人以乙部之书，原出于《尚书》《春秋》，而汉以后诸史多称书，吕不韦、孔衍、司马彪之作，亦称《春秋》《尚书》。[25]《管子·法法篇》，言《春秋》之记；《墨子·明鬼篇》，谓周、齐、宋、燕皆有《春秋》，又言吾见百国《春秋》；[26]《国语》申叔时言，教太子箴以《春秋》；《国语》司马侯言叔向习于《春秋》；此又孔子修《春秋》之同时，各国之史多名《春秋》之证也。或又称志：《周礼》小史掌邦国之志，外史掌四方之志。《左传》常称《周志》，又曰“前志有之”，“史佚之志有之”，又称“仲虺之诰”，孟子亦称《诰》曰，[27]是也。或又称《书》：子产叔游皆称《晋书》有之是也。[28]《论语》，记孔子两言史：一曰，吾犹及史之阙文也，一曰，文胜质则史，并指史官而言。[29]《孟子》之论《春秋》则曰，其事则齐桓晋文，其文则史。以史与齐桓晋文对言，亦言人而非书。司马迁因《春秋》而撰《太史公书》即《史记》百三十卷，其文中尝称秦记、牒记、史记。[30]后人摭其语，称为《史记》。亦以其书为史官所记，犹邦国之志四方之志云耳。汉人曾直称《春秋》为史，如《公羊》："齐高偃帅师纳北燕伯于阳。"传云，《春秋》之信史也，然亦未为通名，[31]汉末刘芳作《小史》，三国张温作《三史略》，谯周撰《古史考》，始以史名书，然谯周之作，亦可日考古史官之所记。至萧子显作《晋史草》，吴均作《通史》，许亨作《梁史》，李延寿更作《南史》《北史》《隋志》，亦改题《太史公书》为《史记》，至《宋史》之不称《宋书》，又以与南北朝之《宋书》同名之故，以下诸史皆因之，而史之一词，遂由官名，移而为书名矣。是故研秦汉以前之史，应知设置史官之初，职司记事，品秩甚卑，其后乃有内史、大史诸号，侪于大夫之列。至于以史名书，则非古义，此不可不辨者也。[32]

总上所说，可得数义：史为官名，其初如吏，后乃进当记言记事之任，一也。周代之左史、右史，即为《周礼》之内史、大史，而《周礼》五史，又为经制，不得轻疑，二也。汉世去古未远，史官之制未废，故司马迁以世为史官而修《史记》，三也。史为书名，起于汉后，古代无之，只以名官，四也。古代学在王官，典籍为史官所专掌，故私家无由修史，欲考古代之史学，舍史官外，别无可征，五也。兹叙吾国史学，上溯其源，必首史官，义不外此。至于司马迁以后，已无累世相守之史官，即偶有之，多以他职兼典，而不能举其职，故改于他章述之，以示有所别异焉尔。

注释

[1]《周礼·天官冢宰》，治官之属……史十有二人（注：史，掌书者）。

[2]《说文叙》作“乃得为吏”，又《魏书·江式传》作“史”，段氏《说文注》，据以改吏为史，云“得为史”。

[3]见《吕氏春秋·先识》。

[4]《汉书·百官公卿表》：御史大夫，秦官，位上卿，掌副丞相，有两丞，一曰中丞，外督部刺史，内领侍御史员十五人，受公卿奏事，举劾按章。监御史，秦官，掌监郡，汉省。

[5]同上，内史，周官，掌治京师。景帝二年，分置左右内史。右内史，武帝太初元年，更名京兆尹。左内史，更名左冯翊。

[6]明大学士秩正五品，为天子拟诏谕，犹古内史之任，清大学士虽尊，其职亦然，或以宰相拟之，非也。

[7]见江永《周礼疑义举要》。

[8]见吴大澂《说文古籀补》。

[9]《章氏丛书·文始》卷七。

[10]《周礼·春官》，大史……凡射事饰中舍算。（注：郑司农云：中所以盛算也。）

[11]本朱先生希祖建立档案总库议。

[12]黄氏又云：《尚书·洛诰》云，作册逸诰，即史尹佚以内史策命诸侯，及孤卿大夫，与《春秋》王命内史策命晋侯为侯伯核之，盖尹佚内史也。孔巽轩云：《国语》记于辛尹，谓辛甲尹佚，并周史也，《左传》，以辛甲为大史，则尹佚为内史矣，此说是也。《大戴·保傅篇》云：营远方诸侯，不知文雅之辞，应群臣左右不知已诺之正，凡此其属少师之任也，贾谊《新书》曰：古者史佚职之，是史佚为内史主言诰之事也。《史记》成王削桐珪与叔虞，史佚曰：天子无戏言，言则史书之，是史佚为内史而记言也。服虔文十五年《传》注云，史佚，周成王大史误矣。《周书·史记篇》云，召三公左史戎夫，乃取遂事之要戒俾戎夫言之，此则内史所谓：凡四方之事书内史读之，则左史为内史明矣。春秋时列国皆有大史，而又别有左史，则左史非大史明矣。

[13]参阅梁启超《中国过去之史学界》，郑鹤声《古史官考略》。

[14]黄以周云：战国御史之名，显于左右史，献书者多曰献书于大王御史。淳于髡亦云：御史在后，执法在旁。

[15] 参阅黄云眉《周代五史考》，见《金陵学报》第一期。

[16]《后汉书·班彪传》。

[17]据董作宾《甲骨文字沿革例》。

[18]《汉书·司马迁传》《文选》四十一：司马子长《报任少卿书》。

[19]《史记·太史公自序》集解、《汉书·司马迁传》注，俱引如淳说。

[20]见《史通·史官建置篇》及《廿二史考异·史记下》。

[21]《史记·太史公自序》正义，引虞喜《志林》。

[22]汪中《述学·内篇·左氏春秋释疑》。

[23]王阳明《传习录》曰，五经皆史，为章说之所本。

[24]如龚自珍、江瑔诸氏，说详下章。

[25]《吕氏春秋》有《十二纪》，亦近史体，司马彪有《九州春秋》，孔衍有《汉尚书》《后汉尚书》《魏尚书》。

[26]《墨子》载《周春秋》记杜伯事，《宋春秋》记福观辜事，《燕春秋》记庄子仪事，又见《史通·六家篇》，盖《墨子》佚文，《隋书·李德林传·答魏收书》引《墨子》曰：吾见百国《春秋》史，毕沅辑《墨子》佚文收之。《史通·六家》：故墨子曰，吾见百国《春秋》。

[27]《周礼》外史，……四方之志（注：若鲁之《春秋》，晋《乘》，楚《梼杌》），《左》文二年传，《周志》有之。文六年传、成十五年传皆曰前志有之。成四年传，史佚之《志》有之。孟子称《志》曰，见《滕文公上篇》。

[28]见《左》襄三十一年及昭二十八年传。

[29]《论语》“吾犹及史之阙文”，《集解》引包曰，古之良史，于书字有疑，则阙之，《正义》曰，史掌书之官，以文胜质则史，包曰，史者文多质少。《正义》曰，言文多胜于质，则如史官。

[30]《史记·十二诸侯年表》《六国表》及《自序》。

[31]此节略本陈钟凡《诸子通谊·原始篇》。

[32]本章间采取刘师培《论古学出于史官》一文，见《国粹学报》。

第二章

古代之史家与史籍

吾国史籍之生，应在制字之后，故远古无史可言。近世考古学家，发掘地下之藏，就所得之骨骼器物，以推断有史以前人类之状况，是之谓史前史。然此为晚近产生之史学，而与古人无与者也。《左传》载楚灵王谓其左史倚相能读三坟、五典、八索、九丘；《周礼》外史掌三皇五帝之书，郑注即以灵王所谓三坟、五典释之；贾公彦疏引《孝经纬》，谓三皇无书。此云三皇之书者，以有文字之后，仰录三皇时事。按《尚书·伪孔传叙》云：伏羲、神农、黄帝之书，谓之三坟；少昊、颛顼、高辛、唐、虞之书，谓之五典；八卦之说，谓之八索；九州之志，谓之九丘；语或有据。章太炎先生云：所谓三坟、五典、八索、九丘者，坟丘十二，宜即夷吾所记泰山刻石十有二家也；五典者，五帝之册；八索者以绳索为编，外史所谓三皇五帝之书。吾考伏羲、神农皆在黄帝以前，时未制字，何以有书。盖黄帝以前，结绳以记，亦非绝无文字，仓颉承黄帝之命，乃为一之，犹李斯罢古文之不与秦文合者以同其文字也。三皇之书，既由后人仰录，藉令其时无字，而亦未必

伏　生
——从清康熙三十三年（1694）刊本《无双谱》

伏生（前260—前161），名胜，字子贱，济南（今山东滨州邹平）人，曾为秦博士。秦时焚书，于壁中藏《尚书》，汉初，仅存二十九篇，以教齐鲁之间。文帝时求能治《尚书》者，以年九十余老不能行，乃使晁错往受之。

无书，今《尚书》有《尧典》，当为五典之一，或疑其文字不古，岂由后人仰录使然欤？要为古代之典籍，而具史之一体者。今所传之三坟，既属伪作，自《尧典》外，其他亦无考。故榷论吾国古代之史籍，应自《尚书》《春秋》二书始。

章学诚云：“六经皆史也。古人未尝离事而言理，六经皆先王之政典也。”龚自珍亦云：“六经者，周史之宗子也。《易》也者，卜筮之史也；《书》也者，记言之史也；《春秋》也者，记动之史也；《风》也者，史所采于民而编之竹帛付之司乐者也；《雅》《颂》也者，史所采于士大夫也；《礼》也者，一代之律令，史职藏之故府，而时以诏王者也。故曰五经者周史之大宗也。”《古史钩沉论》夫古人之典籍，掌于百司之史，前已言之。掌于史官之典籍，不得概名为史。

左史记言，言为《尚书》，右史记事，事为《春秋》《尚书》《春秋》之为史，不待言矣。古人之于礼，实兼法而言。《周礼》所记为典章制度，一称经礼；《仪礼》所记，为节文仪注，一称曲礼；《礼记》曰，经礼三百，曲礼三千，是其证也。《周礼》本名《周官》，一称《周官经》，所载成周之官制，实为一代之法典，可比于后代之《唐六典》，前汉之末，乃有《周礼》之名。自周以来，有吉、凶、军、嘉、宾之五礼，而唐有开元礼，宋有政和五礼，而溯其源多本于《仪礼》，及《大戴》《小戴》二记，合以《周礼》，可称四礼，研其因革损益，是为典礼之史。如《通典》《文献通考》《五礼通考》诸书是，而非谓《周礼》《仪礼》为史，此其一也。近人之言研古史者，谓《毛诗》所载《玄鸟》《长发》《生民》《公刘》等篇，为殷周时代之史诗。所谓史诗者，即以史事寓于韵语之中也。以今语言之，可谓史诗为史料。然《诗》三百篇中，如此类者甚少，与其谓《诗》三百篇为史，无宁谓为古诗之总集，此其二也。王通谓《诗》与《尚书》《春秋》同出于史，即诗为史官所采之意。若夫《易》为卜筮之书，尤远于史。古人以祝卜与史并言，故《周礼》以大史侪于大卜大祝之列，而《易》亦掌于大卜。韩宣子聘于鲁，观于大史氏，见《易》《象》与《春秋》，曰《周礼》尽在鲁矣。此谓《易》《象》《春秋》，俱为古典，掌于大史氏，而未尝谓《易》为史，此其三也。龚氏之论《诗》《礼》，不过谓为史官所掌，其谓《易》为卜筮之史，则殊涉牵强，未为得实。故以严格论之，不惟《易》《诗》非史，即官礼之属于政典者，亦不得与

《尚书》《春秋》比。依章氏所说，若谓《周礼》《仪礼》为先王之政典，则无可议，《易》与《诗》无与于制度，谓之政典尚不可，况谓之为史哉。龚自珍又云：“诸子也者，周史之支孽小宗也。”**《古史钩沉论》**张尔田本之，以作《史微》，乃云，不微六经皆史，诸子亦史之支与流裔也。近人刘师培亦云：九流学术皆源于史。江瑔本之，乃作《百家之学俱源于史》一文。然考其所引之证，皆缘古代典籍概掌于史为说。古人学不下于庶民，士大夫必从史官而学，史官指人而言，尚非谓记事记言之史。六经掌于百司之史，而谓之为史。诸子之学，由从学史官而得畅其流，而于所撰之书，亦被以史称，则古史之范围，何其漫无纪极耶？兹论古史，一以《尚书》《春秋》为断，其他诸经及诸子，皆不得谓之为史。

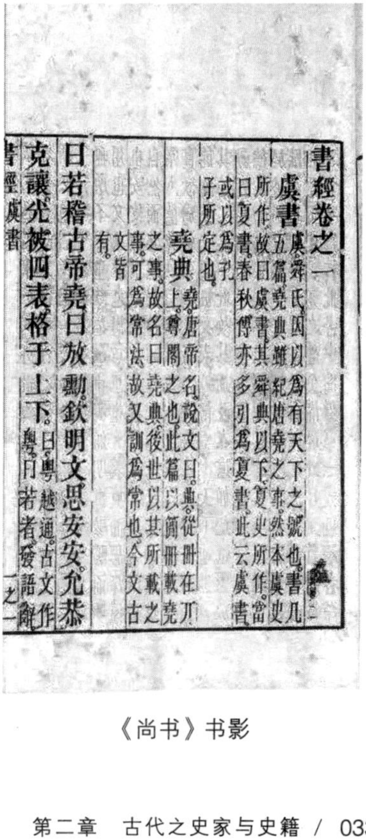
書經卷之一
虞書 虞舜氏因以為有天下之號也書凡五篇堯典雖紀唐堯之事然本虞史所作故曰虞書其舜典以下夏史所作當曰夏書春秋傳亦多引為夏書此云虞書或以為孔子所定也
堯典 堯唐帝名說文曰典從冊在丌上尊閣之也此篇以簡冊載堯之事故名曰堯典後世以其所載之事可為常法故又訓為常也今文古文皆有
曰若稽古帝堯曰放勳欽明文思安安允恭克讓光被四表格于上下 曰粵越通古文作粵曰若者發語辭
書經虞書　一之一

《尚书》书影

《史记·孔子世家》谓：“周室微而礼、乐废，《诗》《书》缺。”追迹三代之礼，序书传，上纪唐、虞之际，下至秦穆，编次《尚书》。是即《尚书》之所由作也。或谓孔子观书于周室，得虞、夏、商、周四代之典，乃删去其重者，定为百篇。[1]孔子删书之说，亦见书纬，[2]而今人多不之信。王充云："《尚书》者，上古帝王之书，或以为上所为，下所书，故谓之《尚书》"；《论衡·正说篇》王肃云："上所言，下为史所书，故曰《尚书》。"，《史通·六家篇》引。此又《尚书》之所以名也。盖自司马迁、班彪之伦，咸谓虞夏之世已有史官，故《书》有《尧典》《禹贡》诸篇，皆当代史官之所记，而或以为悉由后人仰录，亦疑莫能明也。今本《尚书》凡五十六篇，其中真伪参半，据清代学者考定，只有伏生口授之二十八篇为真，谓之《今文尚书》；此外之二十余篇，则谓之《伪古文尚书》。而今本《尚书》之《孔传》，亦为伪作，称为《伪孔传》。今考二十八篇中之《盘庚》，唐人称为诘曲聱牙者，实为殷代之古文。证以晚近所出之甲骨文，辞句相类，益为可信。而周代之诸诰亦不易读，盖古今语法文法不同之故。或以《尧典》《禹贡》《甘誓》《汤誓》四篇，皆在《盘庚》之前，而文辞易解，疑为伪作。此殊不然，试证以周秦古书，屡见称引，岂有古人未疑其伪，而今人能断其为伪者，与其直断为伪，以邻于妄，何若谓为后人追记之为得哉。章学诚之《论书教》则云："后来纪事本末一体，实出于《尚书》。《尚书》之中如《金縢》《顾命》，皆具一人一事之本末，实为古史之具体而微者。"其说是也。古人尝谓《尚书》为记言之史矣。今考《尚书》诸诰、诸命，即同于秦汉以来帝王之诏谕，王莽、曹丕之篡两汉，皆模拟《尚书》以自文饰，而苏绰亦为后周制大诰，藉令不考其事，但专读其文，鲜有不以为舜、禹、汤、武之再世者。是以誓诰之文，亦不得径称为史。史以记事，其中亦非无言，《左传》为《春秋》而言，其中所记之言，与事相等，章学诚谓古人未尝分事与言为二，亦为至论。《尚书》诸篇，记言而兼记事者，如《金縢》《顾命》之类，则不多见。章氏谓纪事本末一体出于《尚书》，亦举其一端言之耳。孔子以前古史之可考者，不多见，故取典、谟、诰、誓之文而删存之，以当于古史，且司马迁之作《史记》，于春秋以往之事，多采《尚书》，故曰“述陶唐以来至于麟止”。《史记·自序》盖以研考古事舍《尚书》外，别无可据之故，故后人亦以古史视之。论古代之史籍，应有广狭二义：如章氏谓六经皆史，龚氏谓诸子为周史之支孽小宗，皆属广义；若就狭义言之，盖必有组织，有义例，始得为成文之史。亦惟《春秋》及《左氏传》，始足以当史称，而《尚书》亦非有组织有义例之史。此又二者之辨也。

《春秋》为鲁史之故名，其记事之法，以事系日，以日系月，以月系时，以时系年，所以记远近，别同异，史之所记，必表年以首事，年有四时，故错举以为所记之名，此杜预之所释也。盖《春秋》者编年之书，故举春以包夏，举秋以赅冬，总之，明其以年为纲而已。及孔子因而修之，亦名《春秋》。其修《春秋》之旨趣，《史记》言之最详。《史记·孔子世家》云：

> 乃因史记作《春秋》，上至隐公，下讫哀公十四年，十二公，据鲁，亲周，故殷之三代，约其文辞而指博。故吴、楚之君自称王，而《春秋》贬之曰子，践土之会，实召周天子，而《春秋》讳之曰天王狩于河阳。推此类以绳

当世贬损之义，后有王者举而开之，《春秋》之义行，则天下乱臣贼子惧焉。孔子在位，听讼文辞，有可与人共者，弗独有也。至于《春秋》，笔则笔，削则削，子夏之徒，不能赞一辞。

又《十二诸侯年表》云：

故西观周室，论史记旧闻，兴于鲁而次《春秋》，上记隐，下至哀之获麟。约其辞文，去其烦重，以制义法。王道备，人事浃，七十子之徒口授其传指，为有所刺讥褒讳挹损之文辞，不可以书见也。鲁君子左丘明惧弟子人人异端，各安其意，失其真，故因孔子史记，具论其语，成《左氏春秋》。

《汉书·艺文志》亦于《春秋》后论之云：

周室既微，载籍残缺，仲尼思存前圣之业，乃称曰，夏礼吾能言之，杞不足征也，殷礼吾能言之，宋不足征也，文献不足故也，足则吾能征之矣。本《论语》。以鲁周公之国，礼文备物，史官有法，故与左丘明观其史记，据行事，仍人道，因兴以立功，败以成罚，假日月以定历数，藉朝聘以正礼乐，有所褒讳贬损，不可书见，口授弟子，弟子退而异言，丘明恐弟子各安其意，以失其真，故论本事而作传，明夫子不以空言说经也。

孔子亦自言："知我者其惟《春秋》乎，罪我者其惟《春秋》乎。"其以修史自任为何如，马、班所述，固不诬也。

孔子修《春秋》之旨，孟子亦屡发之，尝曰：《春秋》，天子之事也；又为之说曰：其事则齐桓晋文，其文则史；复引孔子之言曰：其义则丘窃取之矣。盖《春秋》所记者事，而事必载之以文，而义则穿贯乎文与事之中，所谓义者，即《史记》所谓制义法，后人或谈史法，或明史义，与史意，皆即今人所谓史学也。孔子之前，典籍守于史官，大事书之于策，小事记之于简牍，只可谓为记载之法，而不得谓之有史学。左丘明尝称《春秋》之称有五：

一曰微而显，二曰志而晦，三曰婉而成章，四曰尽而不污，五曰惩恶而劝善。[3]而杜预《春秋左氏传·序》亦云：

> 仲尼因鲁史策成文，考其真伪，而志其典礼，上以遵周公之遗制，下以明将来之法。其教之所存，文之所害，则刊而正之，以示劝诫。其余皆即用旧史，史有文质，辞有详略，不必改也。故传曰其善志。又曰非圣人孰能修之，盖周公之志，仲尼从而明之，左丘明受经于仲尼，以为经者不刊之书也。故传或先经以始事，或后经以终义，或依经以辨理，或错经以合异，随义而发其例之所重，旧史遗文，略不尽举，非圣人所修之要故也。身为国史，躬览载籍，必广记而备言之。

盖《春秋》一书，本为鲁史，仲尼因而修之，而详其事迹、明其义例者，实为《左氏传》，必合观之，而其义始明。此即孔子之史学，而与左丘明同其作述者也。昔者刘知幾尝谓《春秋》有十二未喻，五虚美。[4]而王安石乃有“断烂朝报”之讥。[5]然《春秋》之可贵者，初不在此，章太炎先生论之云：

> 《春秋》之所以独贵者，自仲尼以上，《尚书》则阙略无年次，百国《春秋》之志，复散乱不循凡例，又亦藏之政府，不下庶人，国亡则人与事偕绝。是故本之吉甫、史籀，纪岁时月日，以更《尚书》，传之其人，令与诗、书、礼、乐等治，以异百国《春秋》，然后东周之事，灿然著明。令仲尼不次《春秋》，今虽欲观定哀之世，求五伯之迹，尚荒忽如草昧，夫发金匮之藏，被之萌庶，令人不忘前王，自仲尼、左丘明始。[6]

杏坛设教

——清道光六年（1826）吴门赐砚堂顾氏刊本《圣庙祀典图考》

孔子年四十二，鲁昭公卒，定公立，季氏僭于公室，陪臣执国政，故孔子不仕，退而修诗、书、礼、乐，弟子弥众。

据此，则孔子之修《春秋》，实为整齐官府之旧典，以下之于庶人，并以所创之义法，开后世私家撰史之风。此则功在百世不可泯灭者也。

孔子何为而修《春秋》。昔者壶遂以此为问，而太史公答之矣。语具于《太史公自序》。其说云：

> 上大夫壶遂曰：昔者孔子何为而作《春秋》哉。太史公曰：余闻董生曰，周道衰废，孔子为司寇，诸侯害之，大夫壅之，孔子知言之不用，道之不行也，是非二百四十二年，以为天下仪表，贬天子，退诸侯，讨大夫，以达王事而已矣。子曰：我欲载之空言，不如见之行事之深切著明也。**此语亦见赵岐《孟子题辞》，又见《春秋繁露·俞序篇》，惟字句微异。**夫《春秋》上明三王之道，下辨人事之纪，别嫌疑，明是非，定犹豫，善善，恶恶，贤贤，贱不肖，存亡国，继绝世，补敝起废，王道之大者也。……拨乱世，反之正，莫近于《春秋》。《春秋》文成数万，其指数千，万物之散聚，皆在《春秋》。《春秋》之中，弑君三十六，亡国七十二，诸侯奔走不得保其社稷者，不可胜数，察其所以，皆失其本已。故曰，臣弑君，子弑父，非一旦一夕之故也，其渐久矣。故有国者不可以不知《春秋》，前有谗而弗见，后有贼而不知。为人臣者不可以不知《春秋》，守经事而不知其宜，遭变事而不知其权；为人君父而不通《春秋》之义者，必蒙首恶之名；为人臣子而不通《春秋》之义者，必陷篡弑之诛，死罪之名。

寻此所论，及《汉书》所述，乃知孔子之修《春秋》，一因载籍残缺，文献无征，思存前圣之业，以垂方来；二因言之不用，道之不行，载之空言，不如见之行事之深切著明。其用意至为深远，亦即修《春秋》之动机也。

左丘明与孔子同时，左氏之书，作于丘明，亦为释《春秋》而作，汉代马、班诸家，皆无异说。严氏《春秋》引《观周篇》云："孔子将修《春秋》，与左丘明乘如周，观书于周史，归而修《春秋》，丘明为传，共为表里。"[7]近人之为今文学者，多不信是说。乃谓左氏别为一人，非与孔子同时之丘明。且其说曰：司马迁《报任安书》，左丘失明，厥有《国语》，左氏即为左丘，其名不带明字；又以其人生于晚周，故《左传》之文，不类春秋人所作；又谓《齐论》无左丘明耻之一章。故左丘明亦不必与孔子同时。此议固起于宋之郑樵及朱熹，[8]然不过姑为疑辞，以待后人之考断，未有勇于疑古如今日之甚者也。丘明既为《春秋传》，又稽其逸文，纂其别说，分周、鲁、齐、晋、郑、楚、吴、越八国事，起周穆王，终鲁悼公，别为《春秋外传》，号曰《国语》。故亦号《左氏传》为《春秋内

左丘明
——从原故宫南熏殿旧藏《历代先贤名人像》

传》。自司马迁、班固、韦昭诸氏，所说皆同，[9]其流传盖已久矣。近代学者，以今古文家法不同之故，抨击《左传》，几无完肤，如刘逢禄、康有为、崔适诸氏，皆谓今本《左传》，颇经刘歆窜乱，凡其中释经文者，多非左氏之旧，引歆所称诸儒博士谓左氏不传《春秋》为证；或又谓作《国语》者，即为左丘，而非丘明，刘歆取《国语》之一部，以伪制《左氏传》，以其弃余为今本之《国语》。或又以《左传》《国语》之多歧，断其作者不为一人；盖其为说又不胜其纷纷也。[10]吾谓司马迁之世，去古未远，所见古文典记甚夥，其称鲁君子左丘明，必非妄语；杜预称丘明身为国史，又与班固称丘明为鲁太史之语合；纵令后贤所说，各能自完其说，然不信《史记》本书，而取短书杂说，或单文孤证，以明其说之为是，度亦无以服古人之心也。近世今文家重恶刘歆，故谓汉代之中秘书，多为其窜乱，弗恤深文周内，以成其罪。不悟《史记》之作，远在歆前，采用《左传》，言非一端，且其书早经杨恽、褚少孙之徒布之于外，为时贤所共见，藉令歆果作伪，必为太常博士之徒，察觉发覆，而哄然不容于世矣。夫刘歆作伪之说，已不可信，而谓左氏为晚周人，为可信乎？泥古太甚者，固不可与道古，而疑古太甚者，亦岂有可信之古籍耶。故吾仍以马、班之说为可据，而以作《左氏传》者，即为与孔子同时之丘明，而备闻修《春秋》之义法者也。夫必如是，古史乃可信，而有讨论之余地矣。若夫《国语》之作，是否与作《左传》为一人，本不甚关重要，惟二书各有详略异同，可资互证之处甚多，凡研《左传》者，必读《国语》，其为春秋时代古史之一，又不待论也。

《左氏传》为释《春秋经》而作，经既为传之纲领，而传亦为经之节目。杜预作注，始合经传而为一。所谓传或先经以始事，或后经以终义，或依经以辨理，或错经以合异者，皆可一览而得。后来朱熹作《纲目》，大书以提要，分注以备言，使人了然于开卷之顷，实作史之良法也。然左氏作传，为备《春秋》二百四十二年之事迹，与孔子同其作述，称之为传，其实史也。公羊、谷梁二家，亦为《春秋》作传，不详其事，而详其义，初则师弟之间，口耳授受，至于汉代，乃著之版业，写以隶书，所谓今文之学也。晚近讲今文学者，推崇《公羊传》，以为深得孔子之旨，公羊家有所见所闻所传闻之三世，《史记》有据鲁亲周故殷之语，于是乃有立三统、张三世之说；又谓孔子端门受命，为汉制法，以明白可据之书，寓怪诞不经之说。不知公羊之三世，犹今人修史之有上古、中世、近代。以鲁史为据，故曰据鲁，尊周王而书春王正月，故曰亲周，周因于殷礼，故曰故殷，此为修史之通例，而非有甚深之义也。汉魏之世，已有人曰，仲尼乃素王，而丘明为素臣，而杜氏则力斥其非矣。或谓左氏所传为其文则史之文，公、谷所传为其义则丘窃取之义，此亦不然。左氏之义，即寓于文中，如五十凡及君子曰是也，不必求之于公、谷，而其义已大明。总之，研史与说经不同，公、谷二氏之说，或可备一家之言，为说经者之所撷取；若研史者，则应以史实为主，空说其义，于史何裨？此《左氏传》所以得为古史之一也。[11]

《春秋外传》之名，始见于《汉书·律历志》所引之《三统术》。《三统术》为刘歆所作，盖前汉所传之古说也。韦昭叙云：“昔孔子发愤于旧史，左丘明因圣言以摅意，其明识高思未尽，故复采录前世穆王以来，下迄鲁悼智伯之诛，以为《国语》，其文不主于经，故号曰《外传》。”其释义可谓昭晰矣。宋人叶梦得尝谓古有左氏、左丘氏，《春秋传》作者为左氏，而《国语》作者为左丘氏，见《习学记言》，亦见《困学纪闻六》引。即以太史公称左丘失明厥有《国语》为证也。然史公之去明字，正缘行文之便，其不称丘明而称左丘，亦以免与下文犯复耳。古人文中截取人名为称者，不乏其例，如方朔葛亮，亦其证也。左氏既传《春秋》，又作《国语》，起于先秦，渊源甚远，后人非有极真极确之证据，未可以彼而易此也。诘《国语》之短者，一曰鄢陵之败，苗贲皇之所为也。《楚语》则云，雍子之所为，与《传》不同；此隋人刘炫说。一曰《左传》以伐吴后三年围吴，又三年而灭之。《越语》后四年遂居军，三年待其自溃而灭之。《左传》自伐吴至灭吴凡六年，《越语》则为三年。《左传》自吴及越平至灭吴凡二十二年，《越语》

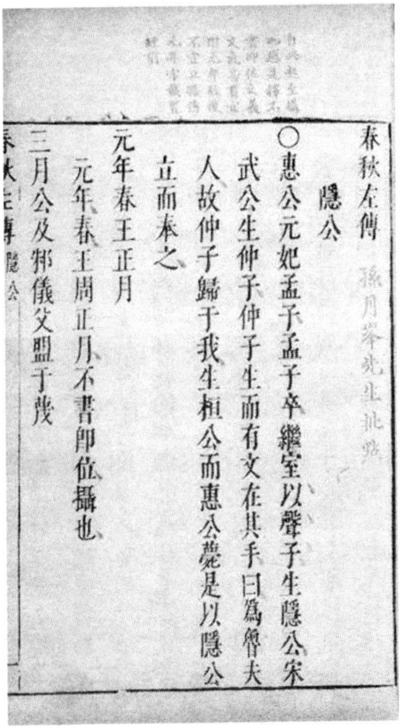
春秋左傳　孫月峯先生批點
隱公
○惠公元妃孟子孟子卒繼室以聲子生隱公宋
武公生仲子仲子生而有文在其手曰爲魯夫
人故仲子歸于我生桓公而惠公薨是以隱公
立而奉之
元年春王正月
元年春王周正月不書即位攝也
三月公及邾儀父盟于蔑
春秋左傳　隱公

《春秋左传》书影
（明万历年闵齐伋刻本）

则为十年。此又《国语》之文异于《左传》之大者近人徐元诰说，见《国语集解序》。惟左氏身为史官，所见之典籍非一，安知非故为存异，以待后人之论定？且今文家以今本《国语》为刘歆之弃余，果其说然，何以留此异同，以启后人之疑。瑞典学者高本汉，曾以《左传》语法，与《国语》不同，以明其非春秋时人之作。又以《左传》《国语》二书作者亦非一人。考其所举之证，尝以文中于、於二字不同，以明时代先后。异国人读中土古籍，不能深究文义，致有此呆板之推断，吾国学子乃惊以为创见而共诧之，岂能求得古人之真哉。今考《国语》凡《周语》三篇，《鲁语》二篇，《齐语》一篇，《晋语》九篇，《郑语》一篇，《楚语》二篇，《吴语》一篇，《越语》二篇，凡二十一篇。晋语独多，必出于《晋乘》。《左传》多载晋事，亦以此故。周王为天子，鲁齐以下为诸侯，而以天子下侪于诸侯，称为一国之语，殊不可解。然而以有此体，遂为后来国别史之祖矣。

《尚书》《春秋》《左氏传》《国语》之外，其书为古史，而有研讨之价值者，凡四：曰《逸周书》、曰《竹书纪年》、曰《世本》、曰《战国策》，是也。

《晋书·束皙传》云：

> 初，太康二年，汲郡人不准，盗发魏襄王墓，或言安釐王冢，得竹书数十车，其《纪年》十三篇，记夏以来至周幽王为犬戎所灭，以事接之，三家分，仍述魏事，至安釐王之二十年。盖魏国之史书，大略与《春秋》皆多相应。

其中经、传大异，则云夏年多殷，益干启位，启杀之，太甲杀伊尹，文丁杀季历，自周受命，至穆王百年，非穆王寿百岁也。幽王既亡，有共伯者摄行天下事，非二相共和也。其《易经》二篇，与《周易》上、下经同。《易繇》《阴阳卦》二篇，与《周易》略同。繇辞则异。卦下《易经》一篇，似《说卦》而异。《公孙段》二篇，公孙段与邵陟论《易》《国语》三篇，言楚、晋事。《名》三篇，似《礼记》，又似《尔雅》《论语》。《师春》一篇，书《左传》诸卜筮，师春似造书者姓名也。《琐语》十一篇，诸国卜梦妖怪相书也。《梁丘藏》一篇，先叙魏之世数，次言丘藏金玉事。《缴书》二篇，论弋射法。《生封》一篇，帝王所封。《大历》二篇，邹子谈天类也。《穆天子传》五篇，言周穆王游行四海，见帝台、西王母。《图诗》一篇，画赞之属也。又杂书十九篇，《周食田法》《周书》《论楚事》《周穆王美人盛姬死事》。大凡七十五篇，七篇简书折坏，不识名题。冢中又得铜剑一枚，长二尺五寸，漆书皆科斗字。初发冢者，烧策照取宝物，及官收之，多烬简断札，文既残缺，不复诠次。武帝以其书付秘书，校缀次第，寻考指归，而以今文写之，皙在著作，得观《竹书》，随疑分释，皆有义证。

又同书《荀勖传》云：

及得汲郡冢中古文竹书，诏勖撰次之，以为《中经》，列在秘书。勗又尝叙《穆传》曰：古文《穆天子传》者，太康二年汲县民不准盗发古冢所得书也。皆竹简丝编，以臣勗前所考定古尺度，其简长二尺四寸，以墨书一简四十字。汲者战国时魏地也。案所得纪年，盖魏惠成王子令王之冢也。于《世本》盖襄王也。案《史记·六国年表》，自令王二十一年，至秦始皇三十四年燔书之岁，八十六年，及至太康二年初得此书，凡五百七十九年。**《左传集解后序·正义》《玉海》一四七俱引王隐《晋书》，荀勖《上穆天子传序略》所纪，与此略同，可供参考。**

据上文所记，汲冢所得古书如下：

《纪年》十三篇，《易经》二篇，《易繇阴阳卦》二篇，《卦下易经》一篇，《公孙段》二篇，《国语》三篇，《名》三篇，《师春》一篇，《琐语》十一篇，《梁丘藏》一篇，《缴书》一篇，《生封》一篇，《大历》二篇，《穆天子传》五篇，《图诗》一篇，杂书十九篇。

右凡凡六十八篇，合以折坏之七篇，正为七十五篇，其中纯属于史籍者，曰《纪年》，即世所称之《竹书纪年》；曰《国语》，言楚晋事，盖即今本《国语》之残简也。

《汉书·艺文志》《书》九家中，著录《周书》七十一篇，为周史记。刘向谓即周时之诰、誓、号、令，而颜师古则以为孔子所论百篇之余也。自来《说文解字》《论语马注》，

《周礼仪礼郑注》，皆引《周书》，亦皆在今本《逸周书》七十篇之中。惟《隋书·经籍志》于《周书》十卷下注曰，汲冢书，《唐书·艺文志》仍之，后人遂于今本《周书》，冠以汲冢二字。然考之诸书，《晋书·束皙传》《杂书》十九篇中虽有《周书》之名，而篇帙太少。[12]而杜预《左传序》，叙汲县发冢事，亦未尝一语及之；况晋武以前引《周书》逸文，不在今本中者，盖不下数十事。[13]其书故盛传于世，何得谓出于汲冢而世始见之耶。前人释今本《周书》，谓其篇数少于《汉志》一篇者，即缘其序散入各篇之首，一若今本之《尚书序》，理或然矣。究之其书之一部，不免出于后人依托，故多与《尚书》不类。又诸书所引，多不见于今本。然其书仍为世人所重者，即以其出于依托之一部，亦必多有典据，古籍无多，不可轻弃，故宁过而存之，是也。

其次则《竹书纪年》，实出于汲冢，《晋书》束皙叙之备矣。而《隋书·经籍志》亦云：

> 至晋太康元年，汲郡人发魏襄王冢，得古竹简书，字皆科斗。发冢者不以为意，往往散乱。帝命中书监荀勖、令和峤，撰次为十五部，八十七卷，多杂碎怪妄，不可训知。唯《周易》《纪年》，最为分了，其《周易》上下编，与今正同。《纪年》皆用夏正建寅之月为岁首，起自夏、殷、周三代王事，无诸侯国别，唯特记晋国，起自殇叔，次文侯、昭侯，以至曲沃庄伯，晋国灭，独记魏事，下至魏哀王，谓之今王，盖魏国之史记也。其著书皆编年

相次，文意大似《春秋经》，诸所记事，多与《春秋左氏》符同。此据杜预：《左传后序》。

兹考《隋志·古史》一目，著录《纪年》十二卷，谓为汲冢书，当为束皙、荀勖所见十三篇之竹简，无可疑也。案《史记》注、《水经注》、《穆天子传》注、《文选》注，皆屡引《纪年》，而今本或有或无，即证以刘知幾所见之本，已与今本不同。清王宏撰《山志》，即以今本《纪年》为不可信，而徐文靖撰《纪年统笺》，则力辨之，以为可信。清朱右曾始取诸书所引之文，辑为一编，题曰《汲冢纪年存真》。近人王国维因之，以成《古本竹书纪年辑校》。又撰今本《纪年疏证》，以明其伪。其言曰："《纪年》佚于两宋之际，今本乃后人所搜集，复杂采《史记》《路史》《通鉴外纪》诸书成之。今一一求其所出，始知今本所载，殆无一不袭他书，其不见他书者，不过百分之一，又率空洞无事实，所增加者年月而已。事实既具他书，则此书为无用，年月既多杜撰，则其说为无征，无用无征则废此书可。朱氏辑本，尚未详备，又诸书异同，亦未尽列，至其所取，亦不能无得失，乃以朱书为本，而以余所校注补正之，凡增删改正若干事。据此则伪者之迹为不可掩，而真者亦因以明，于是王氏疏通证明之功，为前人所不及矣。要之汲冢所出之《纪年》，间有骇人听闻之记载，然其大体多同《左氏传》，是即古史之较可信者。兹屏伪本，而专取辑本，以存其真，斯已可矣。

再次则为《世本》。《后汉书·班彪传》云："又有记录黄帝以来至春秋时帝王公侯卿大夫，号曰《世本》，一十五篇，其子固本之，遂著录其书于《汉书·艺文志》。”或曰，楚、汉之际，有好事者，作《世本》，上录黄帝，下逮汉末，[14]惟未言作者究为何人。颜之推始云，《世本》左丘明所书，说出皇甫谧《帝王世纪》。[15]章太炎先生信之。其说云，盖左丘明成《春秋内外传》，即《春秋左传》与《国语》。又有《世本》，以为肤翼，近之矣。《世本》者，不尽以《春秋》，其言竟黄顼，将上攀《尚书》，下侪周典，广《春秋》于八代者也。[16]《隋志·史部谱系》一目，著录《世本》《王侯大夫谱》二卷，疑即古十五篇之《世本》。又有刘向《世本》二卷、宋衷《世本》四卷，盖就古《世本》而为之注释。其书盖亡于宋代。今可考者，有《帝系篇》，有《氏姓篇》，有《居篇》，有《作篇》，又有《世家》，有《传》，有《谱》。《史记·魏世家·索隐》，引《世本》传文；或谓《史记·伯夷传》其传曰之传，即出于《世本》之传，其略见于钱大昭、孙冯翼、洪饴孙、秦嘉谟、雷学淇、茆泮林、张澍诸家之辑本，其何者为古本，何者为刘宋二氏所补辑，则不易明。司马迁撰《史记》，多采取古《世本》，此亦古史之仅见者也。

再次则为《战国策》，著录于《汉志》者，凡三十三篇。内计西周一篇，东周一篇，秦五篇，齐六篇，楚、赵、魏各四篇，韩、燕各三篇，宋、卫合为一篇，中山一篇，记春秋后迄秦二百四十五年之事，即号为《战国策》是也。据刘向《校书录序》，中书本号，或曰《国策》，或曰《国事》，或曰《短长》，或曰《事语》，或曰《长书》，或曰《修书》。向以为

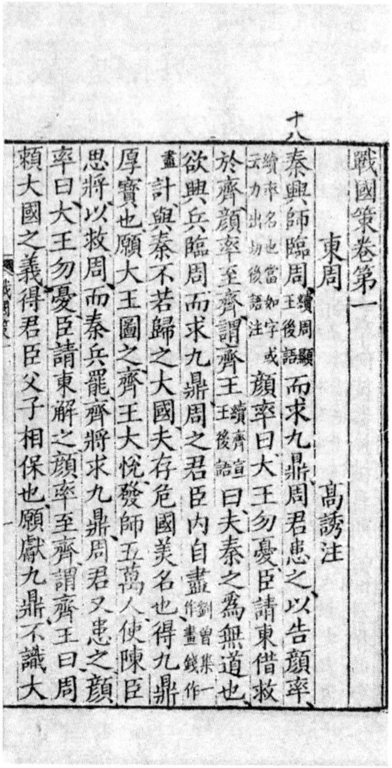
戰國策卷第一
東周 高誘注
秦興師臨周續周顯王後語而求九鼎周君患之以告顏率
續率名也當如字或云力出切後語注顏率曰大王勿憂臣請東借救
於齊顏率至齊謂齊王續齊宣王後語曰夫秦之爲無道也
欲興兵臨周而求九鼎周之君臣內自盡劉曾集一作盡錢作
盡計與秦不若歸之大國夫存危國美名也得九鼎
厚寶也願大王圖之齊王大悅發師五萬人使陳臣
思將以救周而秦兵罷齊將求九鼎周君又患之顏
率曰大王勿憂臣請東解之顏率至齊謂齊王曰周
賴大國之義得君臣父子相保也願獻九鼎不識大

《战国策》书影
（清同治崇文书局刻本）

战国时游士辅所用之国，为之策谋，宜为《战国策》。《隋志》著录两本，一为二十二卷，刘向录，一为二十一卷，高诱注。今传高诱注本，即为二十一卷，是为真本，古今皆无异词，亦即见采于《史记》者也。

上述四书之外，又有二种，不可不述，一曰《穆天子传》，一曰《山海经》。《穆传》见于《汲冢书目》，原为五篇，今本则为六卷，前五卷皆纪穆王西巡事，后一卷纪美人盛姬事。按《束皙传》所纪杂书十九篇中，有纪穆王美人盛姬死事之语，殆即此篇，而后人合之也。晋郭璞为之注，并传于今，其中言穆王西巡事，皆有月日可寻，并详记所行里数。郭璞序谓其体与今起居注同。故隋唐各志以之列入起居注。近人丁谦更为之作考证，以西图案其地望，言甚博辨，可指数者甚多，此其一也。《山海经》著录于《汉志》，前有刘秀校上奏，称为伯益所作，秀即刘歆之易名也。《史记》亦称，《山海经》所有怪物，余不敢言，是其书已为子长所见。《列子》亦称大禹见而行之，伯益知而名之，夷坚闻而志之，或疑《列子》为伪书，不尽可据。然考书中所纪，人名有夏后启、周文王，地名有秦汉郡县，是则其书虽不必为周代之古籍，然必有一部为晚周、秦、汉人所附益。清代毕沅为作校注，郝懿行为作笺疏，皆力言《山海经》实古地理书，且以《水经注》证其域内地名，亦十得五六，此其二也。《四库书目》以二书夸诞不经，列入小说，尚非得实，考古史者，不宜置之。至若赵煜之《吴越春秋》，袁康之《越绝书》，虽详吴越二国事迹，而皆撰于汉代，非上述诸书之比，故亦不复具论焉。

夷考《春秋》以往，诸侯皆有国史，外史所掌四方之志，即为列国之史。杜预所称大事书于策，小事简牍而已，亦诸侯修史之成法也。孔子修《春秋》，得见百二十国宝书，[17]盖即墨子所见之百国春秋；[18]孟子曰，晋之《乘》，楚之《梼杌》，鲁之《春秋》，一也。晋韩献子聘鲁，见《鲁春秋》，曰《周礼》尽在鲁矣。《乘》与《梼杌》，即《春秋》之异名，而《鲁春秋》，又孔子修《春秋》之所本也。《汲冢琐语》又云有《晋春秋》，见《史通·六家》。当即晋《乘》之别名。又如《竹书纪年》，本为魏国之史，魏上承晋，故叙晋事独详，一如鲁之有《春秋》，是即魏之《春秋》，而原于晋《乘》者也。是则周代盛时，列国之史，林林总总，不可胜记。左丘明得见列国之史，故据以撰《国语》，而《战国策》亦列国史之支与流裔也。迨至晚周，诸侯恶其害已，始去其籍，又厄于秦火，于是所存者仅矣。

两汉经师，具有家法，递相传授，其学有今文古文之分。

盖自孔子以后师弟间口耳相传，至汉初始以隶体书之于册者，谓之今文学。其古人原本尚在，所书悉为古籀者，即就本书肄习，或以汉隶通之者，谓之古文学。因今文古文之异体，解者缘以纷纷而各立门户，是谓之家法，而争端亦由此起矣。古人以六经皆为王官之典籍，未尝有经史之别。《尚书》《春秋》皆为古史，伏生所口授之二十八篇，为《今文尚书》，前已论之。又如著录《汉志》之古文经四十六卷，即《古文尚书》也。[19]公羊、谷梁二氏之传《春秋》，皆书以今文，是为今文学；左氏所传古经十二篇，传三十卷，原本具在，是为古文学；是则《尚书》《春秋》之有今古文学，亦即古史之有今古二派也。《汉书·艺文志》云：《古文尚书》者，出孔子壁中，武帝末，鲁恭王坏孔子宅，欲以广其宫，而得《古文尚书》，及《礼记》《孝经》，凡数十篇，皆古字也。[20]《尚书》之出于壁中，亦犹《纪年》之出于汲冢，自秦人燔书，古籍之不绝如缕，正赖壁中及地下之藏，得保十一于千百，此考古史者，所宜郑重记之也。凡古史之流传至今者，不为口耳相传，即为保藏原本，然后世之载籍，繁于古代者千万倍，徒恃口耳相传，为不可能，于是又有资乎古籍之流传。清代禁毁之书，不可指数，而终有其一部，不因禁毁而失传者，则保藏之效也。古代简编，非甚繁重，师弟尤重传授，故历数百年，传十数世，而其书仍能不亡，非惟保藏，亦口耳相传之效矣。汲冢之发，所得古简独多，是为明证，可无述欤。

再进而言古代之史学，试以刘知幾所论证之。知幾论史，概以六家二体。所谓六家者：一《尚书》家，二《春秋》家，三《左传》家，四《国语》家，五《史记》家，六《汉书》家，是也。《尚书》所载，多为《典》《谟》《诰》《誓》之文，所以宣王道之正义，发话言于臣下，其体略如后世所集之两汉诏令、唐大诏令、宋大诏令，及明清两代之圣训，亦犹《毛诗》一编，为后代总集之开端，不惟后代继其体者为难，亦不得谓为史体之正宗。《春秋》本鲁史而成，左氏缘经以作传，经为纲而传为目，言见经文，而事详传内，或传无而经有，或经阙而传存，是二家者，以编年体而垂为百代之法者也。其后司马迁以纪传书表之体，创为《史记》；班固继作《汉书》，改书为志，断代为史；后有作者，遵而不易，于是纪传一体，遂树正史之规模。若夫《国语》《国策》二书，以国为别，而无复年月可寻，后世之书，惟陈寿《三国志》、崔鸿《十六国春秋》、路振《九国志》、吴任臣《十国春秋》，差可比拟，然亦乙部之支流，不得以大宗拟之矣。是以知幾综其前说，约为二体：二体者，纪传与编年是也。《春秋》《左传》为一体，是为编年；《史记》《汉书》为一体，是为纪传。系日月以为次，列时岁以相续，中国外夷，同年共世，莫不备载，其事形于目前，理尽一言，语无重出，此编年体之所长也。纪以包举大端，传以委曲细事，表以谱列年爵，志以总括遗漏，逮于天文地理，国典朝章，显隐必赅，洪纤靡失，此纪传体之所长也。刘氏论之详矣。[21]以事系日，以日系月，言春以包夏，举秋以兼冬，或为鲁史旧法，然垂为不刊之典，以传之于后世者，则孔子与左丘明也。章学诚有言，刘知幾得史法，而不得史意，此《文史通义》所由作也。吾谓古代史学，只有史法，而史法当与史意并重。所谓系日月以为次，列时岁以相续，即史法也；所谓微而显，志而晦，婉而成章，尽而不污，惩恶而劝善，即史意也；史法即其文则史之文，史意即则丘窃取之义，曰法与意，曰文与义，皆为孔子之史学。是故榷论吾国之史学，必萌芽于孔子，至博采列国之史，萃为一编，以羽翼孔子之作，以阐发孔子修《春秋》之旨趣，是为左丘明之史学，而公羊、谷梁二氏，专明一家之学者，不得与焉。吾于古代之史家，仅得二人，首推孔子，其次则左丘明也。

总上所论，古代之史家，应为孔子与左丘明，古代之史籍，应为《尚书》《春秋》《左氏传》《国语》《国策》，而《周书》《纪年》《世本》之残缺不完及仅见佚文者，亦以附焉。孔子曰：“君子于其所不知，盖阙如也。”治古史者，不可不知此义。

注释

[1]见《史通·六家》。

[2]《书纬》璇玑钤：孔子得黄帝玄孙帝魁之书，迄于秦穆公，凡三千二百四十篇，断远取近，定其可为世法者百二十篇，以百二篇为《尚书》，十八篇为《中候》，孔颖达《尚书·序疏》《史记·伯夷列传·索隐》，并引之。

[3]《左》成十四年传，又昭三十一年传，《春秋》之称微而显，婉而辨，上之人能使昭明，善人劝焉，淫人惧焉，是以君子贵之。

[4]见《史通·惑经》。

[5]语出周麟之《春秋经解跋》，见《困学纪闻六》翁注。

[6]《国故论衡·原经》。

[7]严氏《春秋》见《左传疏》。

[8]郑樵以为左氏非丘明，是六国时人，朱熹亦云，左氏不必解是丘明。清人张澍云：左丘为民，避孔子讳。故称左氏。

[9]司马迁《报任安书》：左丘失明，厥有《国语》。《汉书·艺文志》：《国语》二十一篇，左丘明著。韦昭《国语注序》：昔孔子修旧史，以垂法，左丘明因圣言以摅意，其雅思未尽，复采录前世穆王以来，下迄鲁悼智伯之诛，以为《国语》，其文不止于经，故曰《外传》。

[10]见刘逢禄《左氏春秋考证》，康有为《新学伪经考》，皮锡瑞《春秋通论》。

[11]《朱子语类》（八十五）云，左氏是史学，公、谷是经学，可以为证。

[12]《束晳传》《杂书》十九篇中，有《周书》之名，明为杂书之一种，而非即七十一篇之《周书》也。

[13]见《四库全书总目提要·逸周书》下。

[14]惠栋《后汉书补注》引《傅子》，又见《史通·正史》。

[15]《颜氏家训·书证篇》。

[16]《检论·尊史篇》。

[17]《公羊疏》，闵因叙云，昔孔子受端门之命，制《春秋》之义，使子夏等十四人，求《周史记》，得百二十国宝书，《史记正义》引何休语亦同，又见戴宏《解疑论》。

[18]《隋书·李德林传·答魏收书》，引《墨子》曰，吾见百国春秋史，毕沅辑《墨子》佚文收之，《史通·六家篇》，故《墨子》曰：吾见百国春秋。

[19]伏生口授二十八篇之外，后又得《泰誓》一篇，孔安国以古文经读之，多得十六篇，及《书序》一篇，合为四十六卷，即一卷为一篇也。

[20]刘歆《移书让太常博士》云：及鲁恭王坏孔子宅，欲以为宫，而得古文于坏壁之中，《逸礼》有三十九篇，《书》十六篇，天汉之后，孔安国献之，遭巫蛊仓卒之难，未及施行，及《春秋左氏》丘明所修，皆古文旧书，多者二十余通，藏于秘府，伏而未发。按此为《汉志》所本，又见《论衡·正说》。

[21]略用《史通·二体篇》中语。

第三章

司马迁与班固之史学

吾国史学，萌芽于孔子、左丘明，而大成于司马迁、班固。故继孔子、左丘明之后，而述司马迁及班固。司马迁字子长，龙门阳夏人也。汉武帝时，嗣其父谈而为太史令，职掌文史星历，故得纳金匮石室之书而作《史记》。晚年官尚书令，尊崇任职，友人任安责以不能进贤，迁以书报之，论及《史记》，即《汉书》本传及《文选》所载《报任少卿书》是也。班固字孟坚，扶风安陵人也。后汉明帝时官兰台令史，因其父彪之业以作《汉书》，后参大将军窦宪军事，及宪得罪，坐系死狱中，年六十一，时和帝永元四年也。

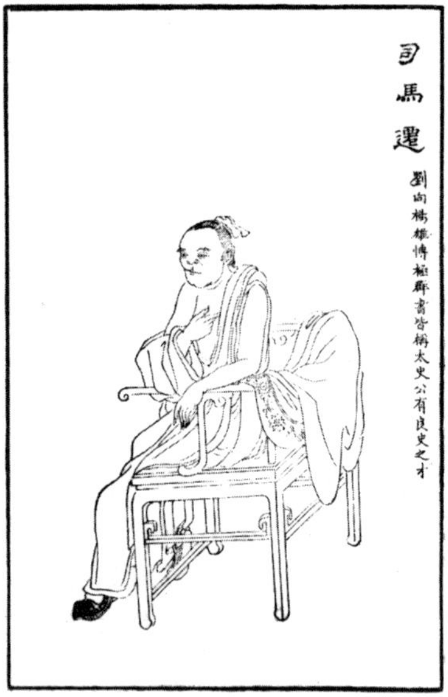

司马迁
——从清乾隆八年（1743）刊本《晚笑堂竹庄画传》

迁之卒年无考，据王国维所撰《太史公行年纪》，迁约卒于汉昭帝始元元年，年六十，此二氏事迹之大略也。

古人修书莫不有其动机与背景。孔子之辑《尚书》与修《春秋》，史官失职，文献无征，其动机也。王官失守，散为百家，其背景也。司马迁之作《史记》，亦有其动机与背景焉。试一考之。

《史记·太史公自序》云：

> 是岁天子始建汉家之封，而太史公留滞周南，不得与从事，故发愤且卒。而子迁适使反，见父于河洛之间，太史公执迁手而泣曰……今天子接千岁之统，封泰山，而余不得从行，是命也夫，命也夫。余死汝必为太史，无忘吾所欲论著矣。……夫天下称诵周公，言其能歌论文武之德，宣周召之风，达太王王季之思虑，爰及公刘以尊后稷也。幽厉之后，王道缺，礼乐衰，孔子修旧起废，论《诗》《书》，作《春秋》，则学者至今则之。至获麟以来四百有余岁，而诸侯相兼，史记放绝。今汉兴，海内一统，明主贤君忠臣死义之士，余为太史而弗论载，废天下之史文，余甚惧焉，汝其念哉。迁俯首流涕曰：小子不敏，请悉论先人所次旧闻弗敢阙。卒三岁，而迁为太史令，䌷史记石室金匮之书，五年而当太初元年**公元前一〇四年**。

盖司马氏世为史官，封禅为古今旷见之大典，而身任史官者，不得与其役，实为毕生之憾事。故司马谈至于发愤而卒。

迁禀承其父之遗言，而作《史记》，其以封禅书列于八书之一，即以示禀承先志之意，其动机一也。

《汉书·司马迁传·报任安书》云亦见《文选》四十一：

> 古者富贵而名磨灭，不可胜记，惟倜傥非常之人称焉。盖文王拘而演《易》，仲尼厄而作《春秋》，屈原放逐，乃赋《离骚》，左丘失明，厥有《国语》，孙子膑脚，《兵法》修列，不韦迁蜀，世传《吕览》，韩非囚秦，《说难》《孤愤》，《诗》三百篇，大抵圣贤发愤之所为作也。此人皆意有所郁结，不得通其道，故述往事，思来者。乃如左丘无目，孙子断足，终不可用，退而论其策，以舒其愤思，垂空文以自见。仆窃不逊，自托于无能之辞，网罗天下放失旧闻，略考其行事，总其终始，稽其成败兴坏之纪，上计轩辕，下至于兹，为十表，本纪十二，书八章，世家三十，列传七十，凡百三十篇。亦欲以究天人之际，通古今之变，成一家之言，草创未就，会遭此祸，惜其不成，已就极刑，而无愠色，仆诚以著此书，藏之名山，传之其人，通邑大都，则仆偿前辱之责，虽万被戮，岂有悔哉。然此可为智者道，难为俗人言也。[1]

迁因保李陵之不降敌，而受腐刑，本为奇耻大辱，特以著书未就，故甘受刑而不悔，以自况于古人之发愤，其动机二也。

《太史公自序》又云：

> 迁生龙门，耕牧河山之阳，年十岁，则诵古文。二十而南游江淮，上会稽，探禹穴，窥九疑，浮于沅湘，北涉汶泗，讲业齐鲁之都，观孔子之遗风，乡射邹峄，厄困鄱薛彭城，过梁楚，于是迁仕为郎中，奉使西征巴蜀以南，南略邛笮昆明，还报命。[2]

是则迁之足迹，实由今之晋豫，而南游江浙，转至湘鄂，北还齐鲁，徘徊鲁苏二省之交界，又经武汉而归长安，再南适川滇，再北返，中国之内地，多经涉历。故苏辙谓：太史公行天下，周览四海名山大川，与燕赵豪杰交游，故其文疏宕颇有奇气。此又《史记》一书之所由成。其动机三也。

若夫作《史记》所有之背景，司马迁亦略言之。其《自序》云：

> 维我汉，继五帝末流，接三代统业。周道废，秦拨去古文，焚灭《诗》《书》，故明堂石室金匮玉版图籍散乱。于是汉兴，萧何次律令，韩信申军法，张苍为章程，叔孙通定礼仪，则文学彬彬稍进，《诗》《书》往往间出矣。自曹参荐盖公言黄老，而贾生、晁错明申商，公孙弘以儒显，百年之间，天下遗文古事，靡不毕集太史公。

据此可知汉兴，九十余年间，遗文间出，而毕集于司马氏父子之所掌，则是朝廷右文之效，而又为作《史记》之背景矣。

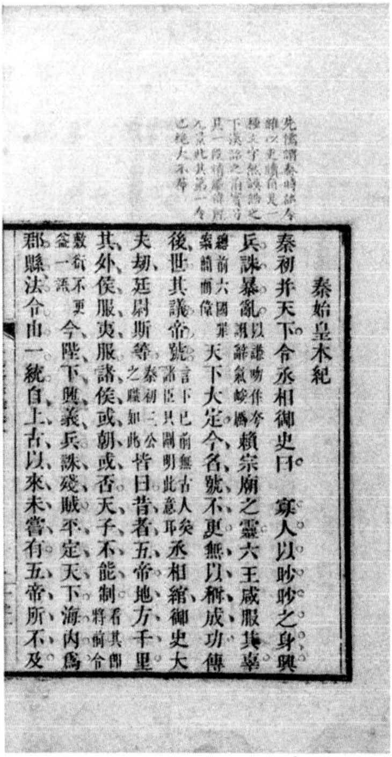
秦始皇本紀

秦初并天下令丞相御史曰寡人以眇眇之身興兵誅暴亂賴宗廟之靈六王咸服其辜天下大定今名號不更無以稱成功傳後世其議帝號丞相綰御史大夫劫廷尉斯等皆曰昔者五帝地方千里其外侯服夷服諸侯或朝或否天子不能制數今陛下興義兵誅殘賊平定天下海內爲郡縣法令由一統自上古以來未嘗有五帝所不及

《史记》书影

（清道光年吴兴扶荔山房套印本）

迁之作《史记》，尝比于孔子之作《春秋》。其述先人之言曰：“自周公卒五百岁而有孔子，孔子卒后，至于今五百岁，有能绍明世，正《易传》，继《春秋》，本《诗》《书》《礼》《乐》之际，意在斯乎，小子何敢让焉。”然又不敢自居以示谦，故曰：“余所谓述故事，整齐其世传，非所谓作也，而比之于《春秋》，谬矣。”[3]然如所谓究天人之际，通古今之变，成一家之言；所谓拾遗补艺，厥协六经异传，整齐百家杂语，藏之名山，副在京师，俟后世圣人君子，其自命如是之高，谓其不比于孔子之作《春秋》，不可得也。

夷考其时，正孔子所谓文献不足征之日也。孟子曰：“诸侯恶其害己也，而皆去其籍。”此典籍之厄于晚周者也。太史公曰：“秦烧天下《诗》《书》，诸侯史记尤甚，为其有所刺讥也。《诗》《书》所以复见者，多藏人家，而史记独藏周室，以故灭。”[4]此史籍之厄于秦火者也。《史记》一书，本杂采群书而成，于《尚书》《春秋左氏传》《国语》《世本》

《战国策》而外，又有《五帝德》《帝系姓》，亦称《五帝系牒》，[5]有《春秋历谱牒》，[6]亦称《牒记》，[7]有《秦记》[8]于楚汉之间事，则采陆贾《楚汉春秋》。[9]以上或见本书，或为班固所述。是则迁之修史，亦致憾于文献之不足征，不及其身而纂述之，则后人益难为力，此又为其背景之一矣。

《后汉书·班彪传》载彪所撰《略论》云：

> 孝武之世，太史令司马迁，采左氏《国语》，删《世本》《战国策》，据楚、汉列国时事，上自黄帝，下讫获麟，作本纪、世家、列传、书、表，凡百三十篇，而十篇缺焉。迁之所记，从汉元至武以绝，则其功也。至于采经摭传，分散百家之事，甚多疏略，不如其本，务以多阅广载为功，论议浅而不笃，其论术学，则崇黄老而薄五经，序《货殖》，则轻仁义而羞贫穷，道游侠，则贱守节而贵俗功，此其大敝伤道，所以遇极刑之咎也。然善述序事理，辩而不华，质而不野，文质相称，盖良史之才也。

其子固本之，以作《汉书·司马迁传赞》云：

> ……故司马迁据左氏《国语》，采《世本》《战国策》，述《楚汉春秋》，接其后事，讫于大汉，其言秦汉详矣。至于采经摭传，分散数家之事，甚多疏略，或有牴牾，亦其涉猎者广博，贯穿经、传，驰骋古今上下，数千载间，斯以勤矣。又其是非颇缪于圣人，论大道，则先黄

老，而后六经，序游侠，则退处士而进奸雄，述货殖，则崇势利而羞贱贫，此其所敝也。然自刘向、扬雄博极群书，皆称迁有良史之才，服其善序事理，辨而不华，质而不俚，其文直，其事核，不虚美，不隐恶，故谓之实录。

又《汉书·扬雄传》录雄《自序》云：

太史公记六国，历楚汉，讫麟止，不与圣人同是非，颇谬于经。

比观三文，皆于《史记》致不满之辞，然长短互见，贤者不免，班氏父子虽盛讥子长，而不能不服善叙事理。彪本续《史记》而为《后传》，而固又因《史记》之体例，而别撰《汉书》。皆承子长之衣钵，有因而无革者也。

桓谭《新论》，谓迁著此书，示东方朔，朔署之曰太史公，署之者，名其书也。而韦昭则以为书中之太史公，皆其外孙杨恽所加，王国维是之。见所著《太史公行年考》。《汉志》列《太史公》百三十篇于《春秋》之后。又著录冯商所续《太史公》七篇，《汉书·叙传》《扬雄传》《后汉书》窦融、范升、陈元诸传，皆以《太史公》称之。是则《太史公》为《史记》之本名，无疑也。又称曰《太史公书》，初见于本书《自序》，又见《汉书·宣元六王传》。《后汉书》班彪、杨终等传，亦称曰《太史公记》。见《汉书·杨恽传》，曰书，曰记，皆于太史公之下，附缀一字，以明其为太史公所书所记耳。《班彪传》又称，武帝时司马迁著《史记》，然出于载笔之辞，与彪之自称曰《太史公书》者异趣。钱大昕谓此为范蔚宗所增益，非东观旧文，是也。《史记》之称，屡见《史记》本书，悉指旧史而言，故迁未尝以是二字，自名其书。《三国·魏志·王肃传》，明帝称迁著《史记》；荀悦《汉纪》十四则云："司马子长遭李陵之祸，发愤而作《史记》，始自黄帝以及秦汉为《太史公记》。"按悦为后汉末人，在王肃之前，时已有《史记》之称；晋人司马彪撰《续汉书》，于《天文志》中，亦以言之；《隋志》据以著录，而《史记》遂为《太史公记》之简称。钱氏谓《史记》之称，出于魏晋以后，语固不诬。[10]《史通·六家》乃谓因《鲁史记》旧文，目之曰《史记》，不知此实后起之义。盖史记为古史及同代诸国史之通名，初不限于鲁史，《汉书·五行志》屡引《史记》，即泛指诸国史而言。颜注谓：凡称《史记》者皆为迁书，殊误。知幾本之，乃有此说。

《汉书·司马迁传》云："十篇缺，有录无书。"亦见《艺文志》。颜注引张晏曰："迁殁之后，亡《景纪》《武纪》《礼书》《乐书》《兵书》《汉兴以来将相年表》《日者列传》《三王世家》《龟策列传》《傅靳列传》。元成之间，褚先生补缺，作《武帝纪》《三王世家》《龟策日者传》，言辞鄙陋，非迁之意也。"是则所缺十篇，厘然可指。然据王鸣盛之所考，惟《武纪》全亡，褚先生取《封禅书》补之，《三王世家》《日者》《龟策》二传，为未成之笔，但可云阙，不可云亡；其余皆不见所亡何文；[11]其余为褚先生所附缀者多为天汉以后事，为迁所不及见，补之殊为多事。[12]据此则《史记》之所亡佚亦仅矣。

迁殁之后，其外孙杨恽，祖述其书，遂宣布于外。[13]至元成间，而褚少孙补之。少孙者，颍川人，梁相大弟之孙，宣帝时寓居沛，受诗于王式，为博士，于是鲁《诗》有褚氏之学，名见《汉书·儒林传·王式》。今《史记》中称褚先生曰者，皆少孙所补也。[14]少孙所补殊浅陋，不为世所重，迁之本书，自谓讫于太初，其后阙而不录，其后为之踵继其书者，褚少孙之外，有刘向、向子歆、扬雄、冯商、阳城衡、史岑、梁审、肆仁、晋冯、段肃、金丹、冯衍、韦融、萧奋、刘恂，俱有撰述。[15]至光武建武中，班彪乃采前史遗事，傍贯旧闻，作《后传》六十五篇，[16]寻其自撰之略论，谓后篇慎核其事，整齐其文，不为《世家》，唯纪传而已。则又因时无累世相及之诸侯，而变通其体例焉。见《本传》。

至彪之子固，遂本其父作，而撰《汉书》。《后汉书·班彪传》叙其事云：

> 固以彪所续前史未详，乃潜精研思，欲就其业。既而有人上书显宗告固私改作国史者，有诏下郡，收固，系京兆狱，尽取其家书。……固弟超，恐固为郡所核考，不能自明，乃驰诣上书，得召见，具言固所著述意，而郡亦上其书，显宗甚奇之。召诣校书部，除兰台令史，与前睢阳令陈宗、长陵令尹敏、司隶从事孟异，共成《世祖本纪》。迁为郎，典校秘书。固又撰功臣平林新市公孙述

事，作列传、载记二十八篇，奏之。帝乃复使终成前所著书。固以为汉绍尧运，以建帝业至于六世，史臣乃追述功德，私作本纪，编于夏王之末，厕于秦项之列，太初以后，阙而不录。故探撰前记，缀集所闻，以为《汉书》。起元高祖，终于孝平王莽之诛，十有二世，二百三十年，综其行事，傍贯《五经》，上下洽通，为春秋、考、纪、表、志、传凡百篇。固自永平中，始受诏，潜精积思二十余年，至建初中章帝建初元年为公元七六年乃成。[17]

班固因其父作，而修《汉书》，亦为父子世业。其与太史公父子异者，一则世为史官，一则以郎官令史典校秘书，而非史官。[18]是其修史虽同，而非皇古以来史官世守之旧法矣。

固之自赞其书曰："综其行事，旁贯五经，上下洽通"；又曰："准天地，统阴阳，阐元极，步三光，穷人理，该万方，纬六经，缀道纲，总百氏，赞篇章，函雅故，通古今"；以视司马迁之自称者，可谓后先映照。然晋人傅玄评其书云："论国体则饰主阙而折忠臣，叙世教则贵取容而贱直节，述时务则谨辞章而略事实。"范晔《后汉书·班固传论》则云：

司马迁、班固父子，其言史官载籍之作，大义粲然著矣。议者咸称二子有良史之才，迁文直而事核，固文赡而事详，若固之叙事，不激诡不抑抗，赡而不秽，详而有体，使读之者亹亹而不厌，信哉其能成名也。彪、固讥迁，以为是非颇谬于圣人，然其讥论，常排死节，否正直，而不叙杀身成仁之为美，则轻仁义，贱守节，愈矣。固伤迁博物洽闻，不能以智免极刑，然亦身陷大戮，智及之而不能守之。呜呼，古人所以致论于目睫也。

《宋书》本传载晔《与甥书》，亦云：

详观古今著述及评论，殆少可意者。班氏最有高名，既任情无例，不可甲乙辨，后赞于理近无所得，唯志可推耳。博赡不可及之，整理未必愧也。

是其为抑扬高下之辞，亦一如班氏父子之于子长也。刘知幾持论，每抑《史记》而扬《汉书》。其《史通·六家篇》云：

寻《史记》疆宇辽阔，年月遐长，而分以纪、传，散以书、表，每论家国，一政而胡越相悬，贱君臣，一时而参商是隔，此其为体之失者也。兼其所载，多聚旧记，时采杂言，故使览之者，事罕异闻，而语饶重出，此撰录之烦者也。……如《汉书》者，究西都之首末，穷刘氏之废兴，包举一代，撰成一书，言皆精练，事甚该密，故学者寻讨，易为其功，自尔迄今，无改斯道。

盖创始者难免疏略，继起者易于该密，《汉书》之优于《史记》，其势然也。自来为《史》《汉》优劣之论者，烦不胜理，如晋张辅，以《史记》叙三千年事，惟五十万言，《汉书》叙二百年事，乃八十万言，以为两书高下之判。不悟《史记》纪《春秋》以前数千年事，限于文献不足，多所阙略，且仅居全书十之二三；叙汉初迄太初事，为时不及百年，乃居全书之过半。持此一段，以与《汉书》较，亦未见孰为多少。张氏所说，乃目见毫毛而不见其睫之论也。其后郑樵则盛讥班固，而推崇司马迁。其言曰：“自《春秋》之后，唯《史记》擅制作之规模，不幸班固非其人，遂失会通之旨。”《通志·序》盖樵之修《通志》，实取法于《史记》，会通古今史事为一书。章学诚推为百世宗师者，宜其不满于班氏之断代史也。

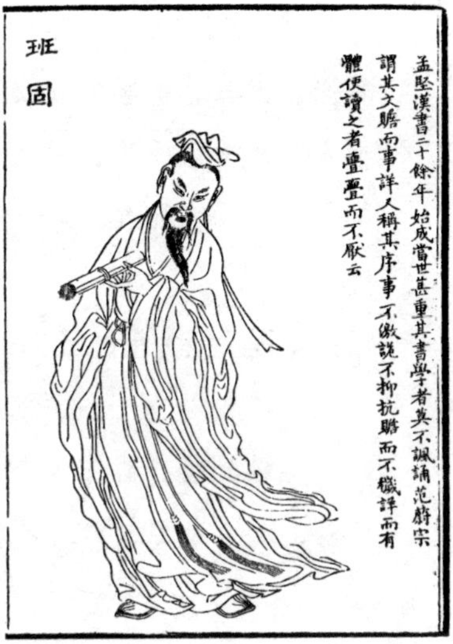

班　固
——从清乾隆八年（1743）刊本《晚笑堂竹庄画传》

班固之作《汉书》，其体一依于《史记》，本如云礽之与祖父，强区为二，理有难言。然语其原，虽为一体，而究其流，则有二致，即《史记》为通史之开山，而《汉书》为断代之初祖是已。范、陈而后诸正史，以断代为主者，皆仰汲班氏之流；杜佑之修《通典》，司马光之修《通鉴》，郑樵之修《通志》，穿贯古今以为一书。又闻司马氏之风而兴起者也。

《史通·正史篇》亦云：

固后坐窦氏事，卒于洛阳狱，书颇散乱，莫能综理。其妹曹大家，博学能属文，奉诏校叙，又选高才郎马融等十人，从大家受读，其八表、《天文志》等，犹未克成，多是待诏马续所作。而古今人表，尤不类本书。

袁宏《后汉纪》十九云：

马融兄续，博览古今，同郡班固，著《汉书》，缺其八表，及《天文志》，有录无书，续尽踵而成之。

《后汉书·列女传·曹世叔妻班昭传》云：

兄固著《汉书》，其八表及《天文志》，未及竟而卒。和帝诏昭，就东观藏书阁踵而成之。……时《汉书》始出，多未能通者，同郡马融伏于阁下，从昭受读，后又诏融兄续，继昭成之。

《后书》不言马续所续是何篇目，惟司马彪《续汉书·天文志》，谓孝明帝使班固叙《汉书》，而马续述《天文志》，是则马续所述者，仅天文一志，有明文可考。然《史通》谓八表、《天文志》等，多是马续所作，则又因续继昭成之一语，推而得之也。吾谓固所撰之八表及《天文志》，非不略具规模，故曰未及竟而卒；班昭踵成之，亦未能毕功，故又有待于马续之继作；至天文一志，则多出自续手；此又因续书所记，推而得之也。[19]盖《汉书》未成之一部，有待后人之补辑，亦犹《史记》十篇之有录无书。然褚少孙之补《史记》，实有狗尾续貂之诮，不若班昭所续之后先媲美，如出一手，此又为才力所限，无可如何者矣。

汉献帝颇好典籍，常以《汉书》文繁难省，乃命秘书监侍中荀悦，依《左氏传》体，以为《汉纪》三十篇。而悦亦自云：

> 先王光演大业，肆于时夏，亦惟翼翼，以监厥后，永世作典。夫立典有五志焉：一曰达道义、二曰章法式、三曰通古今、四曰著功勋、五曰表贤能，于是天人之际，事物之宜，粲然显著，罔不备矣。……汉四百有六载，拨乱反正，统武兴文，永为祖宗之洪业，思光启乎万嗣，圣上穆然，惟文之恤，瞻前顾后，是绍是维，阐崇大猷，命立国典，于是缀叙旧书，以述《汉纪》，中兴以前，明主贤臣得失之轨，亦足以观矣。[20]

又云：

> 谨约撰旧书，通为叙之，总为《帝纪》，列其年月，比其时事，撮要举凡，存其大体，旨少所缺，务存约省，以副本书，以为要纪。《汉纪》一。

悦撰是书之体，一仿《左传》，故《通史》以其书列入《左传》家，称为编年体。又谓，荀氏剪裁班史，篇才三十，历代褒之，有逾本书，后来作者，不出班、荀二体，故晋史有王虞，而附以干《纪》；《宋书》有徐沈，而分为裴《略》，各有其美，并行于世。盖其后自后汉以至南北朝，如张璠、袁宏、孙盛、干宝、徐广、裴子野、吴均、何之元、王劭等所著书，或谓之春秋，或谓之纪，或谓之略，或谓之典，或谓之志，其名各异，大抵皆依《左传》。以上略本《史通·六家·二体》。盖编年体本为古史记载之成法，《春秋》一书，即其明证。惟自丘明作传，广采列国之史，羽翼《春秋》，事具首尾，言成经纬，条理始密，然犹为释经而作。迨于荀悦，始取《汉书》各传及志、表之文，按其年月前后，散入本纪各年之下，以成一代之典。[21]与《左传》之与《春秋》相为表里者有间。见存乙部诸书，仅袁宏之《后汉纪》，可与是书伯仲。而宋代司马光之撰《通鉴》，则自五季以往，穿贯一千六百余年之事，实包举荀悦、袁宏二氏之书，而一新其面目，遂集编年体之大成。此又仰食荀悦之赐，而可以一览得之者。

《汉纪》之作，悉撮取班书入录，此外采录绝少。故顾炎武病其叙事索然无意味，间或首尾不备，[22]是诚然矣。然据宋李焘所跋及《四库提要》所考，曾举详于班书者数事，盖别有所本。是则其书与班书之多同，正由荀氏之矜慎。然吾谓荀书之可贵者，不在内蕴，而在义例。义例维何，即悦所自称达道义、章法式、通古今、著功勋、表贤能五者是也。五者之中，尤以二三两例为最要。所谓章法式，即修史之成法，《左传》所举之五十凡，《史通》所论之史法，皆此物也。所谓通古今，即太史公所谓通古今之变，亦章学诚所崇尚之通史。悦亦自言，约撰旧书，通而叙之，杜佑、司马光、郑樵诸氏之作，悉自通而叙之一语，引申得之。吾国谈史法者，始于刘知幾，谈史义者，始于章学诚。抑知荀氏于千余年前，已深明其会通之旨，而于《汉纪》一书著其法式，其有功于史学为何如。纪事本末一体，创于袁枢。其书皆钞撮《通鉴》而成，非有旁搜博综之功，然而后贤盛称之者，亦以其能别创义例，为来学示之准的耳。《汉纪》之足称，亦以是而已。

《汉书·艺文志》春秋家曾著录《汉著记》百九十卷，颜注云：若今之起居注，其意似谓著记即注记也。考《汉书·五行志》曾举《汉著纪》之名，自高祖至孝平凡十二世，《律历志》亦屡称著纪，所纪悉为年世，或日食朔晦之数。《后汉书》则作注记，见《和熹邓皇后纪》及《马严传》。王应麟《汉志考证》引刘毅语云：汉之旧典世有注记，是记又作纪，著又作注。据《五行志》所载十二著记之文，多属五行、历数、天人相应之事，盖太史令之所掌也。参阅朱希祖先生《汉十二世著纪考》，见《北京大学季刊》二卷三号。则是《汉著记》未必属于起居注，颜注所说未为得实。《汉书》又著录《太古以来年纪》二篇，《汉大年纪》五篇，太古以往年纪所纪，当为三代以往之纪年，为《史记》所本。或谓《汉书·本纪注》臣瓒所说《汉帝年纪》，悉出《汉大年纪》。或又谓其体似大事记，其详不可考矣。要之《汉著记》《汉大年纪》二书，皆在《汉书》以前，且为汉史之一种，故不惮烦而附述之。

章学诚谓：“三代以上记注有成法，而撰述无定名，三代以下，撰述有定名，而记注无成法。”《文史通义·书教上》

所谓记注，即旧日所称之掌故，亦今日所称之史料；所谓撰述，即旧日所称纪传、编年二体之史，亦今日所称之史书。三代盛时，有史官世掌典籍，记言记事，职有专司，所谓掌故史料之书，皆为史官之所典掌，故曰记注有成法。而于是时，盖无一人如孔子之修《春秋》，司马迁之作《史记》，整齐千百年事，以垂为百代之大典者，故曰撰述无定名。质言之，即有史料而无史书是也。春秋之世，孔子观书周室，因《鲁史记》而修《春秋》，即将旧存之记注，为史官所掌者，始终条理，撰成一书。司马迁亦以《尚书》《世本》《左传》《国语》《国策》《楚汉春秋》等书及当代郡国所上之计书为史料，而作《史记》。后世之修史者，悉沿斯例而无改，故曰撰述有定名。然自周室衰微，史官失职，典守之籍，逐渐散亡，迨汉之中叶，司马氏父子殁后，所有记言记事之役，掌故史料之藏，改由他职兼领，而史官之制，遂与古不侔矣，故曰记注无成法。此其可考之大略也。吾谓古代史官，有记注而无撰述，如所谓《虞书》《夏书》《周书》、鲁之《春秋》，未经孔子删定者，皆记注也。后世史家，则重撰述而轻记注，自孔子、左丘明、司马迁、班固、荀悦以来，所修编年纪传之史，皆撰述也。记注为史官世守之业，撰述开私家修史之风，史官世守之业，极于司马迁，而隋唐以后官修诸史，犹有告朔饩羊之意存焉。私家修史之风，导源于孔子、左丘明，而大成于司马迁、班固，而魏晋六朝所修诸史，皆其支与流裔也。或谓司马氏父子世为太史令，职典记事，乃作《史记》。班固官兰台令史，奉明帝之命，以成所著《汉书》，皆非私史之比，此殊不然。寻《太史公自序》所记，盖奉父命作史，故曰悉论先人所次旧闻，又自比于孔子之修《春秋》，曰：大抵圣贤发愤之所作也；王肃亦谓孝武览孝景及见本纪大怒，削而投之，于是两纪有录无书；卫宏曰：迁作《景帝本纪》，极言其短，及武帝过，武帝怒而削去之，[23]后人或证其言之妄。今本景、武二纪，俱为后人所补，宏言未必无据；至固本因其父业，私作国史，为人所讦发，明帝奇其书，乃使固而成之，是皆私家修史之明证。自马、班二氏，发凡起例，创为纪传一体，后贤承之，多有明作，遂于魏、晋、南北朝之世，大结璀璨光华之果。当此之时，记注固无成法，撰述已有定名，于古虽有未合，于今亦未为失也。

吾国古史之体多为编年，如《春秋》及《竹书纪年》皆是。司马迁始改为纪传体，为班固以下所祖，此固创而非因也。或谓《史记·大宛传》，尝两引《禹本纪》，而《伯夷传》亦有其传曰之语，是为本纪列传二体所本。又或谓《世本》有世家，有传，有谱，有帝系、氏姓、居、作等篇，而迁亦自言采及《春秋》《历谱牒》，为世家、书、表各体之所本。梁启超亦论之曰：本纪以事系年，取则于《春秋》，八书详纪政制，蜕形于《尚书》，十表稽牒作谱，印范于《世本》，世家列传既宗杂记，亦采琐语，则《国语》之遗规也。《过去之史学界》是则《史记》之各体虽有所因，非由自创，而迁能整齐条理，上结前代史官之局，下开私家作史之风，其功侔于左氏，而几于孔子争烈矣。班固因《史记》之体以成断代之作，改世家以入传，易书而称志，又称其大名曰书，为后来史家所本，几为一成不易之规。固又别为平林新市公孙述作载记，为《晋书》载记所本，是亦世家一体之易名也。吾谓汉人称古代之典籍曰经，古史如《尚书》《春秋》亦有经名，《汉志》著录之《尚书》古文经、《春秋》古经是也。释经之作或曰传，或曰记，左氏、公羊、谷梁三氏之书，皆为释《春秋》而作，故以传称之。而《周官经》及《礼经》亦别有传，《汉志》有《周官传》四篇，《仪礼·丧服》内有传曰之文，丧服正文即《礼经》，而传曰以下之文，即《礼经》之传也。传又称记，故《古礼经》之外又有记，而不必为今本之《礼记》，是则记与传皆为释经而作也。《史记》之有本纪，《汉书·叙传》称为《春秋考纪》。以编年为体，义同于《春秋经》，本纪之外而别作列传，义同于《左氏传》，凡本纪不能详者，皆具于列传，即列传为释本纪而作也。然本纪之义同于记事，故记事亦称纪事，记为释经而作，义正同传，而迁何以称古史为《史记》，自作之史何以又称本纪，盖纪帝王之事，有《禹本纪》为例，而又不能僭称经，故用本纪之名以拟经，此可意度而知之者也。《周礼》外史掌三皇五帝之书，而古人尝称史为书，《左》襄十四年。而《汉书》亦著录《周书》七十一篇，故班氏以下称《史》曰书，而《史记》亦称详故事典制者曰八书。然古人概称记事之书曰志，义正同书，是班氏之易书为志，亦有未安，不如易志称记，取以相配，亦理之宜也。或易纪人之传为录，而称纪一事之本末者为传，以免记与本纪相溷，详见第十章。亦属允当。总之无论其名为何，皆取以传释经之义，纪传一体创自司马氏，而班氏承之，后世奉为圭臬，异乎此者，则谓之杂史，此即二氏所建立之史法也。

若夫马班二氏之史学，亦有可得而言者，《史记》之善叙事理，辨而不华，质而不野，其文直，其事核，不虚美，不隐恶，即司马迁之史学也。《汉书》之叙事，不激诡，不抑抗，赡而不秽，详而有体，使读之者亹亹而不倦，即班固之史学也。左丘明之赞《春秋》曰：非圣人孰能修之，然其所举，乃微而显、志而晦、婉而成章、尽而不污、惩恶而劝善之五事。

高帝紀第一上 漢書一
正議大夫行祕書少監琅邪縣開國子顔師古注
高祖沛豐邑中陽里人也姓劉氏母媼嘗息大澤之陂夢與神遇是時雷電晦冥父大公往視則見交龍於上已而有娠遂產高祖高祖為人隆準而龍顔美須髯左股有七十二黑子寬仁愛人

《汉书》书影（明汲古阁刻本）

马、班二氏作史之旨，不期而与孔子暗合，此即章学诚所谓史意也。刘知幾作《史通》以明史法，又备言史例之要。曾谓：史之有例，犹国之有法，国无法则上下靡定，史无例则是非莫准。《史通·序例》所谓史例，即史法也。《春秋》之例，具于五十凡，而左氏明之。《史记》《汉书》未明言有例，然《史记》有《自序》《汉书》有《叙传》，而例即寓于《自序》《叙传》之中。迁所谓究天人之际，通古今之变，成一家之言，厥协六经异传，整齐百家杂语，固所谓该万方，纬六经，函雅故，通古今，皆属言之有物，非好为大言者比，谓之史法也可，谓之史例也亦可。且即本书而细求之，亦非无例可寻，惜后人无仿杜预成式，为《史记》《汉书》作释例者，遂致古良史之美意，湮没而不彰，可慨也夫。是则史意也，史法也，史例也，皆二氏史学之可考见者也。

注释

[1]《文选》字句，多于《汉书》者，俱从《文选》。又《史记·太史公自序》："昔西伯拘羑里，演《周易》，孔子厄陈蔡，作《春秋》，屈原放逐，著《离骚》，左丘失明，厥有《国语》，孙子膑脚，而论《兵法》，不韦迁蜀，世传《吕览》，韩非囚秦，《说难》《孤愤》，《诗》三百篇，大抵贤圣发愤之所为作也，此人皆意有所郁结，不得通其道也，故述往事，思来者。"此文大略，与《报任安书》同。

[2]《史记·五帝本纪赞》：余尝西至崆峒，北过涿鹿，东渐于海，南浮江淮矣。亦可互证。《史记》中尚有数处可证，见《十七史商榷》一，"子长游踪"条。

[3]皆见《太史公自序》。

[4]见《史记·六国年表序》。

[5]《五帝德》《帝系姓》，即《大戴礼》中之两篇，《史记·五帝本纪》举其名，《五帝系牒》，即两篇之总称，见《三代世表》。

[6]见《十二诸侯年表》，亦称《谱牒》《索隐》《三王世表》，旁行邪上，并效《周谱》。按《汉书·艺文志》，著录《帝王诸侯世谱》二十卷，《古来帝王年谱》五卷，当俱为史公所采用。

[7]见《三王世表》，亦称《历谱牒》。

[8]见《六国表》：一曰太史公读《秦记》，一曰独有《秦记》，又不载日月，其文略不具，然战国之权变，亦颇有可采者，一曰余因《秦记》踵《春秋》之后（注：《秦记》者，秦之史记也）。又见《秦始皇本纪》，李斯诣史官非《秦记》皆烧之。

[9]《汉书·艺文志》《楚汉春秋》九篇，陆贾所记。《后汉书·班彪传》，汉兴，定天下，太中大夫陆贾记录时功，作《楚汉春秋》九

篇。《史记》本传，《索隐》，陆贾记项氏与汉高祖初起，及说惠文间事。《汉书·司马迁传赞》，则言迁述《楚汉春秋》，接其后事。

[10]参阅钱大昕《廿二史考异》五，“为太史公书”一条。

[11]参阅王鸣盛《十七史商榷》一“十篇有录无书”条。

[12]参阅《十七史商榷》一“褚先生《补史记》”条，及《廿二史劄记》一“褚少孙《补史记不止十篇》”条。

[13]见《汉书》司马迁、杨恽两传。

[14]见《史记·孝武本纪注》，可与《汉书·儒林传》参看。

[15]见《后汉书·班彪传注》及《史通·正史》。《班传》，史岑作史孝山。按：汉有两史岑，一在王莽末，字子孝，另一在莽百年后者，字孝山。续《史记》者，应为莽末之史子孝，《班传注》误，《文选》四十七《史孝山出师颂》注，曾详辨之。又阳城衡，《班传注》作阳城卫，《史通》作卫衡皆误，沈钦韩《疏证》曾辨之。

[16]此从《史通·正史》《后汉书·班彪传》作数十篇，必别有所本，盖知幾所见之《后汉书》，尚有多本也。

[17]固以为汉绍尧运以下数语，出于《汉书·叙传》，而《后汉》采之。

[18]《汉书·叙传》：永平中为郎，典校秘书，专笃志于博学，以著述为业。

[19]《玉海·艺文》刘昭《补志》序云：续志昭表，以是推之，八表其班昭所补，《天文志》其马续所成欤。所说较《史通》为明白可据。

[20]见《后汉书·荀悦传》，及《汉纪》本书。《史通·正史篇》，谓其书经五六年乃就。据《汉纪·自序》，建安三年始功，五年书成，前后凡三年，惟袁宏谓成于建安十年，其说实误，而《史通》之误，亦由于此。

[21]《汉纪·自序》云：约集旧书，撮序表志，总为帝纪，是则《汉纪》之命名，本于《汉书》之帝纪。帝纪之体，本为编年，又以传、志、表之文撮要入帝纪，以成《汉纪》，故曰撮序表志，总为帝纪，遗列传而不言者，省文也。

[22]见《日知录》。

[23]见《史记百三十集解》，及《三国·魏志·王肃传》。

第四章

魏晋南北朝以迄唐初私家修史之始末

自马、班二氏出，已大畅私家修史之风，迨魏晋南北朝，以迄唐初，而私家修史尤盛，大别言之，可分五类：其一为后汉史，其二为三国史，其三为晋史，其四为十六国史，其五为南北朝史。凡此五类之史，初皆由多家纂集，最后勒定一编。然其源虽同，其流则异。如刘宋以前，后汉史有九家，自范晔《后汉书》成，而九家之书皆废。又如唐以前《晋史》有十八家，唐太宗官修之《晋书》成，而十八家之书皆废，陈寿《三国志》未成之前，三国之史，各有作者，不只一家，自陈书行，而诸家之书，日就湮废，正与汉、晋二史同符，此之谓源亡流存，一例也。晋代之十六国，亦各有史，流传颇盛，后魏崔鸿本之，以作《十六国春秋》，诸国之史，既渐以湮废，而自宋以来，鸿之本书，亦不见著录，此之谓源流俱绝，二例也。南朝有宋、齐、梁、陈四书，北朝亦有魏、齐、周、隋四书，李延寿因之以撰《南史》《北史》，今则八书俱存，与南北史并列于正史，此之谓源流俱存，三例也。依此三例，衍而述之，大略具矣。

后汉史作者甚多，兹据《隋书》《旧唐书》两《经籍志》《新唐书·艺文志》，考得要略，列表明之：

书名	卷数	著者	存亡	附考
《东观汉记》	《隋》一百四十三 《唐》一百二十七	汉　刘珍等	亡	今有清代辑本二十四卷。
《后汉书》	《隋》一百三十 《唐》一百三十三	吴　谢承	亡	有辑本。
《后汉记》	《隋》原百卷 存六十五 《唐》一百	晋　薛莹	亡	莹本吴人，后入晋所作亦称《后汉书》，有辑本。
《续汉书》	《隋》八十三 《唐》同	晋　司马彪		志三十卷未亡，附范晔之书以行，纪传亡，别有辑本。
《后汉书》	《唐》五十八	刘义庆	亡	疑即撰《世说新语》之刘孝标，而两唐系于华峤之前，似为晋人，存疑待考。
《汉后书》	《隋》原九十七 存十七 《唐》三十一	晋　华峤	亡	有辑本，原作《后汉书》，据《晋书·华表传》及《史通·正史》本作《汉后书》。

（续表）

书名	卷数	著者	存亡	附考
《后汉书》	《隋》原一百二十二 存八十五 《唐》一百又二	晋　谢沈	亡	有辑本。
《后汉南记》	《隋》原五十五 存四十五 《唐》五十八	晋　张莹	亡	两唐书仅称《汉南记》。
《后汉书》	《隋》原一百 存九十五 《唐》一百又二	晋　袁山松	亡	有辑本。
《后汉书》	《隋》九十七 《唐》九十二 《宋》九十	宋　范晔	存	
《后汉书》	《隋》一百	梁　萧子显	亡	
				以上为纪传体。
《后汉纪》	三十	晋　袁宏	存	
《后汉纪》	三十	晋　张璠	亡	
				以上为编年体。

以上可考者，凡十三种，而见存之本，仅范氏之《后汉书》，袁氏之《后汉纪》，二种而已。其他则多有辑本，清姚之骃《后汉书补逸》二十一卷，中凡辑《东观汉记》八卷，谢承书四卷，薛莹、张璠、华峤、谢沈、袁山松书各一卷，司马彪书四卷，章宗源、黄奭、黄恩绍各有辑本，而汪文台更汇而成七家《后汉书》，此其可考之大略也。

汉明帝尝诏班固同陈宗、尹敏、孟异，作《世祖本纪》，又撰《功臣列传载记》二十八篇，[1]此即唐代以后官修诸史之滥觞。其后乃诏刘珍、李尤修《东观汉记》，东观者，为章和以后，聚藏图籍之所，为修史者所取资，[2]范书称，延笃与朱穆、边韶，著作东观，是也。《东观汉记》之作，珍、尤而外，有伏无忌、黄景、边韶、崔寔、朱穆、曹寿、延笃、马日磾、蔡邕、杨彪、卢植，初未有名，后乃称《汉记》，其题为《东观汉记》，则自《隋志》始。范书未出之前，世人宝重其书，在诸家《后汉书》之上，魏晋南北朝之学者，尝称六经三史，三史者，《史记》《汉书》及此书是也。[3]此亦为官修史籍之一，故撰述不出一手，历时甚久，而终未成书。衡以章学诚之所论，此书盖属于撰述，体例一依《史记》《汉书》，大异古史官记注之成法，是为吾国史学界一大变革，而有一往难返之势者也。自时厥后，迄于范氏，私家之作，缘以大盛，有若二谢、薛、张、马、华、刘、袁八家之作，具如前表，所载者，皆为三国两晋时之名著，而卓然成一家之言者。往者刘勰榷论及此，其言曰："后汉纪传，发源东观，袁、张所制，偏驳不伦，薛、谢之作，疏谬少信，若司马彪之详实，华峤之准当，则其冠也。"《文心雕龙·史传篇》刘知幾亦独举司马彪、华峤两家，置他家而不数，且云，推其所长，华氏居最，其心折可谓至矣。近人或推谢承，以为后汉诸史之第一，[4]然仅由逸文窥其崖略，遽加论定未必衷于情实，仍当以二刘所论为当。八家之书，合以《东观记》，是为九家《后汉书》，皆承用《史记》之纪传体，各有所长，亦各有所短，且其中未成之作，实居半数，故有待于范晔之订定。范书既行，而诸家之史皆废，夫岂不以是欤。在范氏之前者，又有袁宏、张璠两家，皆著

《后汉纪》，为编年体，为范氏所取资，今则袁纪独存。又梁萧子显亦撰纪传体之《后汉书》，时在范氏之后，书亡于隋前，故不晓其与范书孰为优劣，今并具列于表。

《宋书·范晔传》，载晔左迁为宣城太守，不得志，乃删众家《后汉书》以为一家之作。又载晔狱中与诸甥侄书，其《自序》云：

> **上略**本未关史书，政恒览其不可解耳。既造后汉，转得统绪。详观古今著述，及评论，殆少可意者，班氏最有高名，既任情无例，不可甲乙辨，后赞于理近无所得，唯志可推耳。博赡不可及之，整理未必愧也。吾杂传论，皆有精意深旨，既有裁味，故约其词句。至于循吏以下，至六夷诸序论，笔势纵放，实天下之奇作，其中合者，往往不减《过秦篇》，尝共比方班氏所作，非但不愧之而已。欲遍作诸志，前汉所有者，悉令备，虽事不必多，且使见文得尽。又欲因事就卷内发论，以正一代得失，意复未果。赞自是吾文之杰思，殆无一字空设，奇变不穷，同含异体，乃自不知所以称之，此书行，故应有赏音者。纪传例，为举其大略耳，诸细意甚多，自古体大而思精，未有此也。恐世人不能尽之，多贵古贱今，所以称情狂言耳。**下略**[5]

今本《后汉书》，无晔自序，其撰述之旨趣，可由此书窥之。范氏撰《班固传论》，盛持其短，又用华峤之辞，谓固不能以智免极刑，身陷大戮，然晔亦与于彭城王义康之祸，其结局视固为酷，亦所谓目能察毫毛，而不自见其睫者也。观此书辞，露才扬己，毋乃太甚，何异自炫求售。然曹丕有言：“常人贵远贱近，向声背实，古之作者，寄身于翰墨，见意于篇籍，不假良史之辞，不托飞驰之势，而声名自传于后。”《典论·论文篇》衡以此文，盖与丕有同慨，其曰世人多贵古贱今，所以称情狂言，岂得已乎？且良工心苦，读书者未必尽喻，故曰，吾杂传论，皆有精意深旨，诸序论笔势纵放，实天下之奇作，赞自是吾文之杰思，殆无一字空设，皆自道其甘苦也。《文选》所录范氏之作，凡《论》一首，《赞》一首，皆为杰作，其他杰作尚多，咸可诵览。如以批评文学之态度，持论班范两书，一则极博赡渊雅之能事，一则有奇情壮采之可味，诚未知其孰为后先，而执笔为纪事文者，倘由范书入手，又能别具心裁，自出手眼。造文为史家之工具，研史之士，不能薄而不为，班书而外，范氏其首选也。

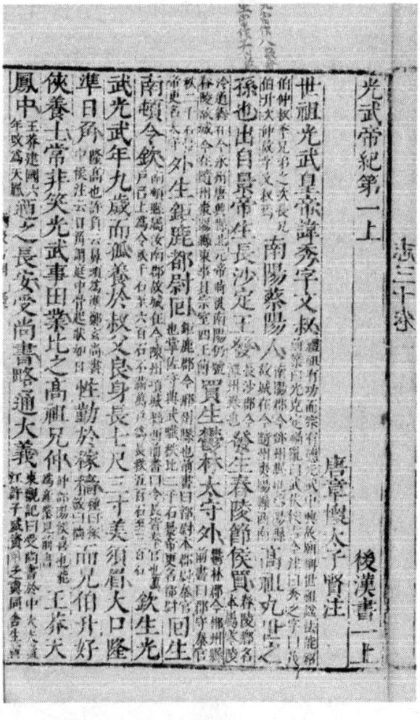
後漢書一上
光武帝紀第一上
唐章懷太子賢注
世祖光武皇帝諱秀字文叔南陽蔡陽人高祖九世之
孫也出自景帝生長沙定王發發生舂陵節侯買買生鬱林太守外外生鉅鹿都尉回回生
南頓令欽欽生光
武光武年九歲而孤養於叔父良身長七尺三寸美須眉大口隆
準日角性勤於稼穡而兄伯升好
俠養士常非笑光武事田業比之高祖兄仲王莽天
鳳中乃之長安受尚書略通大義

《后汉书》书影
（明崇祯年汲古阁刻本）

陈振孙《书录解题》，谓范氏删取《东观汉记》以下诸家之书，以为一家之作，是诚然矣。其所采取之迹，今犹有可考者：范氏撰史，多采华峤，峤书易外戚为后纪，范亦仍之，而《肃宗纪论》《二十八将传论》《桓谭冯衍传论》《袁安传论》《刘平、赵孝、淳于恭、江革、刘般、周磐、赵咨传序》《班彪传论》，其文中之一部，章怀并注为峤之辞；《王允传论》，章怀漏注，以《魏志·董卓传注》参校，知亦峤辞；[6]又以《东观记》为本书，复广集学徒，穷览旧籍，删烦补略，[7]以成一代大典。第近人王先谦则谓，范书因于华氏之六事，大都寥寥数句，不关纪传正史，实因峤辞未善，而加以改正，不得因此，遂谓其悉本华书，《后汉书·集辞述略》其说是也。不惟于华书如是，其于《东观记》亦然。

《史通》称晔作《后汉书》，凡十纪、十志、八十列传，合为百篇，会以罪被收，其十志未成而死。《史通·正史》《隋志》著录其书，作九十七卷，两《唐志》皆作九十二卷，唯《宋志》作九十卷，与今本合，其不同者，或以中有子卷多出，今本非有阙佚也。[8]范氏自序云：欲遍作诸志，前汉所有者，悉令备，故其目中有十志，以拟《汉书》。或谓晔所撰十志，一皆托谢俨搜撰，垂毕，遇晔败，悉蜡以覆车，宋文帝令丹阳尹徐湛之就俨寻求，已不复得，一代以为恨，[9]其事之有无不可知，藉令垂成而毁，诚可惜也。梁人刘昭曾为范书作注，凡得一百八十卷，[10]昭以范书无志，乃取司马彪《续汉书》之八志，并作为注，得三十卷，以补其阙，其《序略》所谓借旧志以补之，是也。范书与《续志》之合刊，始见于宋真宗乾兴元年孙奭所请，其奏中仅言刘昭注补《后汉志》，又云，范晔作之于前，刘昭述之于后，似未知其出于续书者。至陈振孙《书录解题》，乃明言《后汉志》三十卷，晋司马彪撰，梁刘昭补注，且考章怀注所引，称续汉者，文与今志同，其为彪书无疑，至此疑案始决。而两书经此合刊，续志亦不复别白，不细考者，不以为范书，必以为刘昭所补矣。

范氏既讥班固任情无例，又自称有纪传例，是则其书必有凡例，特以身罹极刑，随之俱散，乃不可考。然刘知幾之论，则曰："范晔之删后汉也，简而且周，疏而不漏。"王鸣盛亦谓："范书贵德义，抑势利，进处士，黜奸雄，论儒学则深美康成，褒党锢则推崇李固、杜乔，宰相无多述，而特表逸民，公卿不见采，而特尊独行。"《十七史商榷》六十一。是又能鉴马、班二家之失，而匡正之。是则其书一如《史记》之善序事理，辨而不华，质而不俚，文质相称，《汉书》之不激诡，不抑抗，赡而不秽，详而有体，诚不愧一代良史之才，而其史学之梗概，亦可于此窥见焉。

袁宏《后汉纪》，作于东晋康帝之世，在范晔之前，其自序云：

> 予尝读《后汉书》，烦秽杂乱，睡而不能竟也。聊以暇日，撰集为《后汉纪》，其所掇会汉纪，谢承书、司马彪书、华峤书、谢忱即谢沈书、《汉山阳公记》《汉灵献起居注》《汉名臣奏》、旁及诸郡耆旧《先贤传》，凡数百卷，前史阙略，多不次叙，错谬同异，谁使正之。经营八年，疲而不能定，颇有传者，始见张璠所撰书，其言汉末之事差详，故复探而益之。

袁宏所采之汉纪，即《东观记》，马司马彪、华峤、二谢谢承、谢沈之四书外，他所征引，多著录于《隋志》。宏著是书之动机，由于病诸家《后汉书》之烦秽杂乱，而改效编年体之汉纪。其论班、荀二家之书则曰："班固源流周赡，近乎通人之作，然因藉史迁，无所甄明，荀悦才智经纶，足为嘉史，所述当世，大得治功。"是则以繁而难理，与简而易寻，为两书之轩轾。盖其本书既依仿荀氏而作，明其渊源所自，不能不左班而右荀，不自知其失于议论之公。然而袁氏之作，视上举诸家之书，为便于循览矣。

据王鸣盛所考，宏书所采虽博，乃竟少有出范书外者，是诸书精实之语，范氏摭拾已尽，[11]而袁、范两书之价值，亦可想见。《四库提要》谓，荀悦书因班固旧文，剪裁联络，此书则抉择去取，自出鉴裁，又难于悦，斯论诚然，此《史通》所以谓世言汉中兴史者，唯袁、范二家也。[12]

其次则三国史，就可考者表列于下：

书　名	卷　数	著　者	存亡	附　考
《魏书》	四十八《隋志》，下同	晋魏　王沈	亡	纪传体。
《魏氏春秋》	二十	晋　孙盛	亡	编年体。
《魏纪》	十二	晋　阴澹	亡	《唐志》作《魏澹》。编年体。
《后魏春秋》	九	晋　孔衍	亡	一作《汉魏春秋》。编年体。
《魏尚书》	八	同上	亡	《唐志》作《后魏尚书》。

（续表）

书　　名	卷　　数	著　　者	存亡	附　　考
《魏略》	五十	魏　鱼豢	未全亡	《隋志》作《典略》八十九卷，此实为《魏略》《典略》之合本，应作《魏略》五十卷，《典略》三十九卷，有辑本。
《魏国统》	十《隋志》	晋　梁祚	亡	《唐志》作《魏书国纪》，误。
				以上魏。
《蜀书》		蜀汉　王崇	亡	
《蜀记》	七《唐志》	晋　王隐	亡	
《蜀本纪》		晋汉　谯周	亡	见《三国志》裴注。
《汉春秋》	《唐志》	晋　习凿齿	亡	即《汉晋春秋》五十四卷之一部，其所谓汉即后汉及蜀汉也，《隋志》作《汉晋阳秋》，盖由避讳。
				以上蜀汉。
《吴书》	五十五《隋志》，下同	吴　韦昭	亡	纪传体。
《吴记》	九	晋　环济	亡	
《吴录》	三十	梁　张勃	亡	
				以上吴。
《三国志》	六十五	晋　陈寿	存叙录一卷亡	内《魏书》三十卷，《蜀书》十五卷，《吴书》二十卷。
				以上合三国为一书。

以上所著录者，可分官修、私修两类，如王沈之《魏书》，韦昭之《吴书》，属于官修者也；其他诸作，多属于私修。至陈寿乃合诸氏之史，以为《三国志》，而集官、私各书之大成焉。纂《魏书》者，有卫觊、缪袭、韦诞、应璩、王沈、阮籍、孙该、傅玄等多人，而终就其业者，则王沈也。纂《吴书》者，有丁孚、项峻、韦昭、周昭、薛莹、梁广、华核，其后韦昭独终其书。以上二书，皆承魏、吴二主之命而修者也。陈寿尝谓蜀汉国不置史，记注无官，而刘知幾以为厚诬诸葛，蜀以王崇补《东观》，许盖掌礼仪，郤正为秘书郎，广求益部书籍，其事具载《蜀志》。《史通·正史》兹考《华阳国志》十一《后贤志》，王崇于蜀为东观郎，入晋后著《蜀书》，颇与陈寿不同，今陈书不见崇名，知幾所见《蜀志》，若非崇之《蜀书》，即《华阳国志》也。《三国志·蜀后主传》，景曜元年亦有史官言景星见之语，此所谓史官乃太史令之异称实历官也。或据此以为蜀有史官之明证，殊为失考；而知幾谓寿之父为诸葛所髡，故加兹谤议，则亦未必可信也。王崇虽官于东观，而所作《蜀书》，仍为私修之史，其不著录于《隋志》，以已早亡故也。《史通》谓鱼豢私撰《魏略》，事止明帝，《正史篇》其时盖在王沈《魏书》之前，今其书佚文甚多，可以窥见大略，裴松之据以补注陈书之阙略，亦可称之名著矣。

《晋书·陈寿传》云：

寿仕蜀为观阁令史，及蜀平，除著作郎，撰魏吴蜀

《三国志》，凡六十五篇，时人称其善叙事，有良史之才，夏侯湛时著《魏书》，见寿所作，便坏已书而罢，张华深善之，谓寿曰，当以《晋书》相付耳，其为时所重如此……卒年六十五。梁州大中正尚书郎范頵等上表曰：故治书侍御史陈寿，作《三国志》，辞多劝戒，明乎得失，有益风化，虽文艳不若相如，而质直过之，愿垂采录。于是诏下河南尹洛阳令，就家写其书。

《华阳国志·后贤传》亦云：

吴平后，寿乃鸠合三国史，著魏吴蜀三书六十五篇，号《三国志》。……中书监荀勖、令张华深爱之，以班固、史迁不足方也。

《三国志》成于晋初，是时《后汉史》，仅有《东观纪》、谢承书可资采撷，而谢书恐未大传于世，至范晔之撰《后汉书》，则远在陈寿之后，故其《外夷传》，多取材于寿书，《隋志》以下，迄于今之《二十四史》，列范书于陈前者，盖以朝代为次，非论作者之先后也。《晋书》陈寿本传论云："丘明既没，班、马迭兴，奋鸿笔于西京，骋直词于东观，自斯已降，可以继明先典者，陈寿得之，江汉英灵信有之矣。"其推许甚至，当代称寿有良史之才，以为马、班之亚，不诬也。或谓寿不帝蜀汉，而为魏作本纪，又曾厚诬诸葛，谓将略非其所长，《晋书》又载其因乞米不与，而不为丁仪、丁

魏書一　三國志一

武帝紀第一

太祖武皇帝沛國譙人也姓曹諱操字孟德漢相國參之後

桓帝世曹騰爲中常侍大長秋封費亭侯

養子嵩嗣官至太尉莫能審其生出本末

嵩生太祖太祖少機警有權數

《三国志》书影

（明末汲古阁刻本）

廙立传，不悟晋以承魏，魏以承汉，寿身为晋臣，若帝蜀汉，必蒙骈首之诛，寿于《诸葛亮传》后，盛称其才，又为诸葛撰集，表上之，即有微词，决非谤语，至乞米事，尤为影响之辞，《晋书》好采杂说，故以入传，然于其上冠以或云，以明其事之难信于诸葛髡其父亦然，究之马、班而后，应推寿作为佳史，则千载以来，无异议者。[13]故刘勰论之曰：“魏代之雄，纪、传互出，《阳秋》《魏略》之属，江表《吴录》之类，或激抗难征，或疏阔寡要，唯陈寿《三国志》，文质辨洽，荀、张比之于迁、固，非妄誉也。”

晋人习凿齿作《汉晋春秋》，起汉光武，终于晋愍帝，于三国之时，蜀以宗室为正，魏武虽受汉禅晋，尚为篡逆，至文帝平蜀，乃为汉亡，而晋始兴焉，其用意盖以裁正桓温之觊觎非望。《晋书》本传。说者谓习氏生于晋室南渡之后，与蜀汉之偏安相类，异于陈寿所处之境地，故得奋笔而申其所见。其后朱熹作《纲目》，帝蜀伪魏，亦当南宋偏安之日，正其显证。若宋萧常、元郝经之作《续后汉书》，明谢陛之作《季汉书》，皆承习氏，而以帝蜀伪魏为旨趣者也。然陈书虽未帝蜀，而亦未尝尊魏，其以三国之史，并列而分署，曰《魏书》《蜀书》《吴书》，用示三分鼎足之势，若以帝魏为旨趣，则必仿《晋书》之例，为蜀、吴二国各撰载记，而统署曰《魏书》，不得以《三国志》题之矣。且寿虽官著作，而所撰实为私史，当撰著之时，见其稿者，虽有张华、荀勖、夏侯湛，而未尝上之于朝，又以撰《魏志》有失勖意，摈之于外。[14]盖晚年归老于家，其书始就，殁后，乃得表上之。《晋书》纪之曰，官就家写其书，则不同于王沈、韦昭等官修之史明矣。

晁公武《郡斋读书志》，称寿书高简有法，允矣。然宋文帝病其简略，乃命裴松之兼采众书，补注其阙，本《史通·正史》。及其奏上，文帝善之，称为不朽之作。《宋书》本传。松之自谓作注之旨趣有四：一曰补阙，二曰备异，三曰惩妄，四曰论辩。清《四库提要》则曰："松之受诏为注，杂引诸书，亦时下已意，综其大致有六：一曰引诸家之论以辨是非，一曰参诸书之说以核伪异，一曰传所有之事详其委曲，一曰传所无之事，补其阙佚，一曰传所有之人详其生平，一曰传所无之人附以同类。"考裴注采录之书，约一百五十种，故榷论属于三国时之史料，[15]谓之异闻错出，其流最多，本《史通·正史》。而裴氏悉加采撷，可谓极注家之能事。然吾谓与其谓裴氏为注史，无宁谓为补史，读《三国志裴注》，应作《三国志补编》读之，与读《史记》之三家注、《汉书》之颜注、《后汉书》之章怀注，大异其趣。惟刘知幾则讥其喜聚异同，不加刊定，恣其击难，坐长繁芜，观其书成表献，自比蜜蜂兼采，但甘苦不分，难以味同萍实，则失之过甚。盖刘氏之世旧典多在，可资博览，故深病裴注之繁，若在今日，转藉裴注以考见古籍之鳞爪，故弥觉其可珍，此因处境之异，而见地不同，未可执彼而议此也。

其次则晋史，唐太宗时，诏修《晋书》，有前后晋史十八家之语，[16]兹以《晋书》及《隋》《唐》二志考之，所得各家撰述，略如下表，《唐志》之卷数有异同者，亦附记焉。

书名	卷数	著者	存亡	附考
《晋书》	《隋》九十三 《唐》八十九 存八十六	晋　王隐	亡	荀绰有《晋后书》十五篇，见《晋书》本传。
《晋书》	《隋》四十四 《唐》五十八 存二十六	晋　虞预	亡	
《晋书》	《隋》十四 《唐》十四 存一十	晋　朱凤	亡	
《晋书》	三十余	晋　谢沈	亡	仅见《晋书》本传，《隋》《唐》二志无之。
《晋中兴书》	《隋》七十八 《唐》八十	晋　何法盛	亡	《南史》三十三言法盛窃郗绍之稿而撰《中兴书》。
《晋书》	《隋》三十六 《唐》三十五	宋　谢灵运	亡	
《晋书》	《隋》 《唐》一百一十	齐　臧荣绪	亡	

（续表）

书　名	卷　　数	著　者	存亡	附　　考
《晋书》	《隋》一百又二 《唐》九 存十一	梁　严子云	亡	
《晋史草》	三十	梁　萧子显	亡	
《晋书》	七	梁　郑忠	亡	
《晋书》	一百一十	梁　沈约	亡	
《东晋新书》	七	梁　庾诜	亡	
				以上纪传体。
《晋纪》	四	晋　陆机	亡	
《晋纪》	二十三	晋　干宝	亡	《晋书》本传作二十卷。
《晋纪》	十	晋　曹嘉之	亡	
《汉晋春秋》	《隋》四十七 《唐》五十四	晋　习凿齿	亡	《隋志》作《汉晋阳秋》，由于避讳。
《晋纪》	十一	晋　邓粲	亡	《晋书》本纪作元明纪十篇。
《晋阳秋》	三十二	晋　孙盛	亡	简文帝太后郑氏讳阿春改春为阳，见《宋书·州郡志》。
《晋纪》	二十三	宋　刘谦之	亡	
《晋纪》	十	宋　王韶之	亡	
《晋纪》	四十五	宋　徐广	亡	
《续晋阳秋》	二十	宋　檀道鸾	亡	

（续表）

书　名	卷　　数	著　者	存亡	附　　考
《续晋纪》	五	宋　郭李产	亡	
				以上编年体。

以上所列者，凡二十三家，谢沈之书，不见《隋志》，盖已不传，郑忠、沈约之《晋书》，庾诜之《东晋新书》，皆亡于唐前，故《隋志》注亡字以明之。唐初可考者，应为十九家，而刘氏谓之十八家者，岂以习氏之书，上包后汉三国，不专纪晋事，故去而不之数欤？或以其书主汉斥魏，故废不用，则臆说也。[17]

陆机《晋纪》，仅纪宣、景、文三世之事，谓之三祖，而三祖皆为追号，干、习二氏皆纪至愍帝，王隐、虞预、朱凤、谢沈，皆东晋初人，故所撰《晋书》，亦仅西晋四朝之事，何法盛始为东晋撰史，故称曰《中兴书》，邓粲之纪，仅记元明二帝，一称曰《元明纪》，徐广之书，虽无明文，所纪亦当限于东晋，其他如孙、王、檀、郭诸氏，或专详东晋，或兼记两晋，则史所未详，不能臆定，谢灵运之书，撰于晋亡之后，当兼详两晋，而书竟不就，本传亦明言之矣。其能囊括两晋之事，以成一代之典者，仅臧荣绪、萧子云、沈约三氏耳。据《南齐书·高逸传》，称荣绪之书一百十卷，纪、录、志、传俱备，同时之褚渊，尝谓其篷庐守志，沈深典素，追古著书，撰《晋书》十袠，赞论虽无逸才，亦足弥纶一代，是其书之价值，可以窥见。[18]往者王鸣盛考论及此，以谓荣绪既勒成司马氏一代事迹，各体具备，卷帙繁富，谅有可观，即以垂世，有何不可，乃唐贞观中，房玄龄奏令狐德棻重修《晋书》，号为太宗御撰，而荣绪之书竟废，吾为荣绪愤之，[19]是可为臧氏千载下一知己矣。萧、沈二氏之书，虽亦为完作，然《隋志》著录时，沈书已亡，萧书仅存十一卷，其视臧书何若，无从质证，可以勿论，惟刘知幾谓贞观撰《晋书》成，言晋史者，皆弃其旧本，竟从新撰，《史通·正史》是诸家旧史之渐就湮废，本为自然之趋势。知幾又称，房玄龄所主修者为《新晋书》，见《史通·题目》《暗惑》二篇。是亦因臧氏之书具在，而系新旧之名以别之，亦犹两《唐书》、两《五代史》，各系以新旧之称也。臧氏《旧晋书》，当亡于安史之乱，其后惟存贞观新撰书，而后世遂不复知有新晋之名，[20]此考《晋书》者所宜知也。

评骘诸家《晋书》之得失者，具于《晋书传论》《晋书》第八十二卷所载，除陈寿、王长文、虞溥、司马彪四家之外，如王隐、虞预、孙盛、干宝、邓粲、谢沈、习凿齿、徐广，皆为私修《晋书》之史家，而复为之总论云：

> 王氏虽勤成一家，未足多尚，令升干宝《晋纪》安国孙盛字，有良史之才，而所著之事，惜非正典，悠悠晋室，斯文将坠，邓粲、谢沈，祖述前史，葺宇重轩之下，施床连榻之上，奇词异义，罕见称焉。习氏徐公，俱云笔削，彰善瘅恶，以为惩劝，夫蹈忠履正，贞士之心，背义向荣，君子不取，而彦威习凿齿字迹沦寇壤，逡巡于伪国，野民徐广字运遭革命，流连于旧朝，行不违言，广得之矣。

贞观二十年闰三月诏修《晋书》之文，亦云："十有八家，虽存记注，才非良史，书非实录，荣绪烦而寡要，行思谢沈字劳而少功，叔宁虞预字味同画饼，子云学堙涸流，处叔王隐字不预于中兴，法盛莫通乎创业，洎乎干陆曹邓，略纪帝王，鸾盛广松，才编载祀，其文既野，其事罕有。"《玉海》四十六。此即唐之君臣对《晋书》所下之评语也。所评骘，未必悉当，然可窥见大略，至唐太宗贞观十八年，始命房玄龄等主修《晋书》。《旧唐书·房玄龄传》，谓玄龄与褚遂良受诏重撰《晋书》，与其事者，有许敬宗、来济、陆元仕、刘子翼、令狐德棻、李义府、薛元超、上官仪等八人，分工撰录，以臧荣绪《晋书》为主，参考诸家，甚为详洽，然以好采诡谬碎事，论者所病。又以李淳风深明星历，主修天文、律历、五行三志，最为可观，而太宗自著宣、武二帝纪及陆机、王羲之二传之四论，于是号其书为御撰，至二十年书成，凡一百三十卷，大略如此，此书为鸠集多人，设局纂修而成，虽用后汉东观修史之成法，亦实开后来官修诸史之先例，大异于往者私修诸史，是时所成诸《晋史》，以臧书为最完整，故取以为主，是又可考而知之者。

其次则十六国史，其可考者，多见《隋志》，具载下表；其有不见《隋志》者，亦撷其要籍列入，惟注所出于附考栏中，再有不足于此，则近人所辑《晋书》艺文、经籍等志，可覆按也。[21]

书　名	卷数	著者	存亡	附　　考
《汉赵记》	十	前赵　和苞	亡	记前赵刘氏事。

（续表）

书　名	卷数	著者	存亡	附　　考
《赵书》	十	燕　　田融	亡	记后赵石氏事。一名《二石集》《唐志》作《赵石记》二十卷，徐光等撰《上党国记》早亡。
《二石传》	二	晋　　王度	亡	度又作《二石伪治时事》二卷。
《汉之书》	十	晋　　常璩	亡	记蜀李氏事。《唐志》又作《蜀李书》九卷。
《燕记》	〇	燕　　杜辅	亡	纪前燕事。见《史通》。
《后燕书》	三十	后燕　董统	亡	见《史通》。
《燕书》	二十	后燕　范亨	亡	合纪前燕后燕慕容氏事。申秀亦撰《燕书》。
《燕书》	〇	后燕　封懿	亡	见魏本传。
《南燕录》	五	燕　　张诠	亡	纪慕容德事，下同。《唐志》作《南燕书》。
《南燕录》	六	燕　王景晖	亡	
《南燕书》	七	游览先生	亡	不详何时人。
《燕志》	十	魏　　高闾	亡	纪北燕冯跋事。此书实韩显宗撰。
《秦书》	八	何仲熙	亡	记前秦苻氏事。又有车频《秦书》三卷。
《秦记》	十一	宋　裴景仁	亡	此书实因赵整车频之《秦记》。

（续表）

书　名	卷数	著者	存亡	附　　考
《秦记》	十	魏　姚和都	亡	记后秦姚氏事。
《凉记》	八	燕　张谘	亡	记前凉张氏事，下同。
《凉国春秋》	五十	凉　索绥	亡	见《史通》。
《凉记》	十二	凉　刘庆		
《凉书》	十	凉　刘昺	亡	
《西河记》	二	晋　逾归	亡	
《凉记》	十	凉　段龟龙	亡	纪后凉吕氏事。
《凉书》	十	魏　高道谦	亡	纪北凉沮渠事。
《凉书》	十	魏　宗钦	亡	同上。
《跖跋凉录》	十	无撰人	亡	纪南凉秃发氏事。
《敦煌实录》	十	凉　刘昺	亡	纪西凉李氏事。
《夏国书》		赵思群等	亡	纪赫连氏事，早亡。
				以上十六国史单行本，独缺西秦乞伏氏。
《十六国春秋》	一百	魏　崔鸿		原书亡，有伪本、辑本。
《三十国春秋》	二十一	梁　萧方等	亡	有辑本，此书以晋为主，附刘渊以下二十九国。
《三十国春秋》	一百	武敏之	亡	同上。名见《唐志》。
《战国春秋》	二十	李槩	亡	同上。亦纪十六国之事。
				以上十六国史合辑本。

唐初撰《隋书·经籍志》，始著《霸史》之目。其序云：

自晋永嘉之乱，皇纲失驭，九州君长，据有中原者，甚众，或推奉正朔，或假名窃号，然其君臣忠义之节，经国字民之务，盖亦勤矣。而当时臣子，亦各纪录，后魏克平诸国，据有嵩华，始命司徒崔浩，博采旧闻，缀述国史，诸国记注，尽集秘阁，尔朱之乱，并皆散亡，今举其见在，谓之《霸史》。

同时刘知幾于所著《史通·正史篇》中，榷论十六国史之原委较详，然自《十六国春秋》书行，而十六国史尽归散亡，其可述者，独有崔氏之书而已。

《魏书·崔光传》云：

从子鸿，少好读书，博综经史，弱冠，便有著述之志，见晋魏前史，皆成一家，无所措意，以刘渊、石勒、慕容俊、苻健、慕容垂、姚苌、慕容德、赫连屈孑、张轨、李雄、吕光、乞伏国仁、秃发乌孤、李暠、沮渠蒙逊、冯跋等，并因世故，跨僭一方，各有国书，未有统一，鸿乃撰为《十六国春秋》，勒成百卷，因其旧记，时即增损，褒贬焉。鸿二世仕江左，故不录僭晋、刘萧之书，又恐识者责之，未敢出行于外。世宗闻其撰录，诏鸿送呈，鸿以其书有与国初相涉，言多失体，且既未讫，迄不奏闻。后典起居，乃妄载其表曰：**中略**。“自晋永宁以后，虽所在称兵，竞自尊树，而能建邦命氏，成为战国者，十有六家；善恶兴灭之形，用兵乖会之势，亦足以垂之将来，昭明劝戒；但诸史残缺，体例不全，编录纷谬，繁略失所宜审正不同，定为一书。中略。始自景明之初，搜集诸国旧史，属迁京甫尔，率多分散，求之公私，驱驰数岁，暨正始元年，写乃向备。谨于吏案之暇，草构此书，区分时代，各系本录，破彼异同，凡为一体，约损繁文，补其不足，三豕五门之类一事异年之流，皆稽以长历，考诸旧志，删正差谬定为《实录》，商校大略，著《春秋》百篇。至三年之末，草成九十五卷，唯常璩所撰李雄父子据蜀时书，寻访未获，所以未及缮成，辍笔私求，七载于今。此书本江南撰录，恐中国所无，非臣私力所能终得，其起兵僭号事之始末，乃亦颇有，但不得此书，惧简略不成，乞敕缘边求采。臣又别作序例一卷，年表一卷，仰表皇朝统括大义。”鸿意如此。后永安中，鸿子子元为秘书郎，乃奏其父书曰：臣亡考鸿刊著赵、燕、秦、夏凉、蜀等遗载，为之赞序，褒贬评论，先朝之日，草构悉了，唯有李氏《蜀书》，搜索未获，阙兹一国，迟留未成，去正光三年，购访始得，讨论适讫，而先臣弃世。凡十六国，名为《春秋》，一百二卷，今缮写一本，乞藏秘阁。

盖鸿于生前讫未敢将书进呈。虚撰表文，以求免祸，至殁世后，其子乃表上之，细按传文可知也。又《史通·正史篇》云：

魏世黄门侍郎崔鸿，乃考核众家，辨其异同，除烦补阙，错综纲纪，易其国书曰录，主纪曰传，都谓之《十六国春秋》。鸿始以景明之初，求诸国逸史，逮正始元年，鸠集稽备，而犹阙蜀事，不果成书，推求十有五年，始于江东购获，乃增其篇目，勒为一百二卷。鸿殁后，永安中，其子缮写奏上，请藏诸秘阁，由是伪史宣布，大行于时。

凡上所述，即崔鸿撰书之始末及其命意之所在也。考崔氏之书，以晋为主，[22]又有表、[23]赞、序、例见前，区分时代，各系本录、体裁详备，足以包举诸家。惜其书于宋代之《崇文总目》即不见著录，晁公武、陈振孙以下更无其名，然《太平御览》，撰于宋初，犹见称引，司马光撰《通鉴考异》，亦屡及之，光所见者，固非全帙，而其书亡于北宋中叶以后，则无可疑也。世所流传之《十六国春秋》一百卷，经清代考定，为明人屠乔孙、项琳、姚士粦辈之伪作。[24]今细检之，乃取《晋书》张轨、李暠原作李玄盛两传，及载记三十卷之专详十六国事者，并《艺文类聚》《太平御览》诸书，所引《十六国春秋》佚文，一一书录联缀而成一编，摭拾略备，用心颇苦；惟《魏书》所叙十六国事，其文不必悉同崔书，而作伪者亦为采入，称为鸿作，则谬妄之尤者也。吾谓后人重辑十六国史，应不出两途：其一，应以辑逸为主，先就《类聚》《御览》所引，明知其为崔书者，录为一辑，再就他书所载之，虽未明言为崔书，而确知其必出于是者，取而附益之，如清代汤球《十六国春秋辑本》是其例也。其二，应以史事为主，不必限于崔书，凡古籍中涉及十六国事者，悉以入录，不遗只字，而一一注明所出于下，如马骕之撰《绎史》，即其例之最佳者。屠氏所作，实同《绎史》，诚能将所辑之书，一一注明，则不失十六国史之佳本，何必托名崔鸿，而以作伪为哉。浦起龙曾谓，屠氏欲起斯废，毋假初名，毋袭卷数，显号补亡可也，匿所自来，掩为己有，真书悉变为赝书矣，所论诚为中肯。然屠氏之书，署为鸿作，则非攘人之善以为已有者，实以崔鸿原作，大略不出于是，至其已蹈于作伪，则不之知，何若自署其名称为辑本之为得也。

唐修《晋书》，兼引十六国史，而撰三十载记，《史通》已言之矣。《正史篇》其所采者，固以崔书为多，然亦兼采各国史之原作。汤球辑本，以《汉魏丛书》之简本《十六国春秋》为主，而以《晋书》张、李两传及载记全文补足之，其中有与诸书所引不同者，再据以改正之。球谓《晋书》载记所叙十六国事，实采崔书而成，尚无大误，然遽谓载记之文，即同于崔书，一一录出，以为不异原作，虽异乎屠氏之作伪，亦不免失于武断矣。《隋志》于《十六国春秋》下，附载《纂录》一十卷，未注为何氏之作，汤球谓即《汉魏丛书》著录之简本凡十六卷，由后人摘录崔书而成，校以《通鉴考异》所引，悉与此同，例所称《十六国春秋》抄者，即此本也。又据北齐修文殿《御览·偏霸部》所载，亦悉与简本相同，遂名是书，曰《十六国春秋纂录》，并改订十六卷为十卷，以蕲合《隋志》之数，是亦可谓史学界之一发见矣。好学深思，心知其意，汤氏有焉。

其次则南北朝史，部次颇多，有修于唐以前者，有修于唐初者，其中有官修者，有私修者，兹就可考者，列表明之，表中所列，悉据隋唐二志，非有异同，则不复别白云。

书　名	卷数	著者	存亡	附　　考
《宋书》	六十五	宋　徐爰	亡	
《宋书》	六十一	无撰人	亡	宋大明中。
《宋书》	六十五	齐　孙严	亡	
《宋书》	一百	梁　沈约	存	以上纪传体。
《宋书》	三十	王智深	亡	《唐志》：王智深《宋纪》三十卷。
《宋略》	二十	宋　裴子野	亡	
《宋春秋》	二十	梁　王琰	亡	《唐志》：鲍衡卿《宋春秋》二十卷。以上编年体。
《齐书》	六十 存五十九	梁　萧子显	存	今本佚其《叙传》一卷。
《齐纪》	十	梁　刘陟	亡	《唐志》作《齐书》。
《齐纪》	二十	梁　沈约	亡	以上纪传体。
《齐史》	十三	梁　江淹	亡	
《齐春秋》	三十	梁　吴均	亡	
《齐典》	五	隋　王逸	亡	
《齐典》	十	齐　熊囊	亡	《唐志》作《十代记》。以上编年体。
《梁书》	一百 存四十九	梁　谢贞	亡	
《梁史》	五十三	陈　许亨		
《梁书帝纪》	七	隋　姚察		
《梁书》	三十四	隋　姚察	亡	
《梁书》	五十	唐　姚思廉	存	以上纪传体。
《梁典》	三十	隋　刘璠	亡	

（续表）

书　名	卷数	著者	存亡	附　　考
《梁典》	三十	陈　何之光	亡	
《梁后略》	十	隋　姚最	亡	以上编年体。
《陈书》	四十二	陈　陆琼	亡	
《陈书》		顾野王	亡	
《陈书》		傅縡	亡	
《陈书》	三十六	唐　姚思廉	存	以上纪传体。
				以上南朝各史。
《后魏书》	一百三十	北　齐魏收	存	今本只称《魏书》。
《后魏书》	一百	隋　魏澹	亡	《隋志》作魏彦深，彦深即澹之字。
《魏书》	一百	张太素	亡	以上纪传体。
《北齐未修书》	二十四	隋　李德林		
《北齐书》	二十	唐　张太素	亡	
《北齐书》	五十	唐　李百药	存	以上纪传体。
《齐志》	十	隋　王劭	亡	《唐志》作《北齐志》十七卷。
《齐书》	一百	同上	亡	
《北齐纪》	二十	隋　姚最	亡	以上编年体。
《周史》	十八	隋　牛弘	亡	
《后周书》	五十	唐 令狐德棻	存	今本只称《周书》。
《隋书》		隋　王劭	亡	仿《尚书》纪言体。
《隋书》	三十二	唐　张太素	亡	
《隋书》	八十五内志三十卷	唐　魏徵等	存	以上纪传体。
				以上北朝各史。

（续表）

书　名	卷数	著者	存亡	附　　考
《南史》	八十	唐　李延寿	存	
《北史》	一百	同上	存	
				以上南北朝合史。

以上列南朝诸史，为宋、齐、梁、陈四代，此《南史》所据以成书者也。北朝诸史，为魏、齐、周、隋四代，此《北史》所据以成书者也。南北朝诸史之已亡者，多属私修，《史通·正史篇》，已略论之，可供研考，无须赘述。兹第就见存诸史论之，仅萧子显之《南齐书》，出于自撰，书成而上之于朝，若沈约之《宋书》，则于齐武帝永明五年，被诏纂修，六年二月上之，魏收之《魏书》，则齐文宣帝天保二年，被诏纂修，又命房延祐、辛元植、刁柔、裴昂之、高孝幹、陆仲让等同预其役，实开唐初设局修史之先声。书成上之。至梁、陈、北齐、周、隋五史，私家不乏作者，多未成书，唐高祖武德中，令狐德棻始议纂修，久而未就，至太宗贞观三年，乃诏令狐德棻、岑文本修《周书》，李百药修《齐书》，姚思廉修《梁》《陈》二书，魏徵修《隋书》，而以房玄龄总监诸史，至贞观十年五史俱成，合称《五代纪传》，凡二百二十五卷，[25]此为唐初官修之五史，一称《五代史》者是也。隋姚察始撰《梁》《陈》二史，《隋志》著录之《梁书帝纪》七卷，即察未成之稿也。察亦仅成《陈书》二卷，唐太宗因其父子世业，故命其子思廉踵成之。隋李德林亦成《北齐书》二十四卷，著于《隋志》，称曰未修书，以明为未成之作，唐太宗命李德林之子百药，续成《北齐书》，亦犹姚思廉之继姚察耳，是则《梁》

《陈》《北齐》三书，官修其名，而私撰其实也。依此求之，沈约之修《宋书》，虽受命时君，而奋笔一室，不假众手，亦与私撰无殊，即魏收之书，多人为助，亦与唐以后设局纂修之史不同，谓为出于魏收之私撰，亦无不可也。唐代所修五史，惟令狐德棻主修之《周书》、魏徵主修之《隋书》，成于众手，是为官撰与魏、晋、南北朝私家所修诸史，大异其趣，是则与《梁》《陈》《北齐》三书，不可并论者耳。

房玄龄

——从清光绪年《上海同文书局石印本》

李延寿之作《南史》《北史》，本为承其父大师之遗志，《北史·序传》曾详言之。其略云：

> 大师少有著述之志，常以宋、齐、梁、陈、齐、周、隋，南北分隔，南书谓北为索虏，北书指南为岛夷，又各以其本国周悉，书别国并不能备，亦往往失实，尝欲改正，将拟《吴越春秋》，编年，以备南北……宋、齐、梁、魏四代有书，自余竟无所得……家本多书，因编辑前所修书，贞观二年终……既所撰未毕，以为没齿之恨。子

延寿，与敬播俱在中书侍郎颜师古给事中孔颖达下删削，既家有旧本，思欲追终先志，其齐、梁、陈五代旧事所未见，因于编辑之暇，昼夜抄录之，至五年以内忧去职，服阕，从官蜀中，以所得者编次之；然尚多所阙，未得终。十五年任东宫典膳丞，令狐德棻又启延寿修《晋书》，因兹复得勘究宋、齐、魏三代之事所未得者。褚遂良奉敕修《隋书》十志，复准敕召延寿撰录，因此遍得披寻，五代史既未出，延寿不敢使人抄录，家素贫罄，又不办雇人书写，至于魏、齐、周、隋、宋、齐、梁、陈正史，并自手写，本纪依司马迁体，以次连缀之，又从此八代正史外，更勘杂史，于正史所无者一千余卷，皆以编入，其烦冗者，即削去之，始末修撰，几十六载，始宋，凡八代，为《北史》《南史》二书，合一百八十卷。其《南史》先写讫，以呈监国史国子祭酒令狐德棻，始末通读了，乖失者亦为改正，次以《北史》谘知，亦为详正。

又延寿进《上南史、北史表》云见《序传》：

　　不揆愚固，私为修撰，起魏登国元年，尽隋义宁二年，凡三代，二百四十四年，兼自东魏天平元年，尽齐隆化二年，又四十四年行事，总编为本纪十二卷，列传八十八卷，谓之《北史》。又起宋永初元年，尽陈祯明三年，四代，一百七十年，为本纪十卷，列传七十卷，谓之《南史》。合为二书，一百八十卷，以拟司马迁《史记》，就此八代，而梁、陈、齐、周、隋五书，是贞观中敕撰，以十志未奏，犹未出，然其书始末，是臣所修，臣既夙怀慕尚，又备得寻闻，私为抄录，一十六年，凡所猎略，千有余卷，连缀改定，止资一手，故淹时序，迄今方就。

寻此所论，《南》《北》二史，悉由延寿自造，不假众力而成，故一则曰私为修撰，再则曰止资一手，以示别异于贞观官撰之五史，此诚陈寿、范晔以后所仅见者也。司马光称延寿之书，乃近世之佳史。虽于讥祥小事无所不载，然叙事简净，比之南北正史，无烦冗芜秽之辞，陈寿之后，唯延寿可以亚之。《贻刘道原书》此由修《通鉴》时，细心称量而出，自属确评。大抵二史之效，即至删繁就简，往者赵翼尝取八史核对，延寿于宋、齐、魏三史，删汰最多，以其芜杂太甚也。于梁、陈、北齐、周、隋五史，则增删俱不甚多，以五史本唐初所修，延寿亦在纂修之列，已属善本故也。故翼又总称之曰，大概较原书事多而文省，洵称良史。[26]此盖与陈振孙《直斋书录解题》，所谓“南北史粗得作史之体”一语同其意旨者。尝谓三代以下，

北史卷一
魏本紀第一
魏之先出自黃帝軒轅氏黃帝子曰昌意昌意之少子受封北國
有大鮮卑山因以爲號其後世爲君長統幽都之北廣漠之野畜
牧遷徙射獵爲業淳樸爲俗簡易爲化不爲文字刻木結繩而已
時事遠近人相傳授如史官之紀錄焉黃帝以土德王北俗謂土
爲托謂后爲跋故以爲氏其裔始均仕堯時逐女魃於弱水北人
賴其勳舜命爲田祖歷三代至秦漢獯鬻獫狁山戎匈奴之屬累
代作害中州而始均之裔不交南夏是以載籍無聞積六七十代
至成皇帝諱毛立統國三十六大姓九十九威振北方成帝崩節
皇帝貸立節帝崩莊皇帝觀立莊帝崩明皇帝樓立明帝崩安皇
帝越立安帝崩宣皇帝推寅立宣帝南遷大澤方千餘里厥土昏

《北史》书影（唐李延寿著）

汉、唐为盛，而汉之前有秦，唐之前有隋，皆所以为其统一之先驱。隋开国未久，即灭陈而统一南北，不得侪于南北对峙之七朝，而李氏必以列入《北史》，何也？夫陈氏《三国志》，称曹魏为《本纪》，所以明晋统，李氏《北史》，侪隋代于七朝，所以尊唐宗，皆所谓有意为之，不协于议论之公者也。

今本宋、南齐、魏、北齐、周五史，皆有阙略，而《北齐》《周书》尤甚，除南齐外，多取李氏《南》《北》二史补之，《魏书》之中，间有采魏澹书补入者，今取诸史观之，似为整齐之作，而实则残阙不完。梁章钜谓自《南北史》行，而八书俱微，诵习者鲜，故愈久而阙佚愈甚，《退庵随笔·十四》信为笃论。是则八书转赖《南北史》以传，而《南北史》之有功于史学，亦大矣哉。

唐太宗贞观十五年，以梁、陈、齐、周、隋五史无志，诏修《五代史志》，以长孙无忌监修，至高宗显庆元年成书奏上，此即附于《隋书》之十志凡三十卷者是也。《史通·正史篇》叙及此事，谓修志者为令狐德棻、于志宁、李淳风、韦安仁、李延寿五人，太宗崩后，刊勒始成，其篇第虽编入《隋书》，其实别行，俗呼为《五代史志》，所论最为辨晰，其编入《隋书》者，以其序为最后耳。吾谓此等编次之法，最得史体，其他四史，则不必一一作志，以省卷帙，厥后钱大昕撰《元史·艺文志》，兼举辽、金，即用此法，不知此者，乃谓《隋志》上及梁、陈、齐、周，失于断限，抑何不考之甚耶？

综上所述，源流略具，官修之史，十才一二，私修之史，十居八九，其上者如陈寿《三国志》、范晔《后汉书》、李延

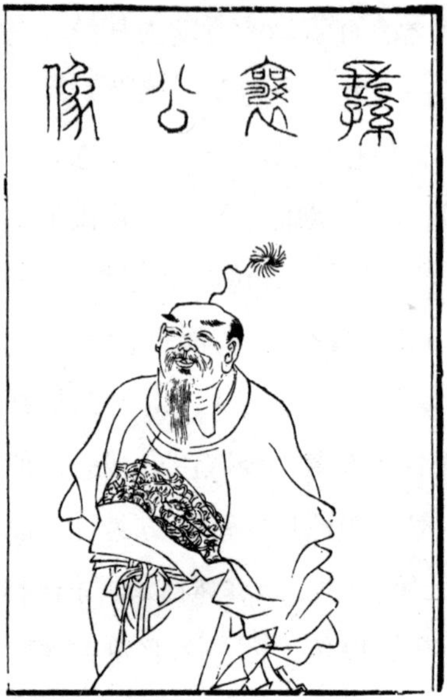

长孙顺德
——从清道光十年（1830）刊本《古圣贤像传略》

寿《南北史》，次者如司马彪之《续汉志》、华峤之《后汉书》、臧荣绪之《晋书》，皆私史也。沈约《宋书》，名为敕修，实出一人之手，亦私史之比也。故论本期之史，以私修者为多为佳，而官修之史，不过随以附见而已。

当此之时，私家作史，何以若是之多，其故可得而言。两汉经师，最重家法，至后汉郑玄，而结集古今学之大成，魏晋以后，转尚玄言，经术日微，学士大夫有志撰述者，无可发抒其蕴蓄，乃寄情乙部史部，一意造史，此原于经学之衰者一也。自班固自造《汉书》，见称于明帝，当代典籍史实，悉集于兰台东观，于是又命刘珍等作《汉纪》，以续班书，迄于汉亡，而未尝或辍，自斯以来，撰史之风，被于一世，魏晋之君，亦多措意于是，王沈《魏书》，本由官撰，陈寿《三国志》，就家移写，晋代闻人，有若张华、庾亮，或宏奖风流，或给以纸笔，是以人竞为史，自况马、班，此原于君相之好尚者二也。古代史官世守之制，至汉已革，又自后汉灵、献之世，天下大乱，史官更失常守，博达之士，愍其废绝，各纪见闻，以备遗亡，后则群才景慕，作者甚众，《隋志》论之详矣，此原于学者之修坠者三也。若乃晋遭“八王之乱”，南则典午晋偏安，以逮宋、齐、梁、陈，北则诸国割据，以逮魏、齐、周、隋，历年三百，始合手一，割据之世，才俊众于一统，征之于古，往往而然，当时士大夫各有纪录，未肯后人，因之各有国史，美富可称，此原于诸国之相竞者四也。综上所论，具此四因，私史日多，又何足怪。虞预私撰《晋书》，而生长东南，不知中朝故事，数访于王隐，并借隐所著书，窃写之，所闻渐广。《晋书·王隐传》郄绍作《晋中兴书》，数以示何法盛，法盛有意图之，谓绍曰，卿名位贵达，不复俟此延誉，我寒士无闻于时，如袁宏、干宝，赖有著述，流声于后，宜以为惠，绍不与。至书成，在斋内厨中，法盛诣绍，绍不在，直入窃书，绍遂失之，无复兼本，于是遂行何书。《南史·徐广传》以此二事证之，乃至不惮攘窃，以成己名，修史之重，又可知矣。自司马迁撰《自序》一文，系于《史记》之末，述其先世所自，及世为史官，兼明作史之意，是其本旨，未为失也。班固《叙传》，自侈家世，乃于其父班彪撰《史记后传》之事，不著一字，若无范书，即无从晓其本末，或谓以子继父，无烦注明，颜籀注班，即其显例，此殊不然，事实具在，讵得泯没，以班例马亦其失也。厥后作史诸家，竞相仿效，侈述先德，累牍连篇，有若沈约、魏收、李延寿诸作，或云自序，或称叙传，虽云有例在前，多无关于作史，盖于是时，人人以拟孔、左，家家自况马、班，若非从事侈陈，其名无由而显，是则风气使然，贤者不免，而作史动机，亦由于此矣。

本期史家等第，亦可一为榷论，陈寿、范晔、沈约、李延寿，是为上选，司马彪、华峤、袁宏、习凿齿、干宝、臧荣绪、崔鸿、裴子野、王劭，抑其次也。其余诸家半归散佚，就其存者论之，非上述诸家之比矣。往者刘勰《文心》，谓《春秋经传》，举例发凡，自《史》《汉》而下，莫有准的，至邓粲《晋纪》，始立条例，《史传篇》是史之有例，始于邓粲矣。刘知幾《史通》更纵论之，其言曰：

> 昔夫子修史，始发凡例，左氏立传，显其区域，科条一辨，彪炳可观，降及战国，迄乎有晋，年逾五百，史不乏才，虽其体屡变，而斯文中绝。唯令升先觉，远述丘明，重立凡例，勒成《晋纪》。邓粲孙盛已下，遂蹑其踪，史例中兴，于斯为盛。若沈《宋》之《自序》，萧《齐》之《序录》，虽皆以序为名，其实例也。干宝、范晔，理切而多功，邓粲、道鸾，辞烦而寡要，子显虽文伤蹇踬，而义甚优长，斯一二家，皆序例之美者。夫师不事古，匪说攸闻，苟模楷曩贤，理非可讳，而魏收作例，全取蔚宗，贪天之功，以为己力，异夫。《序例》

是则史例之作，始于干宝，而邓粲效之，范晔《后汉书》有例，已具论于前，证以《史通》，语益不诬，而魏收袭之，尤为有据矣。寻《史通》所论，不惟干宝、邓粲、孙盛、范晔、檀道鸾、沈约、萧子显、魏收之书有例，而李百药《北齐书》、唐修新《晋书》亦莫不有例，今虽亡佚莫考，然发凡起例，为作史之良法，创于孔、左，而大盛两晋、南北朝矣。见存之书，若范氏之《后汉书》，沈氏之《宋书》，则最得此意者也。陈寿《三国志》，成于范书之前，当代已推为良史，然其可称道者，乃在仿《国语》《国策》之体，而造成三国分峙之国别史。其后若崔鸿之《十六国春秋》，路振之《九国志》，吴任臣之《十国春秋》，皆闻陈寿之风而兴起者，亦《国语》家之支与流裔也。范氏作史，高自位置，见于《自序》，论者亦以为然，无待详论。若夫李延寿之作《南》《北》史也，一用《史记》之法，取在南之宋、齐、梁、陈，在北之魏、齐、周、隋，合而纵述之，以成通史之一段，一用《三国志》之法，南北并述，而为国别史之后劲；其后薛居正、欧阳修，合梁、唐、晋、汉、周而为一史，即承用延寿之成法；若衡以《史通》所论，则《南》《北》二史，盖合《史记》《国语》两家而兼之矣。李氏自称依司马迁体，连缀以拟《史记》，今考其书，出于一人之手，成为一家之学，马、班、陈、范而后，盖所罕见，以云拟马，非夸词也。沈约《宋书》繁简失当，尝为后人所嗤，所撰《八志》，亦谓失于断限。不悟《宋书》之长，正在诸志，约序自称，损益前史诸志为八门：曰律历，曰礼，曰乐，曰天文，曰五行，曰符瑞，曰州郡，曰百官，是则前史之有志者，约已撷其菁英，其无志者，又藉此补其未备，是犹《隋书》之附载《五代史志》，必合而观之，始可考见前代典章之全，作史良法，无过于此，昧者不达，从而嗤之，抑何陋也。南北八朝之史，唯沈约《宋书》，详赡有法，所撰诸志，上继《史》《汉》，以弥陈寿以来诸作之缺，其体略如后来之《五代史志》，如此编次，尤具史识。沈氏本已编撰晋、宋、南、齐诸史，斐然可观，惜今存者，独《宋书》耳。此书保存史实最多，实在《晋书》之上，李氏《南史》，于宋事剪裁过甚，《宋书》之不可废，亦其一因。故吾榷论魏、晋、南北朝之史家，以陈、范、沈、李四氏为上选焉，司马彪、华峤、袁宏、习凿齿、臧荣绪之书，略论于前，皆不愧为作者，刘知幾极推干宝、裴子野、王劭，其于干宝则曰："宝议撰《晋史》，以为宜准丘明，其臣下委曲，仍为补注，于时议者，莫不宗之。"《史通·载言》又曰："其书简略，直而能婉，甚为当时所称。"又《正史》。[27]其于裴子野则曰："世之言《宋史》者，以裴略为上，沈约次之。"《正史》又曰："大抵史论皆华多于实，理少于文，必择其善者，则干宝、范晔、裴子野，是其最也。"《论赞》又称："裴氏者，众作之中，所可与言史者。"《杂说》[28]其于王劭则曰："近有裴子野《宋略》，王劭《齐志》，并长于叙事，无愧古人，而世人议者，皆雷同誉裴，共诋王氏，夫江左事雅，裴笔所以专工，中原迹秽，王文由其屡鄙，且几原子野字务为虚词，君懋王劭字志存实录，此美恶所以为异也。"《叙事》又曰："王劭齐、隋二书，其所取也，文皆诣实，理多可信，至于悠悠之饰辞，皆不之取，此实得去邪存正之理，捐华摭实之义也。"《载文》由其推挹之至，知其为史家之良者矣。崔鸿撰十六国之国别史，综此群书，取材繁富，悉就陶冶，诚为难能，陈氏《三国志》之亚也。或谓萧子显曾撰晋、齐二史，不愧一代作者。魏收之书，虽以秽史见嗤，然实详赡有法，其官氏、释考二志，更为创作。姚察、思廉，李德林、百药两父子，俱两世作史，亦应侪于史家之林。然以视上举诸家，殊有逊色，抑居其次，亦协于议论之公者也。

上述私家诸史，仅举其荦荦大者而已。上述之外，如梁吴均之《通史》，魏元晖之《科录》，《史通》讥其全录旧史，芜累尤深，学者宁习本书，怠窥新录，《正史篇》然实为乙部之总录，亦本期之巨制也。若乃衍本纪之体，而为《汉纪》《魏纪》《晋纪》；衍列传之体，而为《耆旧传》《先贤传》《高士传》《孝子传》《列女传》；衍书志之体，而为《舆地志》《方物志》《文章志》；衍表、谱之体，而为《帝王谱》《百家谱》《姓氏谱》《宗族谱》《中表簿》；皆正史之支与流裔，而有不暇悉述者矣。综论本期私家诸作，与史体相近者，计有二端：一曰曲礼，二曰方志。昔者周公初制《官礼》，垂为一代大典，复有经礼三百，曲礼三千，以为仪文之节制，于是有《周礼》《仪礼》二经。其后应劭注汉官，复撰《汉官仪》，卫宏亦撰《汉旧仪》，而丘仲孚撰《皇典》，何胤撰《政礼》，齐、梁之世亦大修五礼，与其役者，前为王俭、何胤，后为沈约、徐勉，疑何胤所撰之《政礼》，即为五礼之一部，皆自《周礼》《仪礼》推而出之者也。古有《世本》《历谱牒》，司马迁因之以作《年表》，而后世乃有氏族谱牒之学，更因之而造家传，又由谱牒，而变为目录，刘向、刘歆父子，始撰《七略》，班固本之，以作《艺文志》，荀勖本之以造文章家隽叙，挚虞本之以造《文章志》，是盖由簿录记载，而渐成专门名家，凡兹所录，亦为典礼之一。《周礼》之纪职官，《仪礼》之载节文，委曲繁缛，亦近谱录，此其部次应属于典礼者一也。古有《禹贡》《山海经》以志舆地，为后世图经之所始，其后有《水经》，而郦道元注之，阚骃更有《十三州志》，而常璩撰《华阳国志》，最为有法，所志曰巴、曰汉中、曰蜀、曰南中、曰公孙述刘二牧、曰刘先主、曰刘后主、曰大同、曰李特雄期寿势、曰先贤士女、曰后贤、曰序志，所载皆巴蜀一方之史事，而无一语及于舆地山川，是又源出于《越绝书》《吴越春秋》，有赵晔、皇甫遵二本。而不属于图经者也。往者章学诚尝论方志与图经异趣，方志如列国之史，无所不载，山川都里名胜，应汇入地理，人物当详于史传，艺文当详载书目，[29]依此求之，如陈寿之《益部耆旧》，[30]周裴之《汝南先贤》，徐整之《豫章烈士》，悉名为传，实具方志之一体，而艺文目录之属于一方者，亦应编入方志。至于司马彪《九州春秋》，亦不专属于图经，是则方志一体，实兼图经而有之矣，此其部次属于方志者二也。今取《隋志》阅之，若斯之类，杂然并陈，骤数之不能终其物，是即史学盛于魏晋南北朝之明征。吾谓王官失守，而诸子之学以兴，史官失守，而乙部之书日盛，当此之时，笃学之士，竟以作史相尚，有日新月异之势，亦如诸子之在晚周，以异学争鸣，而结璀璨光华之果，研史之士可无述乎。

注释

[1]已见前引《后汉书》。又《史通·正史篇》云：并撰功臣及新市平林公孙述事，作列传载记二十八篇，较范书为详。

[2]《史通·史官篇》：自章和以后，图籍盛于东观，凡撰《汉记》，相继在乎其中。又《四库提要》五十《东观汉记下》云：其称东观者，《后汉书注》引雒阳宫殿名云，南宫有东观，范书《窦章传》

云：永初中，称东观为老氏藏室，道家蓬莱山，盖东汉初，著述在兰台，至章和以后，图籍盛于东观，修史皆在是焉，故以名书。

[3]参阅《十驾斋养新录》六所释三史条。若《十七史商榷》亦有数条释三史，则不如钱氏之精当。又唐宋亦有三史，《史记》《汉书》之外，则范氏《后汉书》也。

[4]姚之骃《后汉书补逸》序云：谢逸平之书，东汉第一良史也，侯康《补三国艺文志》亦称之。

[5]清代官本《后汉书》，录此篇于书后，题曰《自序》，又陈沣《东塾集》，有《申范》一篇，可参阅。

[6]据章宗源《隋书·经籍志考证》。

[7]见《后汉书·明八王传》。

[8]参阅王先谦《后汉书·集解述略》。

[9]见《册府元龟·国史部·采撰门》。

[10]此据《梁书》本传，盖就本书九十卷，加以分析。又《隋书》著录昭注《后汉书》一百二十五卷，与本传卷数不同，必有一误。

[11]《十七史商榷》三十八“后汉纪”条。

[12]两《唐志》著录孔衍《后汉尚书》六卷，《后汉春秋》六卷，列入杂史，当为范书所采录。

[13]参阅《十七史商榷》三十九“陈寿史皆实录”条。

[14]见《华阳国志》十一《后贤志》。

[15]参阅《史通·正史篇补注》，及《二十二史劄记》六“裴松之《三国志注》”条。

[16]见《史通·正史》。

[17]语见《史通·正史篇补注》，又考各家《晋书》者，应参阅《史通·正史篇》及《二十二史劄记》七。

[18]见《旧唐书·房玄龄传》。

[19]《十七史商榷》四十三“《晋书》唐人改修诸家尽废”条。

[20]略本《十驾斋养新录》六“《新晋书》及《旧晋书》不同”两条。

[21]丁国钧《晋书·艺文志》四卷，《附录》一卷，文廷式《补志》一卷，秦荣光《补志》四卷，黄逢元《补志》四卷，吴士鉴《补晋

书·经籍志》四卷，俱见《二十五史补编》。

[22]《史通·探赜篇》：观鸿书之纪纲，皆以晋为主，亦犹班书之载吴项，必系汉年，陈《志》之述孙刘，皆宗魏世。

[23]《史通·表历篇》：当晋氏播迁，南据扬越，魏宗勃越，北雄燕代，其间诸伪，十有六家，不附正朔，自相君长，崔鸿著表，颇有甄明，比于《史》《汉》群篇，其要为切者矣。

[24]《十七史商榷》《四库书目》，皆如是说。

[25]参阅《史通·正史篇》，及赵翼《陔馀丛考》六“梁、陈、周、齐、隋五史凡三次修成”条。据《旧唐书》令狐德棻、魏徵等传，五史实成于贞观十年，而《史通》作十八年者，误衍一字故也。

[26]见《陔馀丛考·八》。

[27]《晋书·干宝传》：其书简略，直而能婉，咸称良史。《文选·（晋纪）论晋武帝革命》注，何法盛《晋书》曰，干宝撰《晋纪》，起宣帝迄愍，五十三年，议论切中，咸称善之。

[28]《梁书·裴子野传》：齐永明沈约《宋书》既行，子野更删撰为《宋略》二十卷，其叙事许论多善，约见而叹曰，吾弗逮也。时中书范缜上表曰，裴子野著《宋略》二十卷，弥纶首尾，勒成一代，属辞比事，有足观者。《南史》裴松之附传（松之为子野之曾祖），兰陵萧琛言其评论，可与《过秦》《王命》，分路扬镳。

[29]见《章氏遗书》《方志略例》。

[30]陈寿撰《益部耆旧传》，见《晋书》本传，而《隋志》作陈长寿撰，误衍一字。

第五章

汉以后之史官制度

古者史官，近于卜祝，实典记言记事之任，至汉司马迁以官太史令而修《史记》，犹为能举史官之职者。其后则史官分为二途：其一则仍称太史，职掌天时星历，一如明清两代之钦天监正，而无与记言记事；其一则以别职来知史务，或另设著作起居之官，以当撰述记注之任，而亦得称太史。自汉中叶，迄于清末，无不如是，此其变迁之迹，又不可以无述也。

《续汉书·百官志》，以太史令隶于太常，掌天时星历，此就后汉之制度而言也；文中仅言星历，而不及文史，则典籍之守，记注之任，已不复属于太史矣。盖自司马迁卒后，太史之署，唯知占候，非复记言之司，如《史通·史官篇》所论是也。兹考《晋书·职官志》《宋书》《隋书》百官志，皆以太史令隶于太常，自后汉迄隋，而未之有改，唐、宋又与著作局同隶于秘书省，犹有古代史卜并称之意。唐改太史为司天台，设监领之，监亦称太史令，有李淳风久任是职。宋、辽皆有太史令，金称司天监，元复称太史令，后改司天台监，明初仍元称，后改钦天监正，俱见诸史百官志、职官志。清仍明制。民国初称观象台长，后改置天文、气象两研究所，隶于中央研究院，而溯其原，即为后汉以来之太史令。总之，以掌天时星历为其职司，而无与于文史记注，若仍予以史官之称，则为名不符实矣。

后汉以来，史官之名凡三变：其初名为著作。汉明帝以班固为兰台令史，诏撰《世祖本纪》，斯时盖以兰台为著作之所。[1]章、和二帝以后，图籍盛于东观，撰汉记者，相继在乎其中，谓之著作东观，然亦仅有著作之名，而未有其官也。魏明帝太和中，始置著作郎，以当撰著之任，晋称著作郎为大著作，掌撰国史、集注起居，又增置佐著作郎。刘宋、南齐以来，又以佐名施于著作下，称著作佐郎。佐郎职知博采，正即资以草传，此其一也。[2]次则名为史官。南朝齐、梁之世，曾置撰史学士及撰史著士，[3]亦为著作郎之亚。至北齐始置史馆，以宰相领之，谓之监修国史，周、隋仍之，至唐太宗贞观三年重置史馆于禁中，仍以宰相监修，更以他官兼典史职，谓之修撰，资浅者谓之直馆，亦统称为史官，如唐之刘知幾、吴兢，皆其选也。自斯以来，官著作者，只掌撰碑志、祝文、祭文，而不与于修史。同时别有记注起居之制。考汉武帝时，宫中有起居注，后汉明帝、献帝亦俱有起居注，王莽时置柱下五史，听事侍旁，记迹言行，以比古代之左右史，魏、晋时起居注，由著作掌之，后魏始置起居令史，隋更置起居舍人，唐、宋之世又置起居郎与舍人对掌记注天子言动，以当古者左史记言右史记事之职，并于每季，汇送史馆。唐时宰相自有时政记，始于姚璹，见《旧唐书》本传及《新唐书·百官志》。宋时因之，更命著作郎，就起居注时政记，以撰日历，其时纂修会要，亦以省官掌之。辽、金史馆之制，略如唐、宋，修撰之外，更有史馆学士。是时史官，虽由他官兼典，而史馆则为常置，其规制视旧日之著作为闳扩矣。此其二也。[4]再次则为翰林院所兼掌。翰林之官，始于唐玄宗时，初名翰林待诏，继名学士，别置学士院以宠异之。至德宗时，始定学士系衔于翰林，与中书舍人对掌内外制，初则职掌批答表疏，应和文章，其后乃兼掌制诏书勒，号为内相，如陆贽之于德宗是也。迄于宋代相沿无改，然无与修史之任。元世祖中统二年，立翰林国史院，以王鹗为翰林学士，并立国史院之官制，以翰林学士知制诰兼修国史。其后又称翰林兼国史院，盖于应奉文字之外，兼有史官之职者也。明、清二代，皆有翰林院，以学士领之，复置侍读、侍讲、修撰、编修、检讨等官。明制，翰林官于制诰史册文翰，及考议制度详正文书，并备天子顾问之外，凡经筵日讲、纂修实录、玉牒史志、诸书编纂、六曹章奏，皆奉敕而统承之。[5]清代亦仍其制，凡奉敕编纂专籍，或设专馆，而日讲起居注官，或以他官兼任，而任其职者多为翰林官，及甲科出身而曾入翰林者。明、清二代士子之入翰林者，尝自称为太史氏，又署其门曰太史第，以此发荣，皆翰林官与史官为一之证，此其三也。

据《史通·史官篇》所考论，不惟三国之世，蜀、吴皆有史官，而晋代北方僭伪诸国，如前赵、前凉、蜀李、西凉、南凉、后燕，俱有著作之司，至南北朝时，北方之魏、齐、周，制度略同南朝，更无论矣。《史通》又论古有女史。《诗·邶风·静女》之第二章云："静女其娈，贻我彤管。"《毛传》以为，古者后夫人必有女史彤管之法，[6]女史不过记其罪杀之，后妃群妾以礼御于君所，女史书其日月，授之以环，以进退之，事无大小，记以成法。郑笺云："彤管，笔。赤管也。"董仲舒答牛亨云："彤者，赤漆耳，史官载事故以彤管，赤心记事也。《毛诗·稽古篇》引之。"是则宫中之有女史，亦司记事之任。刘知幾亦释之曰，夫彤管者，女史记事规诲之所执也。《周礼·天官》有女史八人，其职掌王后之礼，职内治之二。注云："女史，女奴晓书者。"又《春官》世妇之属亦有女史，是即《毛传》所称之女史。黄以周谓女史之职，其位轻在女御之下是也。或谓汉武帝时，禁中有起居注，似为女史之任，后汉马皇后亦为明帝撰《起居注》。隋世王劭上书请置女史，而文帝不许。《唐书·百官志》宫内及东宫皆有女史，掌执文书诸役，宋以后因之，《金史·卫绍王纪》谓其时有女官大明夫人记资明夫人授玺事。此所谓女官，盖为奉职宫中之女史，《金史·百官志》亦有女史。此可考见之大略也。[7]

夷考汉魏以来，史官世守之业失，而记注之科未尝或废，《隋志》以下所著录之起居注，唐、宋宰相所撰之时政记，宋著作郎舍人所撰之日历，皆有古史官记注之遗意。唐代记注之法，以事系日，以日系月，以月系时，以时系年，必书其朔日甲乙，以记历数，典礼文物以考制度，季终则授之国史，此《旧唐书·职官志》之所记也。而《唐会要》卷六十三、《五代会要》卷十八具有"诸司送史馆事例"一条，兹以《五代会要》较详，具录于下：

后唐同光二年四月，敕史馆司本朝旧例，中书并起居院诸司及诸道州府合录事件报馆如下：时政记，中书门下录送。起居注，左右起居郎录送。两省转对入阁待制刑曹法官文武两班上封章，各录一本送馆。天文祥变占候征验，司天台逐月录报，并每月供历日一本，瑞祥礼节，逐季录报，并诸道合画图申送。蕃客朝贡使至，鸿胪寺勘风俗衣服，贡献物色，道里远近，并具本国王名录报。四夷人役来降，表状中书录报。露布兵部录报，军还日，并主将姓名，具攻陷虏杀级数，并所因繇录报。变改音律及新造调曲，太常寺具录所因并乐词牒报。法令变革、断狱新议、赦书德音，刑部具有无牒报。详断刑狱，昭雪冤滥，大理寺逐季牒报。州县废置，及孝子顺孙，义夫节妇，有旌表门闾者，户部录报。有水旱虫蝗、雷风霜雹，户部录报。封建天下祠庙，叙封追封邑号，司封录报。京师百司长官刺史以上除授，文官吏部录报。武官兵部录报。公主百官定谥号，考功录行状并谥议，逐月具有无牒报。宗室任官课绩，并公主出降仪制，宗正寺录报。刺史县令有灼然政绩者，本州官录申奏，仍具牒报。诸色宣敕，门下中书两省，逐月录报。应硕德殊能、高人逸士，久在山野，著述文章者，本州县各以官秩勘问的实申奏，仍具录报。应中外官薨，已请谥者，许本家各录行状一本申送。**孙承泽《春明梦余录》卷十三有“唐修史例”一条，即抄自《五代会要》。**

据此则唐代修史之法，至为详密。盖仿汉代天下计书先上太史之例，又从而明定其条规者也。且考唐太宗贞观之制，史官日随仗入，随事记载，颇得古法。今观《贞观政要》，所载太宗与诸臣之言论，委曲详尽，垂为百代典范，此史官常在左右能举其职之征也。迨高宗时，李义府、许敬宗为相，命史官对仗承旨，仗下与百官偕出，不得复闻，盖行其私也。武后以后，宰相更得自撰《时政记》，不肖者假此迷眩千古，[8]不惟难称信史，且大侵史官所守矣。宋自真宗以来，史馆无专官，神宗命曾巩修《五朝史》，乃以为史馆修撰，使专典领。南宋孝宗时，尝命李焘、洪迈专修国史，不兼他职，前后凡二十八年，可谓久矣。宁宗亦命傅伯寿、陆游专任修史，参《建炎以来朝野杂记》甲十。是以宋国史之美备，可以上与唐比，而非元、明以下所能及。然宋代之制，以谏官兼修记注，侍立后殿，许其奏事，后则必禀中书取旨。孝宗隆兴元年，胡铨奏记注之失有四：一人主不常观史，二立非其地，三前殿不立，四奏不直前。[9]是则虽有记注之法，而人君时相得随意变更之，有法亦等于无法矣。五代未闻有时政记，宋初宰臣李昉、宋琪建议恢复，自送史馆，且先进御而后付有司，论者谓其不敢有直笔，是也。参《春明梦余录》十三。且自隋唐以来，设馆修史，历代相沿，亦为一成不易，所谓正史，咸出官修，绝少私家之作，凡与修史之役者，皆得被以史官之名。然吾谓后世之职典记注者，实近于古之史官，而后世之所谓史官，乃上同于孔子、左丘明之删定国史，成一家言，非古史官之所得与。此又古今异宜，不可不知之一事也。

明人徐一夔论唐宋记注之制甚详，兹并录之。其说云：

> 近世论史者，莫过于日历，日历者史之根据也。自唐长寿中史官姚琦请撰时政记，元和中韦执谊又奏撰日历。日历者以事系日，以日系月，以月系时，以时系年，犹有《春秋》遗意。至于起居注之说，亦专以甲子起例，盖记事之法无逾此也。往宋极重史事，日历之修，诸司必关白，又诏诰则三省必书，兵机边务则枢司必报，百官之进退，刑赏之予夺，台谏之论列，给舍之缴驳，经筵之问答，臣僚之转对，侍从之直前启事，中外之囊封匦奏，下至钱谷甲兵，狱讼造作，凡有关政体者，无不随日以录。犹患其出于吏牍，或有讹失，故欧阳修奏请宰相监修，于岁终检点修撰官所录，事有失职者罚之。如此则日历不至讹失，他时会要之修取于此，实录之修取于此，百年之后纪志列传取于此，此《宋史》之所以为精确也。《明文苑传》及朱彝尊《曝书亭集·徐一夔传》。

据此可知宋代记注之备，今考宋人所撰《续通鉴》《长编》《三朝北盟会编》《建炎以来系年要录》诸书，皆极详备，可供修史之撷取，由其立制之善，盖元明以下所不及也。

唐、宋记注之官，已如上文所论，唐玄宗，宋高、孝二宗之起居注，亦可考其厓略。详见朱希祖先生《汉唐宋起居注考》。元时虽设起居注，所录皆臣下闻奏事目，而无帝王之言动，宰相拜住曾言其失。明太祖时宋濂曾撰起居注，刘基《条答天象之间》，命付史馆，亦其证也。成祖时王直以右春坊右庶子，兼记起居，其后渐废，惟以翰林院之修撰编修检讨掌修国史，遇有纂修，以爵高之勋臣一人为监修，阁学士一人为总裁，翰林学士为副总裁，职事视前为重，而不复能举朝夕记注之职。成化以来，职修纂者，惟取六部前后章奏，分为十馆，以年月编次，稍加删润，檃括成篇，即为一帝之实录，至如仗前柱下之语，章疏所不及者，即有见闻，无凭增入。孝宗时太仆少卿储巏上书请立史官，记注言动，如古左右史，竟未能用，见《明史》本传。又《明臣奏议》十一载此疏，谓帝从之，实则未行，六曹六册，送阁验讫封锁，岁终汇收入大柜，永不开视，虽得旨允行，而未久又废。《春明梦余录》十三。今河北省立图书馆藏《万历起居注》若干册，内载张居正奏对之语，为实录所无据陶元珍说，此即万历时恢复记注之证也。清代记注之制，略如明代，每月例由日讲起居注官撰成《起居注》二册，呈送内廷存贮，今故宫博物院，犹有存本，所记甚简，仗前柱下之语，亦无凭列入，盖其名不副实，非一朝一夕之故矣。杭世骏《道古堂诗文集》有与某君论起居注书，语尚未晰，朱氏《汉唐宋起居注考》曾论之。

刘知幾尝称，三为史臣，再入东观，且与朱敬则、徐坚、吴兢奉诏更撰《唐书》，又重修《则天实录》，设馆修史甘苦，盖已备尝之矣。又以其时小人道长，纲纪日坏，仕于其间，忽忽不乐，遂与监修国史萧至忠等书云：

上略。自策名仕伍，待罪朝列，三为史臣，再入东观，竟不能勒成国典，贻彼后来者，何哉？静言思之，其不可有五故也。何者，古之国史，皆出自一家，如鲁汉之丘明、子长，晋齐之董狐、南史，咸能立言不朽，藏诸名山，未可藉以众功，方云绝笔，唯后汉东观，大集群儒，著述无主，条章靡立，由是伯度讥其不实，公理以为可焚，张衡、蔡邕二子，纠之于当代，傅玄、范晔两家，嗤之于后叶，今者史司取士，有倍东观，人自以为荀勖、袁宏，家自称为刘向政、刘歆骏，每欲记一事，载一言，皆阁笔相视，含毫不断，故头白可期，而汗青无日，其不可一也。前汉郡国计书，先上太史，副上丞相，后汉公卿所撰，始集公府，乃上兰台，由是史官所修，载事为博，爰自近古，此道不行，史官编录惟自询采，而左右二史，阙注起居，衣冠百家，罕通行状，求风俗于州郡，视听不该，讨沿革于兰台，簿籍难见，虽使尼父再出，犹且成为管窥，况仆限以中才，安能遂其博物，其不可二也。昔董狐之书法也，以示于朝，南史之书弑也，执简而往，而近代史局，皆通籍禁门，深居九重，欲人不见，寻其义者，盖由杜彼颜面，防诸请谒故也。然今馆中作者，多士如林，皆愿长喙，无闻齰舌，傥有五始初成，一字加贬，言未绝口，而朝野具知，笔未栖毫，而缙绅咸诵，夫孙盛实录，取嫉权门，王劭直书，见雠贵族，人之情也，能无畏乎，其不可三也。古者刊定一史，纂成一家，体统各殊，指归咸别，夫《尚书》之教也，以疏通知远为主，《春秋》之义也，以惩恶劝善为先，《史记》则退恶士而进奸雄，《汉书》则抑忠臣而饰主阙，斯并曩时得失之列，良史是非之准，作者言之详矣，顷史官注记，多取禀监修，杨令公则云必须直词，宗尚书则云宜多隐恶，十羊九牧，其令难行，一国三公，适从何在，其不可四也。窃以史置监修，虽古无式，寻其名号，可得而言，夫言监者，犹总领之义耳，如创纪编年，则年有断限，草传叙事，则事有丰约，或可略而不略，或应书而不书，此刊削之务也。属词比事，劳逸宜均，挥铅奋墨，勤惰须等，某袠某篇，付之此职，某传某志，归之彼官，此铨配之理也。斯并宜明立科条，审定区域，傥人思自勉，则书可立成，今监之者既不指授，修之者又无遵奉，用使争学苟且，务相推避，坐变炎凉，徒延岁月，其不可五也。凡此不可，其流实多，一言以蔽，三隅自反，而时谈物议，安得笑仆编次无闻者哉。**下略**。[10]

凡此所谈，皆隋、唐以来设馆修史之弊，讫于清末而未之革者，刘氏可谓慨乎其言之也。盖刘氏所谓五不可，即为历来官修之史不及私史之总因，[11]所谓史官编录惟自询采者，尤为后世记注不备之明证。今观前史所记，惟唐太宗与群臣问答之语，详载于《贞观政要》，由于其时史官，得随仗入，侍于君侧，有闻必录之故，其后既限制史官，不得随仗入内，并不侍立前殿，故罕见君臣问答之语，[12]此仅就记注一事言之也。唐、宋宰相所撰之时政记，或可补记注之不备，《宋史》取材，多出于是，然以所记，多有文饰，往往难餍人心，若如汉武以往之制，天下计书，先上太史，则撰史之士，不劳自采史实，而能备文献之全。然而后世之贤君若相，未闻有行之者何也，盖后世史官，多重撰述而轻记注，掌故史实，乏人综辑，临时取给，始感其难，上下千年，几同一例，刘氏所论不过其鳞爪耳。

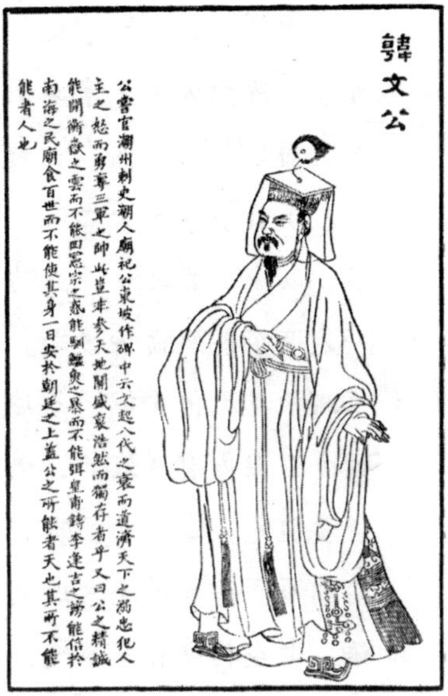

韩 愈

——从清乾隆八年（1743）刊本《晚笑堂竹庄画传》

其后韩愈以文雄于唐代，亦尝有志修史，于贞元八年第进士之后，答崔立之书有云："求国家之遗事，考贤人哲士之终始，作唐之一经，垂于无穷，诛奸谀于既死，发潜德之幽光。"其志可谓壮矣。迨元和中，愈为史馆修撰，似可稍伸其志，而同时之贤者，亦以此期之，而愈竟不然，其《答刘秀才论史书》云：

> 辱问，见爱教，勉以所宜务，敢不拜赐。愚以为凡史氏褒贬大法，《春秋》已备之矣。后之作者，在据事迹实录，则善恶自见，然此尚非浅陋偷惰所能就，况褒贬耶。孔子圣人，作《春秋》，辱于鲁、卫、陈、宋、齐、楚，卒不遇而死，齐太史兄弟几尽，左丘明纪春秋时事，以失明，司马迁作《史记》，刑诛，班固瘐死，陈寿起又废，

卒亦无所至，王隐谤退死家，习凿齿无一足，崔浩、范晔亦诛，魏收夭绝，宋孝王诛死，足下所称吴兢，亦不闻身贵，而令其后有闻也。夫为史者，不有人祸，必有天刑，岂可不畏惧而轻为之哉。唐有天下二百年矣，圣君贤相相踵，其余文武之士，立功名，跨越前后者，不可胜数，岂一人卒卒能纪而传之耶。仆年志已就衰退，不可自敦率，宰相知其无他才能，不足用，哀其老穷，龃龉无所合，不欲令四海内有戚戚者，猥言之上，苟加一职之荣耳，非必督责迫蹙，令就功役也。贱不敢逆盛指，行且谋别去。且传闻不同，善恶随人所见，甚者附党，憎爱不同，巧造言语，凿空构立善恶事迹，于今何所承受取信，而可草草作传记令传后世乎。若无鬼神，岂可不自心惭愧，若有鬼神，将不福人，仆虽骏，亦粗知自爱，实不敢率尔为也。夫圣唐巨迹，及贤士大夫事，皆磊落轩天地，决不沉没，今馆中非无人，将别有作者，勤而纂之，后生可畏，安知不在足下，亦宜勉之。《昌黎外集》二。

观其书辞，抑何意志颓唐之甚，而前后判若两人也耶？柳宗元见而不以为然，起而驳之，集中所载《与韩愈论史官书》是也。书云：

前获书，言史事，云具《与刘秀才书》，及今乃见书稿，私心甚不喜，与退之往年言史事，甚大谬，若书中言，退之不宜一日在馆下，安有采宰相意，以为苟以史荣一韩退之耶。若果尔，退之岂虚受宰相荣已，而冒居馆下近密地，食奉养，役使掌故，利纸笔为私书，取以供子弟费，古之志于道者不若是。且退之以为纪录者有刑祸，避不肯就，尤非也。史以名为褒贬，犹且恐惧不敢为，设使退之为御史中丞大夫，其褒贬成败人，愈益显，其宜恐惧尤大也。则又将扬扬入台府，美食安坐，行呼喝于朝廷而已耶；在御史犹尔，设使退号利其禄者也。又言不有人祸，必有天刑，若以罪夫前古之为史者，然亦甚惑。凡居其位，思直其道，道苟直，虽死不可回也，如回之，莫若亟去其位。孔子之困于鲁、卫、宋、蔡、齐、楚者，其时暗，诸侯不能以也，其不遇而死，不以作《春秋》故也。当其时虽不作《春秋》，孔子犹不遇而死也；若周公史佚，虽纪言书事，犹遇而显也，又不得以《春秋》为孔子累；范晔悖乱，虽不为史，其族亦赤，司马迁触天子喜怒，班固死狱中，崔浩沽其直以斗暴虏，皆非中道，左丘明以疾盲，出于不幸，子夏不为史亦盲，不可以是为戒。其余皆不出此，是退之宜守中道，不忘其直，无以他事自恐。退之之恐，唯在不直，不得中道，刑祸非所恐也。凡言二百年文武事，多有诚如此者，今退之曰，我一人也，何能明，则同职者，又所云若是，后来继今者，又所云若是，人人皆曰我一人，则卒谁能纪传耶。如退之但以所闻知，孜孜不敢怠，同职者，后来继今者，亦各以所闻知，孜孜不敢怠，则庶几不坠，使卒有明也。不然徒信人口语，每每异辞，日以滋久，则所云磊磊轩天地者，决必不沉没，且杂乱无可考，非有志者所忍恣也，果有志，岂当待人督责迫蹙，然后为官守耶。又凡鬼神事，渺茫荒惑无可进，明者所不道，退之之智，而犹惧于此，今学如退之，辞如退之，好言论如退之，慷慨自为正直行行焉如退之，犹所云若是，则唐之史述，其卒无可托乎，明天子贤宰相得史才如此，而又不果，甚可痛哉。退之宜更思可为速为，果卒以此为恐惧不敢，则一日可引去，又何以云行且谋也。今当为而不为，又诱馆中他人及后生者，此大惑已，不勉己而欲勉人，难矣哉。**本集三十一。**

今观宗元所驳，无一语不搔着痒处，可谓痛快淋漓矣。寻愈之论旨有二：其一曰，为史者不有人祸，必有天刑；其二曰，将必有作者勤而纂之。盖一则惧祸而不肯为，一则蕲他人为之而无与于己，所见甚陋，非学如愈者所应言，宗元驳之是也。抑吾谓愈之论旨，乃在传闻不同，善恶随人所见，甚者附党，憎爱不同，巧造言语，凿空构立善恶事迹，数语。正如刘知幾所谓馆中作者，多士如林，皆愿长喙，无闻龂舌，言未绝口，而朝野具知，笔未栖毫，而缙绅咸诵，取嫉权门，见雠贵族，是则愈之发为此论盖有所激而云然也。且考《昌黎集》中所撰《顺宗实录》，固为史之一种，其他碑志传状诸文，殆居其半，皆关涉一代政治人物之业绩，可以被金石传奕禩者，谓其无意修史，夫岂其然。总之设局修史，作者如林，忌讳既多，难于下笔，虽贤如愈，能文如愈，而终不得申其志。此唐、宋以来官修诸史之通病，贤者所不能革，是以宗元持论虽正，终无以回愈之心而翻然改辙也。

清代史家万斯同亦尚论及此，钱大昕所撰《万先生传》云：

> 先生病唐以后设局分修之失，尝曰，昔迁、固才既杰出，又承父学，故事信而有文，其后专家之书，才虽不逮，犹未至如官修者之杂乱也。譬如入人之室，始而周其堂寝匽湢，继而知其蓄产礼俗，久之其男女少长，性质刚柔，轻重贤愚，无不习察，然后可制其家之事。若官修之史，仓卒而成于众人，不暇择其材料之宜与事之习，是犹招市人而与谋室中之事也。《潜研堂文集》三十八。

官修史书之病，具如上论，然而唐、宋以来，一往而难返者何哉？吾求其故，盖有数端：其一，则典籍掌故，聚于秘府，私家无由而窥；其二，则史实繁赜，毕生莫殚，私家无力整比是也。盖自唐、宋以来，时君贤相，锐意求书，甲乙之编，四部之籍，不在秘府之掌，即入显宦之家，试观万斯同有志独修明史，而不能不主于时相之家，以博观其藏籍，且修明史，须以实录为本，皇皇巨制，讵可求之荒寒，惟史由官修，则官藏私籍，左右逢源，取用不竭，其利一也。古人修史，多者不过百卷，而一卷之文，不过数翻，故一人操简，杀青可期。后世修史，多者尝数百卷，参稽之书，更不下千数百种，一人之精力有限，多士之相需益殷。若司马光之修《通鉴》，实由刘攽、刘恕、范祖禹三君分任其役，而光始得总成之。不然，则皓首辛勤，杀青无日，过时不采，渐就散亡矣。惟设馆分修，明定程限，资于众力，乃易成编，其利二也。夫私修之史，易精而难成，官修之史，易成而难精，此之谓利，即彼之所谓弊，执一而论，未见其可。然而官修之史，一往而难返者，夫岂不以是欤。

综而论之，后世之史官，非古之所谓史官也。古之史官，以记注为要务，而不必当撰述之任，亦犹孔子之删《尚书》、修《春秋》实当撰述之任，而不必身为史官也。后之史官，有其名或无其实，为其实者，每以他官典修史之任，居其名者，辄以史官为虚饰之具。且史官之名，为任撰述者所独擅，而任记注之职者，退而同于百司，转不得以史官自号，如唐、宋之起居郎舍人，清之日讲起居注官，虽有史职之名，而无与于撰述，岂非其明证欤。往者章学诚病史官之有名无实，记注之不能举其职，乃至发愤而有州县立志科之拟议。其言曰：“有天下之史，有一国之史，有一家之史，有一人之史。传状志述，一人之史也；家乘谱牒，一家之史也；部府县志，一国之史也；综纪一朝，天下之史也。比人而后有家，比家而后有国，比国而后有天下，惟分者极其详，然后合者能择善而无憾也。”又曰：“今天下之大计，既始于州县，则史事责成，亦当始于州县之志，州县有荒陋无稽之志，而无荒陋无稽之令史案牍，志有因人臧否，因人工拙之义例文辞，案牍无因人臧否，因人工拙之义例文辞，盖以登载有一定之法，典守有一定之人，所谓师三代之遗意也。故州县之志，不可取办于一时，平日当于诸典吏中特立志科，佥典吏之稍明文法者，以充其选，而且立为成法，俾如法以记载，略如案牍之有公式焉，则无妄作聪明之弊矣。积数十年之久，则访能文学而通史裁者，笔削以成书，所谓待其人而后行也。”[13]推章氏之论，以为中朝之史官，曾州县典吏之不若，史官不能理撰述之业，而典吏则能举记注之职，中朝虽有起居注官，以纪帝王之言动，然仅能记其一鳞一爪，而不能举忠实之史职，以较古代之左史右史，则相去甚远，而州县令史之案牍，直同汉代之计书，可上之太史丞相，以备载笔者之要删，故因州县之案牍，而立志科，畀为令史典吏者，以当记注之任，其上焉者，记注在中朝，其次焉者，记注在地方之司府，其下焉者，记注在州县，合此数级之记注，以备一代之要删，于是记注有成法，不期而与古人冥合矣。此章氏之所日夜筹维，而仍不得申其所见者也，可胜叹哉，可胜叹哉。

依前所述，制成一表，以明史官制度之沿革，至汉以后之史官，多以他职兼典，非复古人世守之制，其有称史官及太史公者，乃援古以自泽，非其官号，[14]且其重要诸家，已略具于各章，故不复别为制表，修史宜略人所详，又有繁中求简之法，盖谓是也。

历代史官制度沿革表

历代	史官	历官	附考
周 附列国 史官	太史，小史，内史，外史 左史，右史，御史 太史令 女史	太史 冯相氏 保章氏	周代以前从略。 列国史官俱从周制。 女史见《列女传》及《史通》。

（续表）

历代	史官	历官	附考
秦	太史令	太史令	秦有太史令胡毋敬，或谓为专掌天文之官。
汉	太史令 禁中起居注 王莽柱下五史	太史令	汉武帝以前，或王莽以前，史官与历官合而为一。
后汉	兰台令史 东观著作 起居注	太史令 隶于太常 下同	自此史官与历官分为二职。 兰台、东观，俱为修史之所，而以他官兼典。未正其名。 明帝、献帝，俱有起居注，前汉有《禁中起居注》，而后汉明德马后，亦撰《明帝起居注》，或谓为女官所掌，同于古之女史。
三国	魏置著作郎，兼起居注 蜀有东观令，东观郎，当修史之任 吴有左国史，右国史，东观令	魏太史令高书隆 蜀史官 吴太史令丁孚	《册府元龟》谓魏有佐著作郎。 《蜀后主传》见史官之名，即掌星历者，疑即太史令。

（续表）

历代	史　官	历　官	附　考
晋 附十 六国	著作郎一人，谓之大著作。 佐著作郎八人，隶于秘书省。下同 著作兼掌起居 前赵有左国史、著作 后赵有著作 其余诸国多置著作 南凉有国纪祭酒、撰录时事	太史令	晋元帝建武元年置史官。
宋	著作郎一人 著作佐郎八人 兼修起居注，齐、梁、陈俱同	太史令	
南齐	著作郎 著作佐郎 修史学士	太史令	《册府元龟》谓南齐置史官。
梁	著作郎 著作佐郎 撰史学士	太史令	
陈	著作郎 著作佐郎 撰史学士 撰史著士	太史令	撰史著士见《陈书·张见正传》。
后魏	著作郎二人 著作佐郎四人 起居注令史 修起居注二人	太史令 太史博士	后魏曾置修史局。
北齐	史馆、监修国史 著作郎二人 著作佐郎八人 起居省	太史	《唐六典》谓北齐有文林馆学士，掌著述。

（续表）

历代	史官	历官	附考
北周	监修国史 著作上士郎 著作中士佐郎 外史掌起居	无考	历官当同于魏齐。
隋	（一）史馆 监修国史 （二）著作曹 著作郎二人 著作佐郎八人 （三）起居注 起居舍人二人	太史曹令二人	著作、太史两曹，俱隶秘书。
唐	（一）史馆 监修国史 史官无常员，以他官兼之 修撰直馆 （二）著作局掌撰述 著作郎 著作佐郎 （三）起居注 起居郎，一称左史，隶门下省 起居舍人，一称右史，隶中书省 （四）时政记 由宰相自撰。始于武后长寿中	司天台太史令后改司天监	著作局、司天台，俱隶秘书省，如隋制。

（续表）

历代	史官	历官	附考
五代	略如唐制 晋宰相刘昫，赵莹，监修唐书 史馆修撰贾纬 著作郎 著作佐郎孙晟 起居郎贾纬	司天台监	
宋	（一）史馆 国史院，实录院 提举国史 监修国史 提举实录院 修国史 同修国史 史馆修撰 同修撰 实录院修撰、同修撰 直史馆编修官、检讨官 校勘检阅校正编校官 （二）起居注 起居郎**左史** 起居舍人**右史** （三）日历 著作郎 著作佐郎 （四）时政记 如唐制	太史局 太史令	国史、实录两院，初隶秘书省，其后分立。 多以宰相领之。 太史局隶秘书省。 宋又置起居院，见《玉海》。 著作掌修日历，隶秘书省。

（续表）

历代	史官	历官	附考
辽	（一）国史院 监修国史 史馆学士 史馆修撰 修国史 （二）起居注 起居郎 起居舍人	太史令	
金	（一）国史院 监修国史 修国史、同修国史 编修官、检阅官 （二）记注院 修起居注	司天台监	
元	（一）翰林兼国史院 学士等官 修撰 编修官 检阅 （二）起居注 左右补阙 兼修起居注 同修起居注	太史院 太史令 司天监	

（续表）

历代	史官	历官	附考
明	（一）翰林院 史官修撰 编修 检讨 （二）起居注 明初设之，后废	钦天监正	修撰等官，掌修国史，神宗时议开史局，命史官分直其中，一起居，二吏户，三礼兵，四刑工，日讲官专记起居，史官分纂六曹章奏，并定常朝记注，起居官及史官侍班之法，然不久仍停辍。
清	（一）翰林院掌国史图籍制诰文章之事 修辑诸书，则以掌院学士充总裁官 读讲学士以下为纂修官 掌院学士 学士 侍读学士 侍讲学士 侍读 侍讲 修撰 编修 检讨 庶吉士 （二）国史馆、实录馆 总裁，纂修 （三）起居注衙门 日讲起居注官	钦天监正	历代职官表谓：周太史为史官及日官之长。记言记动，则有内史外史分任之，而太史明于天道，所掌在建典办法，并不司典籍策书，实与翰林不同，惟其正岁年，颁告朔正，如今之造时宪书，以颁行四方，故与钦天监职掌相合。愚谓执此以论后汉以后之太史令，固属不合，至如汉初之太史令，实兼掌文史，司撰述，正为古史官相传之法，明清二代称翰林为太史，未得谓无所受也。国史、实录两馆仍设翰林院内。两馆总裁、纂修及日讲起居注官，皆以他官兼典。

（续表）

历代	史官	历官	附考
民国	民国初年设国史馆 民国五年以后，改为国史编纂处，初隶国务院继，附入北京大学，后仍隶国务院，十七年北京政府解散。国民政府建于南京，遂不复置，迄二十八年三月，由国民政府设置国史馆筹备委员会，迄今尚未正式成立。	民国初年，改钦天监为观象台，国民政府建都南京，改设天文、气象两研究所，隶于中央研究院。	

详绎上表所列，可得史官递嬗变化之迹。汉初之太史令，本掌文史星历，见于《汉书·百官志公卿表》，此史官、历官并为一职之证也。其后则历官与史官分途，而太史之名，乃为历官所独擅；迄于元、明，始改称司天监、钦天监，故本表以史官与历官并列，以明沿革之所自，一也。古者记注与撰述分途，而撰述实资于记注。故刘知幾云：为史之道，其流有二，书事记言，出自当时之简，勒成删定，归于后来之笔，自汉以来，起居有注，而隋、唐以后，遂置起居郎舍人，以当古代左史、右史之任，迄于清季，而未之改，本表别起居注官于修史之官，以明其为古法，二也。魏晋始设著作，专掌撰述，亦兼记注，既近于古之史官，又似明、清之翰林修撰编检，元代始设翰林兼国史院，而不设著作，明、清两代只称翰林院，实兼国史著作之任，本表依序填载，以明源流，三也。至本表之所

取材，于正史职官百官诸志而外，多出自清代官撰之历代职官表，倘以此表为略，尚待博稽，取而览之，斯亦可矣。

注释

[1]《史通·史官》，杨子山为郡上计吏，献所作《哀牢传》，为帝所异，征诣兰台，又见《论衡·佚文篇》。

[2]略本《晋书·职官志》《宋书·百官志》《史通·史官篇》。又《册府元龟》谓：魏太和中，署著作郎一人，佐郎一人，专掌国史，其后增至三人二据此则与《晋志》《史通》谓佐郎始置于晋者，为不同矣。

[3]此从《隋书·百官志》。《史通·史官篇》作修史学士，恐误。

[4]略本《旧唐书》《宋史·百官志》及《文献通考·职官考》。

[5]据《明史·百官志》。

[6]《诗》郑笺：彤管，笔，赤管也。

[7]略本《史通·史官篇》及《隋书·经籍志》"起居注"条。

[8]略本《文献通考》五十"史官"条，致堂胡氏所论，并参阅《新唐书·百官志》"起居郎"条。

[9]《新唐书·百官志》"起居"条。

[10]书见《史通·忤时篇》。

[11]参阅《史通·忤时篇补注》。

[12]《金史·世宗纪》多载君臣问答之语，略如《政要》，盖即当时史官所记。

[13]所引两段，俱见《文史通义·州县请立志科议》。

[14]唐人称韩愈为史官，明人称宋濂为太史公。

第六章

唐宋以来设馆修史之始末

隋唐以后，私家修史之风日杀，而设馆官修之史，代之而兴，其因有二，已具述于上章。然尚有未及尽详者，一为远因，如后魏崔浩之以修史受祸；一为近因，如隋文帝之诏禁私家修史是也。后魏于道武时，始令邓渊著国记而条例未成，太武时，诏崔浩等重撰国书，又命浩总监史任，务从实录，叙述国事，无隐所恶，及修史成，浩遂刊石以示行路，后为人所讦，坐夷三族，同作死者，百五十有八人，是时并为之废史官。[1]后人鉴于崔浩受祸之惨，遂相戒不轻作史，如韩愈即其一例，一也。自汉献帝建安中曹操执政，始禁士大夫刊石树碑，以戒矜榜，晋宋皆因之。《宋书·礼志》迨隋文帝开皇十三年，遂下诏曰，民间有撰集国史臧否人物者，皆令禁绝，[2]又诏天下公私文翰并宜实录，时有文表华艳者，至付有司治罪，沿至唐代，浸以成俗。南宋高宗时，秦桧主和有私史之禁，李焘尝以作史得罪。桧死，禁始弛，宁宗嘉泰二年，韩侂胄执政，复有私史之禁，凡事干国体，悉令毁弃。《建炎朝野杂记》甲六。明季私史颇盛，而清初文士，每因修史受祸，私家作史之风，为之益替，二也。然唐、宋以来，私家修史之难，具有多因，不尽由于畏祸，自斯以后，遂分两途，一则纪传体之正史，多由官修；一则编年体以下之别史杂史，多出私撰。盖有志修史之士，于纪传体之正史，既由形格势禁，艰于执笔，不得不转出他途，以展其伟抱宏才，故近世私史之多，亦无惭于古人，第多非纪传体之正史耳。兹于本章综述官修诸史，以明本末，而私修诸史，则于下章述之。

吾国官修之史，应始班固等之撰《世祖本纪》《功臣列传载记》，次则刘珍等本之，以撰《东观汉记》，皆奉时君之命，鸠集多人，共修一书。三国、晋、南北朝之世，尤不乏斯例，然其中如《东观记》，随修随续，本非一时可成，自难出于一手，可以勿论，其他诸史，可分为二：一则肇自多人，成于一手，如王沈之《魏书》，韦曜之《吴书》，是也；一则众手分纂，一人裁定，如魏收之于《魏书》，是也，是则名为官修，实同私史。迨唐修《晋书》《五代史》，始开设史馆，以宰相大臣监修，别调他官兼任纂修，又置修撰司直，号曰史官，如唐令狐德棻、吴兢、刘知幾、徐坚、韩愈之伦皆是。此时所修诸史，皆派定一人为

魏徵

——从清道光十年（1830）刊本《古圣贤像传略》

主修，如姚思廉之主修《梁》《陈》二书，李百药之主修《北齐书》，魏徵之主修《隋书》皆是。亦有派二人同主修一书，如令狐德棻、岑文本之同修《周书》是。所谓主修，略如后世之总纂。吾意是时必有同修之史官，而史未著其名，所谓同修史官，略如后世之纂修官。宋代重修《唐书》，以欧阳修、宋祁二氏为刊修官，刊修犹主修也。是时史馆之制，有所谓修国史，同修国史，更于其上置监修国史，以宰相领之，即袭唐制。然是时之监修官，多徒拥虚号，无所裁定，刘知幾所谓监之者既不指授，修之者又无遵奉，是其弊也。欧、宋同修《唐书》，一则任本纪、志、表，一则专任列传，故以分任而无所牴牾。其后修史，于纂修官外，更立总纂，任其事者，又不限于一二人，于是设馆修史之制，历代相沿无改。然溯其始，实由唐代开其先声，盖与后汉、三国、晋、南北朝官修诸史，有不能相提并论者。

本期之官修诸史，可分四类：一曰编年体之实录，皆近于记注者也；二曰纪传体之正史，皆属于撰述者也；三曰典礼，四曰方志，皆撰述记注兼而有之者也。官修之史，以此四类为多，其他属于乙部之籍，亦有出于官修者，以其可以随事附见，故不烦专述焉。

一　编年体之实录

古者左史记言，右史记事，自汉以来，更多修起居注，以举记言记事之职。《隋志》著录《周兴嗣梁皇帝实录》三卷，纪武帝事，谢吴《唐志》作昊《梁皇帝实录》五卷，纪元帝事，皆为官撰之书，原出于记注，而所取材，则不以记注为限，迨唐以后，则每帝崩殂后，必由继嗣之君，敕修实录，沿为定例，兹就可考者，表之于下。

唐、五代、宋、辽、金、元、明、清实录表

各代	各帝	卷数	撰者	附考
唐	高祖	二〇	敬播	
	太宗	四〇	敬播、许敬宗等	太宗实录凡修数次，初修本仅二〇卷。
	高宗	三〇	韦述	又武后重修本一〇〇卷。
	则天后	二〇	魏九忠等	刘知幾、徐坚、吴兢重修本三〇卷。
	中宗	二〇	吴兢	
	睿宗	五	吴兢	又刘知幾撰本一〇卷。
	玄宗	一〇〇	令狐峘	凡撰数次，初有二〇卷、四七卷两种。
	肃宗	三〇	元载	
	代宗	四〇	令狐峘	
	德宗	五〇	裴洎等	
	顺宗	五	韩愈	今存在《昌黎集》中。
	宪宗	四〇	路隋等	
	穆宗	二〇	同上	
	敬宗	一〇	李让夷等	
	文宗	四〇	魏謩等	
	武宗	三〇	韦保衡等	以上据两《唐志》，又宋人宋敏求补撰《武宗实录》二〇卷。
	宣传	三〇	宋宋敏求补撰	
	懿宗	二五	同上	

（续表）

各代	各帝	卷　数	撰者	附　　考
唐	僖　宗	三〇	同上	
	昭　宗	三〇	同上	
	哀　宗	八	同上	以上据《宋史·艺文志》。
五代附十国	梁太祖	二〇	张衮等	又敬翔撰《大梁编遗录》三〇卷，与实录并行，又周时补修庶人友珪及末帝实录。
	唐庄宗	三〇	张昭远等	庄宗以前撰《纪年录》三〇卷。
	唐明宗	三〇	姚顗等	
	唐愍帝	三	张昭远等	
	唐废帝	一七	张昭等	张昭即张昭远，避汉高祖刘智远讳，去远字。
	晋高祖	三〇	窦贞固等	
	晋少帝	二〇	同上	
	汉高祖	一〇	苏逢吉等	
	汉隐帝	一五	张昭等	
	周太祖	三〇	同上	
	周世宗	四〇	王溥等	残本见《烟画东堂小品》。
	南唐烈祖	二〇	高远	
	后蜀高祖	三〇	李昊	
	后蜀主	四〇	同上	
宋	太　祖	五〇	李沆等	
	太　宗	八〇	钱若水、杨亿等	今存二种：一为八卷，刊入《古学汇刊》，一为二〇卷本，刊入《四部丛刊》。

（续表）

各代	各帝	卷数	撰者	附考
宋	真宗	一五〇	晏殊等	
	仁宗	二〇〇	韩琦等	
	英宗	三〇	曾公亮等	
	神宗	三〇〇		蔡凤翔《王荆公年谱》二十四，有《神宗实录考》。
	哲宗	一五〇	汤思退	
	徽宗	二〇〇	同上	又李焘重修本。
	钦宗	四〇	洪迈等	
	高宗	五〇〇	傅伯寿	
	孝宗	五〇〇	傅伯寿、陆游等	
	光宗	一〇〇	同上	
	宁宗	四九九册	刘光庄等	有传钞本二卷。
	理宗	一九〇册		
	度宗	缺		有时政记七八册。
	恭帝	缺		有事迹日记四五册。
辽	统和实录	二〇	圣宗统和九年正月宣昉邢抱朴同修	见本传，此录实叙统和以前各帝之事，又萧韩家奴耶律庶成撰《遥辇可汗至熙宗以来事迹》二十卷。
	七帝实录		道宗大安元年十一月进	七帝者：太祖、太宗、世宗、穆宗、景宗、圣宗、兴宗也。
	皇朝实录	七〇	天祚乾统三年耶律俨始修	此书一名《太祖以下实录》，疑与七帝为一书，否则为续修之本。

（续表）

各代	各帝	卷数	撰者	附考
金	先朝		完颜勗	始祖以下十帝之事迹。
	太祖	二〇	宗弼	
	太宗		纥石烈良弼等	
	熙宗		郑子聃	
	海陵			
	睿宗		纥石烈良弼	
	世宗		国史院	
	显宗	一八	完颜匡等	
	章宗		高汝砺、张行简	
	卫王	缺		仅有事迹。
	宣宗		哀宗正大五年进	
	哀宗	缺		辽金二代，据倪灿、卢文弨《补辽金元三史艺文志》，及钱大昕《元史·艺文志》。
元	太祖		翰林国史院	
	太宗		同上	
	定宗		同上	
	睿宗		同上	睿宗不为帝，出于追谥。
	宪宗		同上	
	世祖	二一〇	董文用等	
	顺宗	一	程钜夫等	世祖太子真金追谥为顺宗。
	成宗	五六	同上	

（续表）

各代	各帝	卷数	撰者	附考
元	武宗	五〇	同上	
	仁宗	六〇	元明善等	
	英宗	四〇	吴澄等	
	泰宗		王结等	
	明宗		欧阳玄等	
	文宗		同上	
	宁宗		同上	以上据钱大昕《元史·艺文志》。
	顺帝	缺		
明	太祖	二五七	董伦等初修，解缙、胡广等重修	万历中附建文事。
	成祖	一三〇	杨士奇等	
	仁宗	一〇	蹇义等	
	宣宗	一一五	杨士奇等	
	英宗	三六一	陈文等	附景帝景泰事迹八七卷。
	宪宗	二九三	刘吉等	
	孝宗	二二	刘健、谢迁等	
	武宗	一九七	曹宏等	
	世宗	五六六	徐阶、张居正等	又有世宗父《睿宗实录》五〇卷。
	穆宗	七〇	张居正等	
	神宗	五九四	温体仁等	
	光宗	八	叶向高等	

（续表）

各代	各帝	卷　数	撰者	附　　考
明	熹　宗	八四	温体仁等	以上据《明史·艺文志》，今俱有传抄本，惟《熹宗实录》缺，天启四年十二卷、六年六月一卷。
	思　宗	原缺		清初万言纂崇祯长编若干卷，可代实录，今尚存。又南京国学图书馆书目有《崇祯实录》十七卷，据嘉业堂刘氏藏旧钞本传抄，当为后人补辑。
清	太　祖	一〇	崇德元年初修，康熙二十一年重修，雍正二年校订	《太祖实录》经数次修改，今所见者有《太祖武皇帝实录》《太祖高皇帝实录》，皆北京故宫本，又有内阁大库抄本《太祖实录》，皆已印行，俱与实录正本有异同，又有《太祖实录战迹图》八卷，今称《满洲实录》。
	太　宗	六五	顺治九年初修，康熙十二年重修，雍正十二年校订	正本与抄本不同。
	世　祖	一四六	康熙六年修，雍正十二年校订	一作一四四卷，正本与传抄本不同，又日本有《太祖太宗世祖三朝实录纂要》本。
	圣　祖	三〇〇	康熙六十一年修	此为始修之年，至其成书则在四五年后，下同。
	世　宗	一五九	雍正十三年修	

（续表）

各代	各帝	卷 数	撰者	附 考
清	高 宗	一五〇〇	嘉庆四年修	
	仁 宗	三四七	道光四年修	
	宣 宗	四七六	咸丰五年修	
	文 宗	三五六	同治元年修	
	穆 宗	三七四	光绪五年修	
	德 宗	五九七	宣统间实录馆修，清亡后成书	清亡后，实录馆尚在，隶于清室，纂成此书，北平沈阳，皆有抄本。
	宣统政纪	四三	清亡后清室自修	同上，有排印本。上据清代正续《文献通考》《清史稿·艺文志》《四库简明目录》，及抄藏各本，汇而记之。

唐、五代、宋、辽、金、元之实录皆佚，《唐实录》之存者，仅韩愈所撰之《顺宗实录》五卷，钱若水所撰之《宋太宗实录》二十卷。韩录尚属完全，钱录则残帙而已。实录之体，略如荀悦《汉纪》，为编年史之一种，即于一帝崩殂后，取其起居注、日录、时政记等记注之作，年经月纬，汇而成编，故自成书之时言之，本为撰述之一种。然编纂实录，取材至繁，诏令章奏，悉得入录，并于大臣名人书卒之下，具其事迹，略如列传，其体实为长编，以备史官之采。故自易代后汇修正史之日言之，则亦与起居注、日录、时政记等书，一律视为记注。是则实录之书，介乎记注撰述之间，新旧两《唐书》皆以之入记注，《宋史》以下则以之入编年，前后异趣，盖以此也。唐及五代之实录，今虽不可尽见，而《通鉴考异》，称

引最多，唐代诸帝之外，如梁太祖，后唐庄宗、明宗、愍帝、废帝，晋高祖、少帝，后汉高祖、隐帝，周太祖、世宗，南唐烈祖皆是。盖司马光撰《通鉴》时，其书具在，故得恣取而博辨之，而《宋史》具载其目，亦可证也。后人病《旧唐书》之烦，而仍不能屏废者，以本纪采取实录最多，为可贵也。《册府元龟》所录唐代史料，凡为《唐书》及会要所不载者，多出于实录，知旧书本纪之可贵，即知实录之可贵矣。宋时有实录，有会要，皆为国史之长编。元人灭宋，董文炳入临安，独取其国史，辇致北方，其后得据以修纂《宋史》。然《理宗实录》为未成之作，度宗、恭帝以下更无实录，故《宋史》于理、度时，不具首尾，草草成编，实录之系于修史，岂不大哉。《辽史》之成，由于耶律俨、陈大任二家之书，而俨即为手撰辽实录之人，今考《宋》《辽》二史，所记两国间之大事，往往互异，则由史家各据其实录而直书之，不暇核其异同也。金亡后，实录在顺天张万户家，**张万户名柔，《元史》有传，说详后**。元好问欲资张书以修《金史》，后因有阻而止，乃构野史亭著述其上，凡金君臣言行，采摭所闻，记录至百余万言，元人修纂《金史》，多本其所著。元初王鹗倡修《金史》，亦由得见实录。[3]由此言之，《辽》《金》二史皆资实录以成者也。元之诸帝，皆有实录。宪宗以上，世祖时诏翰林国史院追撰成书，其后每帝崩殂，必命史臣撰录，如前代制，惟顺帝以国亡无书。明初修《元史》，即据元累朝实录，及后妃、功臣列传而成者。明太祖讫熹宗之实录，今尚具在，[4]惟阙思宗一朝，可取谈迁《国榷》补之。清人修《明史》，凡涉及清祖事皆讳而不言，故近贤考明事者，多舍《明史》而取实录，明史所不详者，实录皆能详之，此其所以可贵也。清太祖讫穆宗《十朝实录》，早已成书，[5]蒋良骥、王先谦先后辑《东华录》，皆资于实录，而所采事有未尽，蒋录起太祖天命讫世宗雍正凡三十二卷。王先谦重为排纂，而自乾隆以下迄同治五朝称为续录。潘颐福别撰《咸丰东华录》六十九卷，又在王录之前而不如其详。清初三朝实录屡经改修，渐失本真，人皆弃重修本，而珍视初修本，论者谓王录详于蒋录，而蒋录又胜于王录，亦蒋录多取材于初修本，而王录则以涉忌讳而删去之也。《德宗实录》，晚成未出，朱寿朋撰《光绪东华录》，无实录可据，而其详赡过于实录，宣统朝无实录，而有政纪，是则《清实录》之完备，尤过于明代。近年中央研究院定议，取北平图书馆所藏《明实录》全帙，委托商务印书馆印行，契约已定，以战事起，致印刷稽迟，迄今尚未问世。近闻日本已取清十一朝《实录》附以《宣统政纪》《太祖实录战迹图》，合为千余册，已景印行世，盖实录之可贵，殊过于正史。试举一例明之。大凡乙国人叙甲国事，往往据事直书，无所隐饰，此其所长也；然异国传闻，往往失实，不可尽据，此又其所短也。史家考唐代事，或资日本人之纪载，考宋、辽、金、元事，必资于《高丽史》，以其时日本、高丽来朝之频繁也。李氏朝鲜，受明册封，始终无间，故其实录中纪载明事最多，而于清代初祖之事，为《明实录》所不及载，清人所讳而不言者，《朝鲜实录》往往载之，且极翔实，故近人治清初史者，必取资于是书，而甚宝重之。总之，前代实录为长编之体，略如史料汇编，修通史专史者，有事于此，可以取用不竭，是盖可与正史并存不废，与其谓之撰述，无宁属之记注，凡撰述之为长编体者，皆入古记注之林而远于撰述者也。

二 纪传体之正史

设局修史，始于唐贞观三年之诏修梁、陈、北齐、周、隋五代史，十八年又重修《晋书》，后则相沿为例，讫于民国而未之改，兹取自唐以来官修诸正史，列表明之：

史名	卷数	撰者	附考
《晋书》	一三〇	唐　房玄龄等	
《梁书》	五六	唐　姚思廉	
《陈书》	二八	同上	
《北齐书》	五〇	唐　李百药	
《周书》	五〇	唐　令狐德棻等	
《隋书》	八五	唐　魏徵等	
《旧唐书》	二〇〇	后晋　赵莹、刘昫等	
《新唐书》	二二五	宋　欧阳修、宋祁	宰相曾公亮监修。
《旧五代史》	一五〇	宋　薛居正等	
《宋史》	四九六	元　脱脱等	
《辽史》	一一八	元　脱脱等	
《金史》	一三五	元　脱脱等	
《元史》	二一〇	明　宋濂等	
《明史》	三三六	清　张廷玉等	内有目录四卷。
《清史稿》	五三六	民国　赵尔巽等	

正史之名，始见《隋志》。至宋而定著十有七，即《史记》《汉书》《后汉书》《三国志》《晋书》《宋》《南齐》《梁》《陈》《魏》《北齐》《周》《隋》八书，以及《南史》《北史》《新唐书》《新五代史》，是也。明刊监版，合《宋》《辽》《金》《元》四史，为二十有一，清乾隆中，诏增《旧唐书》《旧五代史》及《明史》，为二十有四，凡未奉有明诏及颁诸学官者，不得滥登，盖久已悬诸令典矣。[6]民国以后，曾由政府明令以柯劭忞所撰之《新元史》，列入正史，于是有二十五史，其后修清史成，草草付印，谓之《清史稿》，又以政府禁令不得行，不然，则正史之数有二十六矣。兹以晋、梁、陈、北齐、周、隋六史，已述其概于前章，《新五代史》为私家之作，别述于后，仅取《旧唐书》以下，讫于《明史》，具而论之，而《清史稿》亦以附焉。

姚思廉
——从明万历三十七年（1609）原刊本《三才图会》

其一则为《旧唐书》。考唐贞观中，曾命姚思廉撰纪传体之国史，高宗时长孙无忌、许敬宗等续之，敬宗又撰十志，未就。武后时刘知幾、朱敬则、徐坚、吴兢奉诏同撰《唐书》八十卷，此见于《史通·正史篇》所述者也。《崇文总目》谓吴兢撰唐史，自创业讫开元，凡一百一十卷，韦述因其本更加笔削，兹检《新唐书·艺文志》，著录《唐书》一百卷，又一百三十卷，即吴兢、韦述、柳芳、令狐峘、于休烈等先后所撰之作也。撰之者既非一人，亦非出于一时，随撰随续，历时甚久，略如后汉之修《东观记》，兢本与知幾同撰《唐书》，兢又自行续撰，故由八十卷，增至百一十卷，其后更由韦述等续撰，故又增百三十卷，而著录于《唐志》也。然旧书吴兢、韦述、柳芳等传，又谓兢私撰《唐书》《唐春秋》未就，其书凡六十余篇，述续撰为一百十二卷，并史例一卷，肃宗又命述、芳缀辑吴兢所次国史，述死，芳续成之，起高祖，讫肃宗乾元，凡一百三十篇。其后于休烈、令狐峘续增，而未加卷帙，故《唐志》仍以百三十卷著录也。据赵翼所考，《旧书》前半，全用实录、国史旧本，《唐绍传》称玄宗为今上，即用实录原文之证，《刘仁轨传》后引韦述论云，即用韦述所修国史原文之证，所论甚谛。然又谓宣宗以后无实录，故武帝会昌以后，事多阙略。此又因《五代会要》所纪，五代修《唐书》时，屡诏购访，有纪传者，惟代宗以前，德宗只存实录，《武宗实录》并只存一卷而言之也。[7]《四库提要》则谓，《旧唐书》于穆宗长庆以前，本纪惟书大事，简而有体，列传叙述详明，赡而不秽，颇能存班范之旧法。长庆以后，本纪则诗话书序婚状狱词，委悉具书，语多支蔓，列传则多叙官资，曾无事实，或但载宠遇，不具首尾，所谓繁略不均，诚如宋人所讥，是则长庆以来，国史、实录皆不之具，无可依据之故。《宋史·艺文志》著录，武宗以下六帝实录一百四十三卷，皆宋敏求补撰，[8]今考《通鉴考异》，屡引唐实录，而于武宗后称引尤多，武宗以上为唐人旧本，武宗以下，则敏求补撰本也。欧阳修修《新唐书》时，遗文间出，又有宋录可据，故叙唐末事差为详赡，其能胜于《旧书》，时为之也。唐亡之后，梁及后唐皆曾命官修史，未底于成。其可考者晋高祖石敬塘天福六年二月，诏张昭远、贾纬、赵熙、郑受益、李为光等同修唐史，并以宰臣赵莹监修，[9]其后同修唐史者，又有吕琦、尹拙，而莹为修史事，综理独周密，故《旧五代史·莹传》，谓《唐书》二百卷之成，莹有力焉。吴缜《新唐书纠谬》亦盛称赵莹之徒，缀辑旧闻，次序《实录》，草创卷帙，粗兴规模。据此则莹之监修唐史，非虚领其名而不事事之比，而今本《旧唐书》署刘昫等撰，而不及莹者，晋出帝开运二年六月书成时，赵莹已外任节镇，刘昫以宰相继为监修，遂与修史官张昭远同表上之，[10]此所以首昫名而不及莹也。然薛、欧二史《刘昫传》，俱不载其监修《唐书》，其于《唐书》，亦无莹综理周密之功，而独尸其名，抑何徼幸乃尔，此宜补列莹名于昫前，以示不没其劳，[11]此唐及五代纂修《唐书》之大略也。

其二则为《新唐书》。《旧唐书》之缺略，具如上述，其宜重修或订补，自不待论。至宋仁宗之世，乃以《旧唐书》卑弱浅陋，命翰林学士欧阳修、端明殿学士宋祁重加刊修，至先提举其事后为监修者，则宰相曾公亮也。修撰本纪、志、表，祁撰列传，祁稿凡十七年而成，修稿亦历六七年，其所修之时，则祁在前而修在后，故列传成于本纪、表之前，[12]其后书成，应由官高者一人署名。修曰，宋公于我为前辈，且于此书用力久，何可没也，祁感其退逊，故于列传题祁名，本纪、志、表题修名，然此实用《隋志》分题长孙无忌之例，非创之于欧、宋也。据《书录解题》及《四库提要》。据曾公亮进书表，与欧、宋同修书者，有范镇、王畴、宋敏求、吕夏卿、刘羲叟。夏卿熟于唐事，博采传记、杂说数百家，又通谱学，创为世系诸表，于《新唐书》最有功；敏求亦以熟于唐事，且补修晚唐六朝实录，为王尧臣所荐，又梅尧臣亦预修《唐书》，[13]是则与修诸氏，皆为一时名选，而欧、宋二氏又为一代文宗，领袖其上，亲为笔削，且历十有七年而成，为时甚久，不同草草，宜新书之无可议矣。然同时有吴缜者，欲因范镇荐，列于史馆，为欧阳修所拒，心不能平，乃于《新唐书》成后，撰《纠谬》一书，吹毛索瘢，大肆抨击，[14]所举虽不无是处，究无以服欧、宋之心也。平心论之，《旧唐书》之作，多本国史、实录，长庆以前之《本纪》《列传》，确较《新唐书》为详赡，故司马光之修《通鉴》，宁弃新而取旧，[15]且唐代诏令率用骈俪，《新唐书·本纪》多从删弃，如陆贽所撰《兴元大赦诏》，骄兵悍将，读之至于感泣，诚千古之至文也，亦以用骈而不取，此欧阳氏主修之失也。唐代词章，体皆详赡，而列传中，必为减其文句，变为涩体殊失其真。又喜载韩、柳文，韩愈《平淮西碑》，不详叙李愬入蔡之功。至于仆碑改撰，而《通鉴》亦不甚取之，《新唐书·吴元济传》，则全就碑文润色之，于《柳宗元传》，录其文至四首，[16]而他传则无此例，此宋氏之失也。曾公亮进书表，称其事增于前，其文省于旧，而刘安世《元城语录》，则谓事增文省，正《新唐书》之失。

吾谓事增则是，文省则非，寻其所谓事增，即指补缀唐末阙遗之事，所谓文省，即指删削国史、实录之文。夫《新唐书》之长，即在将长庆以后《旧唐书》所不能详者，悉加辑缀，大体略备，纪、传固然，而志、表尤胜于《旧唐书》，故《新唐书》之可贵，不在改撰，而在补缀。向使欧、宋二氏，于旧史之佳者，多用旧文，不为删并，专就唐末史事，去其烦冗，补其阙遗，则为《新唐书》之佳本，而无可讥矣。清人沈炳震悟得此理，遂辑《唐书合钞》二百六十卷，本纪、列传悉用旧书，志、表多用新书，而以他一书之异同，及可补阙遗者，分注于下，并为宰相世系表作订误数卷。此折衷于新、旧两《唐书》之间，弃其短而取其长，最为得作史之意者也。自《新书》行，而《旧书》渐微，明代南北两监本二十一史，皆不及《旧唐书》。明嘉靖十七年闻人诠重刻旧本，赖以延绵不坠。清乾隆中，诏以新、旧《唐书》并列正史，复于武英殿刊版印行，遂仍得畅行于世，而今人仍贵闻刻本，扬州岑建功为撰《校勘记》，并附以逸文，亦治《旧唐书》之最勤者矣。盖《旧唐书》若前无闻人诠为之校勘，后无清廷为之表章，必如薛氏《五代史》，重烦学人，加以搜残补阙之功，可不问而知之也。

其三则为《旧五代史》。宋太祖开宝六年四月，诏修梁、后唐、晋、汉、周五代史，卢多逊、扈蒙、张澹、李昉、刘兼、李穆、李九龄同修，宰相薛居正等监修，[17]七年闰十月书成，凡一百五十卷，目录二卷，为纪六十一，志十二，传七十七，多据累朝实录，及范质《五代通录》，[18]薛史之体，略仿《三国志》，以梁、唐、晋、汉、周各为一书，称曰《梁书》《唐书》《晋书》《汉书》《周书》，而各有纪、传若干卷，合之虽为一书，分之可为五史。晁公武《读书志》称开宝中诏修梁、唐、晋、汉、周书，赵翼据之，遂谓《五代史》，乃后人总括之名。此殊失考，薛史有《世袭》《僭伪》《外国》诸传及十志，皆不能分系于某一书。且以十志之迹求之，略如唐修《五代史》之附于《隋书》，是则五书实有合而难分之势，亦犹《三国志》之魏、蜀、吴，本可各为一史，然《魏书》书末附有《外夷传》，而他书无之，正为合而难分之证。薛史之体，盖仿《三国志》《南史》《北史》之例，合而一之，以五代相承，顺序递述，尤近于《南北史》，具有通史之一体者也。其后欧阳修私撰《五代史记》，藏于家。修没后，神宗诏求其书，为之刊行，于是薛、欧二史，并行于世。至金章宗泰和七年，宋宁宗开禧三年，公元一二〇七年。诏止用欧史。《金史·章宗纪》，泰和七年十一月诏新定学令内削去薛居正《五代史》，止用欧阳修所撰。宋、金亡后，南北统一于元，元承金制，薛史日湮。明成祖时，辑《永乐大典》，悉采薛史入录，惟已割裂淆乱，非其篇第之旧。清乾隆中，开四库馆，求薛史原本，已不可得，馆臣邵晋涵就大典中甄录排纂，其阙逸者，则采《册府元龟》等书之征引薛史者补之，仍厘为一百五十卷，其原书篇目，亦略可寻绎得之，设无《大典》，则薛史亡矣。薛史多据实录，故详赡过于欧史，而欧史后出，亦有可补薛史之阙遗者。故清代以二史不可偏废，遂并列于正史。或谓薛史原本尚未亡，初在皖人汪允中家，继归丁乃扬，乃扬珍惜孤本，不肯示人，世遂无有见之者，惜哉。[19]允中、乃扬，独不能效闻人诠覆刊行世，一旦付之劫灰，将奈之何，收藏孤本，秘不示人，等于窖金埋宝，有书亦等于无书矣。

其四则为《宋》《辽》《金》三史。宋代国史，最为详备，有《起居注》，有《时政记》，有《日历》，有编年体之《实录》，有纪传体之《国史》，其时所设起居郎、舍人、著作郎、佐郎、国史院、实录院，分典撰史之务。《宋史·汪藻传》谓，书榻前议论之词，则有《时政记》，录柱下见闻之实，则有《起居注》，类而次之，是为《日历》，修而成之，谓之实录，此皆宋《国史》之底本也。实录之外，即为国史，宋代诸帝崩后，嗣君例诏大臣修实录。而仁宗时，则诏吕夷简、夏竦修先朝国史；神宗时，既诏修《英宗实录》，又诏修《仁宗、英宗史》；孝宗以后，又修神、哲、徽、钦四朝《国史志》，及列传；理宗时，又修高、孝、光、宁四朝国史。所谓《国史》，具有纪、传、志、表诸体，一如前代之正史，而易代以后，即据此以勒定焉。[20]《国史》之作，肇于后汉之《东观汉记》，而大成于唐代吴兢等所撰之《唐书》，其性质异于记注，故亦得为撰述之一种。南宋时，王偁撰《东都事略》，备北宋九朝之事，剪裁得当，实胜于元人所修之《宋史》，亦据《国史》勒定者也。南宋理、度二宗，虽亦有《实录》《时政记》可据，然至宋亡之日，已多不具，而两朝国史，更未及修，试观《宋史》诸志，于宁宗以后事，多阙而不备。而《文苑传》，南宋仅周邦彦等数人，《循吏传》，竟无南宋一人，固由修史诸人草草将事，亦以国史底本缺略不具故耳。迨元兵入临安，以董文炳主留事，文炳曰：国可灭，史不可灭；又曰：宋十六主，有天下三百余年，其太史所记，具在史馆，宜悉收以备典礼，乃得宋史及诸记注，归之元都国史院，此即宋国史旧本，元人所据以修《宋史》者也。辽制，书禁甚严，凡国人著述，惟听刊行于境内，有传于邻境者，罪至死，[21]故书籍流传于后世者绝少。元好问云：今人语辽事，至不知起灭凡几主，下者不论也，《元文类·故金漆水郡侯耶律公墓志铭》则其时史料之缺乏，亦可于此窥见。然不可因此，遂谓辽无国史，其诸帝实录，已略如上述，又有起居注及日历，《辽史·百官志》有起居舍人院，又《耶律良传》，重熙中迁修《起居注》，又《道宗本纪》，大康二年十一月甲戌，上欲观《起居注》，修注郎不攧及忽突堇等不进，各杖二百，罢之，此辽有起居注之证也。《辽史·圣宗纪》，统和二十一年三月壬辰，诏修日历，毋书细事，又二十九年五月甲戌朔，诏已奏之事，送所司附日历，此辽有《日历》之证也。辽人于实录外，是否另修纪传体之国史，今已无考。金灭辽后，遂据辽人记注《实录》，以修《辽史》。《金史·熙宗纪》，皇统八年四月甲寅，《辽史》成，又《萧永祺传》，广宁尹耶律固奉诏译书，辟至门下，尽传其业，固作《辽史》，未成，永祺继之，作纪三十卷、志五卷、传四十卷，上之。此谓萧永祺《辽史》，即第一次修成之本也。大定二十九年，章宗即位，以萧之《辽史》未善，乃命官重修，以耶律履、党怀英、郝俣等为刊修官，移刺履、赵沨等七人为编修官，见《金史》移刺履、党怀英两《传》，移刺即耶律二字之异书。后增编修官三人，又因党怀英致仕，诏陈大任继成其事太和六年七月。《章宗纪》太和七年，十二月壬寅朔，《辽史》成，此之谓陈大任《辽史》，即第二次修成之本也。陈之《辽史》费时十有八年，应较萧之《辽史》为完善，然而迟至金亡未能刊行，盖因德运之说未定故耳。兹据《大金德运图》说，及宣宗祯祐二年正月集议德运省札所引章宗敕旨，见《金文最·五十六》。金源诸臣，或主以金继唐，或主继辽，或主继宋，发言盈庭，莫衷一是，又据修端《辨辽金宋正统》所说，《金史·章宗纪》《辽史》成一语，正为罢修《辽史》，因而结束之，其未及刊行，亦以此也。[22]金亡以后，《辽实录》为耶律楚材所藏，故得不亡，据苏天爵《三史质疑》。后据以重修《辽史》，殆即耶律俨所修之《皇朝实录》七十卷，或谓萧永祺所修之《辽史》七十五卷，即就俨书排纂而成近人冯家昇说。今就《辽史》所引，俨书有《纪》有《志》有《传》，一如正史，殊乖《实录》之体，且今本《辽史》，绝不称及萧之《辽史》，疑其说不为无因，然元修《辽史》，得陈大任《辽史》甚晚，恐系就萧之《辽史》改作，而原本因以佚散。元好问尝谓太和初诏修《辽史》，书成，寻有南迁之变，简册散失，世复不见。《漆水郡侯耶律公墓志铭》此即指陈大任重修之《辽史》。然其后陈之《辽史》复出，为脱脱等所据，以成今本，脱脱《进辽史表》云。耶律俨语多忌讳，陈大任辞乏精采，二书优劣，大概可知，所谓耶律俨《实录》，所谓陈大任《辽史》，皆元人所据以修《辽史》者也。金时亦有《起居注》《日历》《实录》，《金实录》已详于前，《金史·百官志》，有记注院，修《起居注》，掌记言动，又秘书监所领之著作局，掌修日历，略如唐、宋之制。又《世宗本纪》大定七年九月，诏修《起居注》《宗叙》《守贞》两传，皆有修《起居注》之语。元世祖中统二年，王鹗奉诏修《金史》，采及杨云翼《日录》四十条，陈老《日录》二十条。[23]日录当如唐宋宰臣之《时政记》，否则与日历相类，所谓起居注、日历、日录、实录，皆《金史》所资以成书者也。《金史·文艺传》，谓刘祁作《归潜志》，以纪金事，元好问著《中州集》及《壬辰杂编》，为修《金史》时所采用。好问既于顺天张万户家，得见《金实录》，则《壬辰杂编》所纪载者，必多出于实录。《元史·张柔传》，载柔攻下金汴京，独入史馆，取《金实录》，并秘府图书。世祖中统二年，柔以《金实录》献于朝；又《王鹗传》，载鹗在金官左右司郎中，蔡州陷，鹗将被杀，万户张柔闻其名，救之，挈归，馆于保州。按：金有保州顺天军，元升为顺天府，即今保定。张柔以万户率兵镇此，即元好问所见之顺天张万户也。鹗既主于其家，得尽读《金实录》，迨柔献《实录》于世祖，而鹗适官翰林学士承旨，兼领国史院，遂建议修辽、金二史，鹗之言曰，自古有可亡之国，无可亡之史，盖前代史册，必代兴者与修，是非予夺，待后人而后公故也。与鹗同修《金史》者，尚有李治、徐世隆、高鸣、胡祗遹等，见《元史·商挺传》。其后阿鲁图《进金史表》云：张柔归《金史》于其先王鹗辑金事于其后，即指此事，而至正所修之《金史》，即据鹗稿为底本。由是言之，《金史》之修，创于王鹗，考其初稿，即据实录，谓悉采自刘、元二氏，尚非衷于情实。孙承泽《春明梦余录》

有《金史》不亡，二人之力一条，一指王鹗，一指元好问。以上所述，皆元人未修三史以前，所考得之大略也。元人与宋合兵灭金，时在宋理宗端平元年，元太宗窝阔台六年公元一二三四年，迟至元世祖中统二年，宋理宗景定二年、公元一二六一年。始因王鹗奏请，而修辽、金二史，及世祖至元十六年公元一二七九年，灭宋，又命史臣通修宋、辽、金三史，然迟之甚久，而不能成书，与金修《辽史》同，直至顺帝至正三年公元一三四三年三月，右丞相脱脱奏请设局，重修三史，中隔以六十四年之岁月，因何停顿，盖亦有故。考是时元廷诸臣，意见不一，或以宋为正统，当立帝纪，辽、金为窃据当入载记，是以《晋书》为例者也；或以辽自唐末保有北方，与五季北宋相次而终，当为北史，宋受周禅，至靖康，当为《宋史》，金破辽克宋，据有中原，当为北史，建炎以后，中原非宋所有，当为南宋史，是以《南北史》为例者也。[24]以元承宋，而摈辽、金，汉人之绩学者多主之。第元太祖成吉思汗之立国，远在宋宁宗开禧二年公元一二〇五年，是时金尚未亡，元人以北方部族，入主中国，不能不袒辽、金而绌宋，因此争议不决，又复多所顾忌，致修史之议，未果进行，亦犹金人修《辽史》，以德运之议未决，而致停顿也。[25]迨至脱脱为相，乃断然曰，三国各与正统，各系其年号，见权衡《庚申外史》。以此为三史之义例，并为定其凡例云：一、帝纪，各史书法准《史记》《汉书》《新唐书》，各国称号，准《南北史》；二、各史所载，取其重者作志；三、表与志同；四、列传，后妃，宗室，外戚，群臣，杂传。人臣有大功者，虽父子各传，余以类相从，或数人共一传，三国所书事，有与本朝相关涉者当禀，金、宋死节之臣，皆合立传，不须避忌，其余该载不尽，从总裁官，与修史官临文详议；五、疑事传疑，信事传信，准《春秋》。百衲本《辽史卷首》。以上五例，即三史义例所据以画一者也。先是王祎著《正统论》，谓金虽据有中原，不可谓居天下之正，宋既南渡，不可谓合天下于一，其事适类于魏、蜀、吴、东晋、后魏之际，是非难明，而正于是又绝矣。自辽并于金，金并于元，元又并南宋，然后居天下之正，合天下于一，而后正其统。《王忠文集》此说即为脱脱所本，盖如王祎所论，则宋与辽、金，实同于南北朝时之分据，而脱脱定议以三史分修，实以《宋史》为南史，《辽》《金》二史为北史，亦取端修以南北史为例之说也。考脱脱修三史时，脱脱自为都总裁，铁睦尔达世、贺惟一、张起岩、欧阳玄、吕思诚、揭傒斯、李好文、杨宗瑞、王沂等为总裁官，而纂修官则三史各异，迨至至正四年三月，《辽史》先成，由脱脱表上，同年十一月《金史》继成，五年十月《宋史》亦成，时脱脱已罢相，由继任右丞相阿鲁图表上，[26]未几即镂版行世，得以流传。至其成书所以如斯之速者，则以三史各有底本在，据而编次之，则大略可睹矣。或以三史成书太速为病，固由昧于当代之实况，抑知顺帝至正八年，方国珍起兵浙江，十一年，郭子兴起兵安徽，十三年，张士诚起兵江苏，渐次以及中原北方，全国成动荡之势，时上距书成不及十年。设再荏苒岁月，旧本散亡，三史恐难成书，藉令成于明人之手，亦必为残阙不完之作，是则三史之成，殆若有天幸焉。后贤又病《宋史》冗杂，《辽史》简略，而极称《金史》之详核简洁，见《二十二史劄记》二十七。不悟《宋史》于北宋九朝，据王偁《东都事略》及李焘《续通鉴长编》，叙述详而有体，皆由底本之善，南宋高、孝、光、宁四朝之史亦略备，且《宋史》之佳处，正在详而不在简，后来改撰之《宋史》，皆不能满人意者，非谓其不能剪裁，正以其详不如旧史耳。至其一人重复立传，编次前后失当，如钱大昕、赵翼之所纠举者，悉出元人补订未善，仓卒成书之失，非宋《国史》旧本之咎也。《辽史》所纪契丹上世之事，当出于《辽实录》，由耶律俨、萧永祺相沿而删定之者。今考《辽史》本纪、志、传中，屡称耶律俨、陈大任，又称旧史。旧史即指陈氏之作，此外间取材于《魏书》《周书》《隋书》《北史》《新唐书》《新旧五代史》《通鉴》，而于天祚天庆二年以后事，多采自叶隆礼之《契丹国志》。盖撰《辽史》时，苦于史料缺乏，杂采诸书，多录原文勉强联缀，捉襟见肘，随处可见。然宋人之名著，若江少虞《皇宋事实类苑》，李焘《续通鉴长编》，李心传《建炎以来系年要录》及《朝野杂记》，徐梦莘《三朝北盟会编》，马端临《文献通考》，乃竟未见采取，岂以有所忌讳而然，抑由时日迫促，无暇以及此乎？[27]元人王恽《玉堂嘉话》，载王鹗所拟《金史大纲》，备有太祖、太宗、熙宗、海陵庶人、世宗、章宗、卫绍王实录阙、宣宗、哀宗实录阙九帝纪，天文、地理、礼乐、刑法、食货、百官、兵卫七志，诸王、后妃、开国功臣、忠义、隐逸、儒行、文艺、列女、方技、逆臣诸列传。恽又谓鹗亲笔作史，大略付恽，如帝纪、列传、志书，卷帙皆有定体，此皆王鹗尽瘁于《金史》

之证。当鹗之世，金源文献，既有实录可征，益以刘祁、元好问之所纪，既不同《宋史》之冗杂，亦不似《辽史》之简略，其以详核简洁见称，非无故也。施国祁《金史详校序》，金源一代，年祀不及契丹，舆地不及蒙古，文采风流不及南宋，然考其史裁大体，文笔甚简，非《宋史》之繁芜，载述稍备，非《辽史》之阙略，叙次得实，非《元史》之伪谬。再就三史之体例言之，各有纪、传、志、表，本属一致，而《宋史》杂世家六卷于列传或谓乖于史体，此亦不然。《宋史》以南唐李氏、西蜀孟氏、吴越钱氏、南汉北汉两刘氏、荆南周氏高氏、漳泉留氏陈氏为《世家》，序称仿自欧史，而次于诸汇传之后者，其意若曰，彼云道学、儒林、文苑，此云世家，等量齐观，有何不可？然则所谓世家者，乃冠于列传之一词耳，非《史记》以世家与本纪、列传并列之旨也。以此论次三史，亦可以得其大略矣。

其五则为《元史》。元初之《国史》，以蒙古文字纪载，题曰《脱必赤颜》译音，记太祖成吉思汗以往之史事綦详，元仁宗时，察罕初译为汉文，名曰《圣武开天记》见《元史·本传》。明太祖洪武十五年有重译本，称曰《元朝秘史》。[28]又有《圣武亲征录》，亦自《脱必赤颜》译出，记太祖初起及太宗时事，今所传《秘史》译本，出于《永乐大典》。清乾隆中，钱大昕抄得之，而未著录于《四库》外间尚有原刊残本。元文宗至顺二年，奎章阁学士虞集等，以纂修《经世大典》，清从翰林国史院取《脱必赤颜》必一作卜一书，以记太祖以来事迹，翰林学士承旨某言，《脱必赤颜》事关秘禁，非可令外人传写，遂止，见《元史·本纪》及《虞集传》。此是书所以有

《秘史》之名也。此外则太祖以来之事迹，悉具于累朝实录。明初徐一夔言，元不置日历，不记起居注，独中书置时政科，遣一文学掾掌之，以事付史馆，及易一朝，则国史院据所付修实录。[29]据此所说，元代无起居注及日历，然考《元史·百官志》，以给事中兼修起居注，左右侍仪奉御，兼同修起居注，又秘书监置著作郎佐郎，如宋、辽、金制，前代著作郎，即掌修日历，元英宗时，御史孛端，曾有朝廷设起居注所录皆臣下闻奏事目之语，见《元史·本纪》。王恽修《世祖实录》，亦尝参取起居注，见《秋涧集·进实录表》。而徐氏谓元代无起居注及日历者，岂以元之末世虚置其官而不事其事之谓欤。故其后可据者，只有实录。明太祖洪武元年，徐达率军入北京，始得《元十三朝实录》。据钱氏《元史·艺文志》所考，元有十五帝之《实录》，此称十三朝者，睿宗、顺宗，皆由追谥，身未为帝，故置而不数也。元英宗时至治元年，诏修《仁宗实录》，及《后妃、功臣传》，顺帝时至元元年，又诏修《累朝实录》，及《后妃、功臣传》，见《元史·本纪》。又谢端曾预修文宗、明宗、宁宗《三朝实录》，及累朝《功臣列传》见本传，凡此所谓累朝《后妃、功臣列传》，必亦为明人所得，故得据之以修《元史》。元人所撰之《经世大典》《大一统志》，于一代之典章及舆地，纪载綦详。明初其书具在，又得据之以撰诸志，《元史》成功之易，亦由于此。徐一夔谓《元史》自太祖至宁宗十三朝，悉据实录修成，又有《经世大典》，可以参稽，《明史·本传》及《朱彝尊、徐一夔传》。此《元史》依据实录、《大典》之证也。明修《元史》凡二次：第一次，洪武二年二月开局，八月成书；第二次三年二月开局，七月成书；总裁官为宋濂、王祎。据宋濂序，第一次，凡成纪三十七卷、志五十三卷、表六卷、传六十三卷，顺帝时无实录可征，未得为完书，复诏有司，征采史事，以续成之，故第二次，又成纪十卷、志五卷、表二卷、传三十六卷。今考《元史》目录，本纪四十七卷，其卷三十八以下，则续成之《顺帝纪》也；志、表之次第不动，续成之志五卷，列入志第三下为五行二，第十七下为河渠三，第二十七下为祭祀六，第四十一下为百官八，第四十五下为食货五，续成之表二卷，列入第五下为三公二，第六下为宰相二，而卷次之总数，仍照增，此可考而知者也。或谓列传第三十三，始以开国时之耶律楚材、张柔、史天倪等，次于元末死事诸臣泰不花之后，是为续修之证。《二十二史札记》有此说。然楚材等为开国勋臣，初次不容漏载，盖列传次序，以蒙古贵臣及色目人居前，而汉人、南人[30]次之，蒙古人、色目人、汉人、南人，诸传之后，各插入续修之传，而又次于儒学诸合传之前，故其孰为初修，孰为续修，不可遽寻。且初修之列传凡六十三，续修之列传

宋 濂
——从清道光十年（1830）刊本《古圣贤像传略》

凡三十六，合之为九十九卷，而本书列传凡九十七卷，缺少二卷，若非于合编时有并卷，则宋序所记续修列传三十六卷，必为三十四卷之误，是尚有待于刊定者耳。明修《元史》时，亦仿元修三史，定有凡例，本纪准两汉史，志准《宋史》，表准《辽》《金》史，列传准历代史，而参酌之，纪、传、志、表皆不作论赞，据事直书，具文见意，见《元史·卷首》。惟以其成书太速，故其芜杂缺略，视诸史为尤甚，良由修史诸氏，不解蒙古文字，蒙人之参与者，亦复数典忘祖，以致一人两传，讹误百出，且有于附传之外，别立专传者，又如《元朝秘史》《圣武亲征录》、实录之贵重史料，亦不知采取，且元时疆域极广，而所详者仅于中国境内，未足以餍学者之望，此所以有待于补订重修也。至其成书之速，盖亦有故：明太祖驭下至严，诸臣之所重惮，成书稍迟，谴责将至，一也；元以蒙族入主，为明人夷视，于其《蒙古旧史》，亦不之贵，二也。其后王洙撰《宋史质》，于恭帝降元之后，每岁书帝在某地，而削去元之年号，成化中，商辂等奉敕修《续纲目》，亦不甚留心元事，藉令宋王诸氏尚在，以应采《秘史》《亲征录》之议，陈于其前，亦必以为无足轻重，一笑置之，盖以古今之异势，而议论亦不同焉。此明修《元史》之大略也。

其六则为《明史》。明代诸帝，除惠帝、思宗外，皆有实录，景帝事附入《英宗实录》。实录中例载诸臣传，而典章制度，又有《会典》可据，此《明史》之基本史料也。惟于实录之外，曾有官修之国史。万历中，阁臣陈于陛疏谓本朝纪、表、志、传之正史，二百余年来踵袭因循，阙略不讲，请力为整辑，勒成巨编，于是开馆分局，集累朝之《实录》，采朝野之见闻，纪、传、书、志，颇有成绪，忽毁于火。据《春明梦余》十三及三十二后则未闻续作，诚可惜也。明代中叶以后，士大夫喜谈本朝掌故，私家作史之风亦盛，如朱国桢之《明史概》、邓元锡之《明书》、陈建之《皇明通纪》、王世贞之《弇州史料》、谈迁之《国榷》，皆撰于明亡之前，虽未尽满人意，然亦具体而微。至明末黄宗羲因之，而作《明史案》二百四十四卷，其立例有三：一曰国史取详年月，二曰野史当取是非，三曰家史备官爵世系。[31]清修《明史》之规模，实基于此。清既灭明，尽得其《国史》，乃于康熙十八年诏修《明史》，以大学士徐元文为总裁，元文延宗羲之弟子万斯同，主于其家，委以编纂之事。元文去职，继之者为张玉书、陈廷敬、王鸿绪，皆以万氏主其事。万氏承宗羲之学，熟于明代掌故，能暗诵实录，既以布衣参史局，史馆诸纂修所撰稿，皆由万氏复审。王鸿绪任列传，至康熙五十三年传稿成，表上之，雍正元年又表上本纪、志、表稿，时万氏虽前卒卒于康熙四十一年壬午，而世人咸谓王氏稿，泰半出万氏手，后乃汇刊为《明史稿》五百卷。雍正中，张廷玉受诏为总裁，遂因鸿绪本以成书，乾隆

张廷玉

四年廷玉《进明史表》云："聚官私之纪载，核新旧之见闻，签帙虽多，牴牾互见，惟旧臣王鸿绪之史稿，经名人三十载之用心，进在彤闱，颁来秘阁，首尾略具，事实颇详，在昔《汉书》取裁于马迁，《唐书》起本于刘昫，苟是非之不谬，讵因袭之为嫌，爰即成编，用为初稿。"是则廷玉等进呈之《明史》，多本于鸿绪之史稿，而鸿绪之史稿，又多出自斯同之手笔，所谓经名人三十载之用心，非谓鸿绪，实暗指斯同，《明史》在诸正史中，称为佳史，亦以此也。考乾隆刊行之《明史》，开列在事诸臣，总裁以张廷玉领衔，而无徐元文、王鸿绪，盖以当日在史馆者为限，万氏不与纂修之列者，盖以布衣主于总裁之家，而不受其职名，且已病殁在前故也。迨乾隆四十二年，高宗以《明史·本纪》，所载事实，尚多疏略，特派大臣考核添修，并谕以亲阅鉴定，重刊颁行。其后乃以改订之本，刊成《本纪》二十四卷，顾外间见者绝少，后自清宫觅得底本，由北平故宫博物院景印行世，校其所增补者，仅涉文辞之细，于史事殊少出入，受命诸臣，敷衍塞责，于此可见。惟乾隆间又尝为《明史》撰《考证》，光绪中长洲王颂蔚直军机日，于方略馆搜得《考证》正本、稿本、进呈本三种，皆限于《列传》，因据以撰《明史考证捃逸》四十二卷，是当日所拟修改者，原不限于《本纪》，观于考证可知也。[32]《明史》之佳，本非一端，如排纂之得当，附传之得宜，前人论之已详。如《二十二史札记》。前史有志而无图，《明史·历志》，则增图以明历数，前史《艺文志》皆无断限，而《明史·艺文》，惟载当代著述，此皆以古今异宜，而深得体要者。至其不满人意之处，厥惟易代之际，忌讳太多，有若辽东一隅建州三卫故事，明人纪载甚多，而《明史》则讳莫如深，不著一字，纪南明遗事之书，亦不下数十种，而《明史》以事涉易代，亦复语焉不详。近人治清初史者，宁取《明实录》，及朝鲜人之纪载，治《南明史》者盛道清代禁毁诸书，而以《明史》为不足观，是则于此二事，均有待于补苴，且视清代之重刊《本纪》为尤要，世有贤者，理而董之，是所望也。

最后则为《清史》。清初设国史院，以大学士领之，其后改设国史馆于禁城内，置总裁、纂修、协修诸官，皆以翰林院官所谓词臣者兼之。其所修之《国史》，体例如前代之正史，有本纪，有列传，有表，有志，当有清之季，已将太祖迄穆宗之十一朝《本纪》修竣，其后更续修《德宗本纪》凡一百三十七卷。清制，内外臣二品以上及特旨宣付、臣僚奏请，乃得立传，今坊间印行之《清史·列传》八十册，即用清国史馆之底本，为历朝词臣所修者也。表志二类，亦略具梗概，而不如本纪、列传之有成书，故无考也。[33]清代有起居注官，例由任其事之翰林官更番撰记，每半月为一番，其如何取材则未详，亦不同前代之有日历及时政记，惟每帝崩殂，新君嗣位，则依前代例，设实录馆，纂修先君实录，以为记注之总汇，又别纂圣训以垂后。故是时于国史馆外，别设实录馆，置总裁、提调、总纂、纂修等官，亦以词臣兼之，事毕则撤馆，而非常设，实录、圣训，亦修国史者之所取资也。实录、国史两馆，皆设于禁城东华门内，蒋良骐、王先谦二氏自实录钞出之史料，别为《东华录》，其得名之故以此。清代实录之例，不以大臣传附入实录书卒之下，与前代异，即以国史已别为之立传也。洎清室退位，民国成立，乃由政府设置清史馆，以赵尔巽为馆长，下设总纂、提调、纂修、协修等官，任总纂者，为柯劭忞、王树枬、吴廷燮诸氏，皆一时绩学知名之士，至民国十七年始成书，计本纪二十五、志一百四十二、表五十三、列传三百十六，凡五百三十六卷，又目录五卷。时主其事者，鉴于北京政局动摇，力主付印，以防散佚，并仿王鸿绪《明史稿》之前例，命为《清史稿》，以示未为成书之意，刊成未几，当政禁止发行，故流传甚少。平心论之，是书积十余年之岁月，经数十学者之用心，又有国史原本可据，而历朝所修之实录、圣训，及《宣统政纪》，并蒋良骐、王先谦、朱锜三氏之《东华录》，采摭甚富，史实略备，囊括以成一代之典，信足以继前代正史之后，而资览者取资矣。第其书令人不满者，亦有多端：其一，则诸志实未备作，如《氏族志》。列传多有阙遗；如《麟庆传》云，子崇实、崇厚自有传，而崇实无传，又朱锜亦无传。其二，则仓卒付印，错误太多，而于原稿亦刊削未当；如《本纪》《地理志》皆经刊削而后付印。其三，则书中时流露遗臣遗民口吻，与往代修史之例不合，最后一端，即

赵尔巽

为政府禁止发行之理据，然因付印尚早，得以流传，其功究不可没也。

上述诸史，皆属设馆官修，不出一人之手。然如《新唐书》，由欧、宋二氏，殚精而成，《明史》出于万斯同私修之稿本，名为官修准于私撰，斯为上选。次如《旧唐书》《旧五代史》，宋、辽、金、元、清诸史，皆资实录、起居注、日录、时政记以成书，虽事有详略，文有工拙，阙误尚多，诸待订补，然亦为一代必备之典，不得以其出于官修，而横加菲薄，明矣。

三 典礼

典礼之书，其别有二：一曰经礼，典章制度属之，实始于周之官礼，后世之《通典》《通考》《会典》《会要》诸书，皆其流也；一曰曲礼，节文仪注属之，实始于周之《仪礼》，后世之《通礼》《集礼》诸书，皆其流也。《礼记》云：经礼三百，曲礼三千，各有分际，自古已然，往者秦蕙田撰《五礼通考》，以属典章制度之经礼，杂于嘉礼之中，分际不明，为余杭章氏太炎所讥，[34]是则纪典章制度之书，与言节文仪注者有别，又可知矣。《隋志·史部》以《职官仪注》，分为二类，实合古人以经礼、曲礼分列之法。清代《四库书目》，职官自为一类，而以仪注合于政书，古人成法，因之而淆。实则职官一类，应入政书，合称政典；而言礼制之书，别为一类，仍名仪注，是为得耳。兹本此说分别次之。

自唐以来，官撰政典之书，首推唐玄宗时官撰之《唐六典》，盖以拟周官经而作者也。其后与此相类者，有长孙无忌等所撰之《唐律疏义》，而元代之《大元圣政典章》附《新集》《至治条例》，亦其比也。然此类之书所以立一代之经制，而非以明其因革损益，犹不得被以史称。官撰之书，专详一代典制，而又以明因革损益者，其会要、会典之书乎。唐苏冕始次高祖至德宗九朝之事，为《会要》四十卷，宣宗时，又诏杨绍复次德宗以来事，为《续会要》四十卷，以崔铉监修。惟宣宗以后，记载尚阙，至宋初王溥，又为续至唐末，合前所辑，为《新编唐会要》一百卷，分目五百十有四，于唐代沿革损益之制，颇能详核，[35]溥复取五代之典章制度，撰《五代会要》三十卷，二书所载，略如正史之诸志，与杜佑《通典》之体例相近，然所载史实，往往出正史外，故研史者极重视之。宋代官撰之会要，视唐尤为详备，有《庆历国朝会要》，元丰增修《五朝会要》《政和重修会要》、乾道《续修四朝会要》，乾道《中兴会要》《淳熙会要》《嘉泰孝宗会要》《庆元光宗会要》《嘉泰宁宗会要》《嘉定国朝会要》，其间重修续修，无虑十余次。明时其书尚存，曾以分隶《永乐大典》之各韵，清嘉庆十四年，徐松入全唐文馆，始自《大典》中录出约得五百卷，虽非完璧，而大略可睹矣。徐氏卒后，书归缪荃荪，欲由广雅书局刊行，未果，乃为提调王秉恩所窃。王氏卒后，遗书散出，为吴兴刘承幹所得，凡四百七十余册，整理数年未就，最后乃由国立北平图书馆以原稿印行，共订二百册，不分卷，又有刘氏编订之本，凡四百六十卷，虽与原稿重复，而较有条理可寻，尚未及付印。兹考其分类凡十六：一帝系、二礼、三乐、四舆服、五仪制、六崇儒、七运历、八瑞异、九职官、十选举、十一道释、十二食货、十三刑法、十四兵、十五方域、十六蕃夷。其所载者，不限典章制度，一代之要政，往往随文附见，固《宋史》诸志所资以成书，而《宋史》所不能悉举者，又约十之七八，此严可均所以叹为天壤间绝无仅有之书也。[36]元人无会要，而有《经世大典》，文宗天历二年九月，敕翰林国史院与奎章阁学士，采辑本朝典故，仿唐、宋会要，纂为一编，及其书成，赐名《皇朝经世大典》，盖即《大元会要》之异名也。时纂书之总裁为赵世延、虞集，纂修为马祖常、杨宗瑞、谢端、苏天爵、李好文、陈祚、宋䌹、王士点，皆一时知名之士，见《元史·虞集传》。其后欧阳玄继为总裁，李䌹、揭傒斯、王守诚继为编纂，至顺二年五月书成，三年三月进呈，书凡八百八十卷，目录十二卷，又附公牍一卷，纂修通议一卷。其目凡十：为帝号、帝训、帝制、帝系、治典、赋典、礼典、政典、宪典、工典。《六典略》仿周官，及《唐六典》，今原书已亡，仅《永乐大典》残本中，窥见崖略，近人自其中辑得数种刊行之，而《元史》各志，多依据《经世大典》而成，如《食货志》，已有明文无论矣。而《兵志》之言站赤一节，更与《永乐大典》所载之《经世大典》相同，亦其证也。[37]今读《元文类》卷四十至四十二三卷所载《经世大典序录》全文，更可考见其崖略，盖其美富，应类《宋会要》等，惜其亡也。元代之《圣政典章》，专详章制，为会要之别一体，盖近于明清二代之会典。明清二代皆无会要，乃改纂会典，以详典章制度。《明会典》初纂成于孝宗弘治十五年，凡一百八十卷，刊印行世，其后武宗正德四年，续有增辑，未及印行，神宗万历四年，再事增纂，十五年成书，厘为二百二十八卷，亦付刊印，故今传有简繁两本，皆明刊也。[38]书中以文职、武职两衙门分列，文职六部，都察院九卿及诸司，武职五军都督府锦衣卫，皆附以南京之官，典礼章制，皆以类相从。《清会典》一仿明体，始以内阁军机处继以六部都察院九卿翰詹，而八旗内务府亦具载焉，初修于康熙，续修于雍正，至乾隆二十九年，厘为一百卷，附则例一百八十卷，嘉庆十八年重纂会典八十卷，事例九百二十卷，图四十六卷，光绪二十五年又增纂成书，会典仍为一百卷，事例则增为一千二百二十卷，图二百七十卷，故以最后勒定之本为详博，其与《明会典》异者。明以事例，并载书中，清则以事例，别于会典之外也清初修本亦如明例。考会典之体以六部分叙，上仿《周礼》，次仿《唐六典》，下亦如《元典章》，所重在章制法令，与唐宋之会要、元之《经世大典》之兼详故事者微异，故近人有欲为明清二代别撰会要者。要而言之，二者同源异流，必兼览之而后备也。宋人徐天麟撰《西汉》《东汉》两会要，辽人

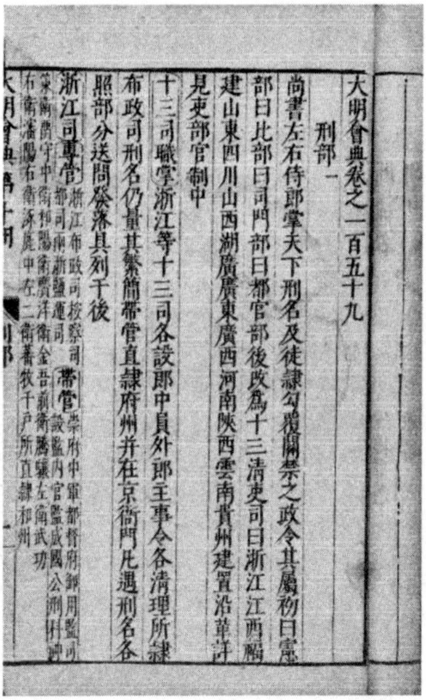
大明會典卷之一百五十九
刑部一
尚書左右侍郎掌天下刑名及徒隸勾覆關禁之政令其屬初曰憲部曰比部曰司門部曰都官部後改爲十三清吏司曰浙江江西福建山東四川山西湖廣廣東廣西河南陝西雲南貴州建置沿革詳見吏部官制中
十三司職掌浙江等十三司各設郎中員外郎主事今各清理所隸布政司刑名仍量其繁簡帶管直隸府州并在京衙門凡遇刑名各照部分送問發落具列于後
浙江司專管 浙江布政司按察司 都司兩浙鹽運司 帶管

《大明会典》书影

有《契丹会要》，书亡，见尤袤《遂初堂书目》。元人孟梦恂有《汉唐会要》，书亡，见《补元史艺文志》。清人杨晨更撰《三国会要》二十二卷，孙楷亦撰《秦会要》二十六卷，龙文彬则补撰《明会要》八十卷，以备一代之典，以及金、元、清三代会要亦有待于补撰，往者钱仪吉撰《三国会要》五册，稿成未刊，又撰《晋会要》《南北朝会要》，皆未成书，宋临江徐天麟撰《西汉会要》，纂《西晋会要》八十卷，《宋会要》五十卷，《齐会要》四十卷，《梁会要》四十卷，《陈会要》三十卷，稿具而未能付刊，《清史稿·文苑传》载铭盘《晋会要》一百卷，尚语焉未详。又拟纂北朝魏、齐、周、隋四朝会要，合称《两晋南北朝会要》，未竟厥功，亦可惜也。见朱氏桂之《萼轩遗集》所载《曼君先生记年录》。自徐氏而下，皆为私家之作，本无与于官修之史，以其不可无述，故连类及之。杜氏佑《通典》，马氏端临《文献通考》，皆为私修，别详于后；而宋人宋白《续通典》二百卷，则于真宗咸平四年，奉诏撰成，惜原书久亡，略有逸文可考；清代之《续通典》《皇朝通典》《续通考》《皇朝通考》，皆奉敕纂修，为官书之一，理宜并述，此唐宋以来官修政典之大略也。

唐开元中，始命学士萧嵩、王仲邱等，撰《大唐开元礼》一百五十卷，其中卷一至卷三为序例，卷四至七十八为吉礼，卷七十九至八十为宾礼，卷八十一至九十为军礼，卷九十一至一百三十为嘉礼，卷一百三十一至一百五十为凶礼，于是唐之五礼略备，新、旧《唐书·礼志》，皆取材是书。而杜佑《通典》于《礼典》中，节载《开元礼》为三十五卷，大体略备，而原书尚有传本，清代以之著录于四库，而外间复有新刊本，此《仪礼》《礼记》以后，唯一言礼之书也。宋徽宗曾命郑居中等，撰《政和五礼新仪》，凡序例二十四卷，吉礼一百十一卷，宾礼二十一卷，军礼八卷，嘉礼四十二卷，凶礼十四卷，总为二百二十卷，又目录六卷，格式十卷，宋代言礼之书，皆备于此，今尚著录于四库，略有残阙。其后淳熙中，礼部太常寺合撰《中兴礼书》行世，而《政和礼》遂格不行，金有《大金集礼》四十卷，张玮等撰，为《金史·礼志》所本，明有《明集礼》五十三卷，清有《大清通礼》五十卷，皆由敕撰，为两代礼制之所本。[39]凡仪注之书，犹政典中之有法令，为国人之所信守者，故亦得备史之一体。抑吾谓典礼之有关于史，以其能明因革损益也，欲考历代之节文仪注，应取《仪礼》《典礼》《开元礼》《政和五礼》《金》《明》集礼，《清通礼》合而观之，而因革损益之迹乃得以大明。昔贤之当此而无愧者，首推杜氏《通典》之《礼典》，次则秦蕙田之《五礼通考》，而徐乾学之《读礼通考》专详凶礼者，亦备其一体，盖此二书，实合历代之言节文仪注者，次为一编，以观其会通，盖必如是，始足以当史称。此又因唐宋官修仪注之书而附论及之也。

四　方志

章学诚谓后世之方志，专详一方之事，如古之列国史，应无所不载，与专详疆域山川之图经异，其说允矣。然撢究前代纪地之书，二者漫无经画，区分甚难，方志为一方之史，世人已无异议，而图经亦详建置沿革人物古迹，以明一方之变迁进化，备史之一体，且为宋以后郡县志书之所本。故述方志，不能置图经而不数。隋炀帝大业五年，始命崔赜与诸儒撰《区宇图志》二百五十卷，帝不善之，更令虞世基、许善心衍为六百卷。或又曰八百卷，又重修为一千二百卷。卷头有图，山川郭邑，分绘甚悉，故曰图志。而《隋志》著录为一百二十九卷，《唐志》少一卷，而题曰《虞茂区宇图》，此为官撰方志、图经之所始，亦古今之钜制也。[40]唐太宗之子魏王泰，命其著作郎萧德言、秘书郎顾胤、记室参军蒋亚卿、功曹参军谢偃、苏勗，撰《括地志》五百五十卷，又序略五卷，略如吕不韦之广集门客，以撰《吕览》，亦为官撰地纪之一，其内容亦极美备，惜与《区宇图志》，同归散亡，今可见者，逸文而已。唐李吉甫之《元和郡县图志》，宋乐史之《太平寰宇记》，王象之之《舆地纪胜》，皆属私撰，别于下章述之。而是数书所引之《隋图经》，多为《区宇图志》之逸文，政自可宝。宋神宗熙宁八年，诏王存等修《元丰九域志》，元丰三年书成，凡得十卷，所载为路二十三、京府四、次府十、州二百四十二、军三十七、监四、县一千二百三十五，专详宋代所治之方域，其陷于辽之燕云十六州，及平、滦、辽东，以及西夏，边陲之区，皆所不详，不如《太平寰宇记》之美备。然考有宋一代方舆者，必以是书为依据焉。辽、金人自撰纪地之书，史所不详。迨至元代遂有《大一统志》之辑，元世祖至元二十三年，始命集贤大学士行秘书监事札马剌丁、秘书少监虞应龙等，搜辑为志，以明一统，初未有名，至元三十一年十月书成，凡得七百五十五卷，命名《大一统志》。成宗元贞二年，三月得《云南图志》，大德二年二月，又得《甘肃图志》，三年七月，又得《辽阳图志》，复命秘书监增修，至大德七年二次成书，凡得一千三百卷，由集贤大学士同知宣徽院事孛兰肹、秘书监岳铉等上进，存于秘府，至顺帝至正二年始付出刊行之，定名为《大元大一统志》。钱大昕《元史·艺文志》，据焦竑《国史·经籍志》，黄虞稷《千顷堂书目》，著录《大元大一统志》一千卷，实则为一千三百卷，元人所撰《秘书监志》言之详矣。是书大别为一中书省，十行中书省，每省分路或府，路府下有属州，大抵以一州为一卷，其事迹多者，或分为二卷、三卷。每州之分目凡十：曰建置沿革、曰坊郭乡镇、曰里至、曰山川、曰土产、曰风俗形势、曰古迹、曰宦迹、曰人物、曰仙释，亦不必各目皆备。所纪各事，较后来之明、清两《一统志》，详至数倍，故分卷至千三百之多，盖为《隋区宇图志》以后，方志、图经之总汇。惜已亡于明代，仅存残本若干卷，而佚文之见于《永乐大典》残本、《明一统志》《满洲源流考》《热河志》等书，近人已有辑本，可供考证。而明初人所撰《大明分类分野书》，几全抄《大一统志》以成书，其内蕴宏博可知。至其所用资料，多出《元和郡县图志》《太平寰宇记》《元丰九域志》《舆地纪胜》，及宋元所修地方志乘，而明初修《元史·地理志》，多依据是书。其后修《一统志》，更以是书为蓝本，剪裁原文，旧痕犹在，而不及其美富远矣。[41]明初洪武三年，曾敕修《大明志》书，今已无考，其后景泰中，始敕修《寰宇通志》，凡得一百十九卷。至英宗时，恶其书成于景帝，乃命李贤等改修《大明一统志》，至天顺八年成书，凡得九十卷，而万历中尚有增修。考其体例，以京师南京及各布政使司所统之府，为分卷之标准，每府之分目，略如《元一统志》，而增郡名、公署、学校、书院、宫室、关梁、寺观、陵墓、祠庙诸目，而无坊郭乡镇及里至，盖有所分合省并，而小有异同者也。《大明一统志》，今颇易得，而《寰宇通志》亦未亡。[42]清代更因之，以修《大清一统志》。是书凡修三次：初成于乾隆八年，凡三百四十二卷，次成于乾隆四十九年，凡四百二十四卷并子卷计之则为五百卷，最后成于道光二十二年，凡五百六十卷，最后之本经始于嘉庆十六年，而所增辑之事迹，亦迄于嘉庆二十五年，故称之曰《嘉庆重修一统志》。其书之例，于京师后次以盛京、各直省、蒙古藩部及朝贡各国，每省先冠图表，次以统部，总叙一省大要，次以各府厅直隶州，为分卷之标准，凡所属之州县入焉。蒙古各藩部，统部分卷，悉照各省体例，其各府厅直隶州之分目，视《明一统志》为详，计分表图、疆域、分野、建置、沿革、形势、风俗、城池、学校、户口、田赋、税课、职官、山川、古迹、关隘、津梁、堤堰、陵墓、祠庙、寺观、名宦、人物、流寓、列女、仙释、土产，二十七目。所谓《明一统志》《清一统志》，皆衍《大一统志》之余绪以成书，而仍不及其宏博者也。然方志图经之书，以近世编纂者，为最有用，故元、明、清三代之《一统志》，足供治史地学者之采伐，可以取用不竭，远非元和、元丰诸志可比，且其中兼叙人物风土，一方之要删略具，盖以图经而兼方志之体矣。

州郡之有志书，以括举一方之事，盖昉于《吴越春秋》《华阳国志》。隋唐五代以前，撰者盖少，宋人宋敏求始撰《长安志》二十卷，附《图》三卷，《洛阳志》二十卷，《洛阳志》已佚，而《长安志》有传本。其次则为朱长文之《吴郡图经续记》，书成于神宗元丰七年，分门二十有八，中有封域、城邑、山水、户口、物产、风俗、学校、牧守、人物、碑碣、杂录，备有后来之志书之各目。其后则周淙、潜说友之乾道咸淳两《临安志》，范成大之《吴郡志》，施宿、张淏之《嘉泰会稽志》《宝庆续志》，陈耆卿之《嘉定赤城志》，罗浚之《宝庆四明志》《开庆续志》，周应合之《景定建康志》，郑瑶、方仁荣之《景定严州续志》，皆宋代所修，尚有存本，而著录于《四库》者。至如著录《宋史·艺文志》之各州郡志，多已亡佚，骤数之而不能终其物，亦非本编所能尽举也。考此诸志之撰者，或以官于是郡，如周淙、施宿、周应合、郑瑶、方仁荣、潜说友是；或以生于是乡，如朱长文、范成大、陈耆卿是；或以游于是地，如张淏、罗浚是。官于是郡者，倡修志书，手创条例，授之幕友，或延乡绅为之，而不必手自抄纂，正可与唐宋以来之官修诸史等量齐观，故今日所流传之州郡志书，十九皆出于官撰也。元人所修之志书，见今存者，如徐硕之《至元嘉禾志》，冯复京、郭荐等之《大德昌国州图志》，张铉之《至大金陵新志》，皆为官于其地时所纂，纂者亦非一人。明代则所纂益多，省府州县，无不有志。明代于南北两直隶外设十三承宣布政使司，以代元代之行中书省，地方之称，本无省名，然若称为布政使司，实嫌辞费，均其时之官私文字，仍沿元代而称省，[43]其总一省而为志书，多名通志。通志滥觞于宋人所撰之《闽中记》林世程撰，及广东、广西两会要，王靖撰，俱见《宋·艺文志》。是皆合数州郡而为一书者。元人因修《大一统志》，而先由各行省撰送图志，尤为省志之显例。惟此体之书，至明始盛，其名为通志者，如弘治《八闽通志》，嘉靖江西、广西、山东、贵州《通志》，万历广东诸《通志》是也。亦名总志，如万历湖广、四川两《总志》是也；或只名志，如成化《陕西志》是也；或又易称为书，如何乔远之《闽书》是也；更有名图经者，如嘉靖《贵州图经新志》是也。盖创始于弘治，而大盛于嘉靖以后，洎乎清代，以讫今兹，各直省藩部，无不有志，而皆名为通志。盖通志者，合全省之府厅州县而通志之，非贯通古今之谓也。然明清二代不名为省志者，盖亦有故。明以南北两京之地，直隶中央，称为直隶，其他地方，则称布政使司。清代亦以畿辅之地为直隶，又未尝明定其他地方为省，清代诏旨奏牍中尝概称曰各直省，直指直隶之畿辅，省指其他各地方，其后亦称畿辅曰直隶省，此实不辞之甚，然亦莫由正之。是则此后所修各省之总志，宜摒通志之称不用，正其名曰省志，乃使人易晓耳。考近代所修之通志，其体例大别为二：一沿用旧日图经统志之体，分一地方为若干目，如清雍正中所修之《河南通志》，分为四十二目，是也；一用章学诚之说，视方志如列国史，立纪、志、表、传、略录，以王言为纪，人物为传，官绩为录，舆地艺文为志，辅之以略，其他细碎之事，以表明之，始于谢启昆之《广西通志》，而光绪中李鸿章主修之《畿辅通志》，亦其类也。是类之书，悉由官修，其与正史典礼异者，一则主之中央，一则发动于地方耳。清代之方志，不惟府厅州县有之，而著名之乡镇亦有之，如吴兴县所属之南浔镇，有刘承幹所修之《南浔志》，是也。又近代人喜作志，于名山、名水、名寺观，莫不有志，多至不可胜数，然半属私撰，且已有人撰专书以综考之，可以勿论。惟唐宋以来，各官署亦皆有志，如唐代之《翰林志》李肇撰、宋代之《续翰林志》苏易简、苏耆编。元代之《秘书监志》，王士点、商企翁同撰。即其显例。明代所撰尤多，今可考者，有《礼部志稿》《太仆寺志》，南京吏部工部都察院鸿胪寺、太常寺、太仆寺诸志，及《南雍志》，而清代亦有《国子监志》《宫史》《续宫史》，以其为官撰志书之一类，故附述之，此又唐、宋以来官修方志之大略也。

总括上述四类，已将本期设馆官修之史，撷举大略，容有未尽，姑付阙如。或谓本章所述，悉为史籍，而作者是否为史家，且其史学何若，亦应一为衡量，否则仍不能使读者踌躇满志也。则应之曰，官修之史，与私家作史异，私史之作者，多为著名之史家，如上章所述魏、晋、南北朝诸史之作者是也。若乃唐宋以来官修之史，胥成于众人之手，其中即有史家，亦无由自见，子玄不乐，即其一例。矧历代撰实录者，多由总领其事者，署名上进，且其书属于记注一体，不足以言史学。正史作者如宋代之欧阳修、宋祁，元代之王鹗、欧阳玄，明代之宋濂，清代之万斯同，诚卓卓可称矣。然欧、宋《新唐书》，已不尽满人意；《金史》仅由王鹗创作，而未成于其手；欧阳玄则因成继前，绝少改作，《元史》之芜杂缺略，重为后人所讥；宋濂徒长辞翰，疏于史学，虽领其事，未尝究心；万斯同有功于《明史》，既未肯居馆职，实同于私家作史，又不得与欧、宋、王、宋四人同论。至官修之典、礼、方志，作者不名一家，校其成绩，又下于实录一等，更不得与正史比伦。惟私家所作之《通典》，竭一人精力所撰之《通鉴》，乃能博大精深，高视百代，取校官修诸作，无有能及之者。是则本期之史家，及其史学之何若，正有待于更端论次，而非本章之所能尽矣。

注释

[1]略本《魏书》崔浩、高允两传，及《史通·正史篇》。

[2]《隋书》本纪民间原作人间，由避唐讳。

[3]据《金史·元好问传》。

[4]北平图书馆所藏抄本最全，国内藏书家，如吴兴嘉业堂刘氏亦有传抄本，但不全，日本有数本，惟内阁文库藏本差足。

[5]北平故宫博物院藏本，《十朝》之外，兼有《德宗实录》《宣统政纪》，盛京崇漠阁仅藏《十朝》，刘氏嘉业堂亦有全帙。

[6]据《四库提要》十《正史类·小序》。

[7]据《二十二史劄记》十六，唐实录、国史凡两次散失，及《旧唐书》前半全用实录、国史两条。

[8]《宋史·宋绶传》，子敏求补唐武宗以下六世实录百四十八卷，多于志五卷，必有一误。

[9]据《旧五代史·晋纪》及《五代会要》，两书所纪略同。

[10]《旧五代史·晋纪》。

[11]以上略采《二十二史劄记》十六，《旧唐书》“原委”条，所考较钱氏《养新录》六《刘昫传不言修唐史》条，王氏《十七史商榷》

《赵莹修（旧唐书）条》，为详。

[12]参阅《十七史商榷》六十九《欧宋修书不同时》条，又宋以欧阳修、宋祁为《新唐书》刊修官，刊修官即为后来之总裁总纂，而金修《辽史》，尚用刊修官之名。

[13]据《宋史》吕夏卿、宋敏求两传。

[14]参阅王明清《挥麈录》，及《四库提要》十。

[15]文序云，司马氏修《通鉴》，悉据旧史，于新书无取焉，并参阅《十七史商榷》六十九"《通鉴》取旧书"条。

[16]参阅《二十二史劄记》十八"《新唐书》好用韩、柳文"条。

[17]据《玉海》引《中兴书目》，及《郡斋读书志》。

[18]参阅《四库提要》十及《二十二史劄记》二十一"薛史全采各朝实录"条。

[19]章太炎先生《史学略说》，昔皖人汪允中，自言家有《旧五代史》原本，汪殁不知其书所在。商务印书馆景印百衲本《二十四史》，欲得薛史原本，久征未得，人疑已入异域，后乃知在丁乃扬家，丁珍惜孤本，托言移家失去，世遂无有见者。

[20]参阅《二十二史劄记》二十三"宋史事最详"条。

[21]见沈括《梦溪笔谈》"僧行均《龙龛手鉴》"条。

[22]王恽《玉堂嘉话》，苏天爵《元文类》，俱载此辨，文曰：泰和初选官置院，创修《辽史》，后因南宋献馘告和，臣下奏言，靖康间宋祚已绝，当承宋统，上乃罢修《辽史》，又近人冯家昇《辽史源流考·历代纂修辽史之概况》章，可供参考。

[23]见《金史·卫绍王纪赞》，而《陔馀丛考》十四，《二十二史劄记》二十七"《金史》"条皆引之。

[24]语出端修《辨宋辽金正统》，又见《元史·脱脱传》。

[25]此文略本冯家昇《辽史源流考》"元修《辽史》之经过"一节，其中所举，如苏天爵《滋溪文稿》二十五之三"史质疑"，纪元人重修三史事最详，其他则袁桷《清容集》四十一"修辽金宋史搜访遗事条列事状"，王恽《秋涧大全集·玉堂嘉话》，以及《元文类·辍耕录》所载论正统之诸篇，皆为研考元修三史之贵重史料。

[26]《金史》《宋史》之成，《元史·顺宗纪》谓皆在至正四年十月。兹从《二十二史考异》九十六及《新元史·惠宗本纪》，据《三史进表》，重为订正。

[27]此节多采自冯家昇《辽史源流考》，今本《辽史》之取材一章。

[28]《元史》一百三十七《察罕传》：帝命译《脱必赤颜》，名曰《圣武开天记》。

[29]《四库提要》四十六《元史》下，引徐一夔《始丰稿》。

[30]元分人民为四等：第一蒙古人；第二色目人，即本族人及诸部人；第三汉人，即灭金所得之中原人，含契丹女真在内；第四南人，即灭宋所得之南方人。

[31]黄宗羲有《明史案》二百四十四卷，是《鲒埼亭集》，又有《续时略》，为续其父所撰《时略》而作，皆详明嘉靖以后事。

[32]参阅王颂蔚《明史考证捃逸序》，张元济百衲本《明史跋》。

[33]据王国维《观堂外集·郭春榆宫保七十寿序》。

[34]见章氏国学讲习会刊行之《史学略说》。

[35]参阅《四库提要》八十一“唐会要”条。

[36]参阅近人汤中《宋会要研究》。

[37]参阅日本箭内亘《蒙古史研究·元经世大典考》一章，有陈捷等译本。

[38]《万有文库》，取万历本重印，颇易得。

[39]本节所叙，略本《四库提要》八十二《政书类》二。

[40]略本章宗源《隋志考证》。

[41]参阅拙著《大元大一统志考证》，见《辽海丛书》第十集。

[42]国立北平图书馆藏有是书，中缺数卷。

[43]参阅《文史通义·外篇·地志统部》。

第七章

唐宋以来之私修诸史

唐宋以来，设馆官修诸史，具如上章所述，而私家所修诸史，亦宜以次述之。然往代官修、私修之史，非有犁然可分之界限，例如沈约《宋书》、姚思廉《梁》《陈》二书、李百药《北齐书》，虽奉时君之命，名为官修，实为自创义例，成于一手，无异于私修诸史，是其证也。唐宋以后，亦多是例，宋司马光承英宗之命而修《通鉴》，有刘攽、刘恕、范祖禹诸贤为之佐，又得以书局自随，及书成，神宗又为之命名制序，不可不谓之官修矣。然考修是书时，凡属宏纲细目，悉由光一手草创，无异自撰一史。同修诸氏，虽各分撰一部，用力甚勤，然仅属初稿，为编订比缉之助，最后勒定，仍属之光。昔者孔子修史，亦极惨澹经营之功，故曰，笔则笔，削则削，子夏之徒不能赞一辞，以后例前，正可借喻。故是书为马、班二氏以后仅见之作，非沈、姚、李三氏所可比拟，亦以其准于私史故也。若斯之类，都入本章，略形存质，取便论述，研史之士，幸无讥焉。

本期私修诸史，拟分四类论之：一曰纪传体之正史、别史。又可分为八目：一如《东都事略》，作于《宋史》未成之前，《明史稿》作于《明史》未成之前，是为创作；二如有薛居正之《五代史》，而欧阳修又撰《五代史记》，有明代官修之《元史》，而柯绍忞又撰《新元史》，是为改修。三如马令、陆游分《五代史》之一部而撰《南唐书》，谢启昆分《魏书》之一部而撰《西魏书》，是为分撰；四如郑樵之撰《通志》，乃取诸史合为一编，是为总辑；五如熊方之撰《后汉书年表》，钱大昕之撰《元史》氏族、艺文两志，是为补阙；六如王先谦之撰《汉书补注》《后汉书集解》，吴士鉴之撰《晋书斠注》，是为注释；七如李清之撰《南北史合注》，沈炳震之有《新旧唐书合钞》，彭元端、刘凤诰之有《五代史记补注》，是为合钞；八如汪文台之《辑七家后汉书》，汤球之《辑诸家晋书》，是为辑逸；悉属于此类者也。二曰编年体之《通鉴》，是书上仿荀悦《汉纪》，而后贤续作甚多，朱熹所撰之《纲目》，亦属此类，盖以年月为经纬者也。三曰以事为纲之纪事本末，此体创于袁枢，而继作亦甚多，一一取而述之，盖以纪载一事为主，而具其始末者也。四曰属于典、志之通史、专史，此类之最著者，曰杜佑《通典》、马端临《文献通考》、秦蕙田《五礼通考》，皆就历代之政典礼制，综为一编，是为通史；此外如黄宗羲之创修《明儒学案》，其子百家与全祖望同辑之《宋元学案》，为后代学术史之权舆，是为专史，亦自通史析而出之；又顾祖禹之《读史方舆纪要》，顾炎武之《天下郡国利病书》，则通诸史、地理志及郡县、方志以为一书，亦具通史之一体者也。大抵撰史之法，或以人纪，如诸正史、别史是；或以年纪，如《通鉴》是，或以事纪，如《纪事本末》是，是为史之三体。刘知幾谓纪传、编年为二体，遗纪事一体而不言，固以古无是作，然岂足以概史体之全哉。若乃唐宋以来，撰史之途径日辟，又可于此见之。兹就上述四类，分述于下。

一　纪传体之正史别史

纪传体八目之一，是为创作之史。何谓创作，一代之史，未经勒定，而有人撰之于前，致具筚路蓝缕之功，而后撰之成史，或更不如前，是其选也。《宋史》未成之前，有王偁之《东都事略》一百三十卷，叙北宋九朝之事，起太祖建隆，讫钦宗靖康，计本纪十二、世家五、列传一百五、附录八，而无表、志。李心传谓其掇取五朝史传，指太祖、太宗、真、仁、英。及四朝实录附传，指神、哲、徽、钦。而微以野史附益之，因而讥其疏驳。《朝野杂记》甲四。今《宋国史》已亡，无从取证，然核以《宋太宗实录》残本，及李焘《长编》，知其叙事尚约而赅，议论亦皆持平，岂《宋国史》原本即如是乎？清人汪琬谓元修《宋史》据是书为稿本，虽未必尽然，[1]然于《宋国史》原本之外，亦多资于是书；且《宋史》于北宋九朝之事，详赡而少疏舛，亦以偁书先成，规模已具之故，其迹不可掩也。明人钱士升撰《南宋书》，以配偁作，虽有删繁就简之功，而论者谓非其伦，则不知旁求史实增补阙遗故也。清代邵晋涵有志撰《南都事略》，备南宋九朝之事，以极删繁补阙之能事，而其书实未成，惜哉。李慈铭《日记》，谓曾国藩得此稿，将刻之，以移督直隶而止；李详《窳记》，谓马新贻督两江，有人持此稿以献，未及付刊而遇刺；谭献《复堂日记》，且谓海宁唐端甫，曾见活字本；凡此皆影响之谈，不足置信。《明史》未成之前，先有王鸿绪之《明史稿》，据康熙五十三年鸿绪所表进，仅为列传二百五卷，后于雍正元年，又表进全书三百十卷，计本纪十九、志七十九、表九、列传二百五，即含前书在内。迨鸿绪卒后，其子刊成之，并收入《横云山人集》，题曰史稿，初未畅行，后乃布之于世。[2]世多谓此书为万斯同旧稿，鸿绪攘窃之，以成己名，[3]虽曰有因，亦未衷情实之论也。考全祖望谓《明史稿》五百卷皆万氏所手定，其后虽不尽仍其旧，是亦自为一书。《万贞文传》，贞文即斯同之私谥。钱大昕亦云，王氏史稿大半出万氏手。《万季野传》全氏所谓《明史稿》，即指斯同所修之稿本，后为鸿绪所修改者，而钱氏亦不过为约略之辞，非能指实其事也。杨椿亲见万氏，后为史馆纂修，又不甚满于王氏，乃谓万氏以十二年之心力，成《史稿》四百十六卷，而王氏重加编次，或有删改，视万稿颇有异同，[4]是王稿亦不尽从万稿也。盖万氏先后主于徐元文、徐乾学及鸿绪之家，始终以纂修明史自任，实怀元遗山以独力成先朝史之志，而不肯受新朝职名，列名明史，固其本怀，一也。且当季野之世，有汤斌、[5]倪灿、尤侗、黄虞稷、朱彝尊、潘耒、吴任臣，皆与纂修《明史》，不必其稿悉出于万氏，即谓稿经万氏删定，亦不必谓全出其手，是则王氏《史稿》，并含有诸家之稿在内，可以推知，二也。唐代以后，官修诸史，署名者或为监修，或为总裁，如《旧唐书》之称刘昫，《宋》《辽》《金》

三史之称脱脱，是前此本有是例，《史稿》之署名鸿绪，亦不为过，三也。观鸿绪之《进书表》尝曰，或就正于明季之老儒，即指黄宗羲、万斯同辈而言，正与张廷玉《进明史表》，谓《明史稿》经名人三十载之用心，为暗指万氏者同符。然终不能明言其为万氏之作者，盖鸿绪身任总裁，假手幕客，实同倩人捉刀，且汇合众作为一书，举一而遗其他，亦为修史之例所不许。鸿绪在日，未及为《史稿》作序，殁后草草付刊，或非鸿绪之志。惟《史稿》既强半出万氏手，又为《新唐书》后有名之作，而书中未尝一称其名，实为有伤忠厚，此虽由鸿绪子孙不知而妄作，亦当由鸿绪自任此责者也。然则谓为攘窃，岂无以哉。至其与后来勒定之《明史》，孰为优劣，亦无定说。世人以《史稿》出于万氏，故多褒词。然清礼亲王昭梿、陶澍、魏源等，尝于《史稿》致不满之辞。[6]其持论最平允者，莫如杨椿，谓其书纪、表不如志，志不如传，弘正前之传，不如嘉隆以后，是也；读是书者，当自得之。[7]

此外创作之书，尚有二种，所宜附述，一即《契丹国志》，一即《大金国志》是也。《契丹国志》二十七卷，凡纪十二卷，传七卷，其余八卷，附载杂事，宋孝宗淳熙间，叶隆礼奉诏编次，盖取前人纪载原文，分条排比，以成一编。穆宗以前之纪、传，则本之《通鉴》，穆宗以后之纪、传及诸杂记，则本之李焘《长编》、欧阳修《五代史》、洪皓《松漠记闻》、武珪《燕北杂记》诸书，几全录其词，无所更改。苏天爵《三史质疑》，谓隆礼不及见辽国史，得于传闻，故多失实，其说是也。[8]今考《辽史·天祚本纪》天庆二年以后事，采及此书，悉直录原文，痕迹未化，其他宋人使辽日记、行程录，藉此考见者亦多，则其价值可知矣。《大金国志》四十卷，凡纪二十六卷，传三卷，杂记附录十一卷，卷首进表，称端平元年淮西归正人宇文懋昭上。考《北盟会编》所采有归正人张汇《金虏节要》，张棣《金虏图经》《正隆事迹》，此则与之一例，所上表似非伪制。其可疑者，金亡于宋理宗端平元年公元一二三四年正月十日，而其书上于正月十五日，相距极近，而述金亡之事极详，绝无是理，是时理宗在世，而直称其谥曰理宗，书名“大金”，尤非宋人所宜出；又屡称元为大朝，元兵为大军，明明出自元人，不似归正人之口气；且其《文苑传》中三十二人，全抄元好问《中山集小传》《中州集》刊行于宋理宗淳祐九年己酉公元一二四九年，上距端平元年，尚间以十五年之岁月，金亡已久，不应预袭其文。[9]金人谥其主守绪曰哀宗，《金史》本纪用之，而此书称曰义宗，并有注云，或谓哀不足以尽谥，天下士夫咸以义宗谥，盖取左氏君死社稷之义。考之《金史》百官、食货二志，及《元史·雪不台槊宣腯鲁华传》《阔阔不花传》，皆用义宗之谥，与此书合。余按王恽《玉堂嘉话》，载金状元王鹗哀宗正大元年中第官应奉翰林文字，后鹗入元，以礼葬故主为请，又为位哭汝水上，私谥为义宗，据谥法君死社稷曰义之义也。是则义宗之谥，上于王鹗，所谓天下士夫，亦隐指鹗矣。《元史新编·王鹗传》采及此事即出《玉堂嘉话》。鹗曾创修《金史》，今本《金史》百官、食货二志，犹称义宗，当为鹗稿，而后来未及核改者。据《元史·王鹗传》，其祭故君于汝水上，在甲辰年宋理宗淳祐四年、公元一二四四年之后岁余，更后于端平元年十余年，作者若非元人，何由知之？惟此书体例，悉仿《契丹国志》，称金主为国主，又纪金初事，多与《北盟会编》相应，且作者未见金实录及国史，故其所采杂书，多出宋人之传闻，与叶书同，核以《金史》，不尽可信如述世宗太子允升爱王大智作乱事。其为宋人之入元者所辑无疑，或云懋昭旧作，而元人增窜之。愚疑其书本名《女真国志》，以与叶书相配，后则增窜之人，恐触时忌，易称大金，特无佐证以明之耳。以上二书，本应与《辽》《金》二史，同为分撰史之一种，不得与《东都事略》比，特以《辽》《金》二史列入正史已久，而此二书同传亦甚久，且为《辽》《金》二史导之先路，故姑以为创作诸史之一附庸焉。

其次则改修之史，以本期为最多，兹为便于省览，列表明之：

书　名	卷数	撰　者	附　　考
《古史》	六十卷	宋　苏辙	上自伏羲神农，下迄秦始皇，本纪七，世家十六，列传三十七。
《尚史》	七十卷	清　李锴	上起轩辕，下迄秦代，本纪五卷，世家十二卷。列传三十四卷，系四卷，年表四卷，志十卷，序传一卷，卷首冠世系图，不计卷内。《四库》著录本世系图一，本纪六，世家十五，列传五十八，系六，表六，志十四，序传一，共一百七卷，盖又多分子卷，非有增益。

（续表）

书　名	卷数	撰　者	附　　考
上改修《史记》			
《续后汉书》	四十二卷	宋　萧常	以昭烈帝为正统，帝纪二卷，年表二卷，列传十八卷，以魏吴为载记，凡二十卷。又附音义四卷，义例一卷。于《蜀志》增传三十一，废传四，移《魏志》传入汉十，《吴志》废传二十，《魏志》废传八十九，多援裴注以入传。
《续后汉书》	九十卷	元　郝经	经未见萧书故有是作，中有子卷，实一百三十卷，升昭烈为本纪，黜吴、魏为列传，其诸臣则以汉、魏、吴别之，又别为儒学、文艺、行人、义士、高士、死国、死虐、技术、狂士、叛臣、篡臣、取汉、平吴、列女、四夷诸传，复以寿书无志，作道术、历象、疆理、职官、礼、乐、刑法、食货、兵等八录，以补其阙，凡年表一，帝纪二，列传七十九，录八，原书久佚，清四库馆臣自《永乐大典》辑出，中有阙卷，年表及刑法录则全佚。
《季汉书》	五十六卷	明　谢陛	尊昭烈为正统，自献帝迄少帝为本纪三卷，附以诸臣为内传，吴魏之君，别为世家，而以其臣为外传，复以董卓、袁绍、袁术、公孙瓒、公孙度及吕布、张邈、陶谦诸人为载记，凡更事数姓与依附董袁诸人者，为杂传，又别作兵戎始末、人物生殁二表，卷首冠以论答问凡例，以明全书之宗旨。

（续表）

书　名	卷数	撰　者	附　　考
《季汉书》	九十卷	清　章陶	有刊本，又汤成烈《季汉书》九十卷，未见传本，为莫友芝所称，谓此书详核过萧、郝二氏，于表志用力尤勤，《宋史·艺文志》，李杞改修《三国志》六十七卷，已佚，又《补元史·艺文志》，张枢《续后汉书》七十三卷，刊定《三国志》六十五卷，皆未见传本。
上改修《三国志》			
《晋记》	六十八卷	清　郭伦	世系一，本纪三，内纪一，志八，列传四十一，十六国录十四。
《晋略》	六十六卷	清　周济	本纪六，表五，列传三十六，国传十一，汇传七，序目一，十六国去前凉，增拓拔魏。
上改修《晋书》			
《重修南北史》	一百十卷	宋　方岳	原书已佚，目见倪灿《宋史艺文志补》。
上改撰《南北史》			
《五代史记》	七十四卷	宋　欧阳修	通称《新五代史》，徐无党注。本纪十二，列传四十五，考三，世家年谱十一，附录三，又目录一卷。
《续唐书》	七十卷	清　陈鳣	纪七，表四，志十，世家十三，列传三十六，大旨在以后唐南唐，上承唐统，下启宋统。
上改修《五代史》			

（续表）

书　名	卷数	撰　者	附　　考
《宋史质》	一百卷	明　王洙	《天王正纪》十二卷，《闰纪》一卷，《后德外戚传》三卷，《宗室世系》五卷，《宰执年表附传略》七卷，《相业传》四卷，《直臣传》四卷，《文臣传》十卷，《吏治传》三卷，《使事传》一卷，《功臣传》三卷，《将相传》三卷，《边将传》三卷，《君子传》四卷，《忠义传》十卷，《孝义传》一卷，《列女传》一卷，《卓行传》一卷，《隐逸传》一卷，《小人传》五卷，《权奸传》一卷，《佞幸传》一卷，《叛臣传》一卷，《降臣传》一卷，《世家》二卷，《方技》一卷，《宦者》一卷，《夷服传》一卷，《十五志》七卷，《道统》四卷。大旨以明继宋，列辽、金于外国，并削元一代之年号，于宋帝昺之末，即以明太祖之高祖追称德祖元皇帝者承宋统，后继以太祖之曾祖祖父，至顺帝至正十一年，即以为明元年，且于恭帝降元后，岁岁书帝在某地云。
《宋史新编》	二百卷	明　柯维骐	本纪十四卷，志四十卷，表四卷，列传一百四十二卷。《宋史》于瀛国公纪附载二王，此书则为端宗帝昺立纪，终于祥兴，又以辽、金入外国传，与西夏、高丽等。

（续表）

书　名	卷数	撰　者	附　　考
《宋史记》	二百五十卷	明　王维俭	是书体例，略同柯作，是书有传抄本，藏北平图书馆，迄未刊行，《四库简明目录》标注，振绮堂汪氏小山堂抄本《宋史记》三十册，存九十四卷，内有赵一清朱笔按语。
《宋史稿》	二百十九卷	清　陈黄中	本纪十二卷，志三十四卷，表三卷，列传一百七十卷。是书盖就柯、王二氏之作，为汰繁补遗之功。是书未刊，稿本已佚。
上改修《宋史》			
《元史类编》	四十二卷	清　邵远平	有纪传无表志。
《元史新编》	九十五卷	清　魏源	本纪十四卷，列传四十二卷，表七卷，志三十二卷。有目无书者，《留梦炎》《蒲寿庚》《方回》三传，《儒林》《艺术》有缺传，《遗逸》《释老》《群盗》三传全缺。
《元书》	二百二卷	清　曾廉	以《元史新编》为蓝本，更增以少许之事实，第囿于见闻，搜罗不广。
《蒙兀儿史记》	一百六十卷	清　屠寄	本纪十八卷，列传百二十九卷，表十二卷，志一卷，内本纪缺一卷，列传缺十一卷，表缺二卷，实凡一百四十六卷，原书志仅一卷，盖所缺尚多，此书本为未成之作。此书有初印本八册，后续增至十四册，最后印本则为二十八册，而各印本之次第，微有不同，应以后印者为定本。

（续表）

书　名	卷数	撰　者	附　　考
《新元史》	二百五十七卷	清　柯绍忞	本纪二十六卷，表七卷，志七十卷，列传百五十四卷，有铅印、木刻两本，以民国十年刊成之木印本为定本。
上改修《元史》			

昔者谯周以司马迁《史记》，书周秦以上，或采俗语百家之言，不专据正经，于是作《古史考》二十五篇，皆凭旧典，以纠迁之谬误，[10]此改撰《史记》最初之动机也。苏辙、李锴二氏，皆以《史记》所纪周、秦、汉以往之事，语多疏略，欲据经子百家语以补之，与谯周之用意正同。惟周仅致订补之功，故以史考命名，而二氏则取汉以前事而改撰之，以下接《汉书》，如辙则据《左氏传》，补作柳下惠、曹子臧、吴季札、范文子、叔向、子产等传，而锴所作补传尤多，亦以《史记》多所缺略故也。《四库总目》谓锴据马骕《绎史》为稿本，而离析其文，为之翦裁连络，改其纪事本末体而为纪传，然考锴之自序序传，未尝齿及《绎史》，虽其取材多同《绎史》，而遽谓以马书为稿本，亦不免失之武断矣。锴之此作，既悉据古籍，故于每段之下，一一注其所出，全书实同集句，为诸史中别创一格，立法颇善，亦自可喜。所难满人意者，其所引之《竹书纪年》《孔丛子》，多属伪作，《帝王世纪》《皇王大纪》，亦不尽可据，且所作诸合传，多者百余字，少者数十字，皆为自立一传，固由史材之少，然亦太形寥落矣。《史记》一书，自有其可贵者在，后人改撰，本难致功，且子

长所见之书，究比今人为多，且较有深知灼见，订误拾遗，并行不悖则可，拔赵帜而易汉帜，以为可取而代之，终为不可能之事也。

班固《汉书》，本由改撰《史记》而成，然能断代为史，面目一新，其后亦无人能为之改撰，则以其书通体精善，无隙可寻故也。范晔《后汉书》，承诸家纷纷撰作之后，删定旧本，以成一家之言，可与班书并驱争先。其后虽有萧子显改撰之本，然未及行世，即归散亡，其美富之不侔，又可知矣。自陈寿撰《三国志》，以魏、蜀、吴并列，又尊魏帝为纪，抑蜀、吴二主为传，为习凿齿所不满，乃以蜀继汉统，撰《汉晋春秋》以纠之，惜其书久已不传。至宋萧常始就《三国志》，改撰《续后汉书》，成于宋宁宗庆元中，后六十余年，元人郝经亦改撰《三国志》撰于世祖中统元年以后，而仍其旧名，见经《自序》。时萧书尚未行世，而郝书不期与之冥合，及后付刊，始易称《续后汉书》，与萧书同名。两书皆尊蜀继汉，深抑魏、吴，义例略同习氏，明谢陛之《季汉书》亦然。其称《续后汉》者，以蜀二主可继后汉献帝之统也；其曰季汉者，以示别于前、后二汉也。《通鉴》用陈寿之例，以魏纪年，上以承汉，下以起晋，非有若何深义，至朱熹作《纲目》，则严正统闰统之辨，以昭烈继汉统，是则引习氏之绪，而不以《通鉴》为然者也。萧、郝二氏，生于宋季元初，时朱熹之学大昌，而郝氏最尊《纲目》，故用其义例，而改撰《国志》。寻两书之取材，除陈氏本书及裴注外，别无新材，可以异于原书，惟郝书以原书无志，乃撰八录以补之，是为差胜，盖其大旨，重在书法，而不在事实，亦犹朱熹之因《通鉴》而撰《纲目》耳。然吾则谓尊蜀抑魏，实为正论，盖以明邪正之辨，协是非之公，为人人心中所欲言，亦如骨鲠在喉，必吐而后快也。[11]然则是书之作，岂得已乎。今本《晋书》，系就臧荣绪本改撰，称为《新晋书》，臧书既亡，乃得孤行，否则，亦两《唐书》、两《五代史》之比矣。清代郭伦，始撰《晋记》，其自序谓宣景文其身不帝，而列诸本纪，贾充、姚苌传，述鬼神事，竟如俳优，诸国《载记》，不年不月，复杂无章，其间谋臣硕士，如张华、羊祜、杜预、王浚、刘琨、祖逖、陶侃、王导、温峤、谢安之谋猷，以及刘、石诸人之雄武，而本传芜冗，曾不足发其不可磨灭之概，至清言娓娓，乃司马氏所以乱亡，而缕述不衰，皆取舍失衷，是非瞀乱，因重为刊定，勒成是编。厥后周济亦撰《晋略》，包世臣称其分散故籍，事归一线，简而有要，切而不俚，抉得失之情，原兴衰之故，贬恶而不没善，奖贤而不藏慝，大之创业垂统之猷，小之居官持身之术，不为高论，不尚微言，要归于平情审势，足以救败善后，非典午之要删，实千秋之金鉴，其推许可谓至矣。惟其序无一语及《晋记》，似尚未见郭伦书，然以好采诡谬碎事，为《晋书》病者，郭、周二氏，亦引以为病，而亟亟改之，且以删繁就简为主，不甚留意于史实。不知史籍之用有二，或以繁为贵，如记注是，或以简为贵，如撰述是。居今之世，应视诸古史皆如记注，以详而有体者为上选，《晋记》《晋略》，差能比于干宝、孙盛，略备别史之一体，而于详而有体之《晋书》，度尚无以胜之。此唐宋以来改撰《三国志》《晋书》之大略也。

李延寿之《南》《北》史，即为改撰南北朝八史之作，而宋代亦改撰《唐书》，今俱得并列于正史，前已论之详矣。宋人方岳，曾改修《南》《北》史，书已不传，而正史二十五种中，尚有《新五代史》《新元史》，未及论列，又《宋》《元》二史改撰之故事，骤数之而不能终其物，并于下文顺序论之。

《新五代史》，本名《五代史记》《玉海》引《中兴书目》云，《五代史记》欧阳修撰，徐无党注，纪十二、传四十五、考三、世家及年谱十一四夷附录三，总七十四卷。修殁后，熙宁五年八月十一日，诏其家上之，十年五月庚申，诏藏秘阁。《郡斋读书志》则谓，修以薛史繁猥失实，重加修定，藏于家，修殁后朝廷闻之，取以付国子监刊行；《直斋书录解题》始称为《新五代史》，以示别于旧史；又高似孙《史略》，载神宗尝问欧阳修所为《五代史》如何，王安石则曰，臣方读数册，其文辞多不合义理。是则迁延五年，始诏藏秘阁，并为刊行，由于朝议未定也。《宋史·欧阳修本传》云："奉诏修《唐书》

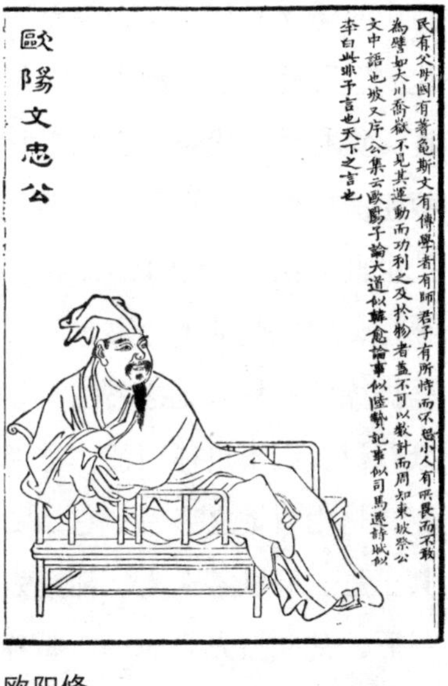

欧阳修
——从清乾隆八年（1743）刊本《晚笑堂竹庄画传》

纪、志、表，自撰《五代史记》，法严词约，多取《春秋》遗旨。”[12]又宋韩淲《涧泉日记》，记修与徐无党书云：《五代史》昨见曾子固之议，今却重头改撰，未有了期；又与梅圣俞书云：间中不曾作文字，只整顿了《五代史》，成七十四卷，不敢多令人知，深思吾兄，如何可得，极有义类，须要好人商量，此书不可使俗人见，不可使好人不见，云云。章学诚读至此条，为之论曰：“按《五代史》文笔尚有可观，如云尚有义类，正是三家村学究技俩，全不可语于著作之林也。其云不可使俗人见，其实不可使通人见也。梅圣俞于史学固未见如何，即曾子固史学，亦只是刘向、扬雄校雠之才，而非迁、固著述之才，当时仅一吴缜可备检校，而不能用，以致《唐史》疵病百出。若《五代史》，只是一部吊祭哀挽文集，如何可称史才也。”[13]此可谓工诃古人，与刘知幾同病矣。章氏以吊祭、哀挽文集称《五代史》者，以其书中之序论，通用呜呼二字发端故也。然修曾自说明其作书之旨曰：“昔孔子作《春秋》，因乱世而立法，余为《本纪》，以治法而正乱君，发论必以‘呜呼’，曰：此乱世之书也。”[14]是正多取《春秋》遗旨之意。兹据徐注所释本纪之书法，如两相攻曰攻，以大加小曰伐，有众曰讨，天子自往曰征，是为用兵之四例；易得曰取，难得曰克，是为得地之二例；它如以身归曰降，以地归曰附，立后得其正者，曰以某夫人、某妃为皇后，立不以正者，曰以某氏为皇后，凡此皆先立一例，而各以事从之，褒贬自见。[15]书中所立死节、死事、一行、伶官、宦者诸传，悉寓儆戒后人之意，而其意则于论中发之。曩者王鸣盛尝以欧史之中晋臣、周臣两传各只收三人，大觉寂寥可笑。[16]不悟此正欧阳氏精意所寄，本书立杂传以处历任数朝、数姓之人，明其非某一代之臣，如清代之撰贰臣传，所以励人臣事君报国之节，此亦寓有《春秋》惩恶劝善之旨也。欧史之可议者，在重书法而轻事实。《唐本纪》于废帝清泰三年十一月大书契丹立晋，以著石敬瑭之为契丹所立。考《春秋》隐公四年有卫人立晋之文，晋者卫宣公之名也，石敬瑭以晋为国号，亦云立晋，此效《春秋》书法之失，而重为近人所讥者。本章太炎先生《史学略说》。《通鉴》亦喜用薛史，其病欧史之简，亦可窥见。至若本纪之纪事太简，诸志之仅具司天、职方二考，皆由轻视五代史实以为无足轻重而然。[17]此则非严正之史家所宜出，而不免见讥于王鸣盛、章学诚二氏也。欧史既成，其甥徐无党为之注，侧重书法义例，如公、谷之于《春秋》，或谓徐亲得于修，出自口授，邵晋涵说见《南江书录》。或疑修自注，署无党名，俞正燮说见《癸巳存稿》八。吾以前说为近是。陈师锡序《新五代史》，称其事迹实录，详于旧记，亦非妄语。欧史于《郭崇韬传》赞云，余读梁宣底，是即太史公读历谱牒、秦记之意，其所见之史材，实远过于宋初，故卷帙不及薛史之半，而颇能多所订补，于五代末季及十国事并四夷附录，尤能增入新史实，为薛史所不及，是以新、旧二史，俱能并存不废。《四库提要》之论欧史曰："大致褒贬祖《春秋》，故义例谨严，叙述祖《史记》，故文章高简，而事实则不甚经意。"又曰："薛史如左氏之纪事，本末赅具，而断制多疏，欧史如公、谷之发例，褒贬分明，而传闻多谬，两家之并立，当如三传之俱存。"可谓能折其中矣。与修同时之有吴缜，曾撰《五代史纂误》，旨趣与《新唐书纠谬》略同，有意吹毛索瘢，而语亦有是处。[18]周密《齐东野语》，有刘羲仲刘恕之子以《五代史纠谬》示苏东坡之语，疑此即吴氏之《纂误》，非别有一书也。明人杨陆荣亦撰《五代史志疑》，此皆以订正谬误为职志者。迨清代彭元瑞、刘凤诰二氏，以欧史为正文，取薛史及《五代会要》诸书散入正文之下，以比裴松之之注《三国志》，是又衍李清《南北史合注》之绪，而为研《五代史》者之渊薮矣。

石敬瑭以乞援外族而作儿皇帝，而作史者尊称之为晋高祖，此尤甚于陈寿《三国志》之尊魏抑蜀，极不协于人心之公者也。或谓宋受周禅，上溯汉、晋、后唐、梁，以承于唐，故撰《五代史》，以明其有所受，不然，薛、欧诸公岂不知此？其说是也。若乃事隔数代，嫌忌尽捐，起而正之，亦乌容已。清代陈鳣乃依此义而作《续唐书》，以后唐继唐，故列庄宗、明宗、闵帝、末帝欧史作废帝，此从薛史。于本纪，以南唐继后唐，故亦列烈祖、元帝、后主于本纪，摈梁、晋、汉、周于世家，向之所谓十国，除南唐外，增入岐王李茂贞，合北汉刘崇于汉世家，是为九世家，与梁、晋、汉、周并列，为十三世家，列传称二唐为诸臣，称其他为诸国臣，以示内外之分，琐细之事，俱详于表，所撰十志，合薛史之历志于天文，而别增经籍志，且为之说曰："唐受命二百九十年，而后唐兴，历三十年后唐废，而南唐兴，又历三十年而亡，此六十九年，唐之统固未绝也。后唐系出朱邪，然本于懿宗赐姓为李，庄宗既奉天祐年号，至二十年始改元同光，立庙太原，合高祖、太宗、懿宗、昭宗为七庙，唐亡而实存焉。南唐为宪宗五代孙建王之玄孙，祀唐配天，不失旧物，尤宜大书年号，以临诸国，即如当日契丹儿晋而兄唐，高丽遣使入贡，彼尚怀唐之威灵，故尊其后裔，不敢与他国齿，奈何以晋、汉、周为正，而反以南唐为偏据乎。观其所论，盖与萧常、郝经二氏之改撰《三国志》，同一用心，论者不知其义，乃深怪之，以为好奇之过，尚未足以服萧、郝、陈寿三氏之心乎。

《宋史》成于元末，最为芜杂，明、清二代之士，致力于改撰者，颇不乏人。考其动机，厥有二端：其一，则元人以《宋史》与辽、金并列，无异李延寿之修《南》《北》史，极为明代学者所不满，故叙宋亡讫于祥兴，而为卫、益二王作纪，置辽、金于外国传，以侪于西夏、高丽，持此论者，多为明人，如王洙、柯维骐、王惟俭之徒是也。其二，则取法欧、宋之重修《新唐书》，以订误补阙事增文省为职志。清代研史之士，多主张之，其编纂之要旨，亦欲合三史为一书，以正元代之非，如陈黄中、邵晋涵、章学诚之徒是也。二者之论，各明一义，而皆有是处，未可偏废。危素于元末，曾与修《宋》《辽》《金》三史，而《千顷堂书目》著录其《宋史稿》五十卷，钱氏《补元史·艺文志》据云。疑此为素在史馆时所具之稿，非别有所作也。惟《明史·周叙传》，记其曾祖以立，于元末时以三史体例未当，欲重修而未能，至叙官翰林学士，思继先志，于正统末，[19]请于朝，诏许自撰，诠次数年，未及成而卒，此则为改修《宋史》之最先者。明世宗嘉靖十五年，[20]廷议重修《宋史》，以礼部尚书兼翰林学士严嵩董其事，见《明史·嵩传》。

亦未成书。明人改修《宋史》而能毕功者，有三人焉，曰柯维骐、王惟俭、王洙是也。《明史·文苑·柯维骐传》：“《宋史》与《辽》《金》二史旧分三书，维骐乃合之为一，以辽、金附之，而列二王于本纪，褒贬去取，义例谨严，阅二十年而始成，名之曰《宋史新编》。”又《王惟俭传》云：“惟俭苦《宋史》繁芜，手删定自为一书。”洙《明史》无传，仅康熙《临海志》云，洙著《宋史质》一百卷；考洙为正德十六年进士，维骐为嘉靖二年进士，惟俭为万历二十三年进士，洙、维骐二人之世略相接，而惟俭则二氏之后生晚学也。《史质》《新编》二书，皆著录于《四库存目》，一则曰荒唐悖谬，缕指难穷，自有史籍以来，未有丧心病狂如此人者；一则曰，维骐强援蜀汉，增以景炎、祥兴，又以辽、金二朝置之外国，大纲之谬如是，区区补苴之功，亦不足道；是其列入存目之意，为由于尊宋统，抑辽金，大触清廷之忌，意甚显然。洙之自序其书目：“取脱脱所修《宋史》，考究颠末，参极群书，删其繁，存其简，去其枝叶，存其本根，始于天王正纪，终于道统，自嘉靖壬辰迄丙午，凡十六年乃就，名曰《史质》，以示不文。”盖洙不喜欢蒙元之入主中夏，以严正闰之辨为先，故于祥兴二年帝昺投海后，即以明太祖之先祖上嗣宋统，革元代之纪年而不录，以明其非正统，是则此书意在屏革元统，又与柯氏《新编》不同。沈德符《敝帚轩剩语》，称维骐作《新编》时，至于发愤自宫，以专思虑，见《四库提要引》。其用力之精勤，即此可见。兹考《二十二史劄记》所举《宋史》疏舛之处，《新编》多已订正，如《宋史》无《夏贵传劄记》曾论及之；而《新编》则为立传，惟以其降元列入叛臣。是又非《史质》专重义例之比。《宋史》立道学传，以尊程、朱，清贤陆陇其曾沧之日，《宋史》道学之目，尊道学于儒林之上，所以定儒之宗，非谓儒者可与道学分途，《与徐健庵论明史书》而朱一新亦谓其然。见《无邪堂答问》。独全祖望、钱大昕诸氏以为非当，钱氏且谓宜为周敦颐、程颢、张载、朱熹立专传合为一传，其余则入之儒林，见本集《跋宋史新编》。《四库提要》本之，乃谓《宋史》之最无理者，莫过于道学、儒林之分传，而柯氏仍之为非，究之非深根宁极之论也。钱大昕之《论新编》曰，柯氏《新编》，用功已深，义例亦有胜于旧史者，惜其见闻未广，有史才而无史学耳，见本集《跋宋史新编》。斯则为平情之论矣。[21]惟俭之书晚成，题曰《宋史记》，时柯氏之书已行世，惟俭见之，重为订补，以成此书，体例略如《新编》，蕲合三史为一，列二王为本纪。然以晚成之故，视《新编》差为完密，其后吴兴潘曾纮得惟俭所撰《宋史》，招晋江曾异撰、新建徐世溥更定未成而罢，此明代季年事也。《明史·曹学佺传》载之。据钱谦益《列朝诗集小传》谓惟俭家藏图籍已沉于汴梁之水，吴兴潘昭度曾纮字曾抄得副本，赵翼则谓副本虽未遭汴水之厄，亦终归散失。又谓维骐之书，未及梓行，见《劄记》二十三。然先是朱彝尊于柯氏《新编》、王氏《史记》皆得见之，称柯氏合宋、辽、金三史为一，以宋为正统，辽、金附焉，升瀛国公益、卫二王于帝纪以存统，正亡国诸叛臣之名以明伦，列道学于循吏之前以尊儒，历二十载而成书，可谓有志之士。又谓揭阳王昂撰《宋史补》，台州王洙撰《宋史质》，皆略焉不详，至柯氏而体稍备，其后临川汤显祖义仍，祥符王惟俭损仲，吉水刘同升孝则，咸有事改修，汤、刘稿尚未定，损仲《宋史记》沉于汴水，余从吴兴潘氏抄得，仅存。《曝书亭集》四十五《书宋史新编》后，又朱氏（彝尊）《明诗综》五十八王惟俭下，亦叙及《宋史记》，谓从吴兴抄得，未见出人意表。吾按柯书刊于明代，[22]钱大昕据以撰跋，而日本尚有复刊本，王书未刊，因彝尊传抄，亡而复存，而抄本展转入柯绍忞手，后归北平图书馆，是赵氏所说尚有未审，所宜订正者也。归有光亦欲改修《宋史外集》载《论赞》二十余篇可证。全祖望《答临川先生李绂问汤氏宋史帖子》云："明季重修《宋史》者三家，临川汤礼部若士显祖，祥符王侍郎损仲惟俭，昆山顾枢部宁人炎武也。临川《宋史》，手自丹黄涂乙，尚未脱稿，吴兴潘侍郎昭度足成其书，网罗宋代野史，至十余簏，功卒不就。是时祥符所修，亦归昭度，然两家皆多排纂之功，而临川为佳，其书自本纪、表、志，皆有更定，而列传体例之最善者，如合道学于儒林，归嘉定误国诸臣于奸佞，列濮荣秀三嗣王独为一卷，以别群宗，皆属百世不易之论，至五闰禅代之际，遗臣之碌碌者多芟，建炎以后多补，庶几《宋史》之善本焉。甲申以归石门吕吉甫潘氏之婿，吉甫请姚江黄梨洲宗羲为之卒业，成言未果，而吉甫下世，其从子无党携入京师，将据其草本开雕，无党又逝，尝谓是书若经黄梨洲之手，则可以竟成一代之史，即得无党刊其草本，则流传亦易，而无如天皆有以败之。后是书展转归花山马氏、海宁沈氏。壬子之冬，沈氏诸郎言已归太仓金氏矣。然是书累易其主，所存仅本纪、列传，而其十余簏之野史，则不知流落何所，可为长太息者也。宁人改修《宋史》，闻其草本已有九十余册，乃其晚年之作，身后归徐尚书健庵，今亦不可问矣。”以上见《鲒埼亭集外编》四十三。据此则于维骐、惟俭二本外，又有汤显祖、顾炎武二氏改修之本。梁玉绳亦云，闻前辈言汤若士有《宋史》改本，朱墨涂乙，某传当削，某传当补，某人宜合某传，某人宜附某传，皆注目录之下，划段分明。王阮亭《分甘余话》谓，临川旧本，在吴兴潘昭度家，恨无从购之。许周生云，潘中丞昭度曾欲重修《宋史》，先为《宋史抄》，摭拾最富，友人杨凤苞见其残稿十余册，其全书则散佚久矣。《瞥记》四。按：昭度为潘曾纮之字。全、梁二氏所谓临川汤氏《宋史稿本》为曾纮所得者，殆即《明史》所载曾纮更定之本欤？吾检王惟俭《宋史记》稿本，其间朱墨涂乙，添注甚多，粘签无虑百数十纸，皆作绳头细书，且有将列传改撰者，凡订七十二册，有前跋云，此当为汤若士改本，记为王渔洋所撰，又渔洋《蚕尾集》有《宋史记》凡例跋。又时有墨注，尾标宾王二字，是其中又有宋宾王校改之笔，[23]或云悉出宾王，而汤氏所丹黄涂乙者非此本。以吾考之，全氏所谓祥符所修，亦归昭度，正与《明史》所记相雠，是则汤氏所据者，即为惟俭所修，既归于潘，又招曾异撰、徐世溥更定之，而卒用不就也。若王、汤二氏各有一稿，则汤氏所丹黄涂乙者，必用《宋史》原本，用力多而成功少，无乃不惮劳费乎。夫惟汤氏见王氏之稿，而不甚满意，遂加以丹黄涂乙之功，某氏所跋，至为得实，继之以宾王之校改，而成为今日所见之本，其本末次第固可考而知也。清乾隆中，陈黄中撰

《宋史稿》二百十九卷，其自序云：

元世祖平宋，即诏开局纂修《宋史》，讫至正而后成，盖百年矣。然繁冗疏漏，秉笔者类非史才，又元初去宋未远，岁月相接，子孙之求匄，史官之假借，虚美隐恶，并所不免，亦有后裔寥落，不能表章先世，则虽当记述者，顾并逸之，后来史官，即据前书，潦草蒇事，词笔庸猥，去取踳驳，令览者读未终篇，辄欲弃去。有明一代改修者不一家，其最著者，如莆田柯维骐之《新编》，祥符王惟俭之《宋史记》，亦仅取旧史稍加删节，至其中一人两传及是非失实者，俱并仍之，较长絜短，莫能相尚。他如揭阳王昂之《史补》，天台王洙之《史质》，尤简略不详，自郐以下，无足论已。本朝通人朱彝尊，尝讥诸人长编尚未属目，辄奋笔著书行世，犹夏虫之不可语冰，因欲汇宋代诸书，考其是非异同，自定一书，惜老而未果。黄中少时，每欲仿《新唐书》事增文减之例，重加改修，卒卒未遂，然暇时每遇有关《宋史》诸书，随时采获，积二十年，至乾隆十三年，因尽发向日所笔记者，讨论审订，改窜旧书，历八寒暑，乃克就稿，汰繁补逸，显微阐幽，期得是非之公，用存劝惩之义。然建隆以迄绍兴，载籍极博，涉猎取材，差为完备，自时厥后，文献无征，旁搜广罗，不遗余力，旧史凡四百九十六卷，今兹取其大半，与《新唐书》之卷适相等，第较量史才，则无能为役。又欧宋改修《唐史》，积十七年而后成，其预编摩者十人，皆极一时文学之选，然同时吴缜、刘羲仲等，犹并著书以纠其谬。矧在寡昧，以一手任编辑之役，成书岁月，又仅居昔贤之半，其抵语疏漏，更百倍于前人。跧伏草茅，谨藏箧笥，随时订定，无所折衷，名以史稿，志未成也。[24]

据序所言，则是书之成，当在乾隆二十年之后，迨乾隆二十七年壬午，而黄中卒，后为钱大昕所见，为之跋云：

吴门陈征士和叔黄中字《宋史稿》，本纪十二，志三十四，表三，列传一百七十，共二百十九卷。其纠旧史之失，谓韩琦与陈升之、王珪同传，熏莸无别，陈东、欧阳澈与宋季一僧一道士同传所拟不伦，康保裔战败降契丹，官节度使，事见《辽史》，而以冠忠义，杜审琦卒于天成二年，而以冠外戚，《凌康佐本纪》既书降金，而又入之忠义，李谷、窦贞固皆五代遗臣，入宋未仕，不应立传，皆确不可易，于奸臣传进史弥远嵩之，而出曾布，颇与鄙意合。若王安石之立新法，引佥人，虽兆宋祸，而本无奸邪之心，郑清之虽党于弥远，其在相位，亦无大恶，和叔俱以奸臣目之，未免太甚矣。此稿增删涂乙，皆出和叔手迹，然前后义例，未能画一，纪、传无论赞，志无总序，盖犹未定之稿，较之柯氏《新编》，当在伯仲之间耳。《潜研堂文集》二十八。

按陈氏稿本，今已不可得见，[25]其改修之内容，仅可见于钱氏跋中，窥其厓略。吾意乙部之作，以后出者为胜，据陈氏自序，知其用力甚深，补苴实多，且获见李焘《长编》等书，据以补柯、王二氏之缺略，则其胜于前作，自不待言。而钱氏谓与柯氏《新编》在伯仲之间，是于陈作尚有微辞，何耶？盖柯氏于《宋史》用力已深，大体略备，义例之精，尤非后来诸作所能及，朱彝尊夏虫之讥，殊失之过，钱氏生当多忌之世，亦不敢诵言其佳，故仅以二书相伯仲为言，陈书之未能付刊，亦以惧触时忌之故耳。吾谓与其舍柯书而别为改作，无宁就柯书而详加订补，改作则创始难为功，订补则因成易为力也。柯书之已善者，如义例是，则一仍之，柯书之未备者，如陈氏所指数各事，是则为订补之。如是则可取柯书列于正史，而称为《新宋史》，柯绍忞之《新元史》，藉政府之力得入正史，则维骐之作，何为而不得列入正史，前后二柯，互相辉映，吾知终必有实现之一日也。清代诸贤，多有志于改修《宋史》，顾炎武、朱彝尊之已见于前者无论矣，余如全祖望、杭世骏、邵晋涵、章学诚，皆有志于是，试历举之：全氏曾言，某少读《宋史》，叹其自建炎南迁，荒谬满纸，欲得以为蓝本，或更为拾遗补阙于其间，荏苒风尘，此志未遂。《答临川先生问汤氏宋史帖子》此全氏有志改修《宋史》之证也。梁玉绳谓杭堇浦世骏字，尝命余删增《宋史》别作一书，自揆谫陋，谢不敢为。《瞥记》四。此杭氏有志改修《宋史》之证也。章学诚尝云，时议成谓前史榛芜，莫甚于元人三史，而措功则《宋史》尤难，邵晋涵遂慨然自任，晋涵又谓《宋史》自南渡以后，尤为荒谬，以东都赖有王氏事略故也。故先辑《南都事略》，欲使先后条贯粗具，然后别出心裁，更为赵宋一代全书，其标题不称《宋史》，而称《宋志》，然南都尚未卒业，而《宋志》亦有草创。《章氏遗书》十八《邵与桐别传》。学诚亦自云，古人云，载之空言不如见诸实事，仆思自以义例，选述一书，以明所著之非虚语，因择诸史之所宜致功者，若如赵宋一代之书。《遗书》九《与邵二云论修宋史书》。此又邵、章二氏有志改修《宋史》之明证也。大抵明人所改修之《宋史》，义例精而条理未密，故易于毕功，清贤所拟改修之《宋史》，义例不必精，而条理极密，故除陈黄中一人外，余则徒托空谈，而不能成书，盖非数十年之岁月一手一足之烈所能为役也。朱彝尊、陈黄中俱称揭阳王昂有《宋史补》，昂当为明人，其书则未之见。《四库提要》则谓沈世泊有《宋史就正编》《宋史》条下。此书亦未之见。世泊当亦明人也。明人又有邵经邦撰《弘简录》二百五十四卷，意在续《通志》，故合《宋》《辽》《金》三史为一，实不啻三史之简本。朝鲜王李算亦撰《宋中筌》一百四十八卷，意在删繁就简，撰于清乾隆时，写本藏朝鲜京城大学图书馆。此皆改修《宋史》之具体而微者也。清末陆心源撰《宋史翼》四十卷，其体如《元史译文证补》，专就方志所载宋人为《宋史》所无者补之，当与王昂之《史补》为一类，所有改修与订补《宋史》之书，已大略具于是矣。

明初所修《元史》，不甚餍人之望，正有待于订补或改修。永乐中胡粹中以《元史》详于世祖以前攻战之事，而略于成宗以下治平之迹，顺帝时事亦多阙漏，因作《元史续编》十六卷，以综其要，此即订补《元史》之作也。惟其书起世祖至元十三年，迄顺帝至正二十八年，用编年体，大书分注，全仿《通鉴纲目》，可称《元鉴纲目》，不得谓之《续元史》。[26]追至清代，则改修之作甚多，间亦有为之订补者，其别有二：其一，因《元史》芜杂缺略，而广征中土固有之史实，以补证旧闻，订正谬误，而图改造新史者，如钱大昕、魏源是也。其二，因元代疆域不以中土为限，别征西方之史实，以补中土所未闻，证中土所未确，以别造一新史者，如洪钧、屠寄、柯绍忞是也。清初邵远平始撰《元史类编》四十二卷，意在续其父经邦之《弘简录》。魏源论之曰，远平《类编》，袭郑樵《通志》之重儓，以天王、宰辅、庶官分题，已大偭史法，且有纪、传，无表、志，于一代经制，阙略未备。[27]然邵氏能取《经世大典》诸书，以补正史，不无订正之功，而世祖以下诸本纪，即为魏源《新编》所袭用，是其致功于此，亦匪细矣。其后钱大昕有志于是，致力最深，尝得《元秘史》刊行之。《秘史》叙蒙古初起及兼并诸部落事綦详，可证《元史》之误。徒以译文质朴，悉用当时俚语，明初修史诸氏，鄙弃不加留意，任其湮没。钱氏既得《秘史》，稽考内容，乃知其可据可宝，故为之跋云，论次太祖、太宗两朝事迹者，其必于此书折衷。又尝云，在馆阁日，以《元史》冗杂漏落，潦草尤甚，似仿范蔚宗、欧阳永叔之例，别为编次，更定目录，或删或补，次第属草，未及就绪，归田以后，此事遂废，唯《世系表》《艺文志》二稿，尚留箧中。《元史·艺文志·序》其后徐松亦有志于是，而未能卒业。见魏光焘《元史新编·序》。又魏源谓嘉定毛氏有《元史稿》，见《新编·凡例》。毛氏名岳生，有《休复居文集》，集中附《元史·后妃列传》，即其证也。继有作者，则为魏源之《新编》，源尝论旧史之失云：

> 人知《元史》成于明初诸臣潦草之手，不知其载籍掌故之荒陋疏舛讳莫如深者，皆元人自取之。兵籍之多寡，非勋戚典枢密之臣一二预知外，无一人能知其数者。《拖布赤颜》按：即脱卜赤颜。一书，译言《圣武开天记》，纪开国武功，自当宣付史馆，乃中叶修《太祖实录》，请之而不肯出，天历修《经世大典》，再请之而不肯出，故《元史》国初三朝《本纪》，颠倒重复，仅据传闻。国初平定部落数万里如堕云雾，而《经世大典》于西北藩封之疆域录籍兵马，皆仅虚列篇名，以金匮石室进呈乙览之书，而视同阴谋，深闭固拒若是。《元一统志》亦仅载内地各行省，而藩封及漠北西域皆不详，又何怪文献无征之异代哉。是以疆域虽广，与无疆同，武功虽雄，与无功同，加以《明史》馆臣，不谙翻译，遂至重纰叠缪，几等负涂，不有更新，曷征文献。《拟进元史新编表》

据此所论，则《元史》之冗杂漏落，多由史实无征，不尽由于修史者之潦草从事矣。源初撰《圣武记》十卷，以纪述清代掌故，又撰《海国图志》一百卷，以考订域外地理，晚复从事《元史》，创定体例，独出己裁，其所征据，则元代官私之所纪录，明初诸臣遗老之所纪载，《宋》《辽》《金》《明》

诸史之所出入，与夫佚事遗闻，见于近人各家之说也。又以元之疆域，远轶汉、唐，西北所极，尤应详载，乃立太祖三朝平服各国传，至中叶以后，号令不逾金山，内哄之事屡见，为立东北叛藩传，以明始末，此皆详旧史之所未详也。列传用分类相从之法，于儒林、文苑、良吏、忠义、列女、奸臣之外，增以遗逸、释老、群盗诸目，于旧史之诸专传，悉改为合传，题曰开国功臣、武臣、相臣、文臣、平宋、平金、平蜀功臣诸传。又于诸相臣、文臣、言臣，皆冠以世祖中叶元末等称，分标专目，则又为修史之变例。本纪自世祖以下，袭用《邵氏类编》，艺文志，氏族表，全取之钱氏大昕，此又所谓择善而从，不必已出者矣。至其文章雅洁，议论明快，尤为旧史所不及。源殁后，稿展转由龚自珍、莫友芝，而归其族孙光焘，于光绪三十一年，乃由光焘序而刊之，亦幸而不亡也。以上据《光焘序》。近人考论元代疆域者，谓其西方所极，有奇卜察克汗国一作钦察汗国，伊利汗国，察哈台汗国，合其面积，大于中国本部之数倍。《元史》所述，专详本部，不过为其全部十分之一二。又有元太宗封地，谓之窝阔台汗国，后并入中国本部，而无与于上述之三大汗国。自太祖成吉思汗以讫世祖忽必烈初年，国号本称蒙古，至世祖至元八年，始改称大元。元之一名，不足以赅西域诸国，正与《元史》一书，不足以赅蒙古全部同符。魏氏之《新编》，于中国本部之史实，已极尽订补之能事，可谓无憾。然仍不能比于《新唐书》《新五代史》而列入正史者，正以西方人所辑蒙古史籍多纪三大汗国故事，魏氏未能兼采，不得谓备耳。譬如田畴万顷，垦辟未尽，仍有待于后人之拾补，又势之不容已者也。西方人之撰蒙古史者，如拉施特、志费尼、瓦萨甫，皆为波斯人，仕于伊利汗国者。如多桑为法国人，如霍渥儿特为英国人，而皆生于十九世纪。当中国嘉庆、道光时。多桑氏之书凡四卷，所纪始成吉思汗，迄帖木儿，多以拉施特、志费尼二氏之书为依据，旁征博引，考证精详，为西方蒙古史之唯一佳著。霍渥儿特之书最后出，全书分五大部：第一部曰蒙古本部，所纪为蒙古先世种族源流，及太祖、太宗、定宗、宪宗四朝兼并各部之事，并及世祖以后诸汗；第二部曰鞑靼，所纪为奇卜察克汗国事，即在俄境之蒙古汗国也。第三部纪伊利汗国事，即在波斯之蒙古国也。霍氏全书，至此而止。第四部纪察哈台汗国事，第五部纪帖木尔汗国事，皆未成。霍氏于拉施特、志费尼、瓦萨甫、多桑之书，及中土之《元史》《元秘史》《亲征录》之译本，无不涉猎采撷，以入其书，最为繁富，治《元史》学者，不求之于此，则缺憾必不能免。清代道咸间，如徐松、张穆、何秋涛皆以治西北地理，究心元代西域之史事，而仍不能采及于此。及同光间，洪钧以甲科高第，奉使欧西各国，先得拉施特之书，以用阿拉伯文写成，随员多不能通，乃展转求得俄译本，及多桑、霍渥儿特二氏之书，勤加考览、参证，以成《元史译文证补》三十卷。所谓证者，证中国所未确也。所谓补者，补中国所未闻也。洪氏全功未竟，旋就殂谢，中凡有目无书者十卷，闻洪氏草稿略具，卒前付其子洛，令卒成之，洛旋卒，其稿遂失，惜哉惜哉。[28]继洪氏之后，致力于《元史》者，凡得二人，其一为屠寄，其一则柯绍忞也。屠氏所著之书曰《蒙兀儿史记》，初印本仅八册，继增至十四册。屠氏卒后，其家整理遗稿，凡得一百六十卷，合订二十八册，民国二十三年刊成，初印之本，悉具其中，而次第标目，稍有异同。其命名为《蒙兀儿史记》，而不用《元史》旧名者，元之初祖，本以蒙古为部族之称，一作蒙兀儿，亦称盲骨子，成吉思汗立国以来，诏诰文檄，则自称蒙古国，至世祖未改号以前犹然，名为实宾，不应称元，一也。屠书所纪，偏重世祖以前史事，大元之号，非成吉思、窝阔台、元太宗，成吉思汗之子。贵由、蒙哥诸汗所知，名从主人，不应称元，二也。居于中国本部之大汗，虽为各部之宗主，然其他三大汗国，则以蒙古国为通名，而不必遵用大元之号，以大概小，不必称元，三也。且蒙兀二字，出于《旧唐书·室韦传》之蒙兀室韦，称名甚古，读音亦正，是以屠氏不惟不用元之一号，即蒙古二字音之不甚确者，亦不肯轻用，其立名之矜慎可知也。考元初诸帝皆称汗，太祖在日，部下尊曰成吉思汗，犹唐、宋诸帝之有尊号也。太宗、定宗、宪宗生前皆无尊号，至于四帝之庙号，皆世祖至元中追谥，故屠氏于本纪题太祖曰成吉思汗，用其生前尊号也。太宗以下皆称名，曰斡歌歹汗即窝阔台者，太宗也；曰古余克汗即贵由者，定宗也；曰蒙格汗即蒙哥者，宪宗也；曰忽必烈汗者，世祖也，以下类推。其称名而不称庙号者，用《元秘史》及蒙古源流例，成吉思汗独不称名，亦用《秘史》例也。意谓所撰为蒙古一部族之史，而不同于汉、晋、唐、宋之断代史，故别创义例，而面目为之一新焉。其于三大汗国事，纪载亦详，奇卜察克汗国，创于术赤拔都父子，洪氏《证补》已为作补传，屠氏因之，拔都改作巴秃，亦从《秘史》。而取材更富。伊儿汗国创于旭烈兀，以及察哈台诸王帖木儿汗国，洪氏皆拟作补传，而有目无书，屠氏则补作察阿歹即察哈台诸王及《帖木儿传》。而《旭烈兀传》亦有目无书，至柯氏《新史》乃为补成之。屠氏更于漠北《三大汗传》中，详述窝阔台汗国之盛衰，更撰《西北三藩地理通释》，以补《元史》之未备，虽其书为未成之作，缺卷甚多，而用力则甚勤。又用自注之法，于正文之下有分注，一篇之简，包孕甚多。故近人孟森论之曰：

> 史之为书，六代以前，史家多以一心经纬史实，以铸一代之史。唐以后，惟欧阳《新五代》为然。先生此书，所得固多出于旧史，然其参订旧史，以综合新材，无一字不由审订其地时日而后下笔。故叙述皆设身处地，作者心入史中，使读者亦不自谓身落史后，较之心不与全史浃，而以其翦截饾饤之文诏后人，不免孟子所谓以其昏昏使人昭昭矣。《蒙兀儿史记·序》

据此所论，近代史家真能经纬史实心入史中，使读者亦不自知身落史后者，曾无几人，而屠氏洵当之而无愧矣。屠氏卒于辛亥以后，箧中未定之稿，尚待理董，叔子孝实字正叔，能嗣其业，未几孝实又卒，其弟孝宦字公覆继之，整理粗就，旋付剞劂据孟序，即今日所传之最后刊本也。柯氏之书曰《新元史》，盖为订补旧史而作，上仿欧阳修之改修《五代史》，亦近代仅见之作也。书成于民国九年，初刊为铅印活字本，未几锓木，其始功后于屠氏，而成书则在其前，所取史材，有得之钱大昕、魏源者，有得之何秋涛、李文田者，有得之洪钧、屠寄者，至其体例，虽与旧史无异，而不乏改订之处。又本纪以太祖以前事撰为序纪，略如屠书之世纪，此仿《魏书》《金史》而深得体要者。又改《顺帝纪》为《惠宗纪》，补撰《昭宗纪》顺帝太子爱猷识理达腊，表合宗室、世系及诸王为一，名《宗室世系表》，志分礼、乐为二，名《礼志》《乐志》，合祭礼、舆服二志为一，名《舆服志》，列传则分儒学为《儒林》《文苑》二传，改《良吏传》为《循吏传》，《孝友传》为《笃行传》，删去《奸臣》《叛臣》《逆臣》三传，新增《蛮夷传》，皆其最著者也。其于经营西域之史事，叙述亦略备，如太祖、太宗、定宗、宪宗四纪与外国传之后半及速不台、者别、耶律楚材以下诸传，综此观之，可以明其本末。又于三大汗国之盛衰兴亡，纪载亦详。钱大昕撰《元史氏族表》，系据《元秘史》及《辍耕录》，分蒙古人、色目人各为若干种，而柯氏则分蒙古民族为黑、白、野三答答儿，而不取钱氏之说。凡此皆蒙西哲撰述之影响，一览可知者也。元《经世大典》虽佚，尚有残本可考，邵氏《类编》，已知采用，又有《元典章》，为魏氏《新编》所取材。柯氏于此类史料，尤知重视，如于《百官志》，补入覃官、封赠、荫官、注官、守阙、起任、程限、给假、丁忧、任养等；《兵志》之马政，则增入和买马、括马、抽分羊马三项，又增军粮一目；《刑法志》中屡载至元新格以下之条文；《食货志》中自至元二十三年颁行立社规条以后，凡属社之法令无不备载，又于盐、茶、酒、醋市船四课及和籴、斡脱钱、官抄法之通行画缗钞钱法，以及海运、振恤等项，资料无不辑补之。此皆由重视《大典》《典章》而所得之收获者。至于采取《元秘史》《亲征录》《蒙古源流》等书，以补旧史之阙，既悉同于洪、屠二氏，而柯氏用力尤勤。[29]故近人论及柯书，一则曰柯氏承诸家之后，参考诸家之著述，修改《元史》，等于群雄割据迭兴之后，而成统一之功；[30]再则曰，《元史》之有柯氏，正如集百川之归流，以成大海，集众土之积累，以成高峰。[31]日本东京帝国大学文学部，并因此而赠柯氏以文学博士学位，其推崇可谓至矣。然其中之可议者，亦有数端：旧史本纪，多采自元十三朝实录，柯书则取其繁冗者，改入各志，不易寻其首尾，则旧史仍不可废，一也。《艺文志》可征一代文献，钱氏补辑甚备，故魏氏《新编》、曾氏《元书》皆采之，而柯书乃不之取，不得谓备，二也。屠氏于洪氏补作诸传，皆别采新材，矜慎订补，而柯氏则又悉以原文入录，不加别白，三也。元代教徒，于释老外，有回教、耶教，柯书仅有《释老传》，又于也里可温即耶教之纪事，仅略见于《本纪》，而于耶教名人之勃莱奴喀皮尼鲁卜里克孟德高奴维等，皆不著一字，亦为漏略，四也。至于霍渥儿特等氏所著之《蒙古史料》，虽伤繁富，可取正多，而柯氏多未之及，亦有待于后人之译补。是则柯氏之作，仍不得谓之竟其全功也。兹取屠、柯二氏之书，比而论之，屠书取材甚富，考辨至精，特以造端宏大，非一人之精力所能尽举，故虽卷近二百，父子世业，仍为草创未竟之作。柯书造端之宏大，亦不下于屠氏，惟多因前人成作，而加以襞积补苴，虽费组织之力，殊少草创之功，孟森所谓心不与全史浃，而以其翦截饾饤之文诏后人，不免以其昏昏使人昭昭，正以暗讥柯氏。以是知二氏之作，有一创一因、一难一易之分，而其孰为优劣，亦不待辨矣。以上所述，即前代改修《元史》之大略也。[32]

《明史》成于清代，忌讳太多，故有明知其为漏略，而终于不敢著笔者，《清史稿》更为未成之作，是皆有待订补改修。而改修《清史》，尤为当务之急。设局官修，久滋诟病，时方多故，亦未暇及此，世有欧阳修、柯绍忞其人，必能奋笔一室，草定新史，以待政府之访求，吾将拭目以俟之矣。

其三则为分撰之史。昔在姬周之盛，王室有左史、右史，以司记言、记事之职，而诸侯亦各有国史，如晋之《乘》、楚之《梼杌》、鲁之《春秋》，皆具史之一体，亦后世国别史之滥觞也。典午晋之世，分据北方者，前后凡十六国，故撰《晋书》者，或以为录，或以为载记，附于正史，亦具体而微矣。而崔鸿则别撰《十六国史》，萧方等则别撰《三十国春秋》，此又分撰霸史之先例也。唐宋以来属于分撰之史，则有下列诸书：

书　名	卷数	撰　者	附　　考
《西魏书》	二十四卷	清　谢启昆	帝纪一，表三，考四，列传十二，载记一，凡二十一篇，地域、百官两考，及宇文泰传，皆分上下卷，总为二十四卷。
上自《魏书》分撰			

（续表）

书　名	卷数	撰　者	附　考
《南唐书》	三十卷	宋　马令	先主书一卷，嗣主书三卷，后主书一卷，女宪传一卷，宗室传一卷，义养传一卷，列传四卷，儒者传二卷，隐者传一卷，义死传二卷，廉隅传、苛政传共一卷，诛死传一卷，党与传二卷。归明传二卷，方术传一卷，诙谐传一卷，浮图传、妖贼传共一卷，叛臣传一卷，灭国传二卷，建国谱、世系谱共一卷。
《南唐书》	十八卷	宋　陆游	《文献通考·经籍志》作十五卷，王士祯《古夫子亭杂录》云，曾见宋椠十五卷本。本纪三卷，列传十五卷，附元人戚光音释一卷。
《九国志》	十二卷	宋　路振	一吴，二南唐，三吴越，四前蜀，五后蜀，六东汉，七南汉，八闽，九楚，十北楚，实为十国，东汉一作北汉，原书已佚，自《永乐大典》辑出。
《十国春秋》	一百十四卷	清　吴任臣	《吴》十四卷，《南唐》二十卷，《前蜀》十三卷，《后蜀》十卷，《南汉》九卷，《楚》十卷，《吴越》十三卷，《闽》十卷，《荆南》四卷，《北汉》五卷，《十国纪元世系表》一卷，《地理志》二卷，《藩镇表》一卷，《百官表》一卷。宋刘恕《十国纪年》四十卷，见《宋史·艺文志》。

（续表）

书　名	卷数	撰　者	附　　考
《南汉书》	十八卷	清　梁廷枏	《附丛录》二卷，《考异》十八卷，《南汉文字略》四卷。
《南汉纪》	五卷	清　吴兰修	附《地理志》一卷，《金石志》一卷。
上自《五代史》分撰			
《渤海国志》	四卷	近人　唐晏	撰于民国八年，纪、志、表、传各为一卷。
《渤海国记》	三卷	近人　黄维翰	凡三篇，十四章。
《渤海国志长编》	二十卷	金毓黻	《总略》二卷，纪二卷，表四卷，列传五卷，考四卷，《文征》一卷，《丛考》一卷，余《录》一卷。
上自《唐书》分撰			
《南宋书》	六十卷	明　钱士升	去奸臣、叛臣之名，列于众传，又合道学传于儒林传。
《西夏书事》	四十二卷	清　吴广成	起唐僖宗中和三年，讫宋理宗绍定五年。编年体。
《西夏记》	二十八卷	近人戴锡章	此书用编年体。洪亮吉《西夏国志》十六卷，周春《西夏书》十五卷，皆未刊，陈昆《西夏事略》十六卷，亦未见。
上自《宋》《辽》《金》史撰			
《南疆逸史》	四十四卷	清　温睿临	纪略四卷，列传四十卷，纪南明四王事，下同。
《小腆纪年附考》	二十卷	清　徐鼒	用纲目体。

（续表）

书　名	卷数	撰　者	附　　考
《小腆纪传》	六十五卷，补遗五卷	同上	
《南明书》	三十六卷	清　钱绮	未刊。
上自《明史》分撰之《南明史》			
《清建国别记》	一卷	章炳麟	纪清入关前史事，下同。
《清朝前纪》	一册	孟森	
《明元清系通纪》		同上	已刊十六册，未竣功。
《贼情汇纂》	十二卷	清　张德坚	咸丰五年己卯成书，事止于四年甲寅，系纪太平天国之政治制度。
《太平天国史料》	第一集	程演生辑	于留学法国时搜集。
《太平天国丛书》	十卷	萧一山	自英京伦敦搜集，并就原本摄印。
《太平天国野史》	二十卷	凌善清	凌氏谓取材于姚氏所藏之《洪杨纪事》，然又有《洪杨类纂史略》一书，此二书皆为《贼情汇纂》易名。
太平天国史纲		罗尔纲	凡八章，为二十六年一月出版之书，时在诸家之后。
上自清史分撰之清开国史及太平天国史			

兹再依次论之，往者魏收作《魏书》，以孝武西奔，称为出帝，更以高欢所立之孝静帝继之，盖收身为齐臣，不得不

以齐承东魏，然其不协于人心之公，不待言矣。尔时有平绘者，别撰《中兴书》《崇文总目》称其叙事不伦，[33]义例当同于收作。隋开皇中乃诏魏澹别撰《魏书》，自道武下讫恭帝，为十二帝纪，退东魏孝静帝称传，以正收、绘之失。然澹书久佚，其仅存者，亦羼入收书，几不易辨。澹书以为魏亡于恭帝，则自孝武西迁以下四世武、文、废、恭四帝。俱列为本纪可知也。唐初李延寿作《北史》，亦用魏澹之例，以西魏为正，犹列孝静于本纪，列传悉仍收书，未加是正。清代谢启昆深鉴收书之失，远师魏澹之例，取孝武以下四帝事迹，别撰《西魏书》，改撰大旨，见于《叙录》，所撰诸考，尤能订补收书诸志之阙失，洵别史中之佳制也。萧梁之末世，萧詧以武帝冢孙，立于江陵，凡历三主三十三年乃亡，世称后梁，其事迹略见于《周书》《隋书》《北史》，而语焉不详。蔡元恭《后梁春秋》十卷，及姚最之《梁后略》，皆已不传，明人姚士舜亦作《后梁春秋》二卷，用编年体，[34]今行于世。近人江都毛乃庸更作《后梁书》二十卷，本纪四：曰高宗、曰中宗、曰世宗、曰孝靖帝；表二：曰世系，曰交涉；志四：曰疆域、曰职官，曰艺文、曰梵宇；列传十：曰后妃、曰高宗诸子、曰中宗诸子、曰世宗诸子、曰张缵等、曰蔡大宝等、曰刘盈等、曰沈巡等、曰王琳等、曰叙传。最初仅见其《叙传》一篇，续刊《中国学报》第四册。后则业已刊行。寻其叙录，称及蔡元恭，而不及姚士粦，姚书极易得，乃不之见，甚可怪也。以上二书，皆就《魏书》《周书》《隋书》《北史》之一部而分撰者也。

新、旧两《唐书》，皆为渤海立传。渤海出于粟末靺鞨，国王姓大氏，名祚荣，于唐武后圣历元年，立国于肃慎，世受唐封，传十五王，二百二十九年，至后唐明宗天成元年，为辽所并灭。其史实散见于诸书者至夥，新、旧两《唐书》多遗而不载。唐人张建章于文宗大和中，撰《渤海国纪》三卷，久已不传。近人唐晏始采撷群籍以成《渤海国志》四卷，崇仁黄维翰更撰《渤海国记》三篇。《唐志》有筚路蓝缕之功，而疏略实甚；黄记精简可诵，而于域外之书，亦罕见采取，间有舛误。余于民国二十年始，因《唐志》以撰《渤海国志长编》二十卷，于中籍外，凡别见于朝鲜、日本史籍者，一一采撷无遗，分年排次，先成世纪、后记各一卷。又取其中之《宗臣》《诸臣》《士庶》《属部》《遗裔》别为五传。又撰《地理》《职官》《族俗》《食货》四志。附以《文征丛考》，记、传诸考所未尽者，以表明之。大氏一国之事迹略备。时黄记尚未出，吾于付刊前，借得稿本，又为订正数事，惟以体为《长编》，颇病繁缛，将来加以翦裁，方为定本。唐代属国甚多，其已撰为专史者，除渤海外，殊不多见。此即取新、旧两《唐书》之一部而分撰之史也。

宋人马令，因其祖元康，世家金陵，习知南唐故事，未及撰次，乃缵先志而撰《南唐书》三十卷，所系序赞，皆以呜呼二字发端，盖规仿欧史也。其后陆游亦撰《南唐书》十八卷，简核有法，胜于马书。游于《烈祖李昪纪》后论云："昔马元康、胡恢皆常作《南唐书》，自烈祖以下，元康谓之书，恢谓之载记。"是则宋代撰《南唐书》者，又有胡恢，《宋史·艺文志》补云，恢金陵人。惟已不传。其称马令为元康者，以孙述祖，犹迁之于谈，固之于彪，令之作，即等于元康之作也。[35]明末李清始取两《南唐书》合而为一，署曰《南唐书合订》二十五卷，刊本罕见。清代祥符周在浚，青浦汤运泰，皆为陆书作注，[36]周氏注本，附以吴兴、刘承幹补注十八卷，汤氏注本，虽已付刊，则不易得。此又研南唐史者必读之书也。宋人范坰、林禹合撰《吴越备史》，用编年体，以纪钱氏一姓之事迹；清代梁廷枏撰《南汉书》，吴兰修撰《南汉纪》，皆《南唐书》之亚。其合十国为一书者，有宋路振之《九国志》，清吴任臣之《十国春秋》。所谓十国者，吴杨行密、南唐李昪、前蜀王建、后蜀孟知祥、南汉刘龑、楚马殷、闽王审知、吴越钱镠、荆南高季兴、北汉刘崇是也。欧史仿《晋书·载记》之例，为十国撰世家，以别于一系相承之五代，而其名始定。[37]路氏《九国志》，名为九国，所纪实为十国，每国先为国主作略传，如本纪，后附以诸臣传，亦用纪传体。吴氏以欧史纪十国事，尚语焉不详，乃采诸霸史、杂史以及小说家言，并证以正史，以成《十国春秋》；又于诸传本文之下，自为之注，载别史之可存者，且于旧说之非是者，多所辨证，所撰表、志，考订尤精。惟王鸣盛讥其每得一人，即作一传，僧道、妇人之传，每篇只一二行，即徐铉《骑省集》亦未之见，盖专以博为事，而未之能精者《十七史商榷》九十八“十国春秋”条。所论殊当。以上诸书，皆就新、旧《五代史》之一部而改撰者也。

明人钱士升，取南宋九帝之事，别撰《南宋书》，亦得为别史之一种。而两宋之世，北方有辽、金、蒙古，先后崛起，与之对峙，又有西夏李元昊，传世十，历年一百九十，立国于宋仁宗明道元年，至理宗宝庆三年，为蒙古所并灭，其事具于《宋》《辽》《金》三史之《西夏传》，而《宋史》尤详。近人罗福苌因夏人所传之《掌中珠》一书，得通西夏自制之复体文字，并为《宋史·西夏传》作疏证，惜未卒业而没；清代洪亮吉撰《西夏国志》十六卷，周春撰《西夏书》十卷，陈昆撰《西夏事略》十六卷，著录《清史稿·艺文志》。皆不见传本，书或未成；张鉴《西夏纪事本末》，传世已久，吴广成《西夏书事》，原刊本不多见，最近始覆印行世；近人开县戴锡章广撷群书，分年排次，以成《西夏纪》，书最晚成，差为详备，考西夏一国事者，应于是取资焉。此皆就《宋史》及《辽》《金》二史之一部而分撰者也。

明思宗于崇祯十七年甲申三月缢死；是年五月，明遗臣迎福王由崧即位于南京，改明年元为弘光，是年即清顺治二年五月南京陷，由崧寻殂，初称圣安皇帝，后谥安宗；弘光元年闰六月，唐王聿键立于福建，改是年元为隆武，明年顺治三年八月，以福州陷，聿键遇害，初称思文皇帝，后谥绍宗；十一月桂王由榔立于肇庆，改明年顺治四年元为永历，而聿键弟聿鐭亦立于广州，改元绍武，是年十一月，以广州陷，自缢。由榔在位十五年，至顺治十八年十二月，缅甸人执以献于清，明年遇害。郑成功曾谥为昭宗；又有鲁王以海称监国于顺治三年，先后居于绍兴、舟山、厦门等地，十年去监国号，归于郑成功。此四主历时十有八年，清代谓之福、唐、桂、鲁四王桂王一称永明王，比于宋末之二王。然《宋史》犹附二王于《瀛国公纪》《明史稿》仿之，尚为福、唐、桂三王立专传，而《明史》则不然，附由崧事于《福王常洵传》，聿键事于《唐王桱传》，由榔事于《桂王常瀛传》，以海事于《鲁王植传》，而于目中不著其名，非细检无由知之，且所叙事迹极略，不足备一朝之史。于其时之宰执大臣，舍生取义之士，如史可法、高弘图、姜曰广、何腾蛟、瞿式耜、朱大典、张国维、金声等人，虽亦为之立传，而所遗者亦甚多。又以牵涉时忌，不复能具首尾，此有待于补订改撰者也。清代史家称此时期为南明，或称残明、后明，记此十有八年之事，谓之《南明史》。昔者全祖望谓明季野史不下千家，近人安阳谢国桢撰《晚明史籍考》，著录存佚之籍，大略与之相等，即专纪南明四主者，亦不下百余种，可谓多矣。盖自黄宗羲撰《行朝录》，以记隆武、永历及鲁监国之事；而顾炎武则撰《圣安本纪》，李清则撰《南渡录》，古藏室史则有《弘光实录钞》，以纪弘光一朝之事；又有《思文大纪》不知撰人纪隆武一朝事；王夫之撰《永历实录》，纪永历一朝事；查伊璜撰《鲁春秋》，滃洲老民撰《海东逸史》，纪鲁监国事，皆属甚备，足补《明史》之缺。其合四朝而通为一书，前有温睿临之《南疆逸史》，后有徐鼒之《小腆纪年》及《小腆纪传》。《逸史》之书，采摭差详，而《纪年》《纪传》二书，足补《逸史》之未备。若以《纪传》中之列传，补入《逸史》，更取《纪年》及其他纪南明事之野史，详慎裁定，为之作注，则即可成一完备之《南明史》。亟望有人能从事于此也。查伊璜曾撰《罪惟录》八十四卷，[38]称明惠帝为惠宗让皇帝，成祖为太宗文皇帝，景帝为代宗景皇帝，思宗为毅宗愍皇帝，弘光帝为安宗简皇帝，隆武帝为绍宗襄皇帝，附以唐王、桂王、鲁王监国，是盖能合南明事为一书者。考建文帝旧无谥，清乾隆元年始追谥恭闵惠帝，《明史》据以题署，景帝之谥，则成化中所上，至弘光帝即位于南京，于二帝并加追谥称宗，齐于列帝。衡以名从主人之例，则建文帝之宜称惠宗，景帝之宜称代宗，唐代讳世，故有代宗，明代已有世宗，又以代宗为号，有人讥其不学，然此非所论于题署。自有不待论者。成祖文皇帝崩后，本以太宗为庙号，所修实录，今犹以太宗名之，世宗嘉靖中始为改号，太祖之后，继以太宗，其尊无上，今乃易太宗而称祖，将置太祖于何地，此最不衷于理者也。仍称太宗，是为得之，崇祯帝殉国后，二阅月，南都上谥曰烈皇帝，庙号思宗，明年又改号毅宗，据朱彝尊《史馆上总裁等七书》，又称威宗烈皇帝，怀宗端皇帝。至《明史》所题之庄烈愍皇帝亦清廷所谥，是宜用思宗或毅宗之号，以符名从主人之例。至安宗、绍宗之号，则为永历帝所上谥，是犹宋人之谥卫王为端宗，一代之运未终，夫亦何可废也。是则查录之题署，胜于《明史》远甚，后来重修新史断宜从之。清人究心南明史事者，温徐诸氏外，前有全祖望、杨凤苞，后有戴望、傅以礼字节子、李慈铭、夏燮。全氏《鲒埼亭集》中，纪载南明遗事者，不可偻指；杨凤苞撰《南疆逸史》十二《跋》，谓温氏之书，简而有法，世称信史，惟惜失之太简，要必为之注，以补其阙，又附举明季野史数百种；[39]戴望亦自称《胜国南烬遗事》二十以前，最所留心，丧乱以后，辍而不为；《致傅节子书》以礼华延年宜题跋，慈铭《越缦堂日记》，以及当途夏燮所撰《明通鉴》，皆有校订旧籍、证别真伪之功，不可没也。元和钱绮字映江撰《南明书》三十六卷，[40]徐非云又撰《残明书》四十卷，皆为傅以礼所见，而世乃无传本。近人无锡孙静庵其名待考拟撰《续明书》一百二十五卷，惜未卒业。仪征刘师培、顺德邓实皆欲作《后明书》，亦皆未成，[41]师培且请章太炎先生预为之序矣。最近则有海盐朱先生希祖，搜获南明野史，多为珍本，实突过傅以礼所见，间有未著录于《晚明史籍考》者，先生尝言欲撰《南明史》，因循未果；又谓顾亭林《诗集自注》，有东武二年之语，有戴望所藏潘耒初刊本可证，东武即为隆武之伪，盖因有所避忌，以音近而改隆为东，而后来撰《五藩实录》者，以怀王常清尝为台湾郑氏所立，遂以东武年号属之，此想当然尔之词耳。吾近见罗振玉重订《纪元编》，亦仍其误以入录，得先生所考，可以正之矣。其他考订甚多，不暇悉举。前代之修史者，往往以续作补前史之未备，如《五代史》不为韩通立传，而《宋史》有《周三臣传》，此可师之善例也。晚近所撰《清史稿》，不为南明四王立传，[42]无以弥《明史》之缺，以言佳史，渺乎远矣，订补改作，正待后贤。以上所述，皆就《明史》之一部而分撰者也。[43]

清史之应分撰者有二部，一为清开国史，一为太平天国史。明人称清初之部族，曰建州，曰女直真，称清太祖曰努尔哈赤，其最著者，如茅瑞征之《东夷考略》，天都山臣阙名及叶向高之《女直考》，陈继儒之《建州考》，海滨野史阙名之《建州私志》，管葛山人彭孙贻之别号之《山中闻见录》，黄道周之《奴酋篇》《博物典汇》卷末。皆是。然悉得诸传闻，且纪载甚略，不足以餍阅者之望也。女真避辽讳，改称女直，为清祖之所出，建州为清祖始封之卫名，而奴酋者，又明人所以称太祖奴尔哈赤者也。纪载建州女直事，最详最确者，首推《明实录》，次则《朝鲜实录》。就此二书取材，参以诸家纪载，真相得以了然。第以《明史》修于清代，讳先代事而不言，《清史稿·太祖纪》，虽云其先盖金遗部，又天命元年国号曰金，亦病语焉不详，有待于专书纪载，又不俟论也。近人考清初事，多属日本学者，以乙国人谈甲国事，犹多皮相之论，影响之谈。章太炎先生始撰《清建国别记》，以明人之书为依据，其以猛奇帖木儿清译改为孟特穆为太祖奴尔哈赤之高祖，更沿《东华录》之误。余尝为文考论之，武进孟森撰《清朝前纪》，叙清入关以前事，多取材于日本稻叶岩吉之《清朝全史》，间亦多所发明，后得见明代、朝鲜两《实录》，钞其中所记清入关前之史实，为《明元清系通纪》一篇，惜未竣功而卒。近顷治清初史，颇亦有人，然无有出孟氏右者，甚望将来有人续成其志，而别成一善本，此分撰清开国史之大略也。

清道光三十年公元一八五三十一月三十日，洪秀全、杨秀清等发难于广西桂平县之金田村，称太平天国，至同治三年一八六四年六月十六日，清军攻下金陵，始覆其所谓天京。先后历十五年，不为不久。然其结局，既归覆灭，文献随以俱毁，即有纪其事者，如官修之《粤匪纪略》，出于战胜者之口，可信之程度至少。又如王闿运之《湘军志》，王定安之《湘军记》，皆记曾国藩、李鸿章用兵之始末，绝无一语道及洪、杨内部之事，自应别求可信之史，以餍读者之望，不待言矣。咸丰五年张德坚承曾国藩之命，撰《贼情汇纂》十二卷，颇能详其政治制度，而行世最晚。金陵破灭之日，忠王李秀成手录事状数万言，详叙天国之始末，特以语犯时忌，间为阅者所删改，[44]今所传本，不尽为其真面，是为可惜。其后顺德罗惇曧乃撰《太平天国战纪》，谓本于北王韦昌辉之子以成所撰《天国志》，细核其文，亦不尽与李供吻合，然亦比较可信之史实也。当洪、杨盛时，编刊书籍多种，又有诏谕历书之刊本，多为西方之传教士及使臣、商人携回本国，今英、法、荷、美、德、俄诸京图书馆多有之。近人程演生、萧一山、向达、王重民先后由法、英两京搜获太平天国史料甚夥，并就原本摄印之。自是以来，世人始得窥见洪、杨时代自制文书之面目。辛亥以来，研其国史乃大有人在。国内之天国史料，亦往往间出，如南京图书馆购藏之《英杰归真》，即其一种。近人撰太平天国史者，或名野史，或名战史俱见前表，或名杂记简又文辑，其间名贵可信之史料，虽非甚多，间有以荒诞不经之说入录者，然以吾所知，惟罗尔纲之《史纲》著墨不多，而语语扼要，颇能详其始末，后来者虽不可知，而旧有诸作，殆恐无以胜之。此又分撰太平天国史之大略也。

分撰诸史，大略如上，至何以如此之多，亦不可以无述，吾求其故，盖有二端：一由于避繁就简，一由于耽僻好奇。盖一代正史，卷逾数百，累世莫殚，令人望而生畏，遂惮而莫为，有若柯维骐、王惟俭、陈黄中之以一人之力改修《宋史》，求之前代，实无几人，惟就正史中之一部，广搜资材，加以改撰，事迹有限，卷帙非繁，积以岁年，杀青可期，避繁就简，亦为人之常情，一也。习见之书，人皆忽视，难得之简，众必争求，近代如徐松、张穆、何秋涛之徒，或考西域，或探北徼，写成数卷，即博重名，百年以来，研讨《元史》之风，日新月异，转而从事晚明，覃及天国，虽费搜寻之功，容省探讨之力，而又敝帚自享，以罕见珍，耽僻好奇，尤为学人通病，二也。总此二因，遂成风尚，一往难返，莫知所极，此为禹域学术升降所系，非一朝一夕之故矣。

其四则为总辑之史。其体始于梁武帝之《通史》，魏元晖之《科录》，一则合诸断代史而为一书，仍用纪传之体，一则总前代事分为若干科，略如后来之《通典》《通考》，亦纪事本末一体之所本也。唐姚康复又撰《统史》二百卷，其体近于宋高似孙之《史略》，章学诚所谓撙节繁文自就檃括者也。《通史》一书，与梁元帝同烬于江陵，据胡三省《通鉴注序》。《科录》亦早归散佚，无可考论，其可述者，惟有郑樵《通志》一书，此总辑之史之仅见者也。

《宋史·郑樵传》，称其好著书，自负不下刘向、扬雄，搜奇访古，遇藏书家必借留，读尽乃去，时当高宗南渡，尝得召对，因言班固以来历代为史之非，高宗曰，闻卿名久矣，敷陈古义，自成一家，何相见之晚耶。后著《通志》成，高宗命以其书进呈，会樵病卒，兹考其著书之旨趣，悉具于《通志·序》。序中极端推崇司马氏之《史记》，而盛讥班固以下断代为史之非。其略云：

自书契以来，立言者虽多，惟仲尼以天纵之圣，故总《诗》《书》《礼》《乐》而会于一手，然后能同天下之文，贯二帝三王而通为一家，然后能极古今之变。仲尼既殁，百家诸子兴焉，各效《论语》，以空言著书，至于历代实绩，无所纪系。迨司马氏父子出，世司典籍，工于制作，故能上稽仲尼之意，会《诗》《书》《左传》《国语》《世本》《战国策》《楚汉春秋》之言，通黄帝、尧、舜，至于秦汉之世，勒成一书，分为五体。本纪纪年，世家列传，表以正历，书以类事，传以著人。使百代而下，史官不能易其法，学者不能舍其书，《六经》之后，惟有此作。……自《春秋》之后，惟《史记》擅制作之规模，不幸班固非其人，遂失会通之旨，司马氏之门户，自此衰矣。班固者浮华之士也，全无学术，专事剽窃，由其断汉为书，是致周、秦不相因，古今成间隔，自高祖至武帝六世之前，尽窃迁书，不以为惭，自昭帝至平帝六世，资于贾逵、刘歆，复不以为耻，况又有曹大家终篇，则固之自为书也几希。后世众手修书，道傍筑室，掠人之文，窃钟掩耳，皆固之作俑也。且善学司马迁者，莫如班彪，彪续迁书，自孝武至于后汉，欲令后人之续己，如己之续迁，既无衍文，又无绝绪，世世相承，如出一手，善乎其继志也。……司马谈有书，而司马迁能成其父志，班彪有其业，而班固不能读父之书，固为彪之子，既不能保其身，又不能传其业，为人如此，安在乎言为天下法。范晔、陈寿之徒继踵，率皆轻薄无行，以速罪辜，安在乎笔削而为信史耶。孔子曰：殷因于夏礼，所损益可知也。周因于殷礼，所损益可知也，此言相因也。自班固以断代为史，无复相因之义，虽有仲尼之圣，亦莫知其损益，会通之道，自此失矣。语其同也，则纪而复纪，一帝而有数纪，传而复传，一人而有数传。语其异也，则前王不列于后王，后事不接于前事。如此之类，岂胜断梗。……迁法既失，固弊日深，自东都至江左，无一人能觉其非。惟梁武帝为此慨然，乃命吴均作《通史》，上自太初[45]下终齐室，书未成而均卒，隋杨素又奏令陆从典续《史记》，讫于《隋书》，未成而免官。岂天之厄斯文而不传与，抑非其人而不祐之与。

寻樵所论，未必尽衷于理，特其主作史以通为贵，故不能不扬马而抑班。后来史家能与之同调者，则有章学诚，常于《文史通义》中撰《释通》《申郑》二篇，以明祈向所在。其论通史一体之源流，则云：

梁武帝以迁固而下，断代为书，于是上起三皇，下讫梁代，撰为《通史》一篇，欲以包罗众史，史籍标通，此滥觞也。嗣是而后，源流渐别；总古今之学术，而纪传一规乎史迁，郑樵《通志》作焉；统前史之书志，而撰述取法乎官礼，杜佑《通典》作焉；合纪、传之互文，而编次总括乎荀勖、袁宏，司马光《资治通鉴》作焉；汇公私之述作，而铨录略仿乎孔萧，裴璘《太和通选》作焉。此四子者，或存正史之规，或正编年之的，或以典故为纪纲，或以词章存文献，史部之通，于斯为极盛也。至于高氏唐高竣及子回《小史》、姚氏《统史》之属，则撙节繁文，自就檃括者也；罗氏泌《路史》邓氏元锡《函史》之属，则自具别裁成其家言者也；范氏质《五代通录》、熊氏克《九朝通略》，标通而限以朝代者也；李氏延寿《南北史》、薛居正、欧阳修《五代史》，断而仍行通法者也。其余纪传故事之流，补辑纂录之策，纷然杂起，虽不能一律以绳，要皆仿萧梁《通史》之义，而取便耳目，史部流别，不可不知也。《释通》

又论通史之利病甚详，略云：

通史之修，其便有六：一曰免重复，二曰均类例，三曰便铨配，四曰平是非，五曰去牴牾，六曰详邻事。其长有二：一曰具翦裁，二曰立家法。其弊有三：一曰无短长，二曰仍原题，三曰忘标目。何谓免重复？夫鼎革之际，人物事实，同出并见，胜国无征，新王兴瑞，即一事也；前朝草窃，新王前驱，即一人也；董卓、吕布，范晔、陈寿各为立传，禅位册诏，梁、陈并载全文，所谓复也。《通志》总合为书，事可互见，文无重出，不亦善乎。何谓均类例？夫马立天官，班创地理，齐志天文，不载推步，《唐书·艺文》，不叙渊源，依古以来，参差如是。郑樵著《略》，虽变史志章程，自成家法，但六书、七音，原非沿革，昆虫、草木，何尝必欲易代相仍乎。惟通前后而勒成一家，则例由义起，自就檃括，《隋书·五代史志》，终胜于沈约、萧常、魏收氏之书矣。何谓便铨配？包罗诸史，制度相仍，惟人物挺生，各随时世，自后妃宗室标题，著其朝代，至于臣下，则约略先后，以次相比，然子孙附于祖父，世家会聚宗支，一门血脉相承，时世盛衰，亦可因而见矣。即楚之屈原，将汉之贾生谊同传，周之太史，偕韩之公子同科，古人正有深意，相附而彰，义有独断，末学肤受，岂得从而妄议耶。何谓平是非？夫曲直之中，定于易代，然晋史终须帝魏，而周臣不立韩通，虽作者挺生，而国嫌宜慎，则亦无可如何者也。惟事隔数代，而衡鉴至公，庶几笔削平允，而折衷定矣。何谓去牴牾？断代为书，各有裁制，详略去取，亦不相妨，惟首尾交错，互有出入，则牴牾之端，从此见矣。居摄之事，班殊于范，二刘始末，范异于陈，统合为编，庶几免此。何谓详邻事？僭国载纪，四裔外国，势不能与一代同其终始，而正朔纪、传断代为编，则是中朝典故居全，而蕃国载纪乃参半也。惟南北统史，则后梁、北魏悉其端，而五代汇编，斯吴越荆潭终其纪也。凡此六者，所谓便也。何谓其翦裁？通合诸史，岂第括其凡例，亦当补其阙略，截其浮辞，平突填砌，乃就一家绳尺，若李氏延寿《南》《北》二史，文省前人，事详往牒，故称良史，盖生乎后代，耳目闻见，自当有补前人，所谓凭藉之资易为力也。何谓立家法？陈编具在，何贵重事编摩，专门之业，自具体要，若郑樵《通志》，卓识名理，独见别裁，古人不能任其先声，后代不能出其规范，虽事实无殊旧录，而辨名正物，诸子之意寓于史裁，终为不朽之业矣。凡此二者，所谓长也。何诸无短长？纂辑之书，略以次比，本无增损，但易标题，则刘知幾所谓学者宁习本书怠窥新录者矣。何谓仍原题？诸史异同，各为品目，作者不自更定，自就新裁，《南史》有孝义而无列女，《通史》称《史记》以作时代，[46]一偶三反，则去取失当者多矣。何谓忘标目？帝王后妃，宗室世家，标题朝代，其别易见，臣下列传，自有与时事相值者，见于文辞虽无标别，但玩叙次自见朝代。至于独行、方技、文苑、列女诸篇，其人不尽涉于世事，一例编次，若《南史》吴逵、韩灵敏诸人，几何不至于读其书不知其世耶。凡此三者，所谓弊也。同上。

章氏所论六便、二长、三弊，虽云泛论通史，且多以《南北史》为依据，而所谓利病，即为《通志》利病之所在，即谓此论为批评《通志》，无不可也。至其著论为郑氏张目者，则曰："郑樵生千载而后，慨然有见于古人著述之源，而知作者之旨，不徒以词采为文，考据为学也。于是遂欲匡正史迁，益以博雅，贬损班固，讥其因袭，而独取三千年来遗文故册，运以别识心裁，盖承《通史》家风，而自为经纬一家言者也。学者少见多怪，不究其发凡起例，绝识旷论，所以斟酌群言为史学要删，而徒摘其援据之疏略，裁翦之未定者，纷纷攻击，势若不共戴天，古人复起，奚足当吹剑之一决乎。"又曰："郑氏所振在宏纲，而末学吹求则在小节，是何异讥韩信彭越名将，不能作邹鲁趋跄，伏孔巨儒，不善作雕虫篆刻耶。”又曰：“孔子作《春秋》，盖曰其事则齐桓晋文，其文则史，其义则孔子自谓有取乎尔。夫事即后世考据家之所尚也。文即后世词章家之所重也，然夫子所取，不在彼而在此，则史家著述之道，岂可不求义意所归乎。自迁、固而后，史家既无别识心裁，所求者徒在其事其文，惟郑樵稍有志乎求义，而缀学之徒，嚣然起而争之。然充其所论，即一切科举之文辞，胥吏之簿籍，其明白无疵，确实有据，转觉贤于迁、固远矣。”《申郑》凡此皆章氏之创论，为前人之所不敢言、不能言者。盖当章氏之世，戴震则斥郑樵为陋儒，王鸣盛则指渔仲郑樵为妄人，语有过当，心不能平，此又《释通》《申郑》二篇之所由作也。

《通志》之作，仿自梁代之《通史》，樵已自言之矣。梁武帝命吴均等会通《史记》以下诸史，而为一书，去牴牾，免重复，均类例，便铨配，章氏之所谓便者，已略具之。其书凡六百卷，[47]自秦以上，皆以《史记》为本，而别采他说以广异闻，至两汉以远，则全录纪传，而上下通达，臭味相依，又吴、蜀二主，皆入世家，五胡及拓拔氏，列于《夷狄传》，大抵其体皆如《史记》，惟无表而已。本《史通·六家》。所谓上下通达，臭味相依，即为楚之屈原将汉之贾生同传，周之太史儋韩之公子同科，而为铨配之得当者。至于两汉以还，全录纪、传，是又有无短长、仍原题、忘标目之三弊，而无可讳言者也。《通史》之名，起于会通诸史，亦总辑而为一书之义，与今世之所谓通史，其名虽同，其实异矣。郑樵以梁代《通史》久佚，发愤重有所作，署曰《通志》。释名见于自序，其言曰："古者记事之史谓之志，书大传，天子有问无以对，责之疑，有志而不志，责之丞，是以宋郑之史，皆谓之志，太史更志为记，今谓之志，本其旧也。"是则其命名之义，正同《通史》。惟樵《寄方礼部书》云："樵欲自今天子中兴，上达秦汉之前著为一书，曰通史。"《夹漈遗稿》是樵初欲名其书为《通史》，后乃定名《通志》，亦犹司马光初撰《通鉴》，欲名《通志》，为一例耳详见下节。考《通志》为书凡二百卷，帝纪起三皇，讫隋恭帝，凡十八卷，附《后妃传》二卷，易表为谱，效《周谱》也，凡四卷，易志为略，避大名也，凡五十二卷，《周同姓世家》一卷，附《宗室传》八卷，《周异姓世家》二卷，列传九十八卷，载记八卷，《四夷传》七卷，是其书有纪传、世家、载记、谱、略六体。如周之诸侯称世家，本《史记》，晋之十六国称载记，本《晋书》，盖会通诸史而为一书，而未及画一其体例者。抑樵之所自负者，惟在二十略。其自序云：

> 江淹有言，修史之难，无出于志，诚以志者宪章之所系，非老于典故不能为也。不比纪、传，纪则以年包事，传则以事系人，儒学之士，皆能为之。惟有志难，其次莫如表，所以范晔、陈寿之徒，能为纪、传，而不敢作表、志。志之大原，起于《尔雅》，司马迁曰书，班固曰志，蔡邕曰意，华峤曰典，张勃曰录，何法盛曰说，余史并承班固谓之志，皆详于浮言，略于事实，不足以尽《尔雅》

之义。臣今总天下之大学术而条其纲目，名之曰略，凡二十略，百代之宪章，学者之能事，尽于此矣。其五略，汉唐诸儒所得而闻，其十五略，汉唐诸儒所不得而闻也。

所谓五略：曰《礼》，曰《职官》，曰《选举》，曰《刑法》，曰《食货》。樵则谓虽本前人之典，亦非诸史之文也。其十五略：曰《氏族》，曰《六书》，曰《七音》，曰《天文》，曰《地理》，曰《都邑》，曰《谥》，曰《器服》，曰《乐》，曰《艺文》，曰《校雠》，曰《图谱》，曰《金石》，曰《灾祥》，曰《昆虫草木》，大半为诸史、志之所不具，故又曰凡十五略，出臣胸臆，不涉汉唐议论也，樵以纪、传者，编年纪事之实迹，自有成规，不为智而增，不为愚而减，故即其旧文，从而损益之。至于二十略，则谓皆由自得，不用旧史之文；依此求之，似无所因袭矣。第细检其中之《地理略》，则全袭《通典》之《州郡典》，总序之前，虽叙水道，亦杂采《汉书·地理志》及《水经注》而成，岂以生值南宋，两河沦陷，无从考征，不得不钞录成书耶？器服一略，多与金石复出，而所谓服，则全袭《通典》之《嘉礼》；其《礼乐》《职官》《食货》《选举》《刑法》六略，亦但删录《通典》，无所辨正；《职官略》中，以《通典》所引之典故，悉改案语为大书，俨同自撰；《艺文略》分门太繁，舛误尤多；《灾祥略》则悉抄诸史《五行志》。[48]是则袭用旧文，不止纪、传为然，则所谓自得者，果何说耶？其所谓自得者，当指《六书》《七音》诸略而言。然《六书略》则与《说文》

全不相涉，《七音略》则谓三十六字母可贯一切之音，且矜贵其说云得之梵书；又谓江左之儒知有四声而不知七音，不悟反切之学，为中土所固有，且在创制字母之前，唐以后人归纳反切，而制字母，本末之序，不可诬也。岂所谓汉唐诸儒所不得而闻者，即指此类而言耶？[49]又考之诸史，惟《魏书》有《官氏志》，专详北族，而语焉不详，《唐书·宰相世系表》，限于华宗，而不下于庶民，撰通史者，宜有氏族一志，而郑氏乃为创作之，是可尚也。若乃《校雠》一略，申明刘向、歆父子以来整齐百家辨章学术之法，《图谱》一略合古人左图右史之义，即郑氏自谓学术超诣本乎心识，如人入海一入一深者，亦章氏所谓别识心裁、绝识旷论、斟酌群言为史学要删者。揆郑氏之初意，本欲熔铸群言，自成一家，而载笔之时，力不副心，不仅纪、传、世家、载记，全抄诸史，无所剪裁，即其所极意经营之二十略，亦不免直录旧典，而惮于改作。今读其序文所云，徒见其好为大言，而有名不副实之疑。或谓章学诚因戴震辈痛诋《通志》，故作《释通》《申郑》之论，谓《通志》示人以体例，本非以考证见长，不知郑氏果在标准纲领，则作论明之可矣，何必抄袭史传，曾不惮烦如此，[50]洵笃论也。章氏创通义例，以论文史，又以《通史》为乙部之圭臬，喜郑氏议论之隽快，足以助其张目也，故盛为称道之，而以援据之疏，为不足病，至其立论高远，实不副名，所犯之病，正同郑氏，千载之下，引为知己，有以也夫。

樵谓《唐书》《五代史》，皆本朝大臣所修，微臣所不敢议，故纪、传讫隋，若礼、乐、行政，务存因革，故引而至唐云，此所以明其书之断限也。清乾隆三十二年敕修《续通志》五百二十七卷，体例一仍郑氏，纪、传起唐，诸略起五代、宋，而皆讫于明末。其于纪、传，定为二例：一曰异名者归一，如《五代史·家人传》并入后妃、宗室，《一行传》并入《隐逸孝友》，《宋史·道学传》并入《儒林》，《元史·儒学传》并入《儒林文苑》。一曰未备者增修，如《唐书》之奸臣、叛臣、逆臣传，《明史》之阉党、流贼、土司传，皆诸史所无，而为考核事实，分立此门，是也。其于诸略，不惟续之而已，于郑略之未载者，则补其阙遗，已载者则正其伪误，如郑氏《艺文略》，有但列书名卷数者，兹则各补撰人爵里是也。《续志》之作，虽出官修，而大体精善，至继《续通志》而作之《清通志》，原名《皇朝通志》。则仅有二十略，而无纪、传及谱，是为政典之一，不得与正、续《通志》比数，又可知矣。

刘知幾以《史记》为六家之一，《史记》通上古讫汉武而为一书，不以某一朝代为限，实梁武《通史》之所自昉也。然《史记》具有剪裁，不似《通史》之抄最前史以为一书，《通志》之病，正同《通史》，此非《通史》之极则也。刘氏于《史通》中罕论及《通史》一体，仅谓《通史》指梁武《通史》以降，芜累尤深，遂使学者宁习本书而怠窥《新录》六家。而《四库提要》于《通志》下亦云，其例综括千古，归一家言，非学问不足以赅通，文章不足以熔铸，则难以成书。此又撰总辑之史之难于断代者矣。然刘氏又谓书事之法，其理宜明，使读者求一家之废兴，则前后相会，讨一人之出入，则始末可寻。《惑经》此又论及《通史》之长，为不可废，不惟《通志》一书若是，凡《通鉴》《通典》诸书以贯通各代为职志者，亦无不如是也。

其五则为补阙之史。范晔《后汉书》未及作志而殁，梁人刘昭取司马彪《续汉书》之八志以补之，并为作注，此补阙之史所自始也。然范书不特阙志，抑亦无表，宋人熊方始为《后汉书》补作年表十卷，清人钱大昭更作《后汉书·补表》八卷，合补志、补表为一编，则范与班侪可以无憾，此后贤拾补之效也。沈约撰《宋书》，以范、陈二史俱无志，所撰诸志，悉上接《史》《汉》，不以宋为断限，唐人撰《五代史志》，附于《隋书》，而《经籍》一志，上接《汉书》之《艺文》，亦不以五代为限，此亦后来补志之滥觞也。补阙之史，以补表、补志为最夥，清代以前，有宋钱文子之《补汉兵志》，金蔡珪之《补南北史志》，与熊方表鼎足而三，惜蔡志久佚，仅存一志一表而已。清代学者，以辑佚补阙为能事，研经之外兼治乙部，补志补表之作，蔚为大观。讫于民国，此风未杀，爰就所知，汇而为表：

书　名	卷数	撰　者	附　　考
《补汉兵志》	一卷	宋　钱文子	《知不足斋丛书》本，亦入《二十五史补编》，下俱同。
《补后汉书年表》	十卷	宋　熊方	通行本，清诸以敦有校补五卷，补遗一卷。
《后汉书补表》	八卷	清　钱大昭	通行本。
《补续汉书艺文志》	一卷	清　钱大昭	《广雅丛书》本。

（续表）

书　名	卷数	撰　者	附　　考
《补后汉书艺文志》	四卷	清　侯康	《岭南遗书》本。
《补后汉书艺文志》	十卷	清　顾槐三	《金陵丛书》本。
《后汉书艺文志》	四卷	清　姚振宗	《快阁师石山房丛书》本。
《补后汉书艺文志》	一卷	曾朴	光绪乙未刊本。又附《艺文志考》十卷。
《三国志、三公宰辅年表》	三卷	清　黄大华	《二十五史补编》。
《三国志世系表》	一卷	周明泰	排印本。又陶元珍有《补遗》一卷。
《三国志职官表》	三卷	清　洪饴孙	《广雅》本。
《补三国志疆域志》	二卷	清　洪亮吉	广雅本。谢宗英《三国疆域志补注》十五卷，又《三国疆域表》二卷，金兆丰有《校补三国疆域志》不分卷。
《补三国志艺文志》	四卷	清　侯康	岭南本。
《三国志艺文志》	四卷	清　姚振宗	《快阁师石山房》本。
《新校晋书地理志》	一卷	清　方恺	广雅本。毕沅有《晋地理志补正》五卷，方恺有《晋地理志校补》一卷。
《东晋疆域志》	四卷	清　洪亮吉	广雅本。
《补晋兵志》	一卷	清　钱仪吉	家刊本。
《补晋书艺文志》	四卷附录一卷	清　丁国钧撰　子辰注	《丁氏丛书》本。
《补晋书艺文志》	六卷	清　文廷式	排印本。
《补晋书艺文志》	四卷	清　秦荣光	排印本。

（续表）

书　名	卷数	撰　者	附　　考
《补晋书艺文志》	四卷	吴士鉴	刊本。
《补晋书艺文志》	四卷	黄逢元	排印本。
《十六国疆域志》	十六卷	清　洪亮吉	广雅本。
《十六国年表》	一卷	清　张愉曾	《昭代丛书》本。
《补宋书宗室世系表》	一卷	罗振玉	自刊本。
《补宋书刑法志》	一卷	清　郝懿行	《郝氏遗书》本。
《补宋书食货志》	一卷	同上	同上。
《补宋书艺文志》	一卷	聂崇岐	《二十五史补编》本。
《补南齐书艺文志》	四卷	陈述	同上。
《补梁书疆域志》	四卷	清　洪齮孙	广雅本。
《补陈疆域志》	四卷	臧励和	《二十五史补编》本。
《补魏书兵志》	一卷	谷霁光	同上。张穆《延昌地形志》，以延昌时为准，为补正《魏书·地形志》而作。
《隋唐之际月表》	一卷	清　黄大华	同上。
《隋书经籍志补》	二卷	张鹏一	同上。侯康补宋、齐、梁、陈、魏、北齐、周各书《艺文志》各一卷，汤洽补《梁书》《陈书·艺文志》各一卷，未见传本。
《补南北史志》	六十卷	金蔡珪	见《金史》本传，原书佚。
《补南北史年表》	一卷	清　周嘉猷	广雅本。
《补南北史帝王世系表》	一卷	同上	同上。

（续表）

书　名	卷数	撰　者	附　　考
《补南北史世系表》	五卷	同上	同上。
《南北史补志》	十四卷	清　汪士铎	淮南书局本，补天文、地理、五行、礼仪四志。
《南北史补志未刊稿》	十三卷	同上	《二十五史补编》本，补舆服、乐律、刑法、职官、食货、氏族、释老七志，惟艺文志三表未见。
《补南北史艺文志》	三卷	徐崇	同上。此即补汪稿之阙。
《补五代史艺文志》	一卷	清　顾槐三	金陵本。
《宋史艺文志补》	一卷	清　倪灿撰 卢文弨校正	《八史经籍志》本。亦见《群书拾补》。
《西夏艺文志》	一卷	清　王仁俊	《西夏文缀》附刻本。
《辽艺文志》	一卷	缪荃荪	《辽文存》附刻本。
《辽史艺文志补证》		清　王仁俊	《辽文萃》附刻本。
《补辽史经籍志》	一卷	黄任恒	排印本。
《金史氏族志》	二卷	陈述	仅见《中央研究院历史语言研究所集刊》。
《补元史氏族志》	三卷	清钱大昕	《潜研堂集》本。
《补元史艺文志》	四卷	同上	同上。
《补辽、金、元艺文志》	一卷	清　倪灿撰 卢文弨校正	《八史经籍志》本。亦见《群书拾补》。
《补三史艺文志》	一卷	清　金门诏	同上。
《建文逊国之际月表》	二卷	清　刘廷銮	《贵池先哲遗书》本。

（续表）

书　名	卷数	撰　者	附　　考
附注：外如万斯同《历代史表》五十九卷，吴廷燮《历代方镇年表》若干卷，皆非专补一史，故未一一列入，沈炳震《二十一史四谱》五十四卷，陈芳绩《历代地理沿革表》四十七卷，杨丕复《舆地沿革表》四十卷，清官修《历代职官表》六十三卷，皆非补史之作，更不阑入。			

上表所列，以补志为多，若补表则仅当补志四之一耳。志有全补者二，若蔡珪、汪士铎之《南北史补志》是也。表有全补者三，若熊方钱文子二氏之《补汉书年表》，张愉曾之《补十六国年表》，是也。补志以经籍、艺文为多，凡得二十五种。《汉》《隋》二志，本属相接，纷纷补作，诚为多事。综观诸家所补，后汉、三国、晋、南北朝诸志，多属千篇一律，陈陈相因，《隋志》而外，或就本传所举，他书所引，此等著述，以为部目，尽属佚篇，无由考见，如《后汉·艺文志》《晋书·艺文志》，补者各有五，何不惮烦乃尔，学人好事，本为一病，避难就易，藉以得名，亦其蔽也。然以《隋志》衡之，著录之书增至数倍，又或明其来历，附以考证，亦极便学者之检考焉。《辽》《金》《元》三史皆无艺文志，而清撰《明史》，只限本代，旧著存佚，无可考见，于是钱大昕发愤而《补元史艺文志》，而辽、金二朝人之著作，并以附焉，衡其重要，堪与《汉》《隋》二志比。盖史籍中之必不可无者，不得取与诸家之作，同类而并讥也。次于此者，厥为地理，综其补作，凡得六种，若洪亮吉之《十六国疆域志》，非为《晋书》所不能详，抑亦研十六国史者之要籍也。兵刑、食货，以

多具于本书，故补者甚少，而氏族一志，端倪具于《魏书》，而钱大昕乃为《元史》补《氏族志》，以为魏氏《新编》、柯氏《新史》之先声，近人陈述又为《金史》补《氏族志》，条贯粗明，盖戛戛乎其难矣。清儒治学，长于辑佚，如邵晋涵自《大典》中辑得《旧五代史》一种，即出斯学之赐，而诸氏之撰补志，亦由辑佚蜕变而出，其为有功后学，又不待言。

抑考补志之作，有不限于表列各种者，如郝经《续后汉书》所撰八录：曰道术，曰历象，曰疆理，曰职官，曰礼乐，曰刑法，曰食货，曰兵。是就《三国志》所原无者，而悉为补撰，亦汪氏士铎《南北史补志》之类也。陈鳣改撰《五代史》，而为《续唐书》，于旧史诸志之外，别增艺文一志，厉鹗撰《辽史拾遗》，亦补《选举》《艺文》二志，是亦顾槐三《补五代史·艺文志》之伦类也。近顷所刊之《二十五史补编》，汇诸《补志》，而为一书，诚使学者之寻检，然于郝、陈二氏之书，未知掇取，犹不得谓备，此则修书亦难矣哉。

病《宋史》之缺略，而为之作补传者，陆心源之《宋史翼》是也；病《元史》之缺略，而为之作补纪、补传、补表者，洪钧之《元史译文证补》是也。厉鹗撰《辽史拾遗》二十四卷，杂采诸书以补《辽史》之阙略，虽不加别择，近于史料，而网罗之富，殊为罕见。杨复吉撰《辽史拾遗补》五卷。杭大宗更仿厉氏之例，以撰《金史补》，拟全书为百卷，而实未成，仅有传钞本五卷可考，此又病《辽》《金》二史之阙略而从事者也。至近人罗振玉所作《补唐书·张义潮传》，王国维所作《宋史·忠义传》《王禀补传》，皆于二史外，广征史实据而补之，[51]此虽属一鳞一爪，亦不可无述者。

其六则为注释之史。释史之作，始于公、谷，《春秋》之有《公羊》《谷梁》二传，皆重义例，而不甚详事实，然其所发明者，乃褒贬予夺之书法，为近代之史家所不取，故后人乃为别之曰，此经学非史学也。今本《史记》，以三家注为主，一为宋裴骃之《集解》，一为唐司马贞之《索隐》，一为唐张守节之《正义》。后来者莫能尚矣。按之《隋志》于裴注外，仅有徐野民《史记音义》十二卷，梁邹诞生《史记音》三卷，其他则未之有闻。而《汉书》注本，有应劭、服虔、韦昭、刘显、夏侯咏、萧该、晋灼、陆澄、姚察、刘孝标、梁元帝等二十余家之多，何其盛也。盖《汉书》中多存古义，非训释不能通，故马融受《汉书》于班昭，至伏阁下读之，且《汉书》多本之《史记》，通《汉书》之义训，即已通《史记》之半。魏晋六朝人重《汉书》而薄《史记》，故习《汉书》者亦多于《史记》，注释之多，殆由此矣。至唐颜师古乃集众家之训释而为一编，是为今本之《汉书注》。师古于太宗贞观十一年为秘书少监，太子承乾命师古注《汉书》，解释详明，承乾表上之，太宗命编之秘阁。颜氏叙例所谓，储君体上哲之姿，膺守器之重，懿孟坚之述作，嘉其弘赡，以为服膺曩说，疏紊尚多，苏林晋灼众家，剖断盖鲜，蔡氏纂集，尤为牴牾，自兹以降，蔑足有云，顾召幽仄，俾竭刍荛，岁在重光，律中大吕，是谓涂月，其书始就，是也。重光为辛，即贞观十五年辛丑，承乾以十七年被废，十九年师古卒，年六十五，则书成时，年六十一，即承乾被废前二年也。据叙例，师古以前注《汉书》

者凡五种，服虔、应劭、晋灼、臣瓒、蔡谟也。大约晋灼于服、应外，增伏俨、刘德、郑氏、李斐、李奇、邓展、文颖、张揖、苏林、张晏、如淳、孟康、项昭、韦昭十四家，臣瓒于晋灼所采外，增刘宝一家，颜注于五种注本外，又增荀悦、崔浩、郭璞三家，其注以解释详明，称为班书功臣，由于能集众家之长也。《旧唐书·师古传》，叔父游秦撰《汉书决疑》十二卷，为学者所称，师古注《汉书》，多取其义，今注中不载游秦，叙例亦不举其名，或以盗窃为疑，[52]不悟古人为学，或父子世业，或叔侄相续，尝自称曰某氏学，人称之为一家之言，鲜有以一人一世而独成其学者。班固踵其父彪之业而撰《汉书》，而《叙传》中不称其父曾撰《史记·后传》，微范晔书为之作传，何由征之。然古人不以为病者，正由父子世业学成家言故也。以此为解，庶有当乎。据《隋志》著录范晔本《后汉书》一百二十五卷，梁剡令刘昭注，《梁书》本传作《集注》。是昭已取范书而全注之矣。昭以范书无志，乃取司马彪《续汉书》之八志以补之，并为之注。于是范书中又含有彪书之一部，今则志、注存，而纪、传之注亡，唐章怀太子李贤取范书纪传注之。据《新唐书·章怀本传》及张公谨《岑长倩传》，与章怀共任注释者，有张大安、刘讷言、格希玄、许叔牙、成玄一、史藏诸、周宝宁等，既非一手所成，不免有斑驳漏略之处。论者谓章怀之注范，不减颜监之注班，诚为过誉，然后来者亦莫之能先也。或又谓章怀注范，悉本刘昭，又谓于纪、传则改昭注，于《八志注》则仍昭旧，昭注久亡，无由质证，语出逆亿，未敢谓然。[53]宋人刘攽与兄敞及敞子章世，撰

《两汉书刊误》，谓之三刘刊误，而吴仁杰又有《两汉刊误补遗》十卷，此亦两汉注本之附庸也。《三国志》有裴松之注，专务补阙，不以注释为事，前已论之。《晋书》有何超唐人《音义》三卷，杨齐宣字正衡为之序，或谓齐宣撰者胡三省《通鉴注序》误也。《新唐书》有李绘《补注》二百二十五卷，见《宋·艺文志》。董冲宋人《释音》二十五卷，《新五代史》有徐无党注，而他史之有注释者，则甚罕见，以上所述，乃考论诸史旧注之大略也。

清代儒者得汉学昌明之赐，取群经一一为之改撰新疏，近代说经之语，萃以入录，蔚为巨观。更有余力覃及子史，疏证、补注、集解之书连狝而出，读其一书可备多书之用，此又注释家进步之一征也。注释史部之书，约举为下列数种：

书名	卷数	撰者	附考
《汉书补注》	一百二十卷	王先谦	用颜注本。
《后汉书集解》	一百二十卷	王先谦	用章怀太子注本。
《晋书斠注》	一百三十卷	吴士鉴	
《新唐书注》		唐景崇	全书未成，仅本纪十卷先成付刊。

盖清代学者，研习《汉书》至勤，其总两汉者，如钱大昭《汉书辨疑》二十二卷、《后汉书辨疑》十一卷、《续汉书辨疑》九卷、沈钦韩《汉书疏证》三十六卷、《后汉书疏证》二十卷、周寿昌《汉书注校补》五十六卷、《后汉书注补正》八卷；其专释后汉者，如惠栋之《后汉书补注》二十四卷。其分释一篇或数篇者，尤不胜枚举。若汪迈孙、全祖望、钱坫、

吴卓信、陈澧之于地理，钱大昕、李锐之于律历，《三统术》徐松之于西域传，皆属专门绝学。至于顾炎武、阎若璩、王念孙、俞樾诸家集中，释两汉者，随处可见。王先谦撷其精英，以为一编，先于光绪二十六年成《汉书补注》，次于1915年成《后汉书集解》，近人论其书者，以先谦受业周寿昌门下，得其指授，究心班书，用力三十余年，钞集百余万言，取精用宏，致思最勤，[54]而《地理志》尤为卓绝。[55]窃尝衡论一书，实以《补注》为善。王氏自谓近儒致后汉者，莫勤于惠栋，其于惠氏后《补注》，服膺有年，而憾与章怀注别行，无人为之合并，爰推阐其遗文奥义，取而备载之；又外征古说，请益同人，而成《集解》一篇自序，是则以惠书为主，而复少有增益焉。兹考其书，于惠注外，殊鲜精言眇义，且多所漏略，不如《补注》远甚。盖书成之日，王氏已届耄年，精力不继，间或假手他人，书已付刊，又由门人黄山为作《校补》，附于每卷之后。然考览诸家之说，究以此书为备，是亦《补注》之亚，不可废也。补注《三国志》者，有杭世骏、侯康、赵一清、梁章巨、《旁证》三十卷。周寿昌诸家，而赵一清《三国志注补》六十五卷，最为精审，近则卢弼著《三国志集解》，萃诸家之补注，附于裴注之后，亦陈志之一善本矣。近人吴士鉴撰《晋书斠注》一百三十卷，亦用裴注之法，取诸杂记类书，以详诸家之异同，采撷略备，颇便省览。吴兴刘翰干见之愿任剡赀，遂署刘名，以为同撰，虽云多财好事，嘉惠学子非浅矣。清季学部尚书唐景崇发愿为《新唐书》作注，其与《旧唐书》有异同者，则取而考辨之，又杂取唐人记载入注，其体亦如《集解》。迨成稿过半，唐氏曾命象山、陈汉章为注《地理》《艺文》二志，及列传数篇，见陈著《史学通论》，是其书亦不尽出己手。而唐氏旋殁，近有人取其《本纪注》十卷付刊，而列传、志、表阙焉，如有人焉，能因其业而卒成之，亦乙部之巨制也。清人之究心《史记》者，以梁玉绳之《史记志疑》为最著。近则有瞿方梅之《史记三家注补正》，李笠之《史记订补》，仅能就其片辞只义，为之笺证订补，无有能如王吴二氏之例。就全书而为之统释者，有之其唯日本泷川资言之《史记会注考证》乎。泷川氏之书，以三家注为主，署曰会注，合三家注而名之也。其在三家注以后之注释，汇而载之，时下己意，谓之考证，其体一依王氏《补注集解》已于序例言之矣。《考证》中之所采者，以清人之说为夥，如钱大昕、王念孙、梁玉绳、张文虎、孙贻让，下至近人崔适、李笠诸家，靡不毕载。又以《群书治要》《太平御览》，校其文字之异同。而日本学者之治《史记》者，自中井积德以下尤备举之。摭拾至勤，为他家所未有，惟考其所下己意，颇涉粗略，应释要义，亦不免肤浅。又于明人凌稚隆《史记评林》所录诸家近于评点文义者亦时时引之，别择未精，亦是一病。盖是书以比辑为事，而不以综核见长也。语曰，礼失而求诸野，中土之彦既不能早就此业，而让异国人为之，迨其书行，为治《史记》者所不能废，则亦不能置而不数，学术如此，其他可知，国力不竞，有以也夫。

以上所述，悉为统释一史之作，尚有取某史之一篇而为之注释考证者，亦不可无述焉。以其繁也，列表明之：

书　名	卷数	撰　者	附　　考
《史记天官书考证》	十卷	清　孙星衍	又有《天官书补目》一卷。
《史记三书正伪》	三卷	清　王元启	三书者，律书、历书、天官书也。
《史记三书释疑》	三卷	清　钱塘	
《史记天官书恒星图考》	一卷	朱文鑫	
《汉书艺文志考证》	十卷	宋　王应麟	
《汉书人表考》	九卷	清　梁玉绳	未刊。
《汉书地理志稽疑》	六卷	清　全祖望	又蔡云《人表考补》一卷，《续考补》一卷。
《汉书律历志正伪》	二卷	清　王元启	
《新斠注汉书地理志》	十六卷	清　钱坫	附徐松集释。
《汉书地理志补注》	一百三卷	清　吴卓信	
《汉书地理志水道图说》	七卷	清　陈澧	吴承志《汉志水道图说补正》二卷。
《汉书地理志补校》	二卷	清　杨守敬	又洪颐轩有《汉志水道疏证》五卷。
《汉书地理志校注》	二卷	清　王绍兰	
《汉书地理志详释》	四卷	清　吕吴调阳	
《汉书艺文志条理拾补》	八卷六卷	清　姚振宗	
《前汉书艺文志注》	一卷	刘光蕡	
《前汉书食货志注》	一卷	同上	

（续表）

书　名	卷数	撰　者	附　　考
《汉书西域传补注》	二卷	清　徐松	
《后汉书郡国志校补》	口卷	清　朱右曾	未见。
《续汉书律历志补注》	二卷	清　钱塘	未刊。
《魏书地形志校录》	三卷	清　温曰鉴	
《魏书宗室传注》	六卷	罗振玉	附表一卷。
《魏书官氏志疏证》	一卷	清　陈毅	
《隋书地理志考证附补遗》	九卷	清　杨守敬	
《隋书经籍志考证》	十三卷	清　章宗源	仅有史部，余未见。
《隋书经籍志考证》	五十二卷	清　姚振宗	
《新唐书天文志疏证》	百卷	清　张宗泰	
《新唐书艺文志注》	八卷	清　缪荃荪	传钞本。
《唐书方镇表考证》	百卷	清　董沛	未见，沈炳震《校正唐书方镇表》及《宰相世系表订讹》附《唐书合抄》后。
《宋史西夏传疏证》	一卷	近人　罗福苌	未竟而卒。
《辽史地理志考》	五卷	清　李慎儒	

大抵往代史家，所撰诸史，限于时日见闻，不能无所疏略，后人为弥补其阙，有所撰述，可约为三类：一为补阙之作，前已述之；一为考证之作；一为校订之作，即本节著录诸书是也。惟校订之作，尚不止此，如卢文弨《群书校补》一书，含已校正诸史多种，不暇一一备举，触类引申，思过

半矣。

其七为合抄之史。所谓合抄者，即取两种以上之史，综为一编，明其异同，以省阅者翻检之劳者也。往者班固《汉书》，于武帝太初以前，悉用《史记》，而时时增损其文，故不能无异同。宋人倪思撰《班马异同》三十五卷，或云刘辰翁撰，非是。考其字句异同，以明得失，例以《史记》本文大书，凡《史记》无而《汉书》所加者，则以细字书之，《史记》有而《汉书》所删者，则以墨笔勒字旁，或《汉书》移其先后者，则注曰《汉书》上连某文下连某文，或《汉书》移入别篇者，则注曰《汉书》见某传，二书互勘，长短较然，[56]此即后来合抄之史之滥觞也。明季李清曾撰《南北史合注》一百九十一卷、《南唐书合订》二十五卷，初著录于《四库》，后以所撰《诸史同异录》，内称清世祖与明思宗四事相同，以为拟非其伦，触犯清廷忌讳，遂将著录各书，悉为撤出。今考《四库提要》，虽不见李清之名，而《简明目录》以利行在前，犹以《南北史》著录于别史类，《南唐书合订》著录于载记类，是则以帝王之威欲为毁灭其迹，而犹未能也。惟前数年，故宫博物院检点清内廷所藏诸书，李氏二书之稿本具在，而原拟之提要，仍冠于其端，此极可珍贵之史料也。爰为移录于下：

一、《南北史合注提要》　臣等谨案，《南北史合注》一百九十一卷，明李清撰。清字心水，号映碧，扬州兴化人，礼部尚书思诚之孙，大学士春芳之玄孙，崇祯辛未进士，官至吏部给事中，事迹附《明史·李春芳传》。清以南北朝诸史并存，冗杂特甚，李延寿虽并为一书，而诸说兼行，仍多矛盾，尝与张溥议，欲仿裴松之注例，合宋、齐、梁、陈四史为《南史》，魏、齐、周、隋四史为《北史》，未就而溥殁。后清简阅佛藏，见《三宝记》载有北魏大统中遗事，《感通录》载有齐文宣隋文帝遗事，《高僧传》载有宋孝武帝遗事，因思卒前业，乃博采诸书以成此注，参订异同，考订极为精审。又于原书之失当者，略为改正其文，如高欢、宇文泰未篡以前，史书之为帝者，皆改称名，后梁之附《北史》者，改为《南史》，宋武帝害零陵王，直书为弑，魏冯、胡二后以弑君故，编为《逆后》，与《逆臣》同书。又二史多纖纬佛门事，以非史体，悉改入注，其持论亦为不苟。然裴松之注《三国志》，虽多所纠弹，皆仍其本文，不加点窜，即《世说新语》不过小说家言，刘孝标所注，一一正其谬妄，亦不更易其文，盖古来注书之体如是也。谯周改《史记》为《古史考》，荀悦改《汉书》为《汉纪》，范蔚宗合编年、四族、纪、传、五家为《后汉书》，并采摭旧文，别为新制，未尝因其成帙，涂乙丹黄，盖古来著书之体如是也。清既不能如郝经《三国志》，改正重编，又不肯如颜师古之注《汉书》，循文缀解，遂使《南》《北》二史，不可谓之李清作，又不可谓之李延寿作，进退无据，未睹其安。至于八史之中，四史无志，《南》《北》二史亦无志，故李清割《宋书》《南齐书》《魏书》《隋书》四史之志，取其事实，散入纪、传之中。不知《隋志》本名《五代史志》，故其事上括前朝，当时未有《南北史》，无所附丽，故奉诏编入《隋书》。清既合注《南北史》，自应用《续汉十志》补《后汉书》之例，移掇编入，而以刘昭之例详考诸书以注之，于典制、典章，岂不明备，乃屑屑删改纪、传，置此不言，亦为避难而趋易。今特以八代之书牴牾冗杂，清能会通参考，以归一是，故特录而存之，其瑕瑜并见，则终不相掩也。乾隆五十一年五月恭校上，总纂官臣纪昀，臣陆锡熊，臣孙士毅，总校官臣陆费墀。

二、《南唐书合订提要》　臣等谨案《南唐书合订》二十五卷，明李清撰，清有《南北史合注》，已著录，是书纪南唐一代事迹，以陆游书为主，而以马令书及诸野史辅之。凡陆书所无而增入之传，则以补遗二字分注其下，盖仿裴松之注《三国志》之法，而稍变通之。书则引《唐余》《纪传》《年世总释》诸说，大抵欲以李氏绍长安正统，仍由陆游之谬说。不知知诰为徐温养子，得国后始自言出自唐宗，其世系本无确证，即使果属建王嫡系，而附庸江左，奉朔中原，亦断不能援昭烈蜀都之例。以此而学郝经萧常之书，刘知幾所谓貌同而心异者也。然其他更定陆书义例者，如钟蒨、李延邹等，于本纪摘出，别列《忠义传》，以旌大节，颇合至公。又张洎等之列入《唐周宋臣传》，樊若水之列入《叛逆传》，亦深协《春秋》斧钺之义。其间文献缺遗，详征博引，亦多考证。视《江南野录》《江表志》诸书，实远胜之，故纠其持论之纰缪，而仍取其考古之赅洽焉。乾隆五十一年八月恭校上。下略。

二文俱见郭伯恭《四库全书纂修考》。

二书内容，具如上述，惟《南北史合注》以八书之异于二史者，分注正文之下，观此一书，可抵八书之用，虽云出于钞撮，鲜存精义，而便于学子非浅矣。闻李氏后裔之在兴化者，尚藏有《南北史合注》稿本，而兴化李详复藏有《南唐书》合订之残本，且此书曾经刊行，非绝无仅有之孤本，清代禁毁各书，以有人收藏，逐渐出世，则此书终有好事者为之重刊行世，吾侪拭目俟之可也。继李氏之后而为合钞之业者有二：一为沈炳震之《新旧唐书合钞》。一为彭元瑞、刘凤诰合撰之《五代史记补注》。沈书撰于雍正癸丑十一年以前，凡二百六十卷，积十年之力乃成。其于纪、传，一从旧书，而以新书分注之，于志多从新书，而以旧书分注，自有所见，则加案以别之。兹考其书，于纪、传亦非概从旧书，如宣宗以下诸纪，多从新书增入，而列传中之从新书增入者，尤属不乏，盖旧书于唐季史料，所得甚微，阙遗待补者，非止一二事，宋人修新书时，则遗籍间出，足供采取，于旧书之所阙遗者，为之大事补缀，此即新书之胜于旧书者，前已详论之矣。见第六章。沈氏识得此旨，既知穆宗长庆以前，旧书为备，乃悉用之为正文，又知长庆以后，阙遗甚多，乃取新书各传，附于旧书正文之后，盖于新旧两书之长，均能取精用弘，此沈书所以为精善也。至于诸志，亦非尽用新书，如历、天文、五行、地理、兵、仪卫六志，皆用新书，而乐、职官、舆服、经籍、刑法五志，仍以旧书为正文，而以新书分注之，礼、选举、食货三志，则新旧参用，是其不囿一隅，折衷至当，又可知矣。其于诸表，俱从新书增入，而于宰相、方镇两表，都有增删，又别撰《宰相世系表订讹》十二卷，附于书后，用力既勤，足为《唐书》功臣。或谓王先谦撰沈书补注二百六十卷，稿具未刊，[57]而唐景崇所撰之《唐书注》，不过就沈书加以剪裁订补之功，以云胜之，则病未能。此继李氏而有作者，一也。清初朱彝尊，曾与钟广汉同注《五代史》，稿具十四五，未几失去，后又续辑；同时有徐章仲其名待考，亦注《五代史》，彝尊序之，见《曝书亭集》三十五。而未见刻本，据俞正燮《癸巳存稿》卷八所考：宋人姚宽字全威曾为《五代史》作注，用裴松之注《三国志》注例，惜其未传；又谓朱彝尊所注之《五代史》，亦用裴注例，曾在济南见其手稿，即用南监版本夹手书签千七百余条，多碑拓文字，此盖从事综辑而未及勒定者。其后彭元瑞成《五代史记传注》十六卷，亦犹姚、朱二氏之注欧阳修史也。刘凤诰更因彭元瑞稿，而成《五代史记补注》七十四卷，以其中含有彭稿十六卷，遂并署元瑞之名，以为合撰，此刘氏用心之忠厚也。惟据俞正燮所纪：甲子秋为此学，依姚、朱、彭例，采书裁贴成编，朱签存者已全采，惜不能校写；又云：刘宫保在浙日，以正燮稿本，广延诂经精舍人校对，皆茫然；及罢官寓家苏州，又延王君谓校之，王君日醉不看书。丙子秋，仍以稿本还正燮，正燮自食不给，不能看书，仍还之宫保，而阿监使为写清本，未校也，越十年，正燮仍以还宫保广东，竟无有为校者，其未审处，惟自知之，他人未必能察也。[58]所谓宫保，即指凤诰而言，据此则是书稿本，多出自正燮，而刘氏不过以位尊多金能任刊刻，遂自尸其名耳。创注此书，为朱彝尊，继之者为彭元瑞，毕其役者为俞正燮，任校刊者为刘凤诰，是此一书实成于四氏之手或谓尚有徐炯，而凤诰独与元瑞同署，遗彝尊、正燮而不举，果何说耶，岂正燮所纪尚非信而有征耶？寻《补注》之作，以欧史为正文，又全录徐无党注，并以薛史、《五代会要》《五代史补》《五代史阙文》《五代史纂误》以及《北梦琐言》《册府元龟》诸书，汇而为《补注》，命曰《补注》，对徐注而言也。是时薛史甫自《大典》辑出，行世未广，故是书悉取之，分注欧史正文之下，故与其谓之《补注》，无宁谓为合钞，盖其体仿裴松之，而与沈炳震为一类者也。此继李氏而有作者，二也。一代之史，作者往往数家，佚者无论矣。《唐书》《五代》，均新旧并行，《南》《北》二史之外，更有八书，《宋史》之有柯、王，《元史》之有屠、柯，亦为新著，卷帙既繁，异同尤夥，翻阅之顷，殊病其烦。惟有合钞一体，则同者不复再举，异者列为子注，一编之内，本末粲然，可与汇注、集解之书异曲同工，虽欲无述，不可得也。

其八则为辑逸之史。清代学者，长于辑逸，于经学然，于史学亦然。其为之最早者，有姚之骃之《后汉书补逸》，前已略言之矣。见第四章。其后则孙志祖、王谟皆有谢承《后汉书辑本》，而汪文台之《七家后汉书》，尤为详备，凡得谢承书八卷，司马彪书五卷，华峤、袁山松书各二卷，薛莹、张璠书各一卷，末附无名氏《后汉书》一卷，共二十一卷，不惟悉注所出，内容丰富，且无姚书以《续汉》八志为出于范晔所撰之误，此则后胜于前者也。此外长于辑逸者，则有黄奭、汤球诸氏，黄奭所辑之书，曰《汉学堂辑佚书》。其目如下：

薛莹《后汉书》一卷　华峤《后汉书注》一卷　谢沈《后汉书》一卷　袁山松《后汉书》一卷　张璠《后汉记》一卷　虞预《晋书》一卷　朱凤《晋书》一卷　何法盛《晋中兴书》一卷　谢灵运《晋书》一卷　臧荣绪《晋书》一卷　众书《晋书》一卷　陆机《晋纪》一卷　干宝《晋纪》一卷　习凿齿《汉晋春秋》一卷　邓粲《晋纪》一卷　孙盛《晋阳秋》一卷　刘谦之《晋纪》一卷　孔衍《春秋后语》一卷　陆贾《楚汉春秋》一卷　司马彪《九州春秋》一卷　荀绰《晋后略》一卷　卢綝《晋八王故事》一卷　《晋四王遗事》一卷　王隐《晋书地道祀》一卷

汤球所辑者，则为下列数种：

九家《旧晋书》三十七卷　《晋纪》五卷　《晋阳秋》五卷　《汉晋春秋》四卷　崔鸿《十六国春秋辑补》一百卷　《十六国春秋纂录校本》十卷　萧方等《三十国春秋》不分卷　武敏之《三十国春秋》　常璩《蜀李书》　和苞《汉赵记》　田融《赵书》　吴笃《赵书》　王庆《二石传》　范亨《燕书》　车频《秦书》　王景晖《南燕书》　裴景仁《秦记》　姚和都《后秦记》　张咨《凉

记》　喻归《西河记》　段龟龙《凉记》　刘昞《敦煌实录》　张诠《南燕书》　高闾《燕志》

此外工于辑逸者，尚有数家：

书　名	卷数	撰　者	附　考
《古本竹书纪年辑校》	一卷	王国维	
《世本》	一卷	孙冯翼	陈其荣补订孙辑《世本》二卷，附考证。
《校辑世本》	二卷	雷学淇	
《世本辑补》	十卷	秦嘉谟	
《宋衷世本注》	五卷	张　澍	
《重订谢承后汉书补遗》	五卷	孙志祖	

至清代乾隆时官辑史部之书，尤有卓卓可称者：

宋薛居正《旧五代史》一百五十卷。

宋吴缜《五代史记纂误》三卷。

宋李焘《续资治通鉴长编》五百二十卷。

宋《两朝纲目备要》十六卷，无撰人。

宋王益之《西汉纪年》三十卷。

宋熊克《中兴小纪》四十卷。

汉刘珍《东观汉记》二十四卷。

元郝经《续后汉书》九十卷。

上举官修诸书，多自《永乐大典》辑出，亦即为清修《四库全书》之先声。其后辑逸之风渐盛，迄于今而未杀，虽谓由于清廷之提倡，无不可也。余之研史，亦喜辑佚，向纂《渤海国志长编》，即由谓群书钞纂比次而成。后纂《王黄华先生庭筠年谱》，亦用辑佚之法。《金史》之误，凡得数事，悉为正之，此辑佚之效也。《大元大一统志》一千三百卷，原书佚于明初，而大典中引用最夥，借使乾隆之世，得有徐松等辈，肯为一一钞出，则不难恢复旧观，可与《宋会要》两相辉映，乃竟任其亡佚而不知恤，良可惜矣。余曾由《满洲源流考》《热河志》诸书辑出《大一统志》四卷，刊入《辽海丛书》第十集，而于分见《大典》残本各韵，尚未及一一辑出。又如元代之《经世大典》，亦可自《大典》残本辑出多卷。此又辑佚之有资于研史者也。

综上八目言之，乙部诸书，创作最难，而改修分撰次之，补阙注释又次之。总辑合钞之史，多仍旧作，义例既定，著手非难，而辑佚之史，有抱残守阙之意，既近于补阙，复类于合钞，八目之中，斯为较易者矣。唐宋以来，私修诸史，以改修之作为多，而创作之史，则仅三四见，此何故也。盖是时创作之史，多属官修，私修草创，易触忌讳，故宁避近就远，从事改修，多寡不伦，诚非无故，总辑之史，除郑氏外，绝未一见，造端宏大，卷帙繁重，非一手一足之烈所能为役也。清儒长于考证，喜事比缉，故补阙、注释、合钞、辑佚之史，独多于往代，此以治经之法，移而治史，乃汉学昌明之赐者也。然亦时涉细碎，未得始终条理之宜，语曰，矫枉者必过正，又曰，尺有所短，寸有所长，其斯之谓欤。

二　编年体之《通鉴》

编年之史，莫古于《春秋》及《竹书纪年》，《春秋》者鲁之《史记》，而《竹书》则魏之《史记》也。《左氏传》为释《春秋》而作，其体亦为编年，而纪载甚备。《史通·六家篇》，以《左传》家居其一，即编年史之初祖也。其后荀悦易班书之纪传体而为编年，悉由抄撮成书，是为《汉纪》，袁宏、张璠、干宝、裴子野之徒，尤而效之，于是断代之史，编年与纪传并行。迨有宋司马光出，创修《通鉴》，贯穿今古，以为一书，而面目为之一新，殆由《左传》《汉纪》二书扩而充之以成巨制者也。光尝自言："凡百事皆出人下，独于前史粗尝尽心，每患迁、固以来文字繁多，欲删削冗长，举撮机要，专取关国家盛衰、系民生休戚，善可为法，恶可为戒者，为编年一书，使先后有伦，精粗不杂。"[59]又于仁宗嘉祐中，语其门人刘恕曰："《春秋》之后，迄今千余年，《史记》至《五代史》一千五百卷，诸生历年不能竟其篇第，毕世不能举其大略，厌烦趋易，行将泯绝，余欲托始于周威烈王命韩、赵、魏为诸侯，下讫五代，因丘明编年之体，仿荀悦简要之文，网罗众说，成一家言。"[60]是则光之蓄志修史，盖已久矣。厥后承乏侍臣，因间以请，英宗遂命光论次历代名臣事迹，以为一书，并得就秘阁翻阅，给吏史笔札，以治平二年受诏，至神宗元丰七年成书，历时十有九年。其采用之书，正史之外，杂史凡三百二十二种，其残稿在洛阳者，尚盈两屋。故其进书表，尝称臣之精力，尽于此书。又襄其事者，《史

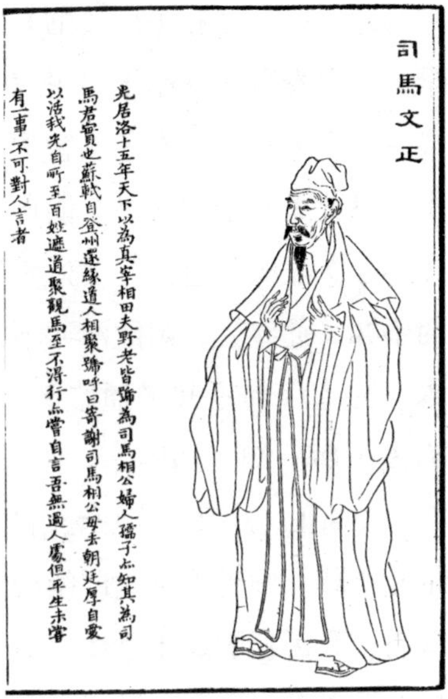

司马光
——从清乾隆八年（1743）刊本《晚笑堂竹庄画传》

记》、前后《汉书》属刘攽，三国、晋、南北朝属刘恕，唐五代属范祖禹，皆所谓天下选也。光初名其书为《通志》，约战国至秦二世为八卷以进，至英宗所命修者，则只曰《历代君臣事迹》，而未有定名也。迨治平四年神宗即位，十月初开经筵，命以其书进讲，始定名曰《资治通鉴》，御制序文，俟书成日写入；又历七年，书始撰就，上起周威烈王二十二年，下讫五代之末，凡十二代，一千三百六十二年，为卷二百九十有四，信为乙部之总会，编年史之圭臬矣。光于刘恕，极推重之，英宗尝命光自选馆阁英才，共任修书之役。光对曰："馆阁之士诚多，至于专精史学，臣未得而知，所识者，惟和川刘恕一人而已。"光又谓与恕共修书凡数年，史事之纷错难治者，则以诿之，已则仰成而已。[61]兹考《通鉴》之文，博而得要，简而不遗，始终如出一手，是则光笔削润色之功，可一览得之，其曰仰成，盖谦词也。恕尝请于光曰，公之书不始于上古或尧舜，何也？光曰，周平王以来，事包《春秋》，孔子之经，不可损益。恕又曰，曷不始于获麟之后？光曰，经不可续也。[62]是则光之用意可识矣。然胡三省则为之释曰："孔子序《书》，断自唐虞讫文侯之命，而系之秦，《鲁春秋》则始于平王四十九年，左丘明传《春秋》，止哀之二十七年，赵襄子惎智伯事，《通鉴》则书赵兴智灭以先事，以此见孔子定《书》而作《春秋》，《通鉴》之作，实接《春秋》左氏后也。"《通鉴注·序》）三省又曰："为人君而不知《通鉴》，则欲治而不知自治之源，恶乱而不知防乱之术，为人臣而不知《通鉴》，则上无以事君，下无以治民，为人子而不知《通鉴》，则谋身必至于辱先，作事不足以垂后。"同上。此又与太史公所论《春秋》之旨相同。见第二章。依此所释，则光虽不欲尸续经之名，而实际已不啻续之矣。光既自言，因丘明编年之体，仿荀悦简要之文，故于书中义例，皆为论以发之。而起以"臣光曰"一语，此即用《左传》"君子曰"、《汉纪》"悦曰"之例，亦由《左传》《汉纪》二书扩而充之之明证也。且前代编年之史，有若《两汉纪》《晋纪》《宋略》《齐典》《梁典》，皆为断代之书，本可据之以通为一编，惟至宋代，多就散亡，其可见者，仅有荀悦、袁宏二纪。且《汉纪》一书，系由班书钞撮而成，绝无翦裁，殊乏精义。而《通鉴》则不然，凡前汉十二帝之纪事，虽不出荀悦所纪之范围，而与《汉纪》之面目则大异，盖取《史》《汉》之文，徐徐自出手眼，冶于一炉，创为新作。试取其书观之，无一语不出于《史》《汉》，而无一处全袭《史》《汉》，非特《前汉》为然，全书无不如是，所谓剥肤存液，取精用宏，神明变化，不可方物者，非《通鉴》一书不足以当之，此所以为冠绝古今之作也。且《通鉴》之难能可贵，尤在贯穿古今事迹而为一编，凡梁武、郑樵所逊谢而不能为者，而光则绰绰然有余裕矣。梁武《通史》已亡，无从取证，郑樵《通志》全书俱在，非惟纪传全出抄袭，不足置数，即其自负甚深之二十略，亦非有甚深之精义例，严密之组织，以视《通鉴》之融会众家，首尾一贯，其不可同日而语，又何待深论耶。郑樵、章学诚二氏，皆尊通史而鄙断代，樵所自造，已难满人意，而学诚更不能自造一史；近顷学人，亦盛论通史，榷其利病，具体之作，则无闻焉。求其比较精善，供人考览者，仍为《通鉴》一书，不特此也。《通鉴》于晋代则兼采用十六国史，于南北朝则兼采八朝所撰之私史，于唐、五代则兼采实录及诸家纪载，其所采用之书，多就亡佚。今人征考正史以外之史实，往往于《通鉴》求之，以得梗概，此又《通鉴》难能可贵之一端也。或谓《通鉴》专详君臣事迹，属于政治一类，至于社会经济制度、学术文化，非其范围所及，是则仅为通史之一部，不足以概其全也。不悟中土史籍，偏重政治，君臣事迹之外，皆属语焉不详，以今人之见，衡论古人，未能得其情实，何足以服其心哉。且胡三省于本书唐玄宗开元十二年内注云，温公作《通鉴》，不特纪治乱之迹而已，至于礼乐、历数、天文、地理，尤致其详，读者如饮河之鼠，各充其量，此为本书命意所在，而特发其凡者。然则谓《通鉴》一书，属于政治一类者，亦非深符名实之论矣。或又谓光受英宗之命，而撰是书，设局自随，选贤为佐，与前代官修之史何异，不得与玉私家撰述之林也，此亦不然。试考光之自言及刘恕所述，其蓄志修史，非一日矣，及承英宗之命，乃得实践其言；且官修诸史，皆取禀监修，任编纂者，往往阁笔相视，含毫不断，而光之修《通鉴》则无是也。编纂之役，统由自任，上无监修之牵制，下无同辈之推诿，二刘刘恕、刘攽一范范祖禹，则悉取光旨，共任助役，有相济之美，无意见之差，故撰人独署光名，而他人不得与，虽云近于官修，而与向来之官修者异矣。光谓修《通鉴》成，惟王胜之借一读，他人读未尽一纸，则欠伸思睡，见《通鉴·胡序》《文献通考》《经籍编年考》及《容斋随笔》。是则以文繁而不易终卷，亦常人贱近贵远之所致也。试问今之研史者，能不取《通鉴》而诵习一过乎？古人之所谓难者，正今人之所谓易，亦以其书，去今已远，为大儒鸿博所称，故竞取而读之，未尝以其繁而置之，贱近贵远之见有以使之然也。惟光已以本书浩繁，览者难省，别撰《目录》三十卷，以收提纲挈领之功，又以其中之一事，有用三四出处纂成者，别撰《考异》三十卷，以明异同去取之准，晚年又病目录太简，更著《举要历》八十卷，以适厥中，而未成也。至其所撰《历年图》《百官表》《稽古录》，无一不与《通鉴》有关，又有《释例》一卷，不必尽出光意。而其门人刘恕又撰《通鉴外纪》十卷，起包羲氏，讫周威烈王，以补《通鉴》所不及，本应名曰《前纪》，恕以为成于病中，采摭未备，谦不敢当，改曰《外纪》。其后金履祥亦撰《通鉴前编》十八卷，《举要》三卷，然其博洽非《外纪》之比；袁枢又为《通鉴》作《纪事本末》，于纪传、编年二体之外，别创一格，将于下节论之。至王应麟有作，更为《通鉴》撰《答问》，撰《地理通释》，于是《通鉴》一书，遂为专门之学，可与《汉书》比隆矣。

世称颜师古为《汉书》功臣，吾谓胡三省亦《通鉴》功臣也。三省生于宋末，理宗宝祐丙辰四年进士，承其家学，而治《通鉴》。先是刘安世有《通鉴音义》十卷，至宋末已不传，三省乃依陆德明《经典释文》例，厘为《广注》九十七卷，并著论十篇，至恭帝德祐二年丙子三月，元兵入临安，掳恭帝北去。三省避地越之新昌，稿失去，乱定还乡，复购他本为之注，乃以所注并《通鉴考异》，散入本书各文之下，初名《通鉴新注》，后又易名《音注》，讫乙酉冬乃克成编，又以《蜀史》照所撰释文，舛谬甚多，别撰《释文辨误》十二卷，以附本书之后。乙酉岁为元世祖至元二十二年公元一二八五年即宋亡后之六年，而自序用岁阳名，署曰旃蒙作噩，其不肯题至元年号，亦陶潜于义熙后但题甲子之旨也。又其自序有云，或勉以北学于中国，嘻有志焉，然吾衰矣，是其不肯仕元之意，显然可睹。至序中宋朝英宗皇帝一语，疑元人刊书时所易，原文应曰国朝，此又可一览而知者也。自来著录家，皆称三省为元人，非是。若为正其称曰宋人，庶几符其意志乎。王应麟《通鉴地理通释》，撰于元世祖至元十七年庚辰，为宋亡之明年，而自跋亦但题曰上章执徐，亦犹三省之用心也。元人袁桷《清容集》，谓三省经三十年之兵难，稿凡三失，乙酉岁留袁氏家塾，日手钞定注，己丑寇作，以书藏窖中得免。按己丑为至元二十八年，所谓寇作，不知何指？至谓乙酉之前，稿凡三失，亦不尽可信，应以自叙为主。三省之注《通鉴》，尝自比于颜师古之注班。其言曰："注班者多矣，晋灼集服虔、应劭之义，而辨其当否，臣瓒总诸家之说，而驳以己见，至小颜师古《新注》，则又讥服、应之疏紊尚多，苏晋之剖断盖鲜，訾臣瓒以差爽，诋蔡漠以牴牾，自谓穷波讨源，构会甄释，无复遗恨，而刘氏兄弟之所以议颜者，犹颜之议前人也，人苦不自觉，前注之失，吾知之，吾注之失，吾不能知也。”盖胡注之于《通鉴》，亦所谓穷波讨源构会甄释无复遗恨者，其于名物训诂，固已奥衍浩博矣，所释地理，尤为精审，偶有小失，无害其大，故吾谓胡氏为《通鉴》功臣，非溢美也。

《通鉴》一书，讫于五代，有宋以后，尚待续修，南宋李焘踵《通鉴》之例，备采北宋一祖八宗一百六十余年之事迹，起太祖建隆元年，讫钦宗靖康二年，以成一书。焘谦不敢言《续通鉴》，以光修《通鉴》时，先成长编，乃曰吾书可名《续资治通鉴长编》。及以具书上进，孝宗览之，则曰吾已许李焘题为《续通鉴长编》矣。《通鉴》为时君所重，至于如此，而焘书之可贵，亦由此见之矣。

后于孝宗淳熙元年，纂成全书九百八十卷，《举要目录》六十八卷合为一千又三十六卷据《建炎朝野杂记》甲四及《玉海》四十七。六百八十七册，重为上进，然《文献通考》仅著录《长编》一百六十八卷，与上进者，多寡悬殊特甚，或谓前者并子卷计之，亦不为无因也。明初修《永乐大典》，曾以是书录入宋字韵下，而徐乾学于康熙初，获旧本一百七十五卷，于泰兴季氏，凡太祖、太宗、真宗、仁宗、英宗五朝，《大典》本正文及分注之考异，皆视徐氏本綦详，神宗、哲宗二朝，徐本所阙，亦具载于《大典》，而《大典》所阙者，惟徽宗、钦宗二朝及熙宁、绍圣间七年之事耳。此书已由四库馆臣自《大典》辑出，厘为五百二十卷。以余所知，如薛映、王曾、宋绶三氏奉使契丹《行程记》，具录《宋国史》。《契丹传》者，而是书一一具载之，可与《文献通考》《契丹传》《辽史·地理志》互证，又可正《契丹国志》之误。其进书状，则谓宁失之繁，勿失之略，命名《长编》，正以此故。其后杨仲良亦宋人因焘书以撰《皇宋通鉴长编纪事本末》一百五十卷中阙数卷。凡《长编》所阙之卷，尚可据此得其梗概。清代黄以周等遂据杨书以撰《续资治通鉴拾补》六十卷，于是《长编》之全书，乃大略可识矣。续李氏《长编》者，则有李心传南宋人之《建炎以来系年要录》二百卷，与《长编》《要录》互证者，则有徐梦莘南宋人之《三朝北盟会编》二百五十卷。《要录》一书，述高宗一朝三十六年之事，编年系月，全仿《通鉴》，而上与《长编》相续。《会编》则自徽宗政和七年七月与金人海上通好之日起，至高宗绍兴三十二年完颜亮犯淮败亡之日止，凡分三帙，以政和、宣和为上帙，靖康为中帙，建炎、绍兴为下帙，专叙一朝与金人结盟败盟事，故名曰《三朝北盟会编》。其书亦为编年体，惟每事先立一纲，其下取诸家所说及制诏书疏传志以详其究竟，实为编年体之别派，而与朱熹《通鉴纲目》互相呼应者也。凡《长编》《要录》《会编》三书，皆引证赅洽，俱举原书，《要录》则与《会编》相近，而《会编》视二书为尤详。李心传、徐梦莘二氏，生于同时，年世相仿，《要录》成书在前，为梦莘所见，故《会编》一再引用之。及《会编》成书行世，而《要录》尚未刊行，故心传又屡引《会编》之说，且《会编》所录，虽以宋金交涉为限，而《长编》

所佚之两朝事，亦可藉此考见其梗概，吾故因论《长编》，而将《要录》《会编》二书附及之。

上述二李李焘、李心传氏之书，皆不得谓之续《通鉴》，而真能续《通鉴》者，则别有其书在。明人王宗沐、薛应旗皆撰《宋元通鉴》，以续司马氏之书，其文视二李氏为简，已异乎《长编》之体矣。然其所采之书甚少，如《长编》《要录》《会编》诸书，皆未寓目，遑言造作。王书有年月参错，事迹脱落之失，薛书更以表章理学为主，其他则不甚措意，其于《辽》《金》二史，所录尤少，盖有鄙夷不屑道之意存焉。以言续鉴，尚有不称，其足以当续鉴之称而无愧者，其徐、毕沅二氏之书乎。清代徐乾学始撰《资治通鉴后编》一百八十四卷，与其役者为万斯同、阎若璩、胡渭，皆一时之选也。其书于事迹之详略，先后有应参订者，皆依司马光例作《考异》以折衷之，其诸家议论足资阐发者，并采系各条之下，间附己意，亦依光书之例，标臣乾学曰以别之。其以端宗、帝昺继恭帝之后，系年纪号，尤协人心之公，并可正《宋史》之失。是时清廷文网未密，故得申其所见，若在乾隆四库开馆之后，则不敢以此著诸简牍矣。其于李氏《长编》，亦知援据采入，惜所见者为一百七十五卷之残本耳。盖是时乾学方镇一统志局，多见宋元方志，而若璩诸人复长于地理之学，故所载舆地，尤为精核，至其裒辑审勘，用力颇深，订误补遗，时有前人所未及，《四库提要》亦尝称之矣。惟前修未密，后出转精，其终逊于毕氏之续作，又时为之也。毕沅于乾隆时，官湖广总督，以好士名，如邵晋涵、章学诚之以史学名家者，皆在其幕中。毕氏乃于此时，发愿修《续通鉴》，属僚友为之，大抵就徐乾学本，加以损益，阅二十年，书乃脱稿，或谓此书最后经邵晋涵校订，即今日通行之本也。然据章学诚所论，邵君出绪余为之复审，已大改观。毕氏卒后，其家仍用宾客初定之本付刊，盖邵君复审之本，已因毕氏家被籍没，而不可访矣。[63]其说确否，不敢遽定。至毕氏纂书之旨，则具见学诚代毕制军致钱宫詹大昕一书之中，大略言之：其一，则以《宋》《辽》《金》《元》四史为正本，不惟宋事在所宜详，辽、金大事一无遗漏，其于元事，则多采文集，间及说部，一矫旧作详宋而忽辽、金、元之弊。其二，则所采《长编》为足本，并据《系年要录》及熊克《中兴小纪》、宋季《三朝政要》诸书，以补徐本之未备，而宁宗嘉定以后之阙略，尤注意补其遗闻佚事。其三，则别作《考异》散入本书正文之下，其例略同徐本。其四，则不用徐本之例，系以臣某曰，以为据事直书，善恶自见，苟无卓见特识，发前人所未发，转病其赘，故付阙如。书中又谓邵与桐晋涵章实斋与商义例，语出章氏，当无虚饰，其所以胜于徐本后来居上者，亦当在此数端矣。吾喜研宋事，曾读毕鉴数过，觉其长于综辑，而短于熔裁，其于四史及二李之书，概取原文入录，欲如司马氏之融会众家，冶于一炉，不特去之弥远，抑亦绝不可能，此固由于书成众手，敷衍完篇，亦以与其役者，才谢三长，无二刘恕、攽、一范祖禹之选，宜其不能追踪古人，与《通鉴》并美也。张之洞《书目答问》云，有毕鉴则诸家续鉴皆可废，此语亦不尽然。毕沅之《续鉴》袭取徐氏《后编》之处，几于一字不易，于辽、金、元人名、地名、官名，悉从清代译改，又于宋恭帝德祐二年被掳北上之后，即系以元年，削端宗、帝昺之号而不书，又从《通鉴辑览》之例，以德祐二年三月以前属之宋，四月以后属之元，一年之中，而有两号，虽云慑于时君之威，未敢以此获谴，究违涑水指司马光，光为涑水人。以来相承之法，此又鄙见未敢苟同者也。考毕鉴凡二百二十卷，初次付刻，仅至一百三卷而止，嘉庆六年，桐乡冯集梧又为补刻一百十七卷，而全书始完，得以行世，否则不堪问矣。以上所述，又明清二代编纂续鉴之大略也。

徐、毕二氏之撰续鉴，本应下及明末，乃竟避而不为者，明去清近，易代之际，详则语涉忌讳，略则不足言史也。覃及清季，文网渐疏，撰明鉴者，乃有二家：一为陈鹤之《明纪》，一为夏燮之《明通鉴》。陈书凡六十卷，起太祖讫思宗崇祯元年之五十二卷，为鹤自撰，未及竣功而卒，卷五十三以下之八卷，则由其孙克家续成之。克家别撰《考异》若干卷，未及刊行。夏书凡九十卷，又有《前编》四卷，纪太祖建号以前之事，《附记》六卷，纪晚明弘光、隆武、永历三帝及鲁监国之事，合为百卷，并自撰《考异》，散入正文之下；又仿司马氏之例，别撰《目录》五卷，其用力之勤，又非陈氏所及也。陈书参稽杂史多种，而大致原本《明史》及《明史稿》，不如夏书网罗之富。惟两书同属草于咸丰同治间，而各不相谋，故无《系年》《要录》与《北盟》互相印证之功。《明纪》早出，故苏州官书局覆刊司马氏《通鉴》、刘氏《外纪》及补配毕氏《续鉴》时，并取陈氏《明纪》配之，不复齿及夏书，以其尚未行世也。夏书所据者，除《明史》及永乐、正德、嘉靖等数朝《实录》外，多据乾隆官撰之《通鉴纲目三编》，谓可弥未见实录之阙。元顺帝为宋恭帝之私生子，权衡《庚申外史》纪之，建文逊国出亡，未尝自燔，谷应泰《明史纪事本末》详之，夏书皆以为可信；又所系论评，多采乾隆《御批辑览》及《三编发明》，胥为究心史学者所不惬心。且明代历朝实录，既未全睹，则所补苴者，究属甚微。今人所不满于《明史》者，夏氏究未能弥其阙失，凡此诸端，皆待订补，况清社既屋，纪、传之史略具，而编年一体亦待续纂，有志研史者，曷不一留意及此乎。

刘氏《外纪》，金氏《前编》，所以补鉴前之阙，王、薛、徐、毕、陈、夏六氏之《后编》《续编》，及《明纪》《明鉴》，可以续正鉴之后，皆编年一体必备之籍也。宋人曾慥撰《通鉴补遗》一百篇今已不传。清人严衍乃作《通鉴补正》，取正史所载者，以补《通鉴》之阙遗，如《通鉴》所纪五代事时，《辽史》未出，仅据宋人所纪及传闻入录，不失之虚，则失之略，衍为一一补之，亦足以为治鉴之助矣。此书实衍与其门人谈允厚同撰。衍又有《补正略》三卷，钱大昕称其有功《通鉴》，为胡三省后所仅见，语盖不诬。

以《通鉴》为蓝本，很少更其体例，使简约易省，因而别张一军者，则朱熹之《通鉴纲目》是也。据朱熹自序，谓司马温公著《通鉴举要历》八十卷，未成，而南阳胡文定公安国复为补遗若干卷，然犹病不能领其要而及其详也。乃与同志，因两公书，别为义例，增损檃括，以就此编；盖表岁以首年，而因年以著统，大书以提要，而分注以备言，使岁年之久近，国统之离合，事辞之详略，议论之同异，通贯晓析，如诸指掌，名曰《资治通鉴纲目》，凡五十九卷。又手定凡例若干事：曰系统、曰岁年、曰名号、曰即位、曰改元、曰尊立、曰崩葬、曰篡贼、曰祭祀、曰行幸、曰恩泽、曰朝会、曰封拜、曰征伐、曰废黜、曰罢免、曰人事、曰灾祥。每一事之前，皆以凡字发之，以拟《左氏传》之五十凡。或谓纲仿《春秋》，而兼采诸史之长，目仿左氏，而稽合诸儒之粹。王懋竑《朱子年谱》。故大书以提要者谓之纲，仿《春秋》之经也。分注以备言者谓之目，仿《左氏》之传也。寻朱熹初意，不过欲因司马光之书，而为提纲挈领之作，便人省览而已。今观其书之起讫，一依《通鉴》之旧，并仍其故名，其题曰《纲目》，亦犹《目录》《举要历》，为《通鉴》作一简本，又与门人赵师渊字讷斋论《纲目》书云："此书无他法，但纲欲谨严而无脱略，目欲详备而不烦冗。"则其意可观矣。然朱熹之用意，颇在劝惩，屡于凡例中见之。故自序又曰，岁周于上而天道明矣，统正于下而人道定矣，大纲概举而监戒阳矣，众目毕张而几微著矣。如夺曹魏之纪，以存汉统，排武后之号，以系唐年，即所谓岁周于上统正于下者也。又如扬雄不能执汉臣之节，而书曰莽大夫，陶潜不肯仕刘宋之朝，而称为晋处士，即所谓鉴戒昭几微著者也。近人谓史重客观，劝惩之旨为无谓，因以盛讥朱子，不悟朱熹所生之日，止春秋学昌明之时，研史之士，奉为圭臬，虽以欧阳修之能文章，通史法，而所撰《五代史记》，不能不上效《春秋》之书法，是则朱熹效法《春秋》自订凡例，又何足深怪也耶。本书之纲，或出自撰，或命门人分撰，而其目则属赵师渊为之，成书之岁，为宋孝宗乾道八年壬辰，公元一一七二年，据本书自序。朱熹年仅四十余，精力未衰，度必能亲手校订，不得以其一部假手门人，遂谓其未能亲手勒定也。先是吕祖谦撰《大事记》十二卷，始周敬王三十九年，盖以上接《左氏》，讫汉武帝征和三年，本欲讫于五代，会疾作而罢，朱熹尝称伯恭祖谦字宗太史公之学，非汉儒所及者，大抵指是书也。同时张栻亦撰《经世纪年》，

朱　熹
——清道光六年（1826）吴门赐砚堂顾氏刊本《圣庙祀典图考》

以昭烈上继献帝，而附魏、吴于下，正为《纲目》所本。见元刘埙《隐居通义·二十四》。徐梦莘所撰《北盟会编》，与朱熹同时，亦用《纲目》体，后此则《纲目》盛行，为编年体之小宗，亦所谓不废江河万古流者，实由朱熹倡之，何必专宗司马氏以自隘耶。元末陈桱撰《通鉴续编》二十四卷，述盘古至高辛氏为第一卷，以补金氏履祥《前编》所未备，次摭契丹在唐及五代时事，以补《通鉴》之未备，其余二十二卷，则述有宋十八帝之事，以上接五代。乍观此书，似续《通鉴》，实则大书分注，全仿《纲目》，当名之曰续纲目，此续《纲目》之最先者也。明成化中，乃命大学士商辂等撰《通鉴纲

目续编》二十七卷，所采之书，多出中秘，与《宋》《辽》《金》《元》四史，颇有异同，薛应旗等，遂据此以撰《宋元通鉴》，是则此书，虽非尽善，要不可轻易抹杀也。清乾隆中，更敕撰《通鉴纲目三编》，以纪明事，而《清纲目》现尚无人续作。又乾隆中，因明李东阳之《通鉴纂要》，敕撰《通鉴辑览》一百十六卷，附明唐桂二王本末二卷，此书亦用《纲目》体，简要有法，未可以为官书而薄之。清康熙中，青浦杨陆荣，依据《辽》《金》二史，撰《辽金正史纲目》三十卷，辽、金各居其半，此书不及二史之详，而有纲有目，颇便省览，且向来撰编年史者，咸以辽、金事附于两宋，而此书则划出别行，亦可谓一创格矣。此书仅有传钞本，余于往岁自日本《静嘉堂文库》借钞得之，盖陆皕宋楼ㄕ故物也。凡此所述，皆为纲目体，亦《通鉴》一书之支与流裔也。

兹将上方所述，综为一表，以便省览：

书　名	卷数	撰　者	附　　考
《资治通鉴》	二百九十四卷	宋　司马光	
《通鉴目录》	三十卷	同上	
《通鉴考异》	三十卷	同上	单行本较散入本书正文者为详，然异同甚少。
《通鉴举要历》	八十卷	同上	未成。
《通鉴释例》	一卷	同上	实为其曾孙伋所辑，一作通鉴前例。
《稽古录》	二十卷	同上	
《历年图》	六卷	同上	

（续表）

书 名	卷数	撰 者	附 考
《通鉴节要》	六十卷	同上	
上为司马光自撰之《通鉴》，及与《通鉴》有关之作。			
《资治通鉴音注》	二百九十四卷	宋 胡三省	
《通鉴释文辨误》	十二卷	同上	
《通鉴地理通释》	十四卷	宋 王应麟	
《通鉴答问》	五卷	同上	
《通鉴问疑》	一卷	宋 刘羲仲	羲仲，恕之子也。
《读通鉴论》	三十卷	明 王夫之	假古事以申己见。
上为《通鉴》注释			
《通鉴外纪》	十卷目录五卷	宋 刘恕	
《续资治通鉴长编》	五百二十卷	宋 李焘	
《建炎以来系年要录》	二百卷	宋 李心传	此书为李焘书之续。
《资治通鉴前编》	十八卷举要三卷	元 金履祥	
《宋元资治通鉴》	六十四卷	明 王宗沐	
《宋元资治通鉴》	一百五十七卷	明 薛应旗	
《资治通鉴后编》	一百八十四卷	清 徐乾学	
《续资治通鉴》	二百二十卷	清 毕沅	
《明 纪》	六十卷	清 陈鹤撰 其孙克家续成	
《明通鉴》	一百卷	清 夏燮	附有目录若干卷。
《资治通鉴补正》	二百九十四卷 又补正略三卷	清 严衍	又童和豫为撰刊误二卷。

（续表）

书　名	卷数	撰　者	附　　考
《续通鉴长编拾补》	六十卷	清 黄以周 秦湘业 同辑	
上续补司马氏《通鉴》			
《资治通鉴纲目》	五十九卷	宋　朱熹	卷首凡例一卷。
《资治通鉴纲目续编》	二十七卷	明　商辂等奉敕撰	
《资治通鉴纲目前编》	二十五卷	明　南轩	
《资治通鉴纲目三编》	四十卷	清　乾隆中敕撰	
《通鉴辑览》	一百十六卷附唐桂二王本末二卷	清　乾隆中敕撰	
《三朝北盟会编》	二百五十卷	宋　徐梦莘	用纲目体，故附于此。徐氏又有《北盟集补》五十卷已佚。
《通鉴续编》	二十四卷	元　陈柽	此书为纲目体，非续《通鉴》。
《辽史金史纲目》	三十卷	清　杨陆荣	辽十五卷，金十五卷。
上为朱熹因《通鉴》所作之《纲目》，及纲目体之各编年史			

三　以事为纲之纪事本末

刘知幾谓史有二体，纪传、编年是也。论者多谓纪传以人为主，编年以年为主，而未及以事为纲之记事体，犹不得谓之尽致也。吾谓正史有本纪，其标目为某帝，其内容则为编年，此以年为主之史也；又有列传以纪一人之行迹，此则以人为主矣。然正史中又有书志，书志所纪，于典章制度之外，或纪一事之首尾，如《史记》之有《封禅》《河渠》二书是也。由是言之，虽纪传体之为正史，号以人为主者，亦含纪年、纪事之二体在内矣。《说文》之释史字曰，史，记事者也，史指记事之官，固非指书而言。然凡名为史之书，必职司纪事，又不待言。无论其体以人为主，以年为主，而皆属记事之史。魏元晖召集儒士崔鸿等，依仿梁武帝《通史》，而取其行事尤相似者，以为科录，或云，撰录百家要事，以类相从，据《史通·六家》及《魏书·宗室传》。此实纪事本末一体之滥觞。特以事为纲之史，在唐以前则甚罕见，而《科录》一书亦早佚，故知幾亦不复举之耳。梁启超有言，善抄书者可以成创作，荀悦而后，惟袁枢是也。盖荀悦取《汉书》之文，分年排纂，以成《汉纪》一书，非于《汉书》之外，别取新材，然能易其纪传体为编年，为后来作史者所仿效，此即抄书可以成创作之显例也。袁枢生于南宋，以《通鉴》纪一事而隔数卷，首尾难稽，乃自出新意，区别门目，以类排纂，每事各详起讫，自为标题，每篇各编年月，自为首尾，始于三家之分晋，终于周世宗之征淮南，凡得二百三十九事，厘为四十二卷，名曰《通鉴纪事本末》。此书亦全抄《通鉴》而成，别无取材，然能易其编年体，而以事为纲，此亦善抄书可以成创作者也。枢书既成而未显，孝宗淳熙三年十一月，参政龚茂良始言枢所编《纪事》，有益见闻，诏严州摹印十部，仍先以缮本上之，王应麟

《玉海》。帝读而嘉叹，以赐东宫及分赐江上诸帅，曰，治道尽在是矣。《宋史·本传》而杨万里叙其书，则曰："大抵搴事之成，以后于其萌，提事之征，以先于其明，其情匿而泄，其故悉而约，其究遐而迩，其于治乱存亡，盖病之源，医之方也。"此皆缘其书之精善，见称于当世君臣者也。

章学诚极推崇袁书，谓有化臭腐为神奇之效，于《文史通义·书教篇》申其旨云：

> 司马《通鉴》病纪传之分，合之以编年，袁枢《纪事本末》又病《通鉴》之合，而分之以事类。按本末之为体也，因事命篇，不为常格，非深知古今大体，天下经纶，不能网罗隐括，无遗无滥，文省于纪传，事豁于编年，决断去取，体圆用神，斯真《尚书》之遗也。在袁氏初无此意，且其学亦不足与此，书亦不尽合于所称。故历代著录诸家，次其书于杂史，自属纂录之家便观览耳。但即其成法，沉思冥索，加以神明变化，则古史之原，隐然可见，书有作者甚浅，而观者甚深，此类是也。故曰神奇化臭腐，而臭腐复化为神奇，本一理耳。

寻此所论，其旨有二：一谓《尚书》为记事之首，袁氏师《尚书》之义，而创纪事本末一体，此即章氏所谓书教也；一谓袁氏初意不过抄纂《通鉴》，以识一事之始末，而其究则能文省于纪传，事豁于编年，故曰作者甚浅，而观者甚深。此又梁氏所谓善抄书可以成创作也。盖近世新史之体，皆以事为纲领，以明因果演变之迹，故枢所创纪事本末之法，实与近世新史之体例为近。若纪传体以人为主，一事散见数篇，宾主不辨，与编年体之一事隔越数卷，首尾难稽者，其为病正同。此虽吾国史家相传之成法，而今日不免讥为臭腐者也。章氏臭腐化为神奇之语，可谓善喻矣。纪传一体，创于司马迁，而大成于班固，编年一体，创于左氏，而大成于司马光，皆竭毕生之力而成一书，不图其体皆远于近世之新史，而纪事一体，亦可云创于元晖，而大成于袁枢。章、梁二氏不称《科录》，尚嫌其漏，惟袁枢善用抄撮之法，自具一事之首尾，而竟与新史相近，成为不刊之名作，语曰，其作始也简，其将毕也巨，若袁枢者，可以当之。

仿袁枢之体而继作者，则有下列数种：

书　名	卷数	撰　者	附　考
《宋史纪事本末》	二十六卷	明　冯琦原编 陈邦瞻纂补	
《元史纪事本末》	四卷	明　陈邦瞻	
《西夏纪事本末》	三十六卷	明　张鉴	
《左传纪事本末》	五十三卷	清　高士奇	
《辽史纪事本末》	四十卷	清　李有棠	
《金史纪事本末》	五十二卷	同上	
《明史纪事本末》	八十卷	清　谷应泰	
《续明纪事本末》	十八卷	清　倪在田	
《明朝纪事本末补编》	十五卷	清　彭孙贻	
《三藩纪事本末》	四卷	清　杨陆荣	

（续表）

书　名	卷数	撰　者	附　　考
《皇宋通鉴长编纪事本末》	一百五十卷	宋　杨仲良	又有《皇朝中兴纪事本末》，疑为宋欧阳守道撰。
《通鉴前编纪事本末》	百卷	沈朝阳	见《十七史商榷》一百。
《续资治通鉴纪事本末》	一百十卷	清　李铭模	明毕《鉴》本

又有《通鉴纪事本末补后编》五十卷，清仁和张星曜撰，以袁氏有纪崇信释老之乱国亡家为篇者，乃杂引正史所载，附以稗官杂记及诸儒明辨之语，条分类载，以为此书，丁日昌藏稿本，见莫友芝《宋元旧书经眼录》。

上举诸书，如宋、辽、金、元、西夏、《左传》、两续《通鉴》等纪事，关由采摭正史及本书而成；然如《明史》《三藩》二纪事，三藩指明末之福王、唐王、桂王，二纪事指辽、金二纪事。则俱撰于《明》《清》二史未成之日，固无本书之可采也。明代临朐冯琦，始撰《宋史纪事本末》，未就而殁，御史刘曰梧得其遗稿，属陈邦瞻续成之，大抵本于琦者十之三，出于邦瞻补撰者十之七。《宋史》最为繁芜，南渡以后尤甚，邦瞻凡立一百九目，条分缕晰，眉目井然，故其书虽稍次于袁枢，而其难则倍之，学子颇患《宋史》难读，如能先读此书，则可寻得头绪，而《宋史》亦不难治矣。又邦瞻之意，以辽、金大事可附于宋，故于是书中兼详辽、金，此犹柯维骐、王惟俭诸氏之见解也。《四库提要》因谓是书可称宋、辽、金《三史纪事》，第李有棠所撰辽、金二史《纪事本末》，不惟依据正史，复能旁采他书，以极其博，又仿裴注《三国志》、胡注《通鉴》之例，自为之注，名曰《考异》，亦属难能可贵，可与陈邦瞻书并行。陈氏《元史纪事》，则失之略，元初事迹，既已叙入《宋史纪事》，元亡事迹，又待叙入未成之《明史纪事》，而本书无一语及之，则其所纪者亦仅矣。谷应泰之《明史纪事本末》，则异说甚多，一说山阴张岱撰此稿，应泰以五百金购得之；一说谈迁《编年》，即所撰《国榷》一百卷。《张岱列传》，两家具有本末，而应泰并采之，以成纪事；《四库提要》引邵廷采说。一说此书出自海昌谈迁，而后论则杭州陆圻所作也姚际恒说；一说此书乃德清徐焯代作朱彝尊说。总之应泰位跻通显，倩人代作，势有可能，至攘人之善以为己有，则非有确证，不敢信其然也。书中所纪，如成祖设立三卫，亲征漠北，以及沿海倭寇，议复河套，皆视《明史》为详，且多有出入。盖明末清初之际，私撰《明史》者有数家，为应泰所见，故据以撰《纪事》，不得以清修之《明史》未成，遂谩诋为无据。其叙建文逊国一事，则据野史传闻，谓其遁迹为僧，亦可姑备一说矣。张鉴之《纪西夏》，实开吴广成《西夏书事》之先河，杨陆荣之《纪三藩》，又温睿临《南疆逸史》之别体也。杨仲良《长编纪事》，撰于南宋，卷首有欧阳守道一序，未言为何人所撰，《宋史·艺文志》以为守道撰误。阮元《四库未收书目提要》据陈均《九朝编年》引用书目，始知出于仲良，此书幸得不亡，可据以补《长编》之阙。而为考宋事者所宝焉。武威李铭汉为毕氏《续鉴》撰纪事本末，盖以上续袁枢之书，刊于光绪二十九年癸卯，而行世未广，武进孟森亦得一帙于北平，作跋张之，而世人乃知有此书，此亦叙纪事本末一体所应附记者也。

往者马骕撰《左传事纬》及《绎史》二书，皆用纪事本末体，论者谓《左传事纬》，实胜于高士奇之《左传纪事本末》，盖持平之论也。《绎史》凡一百六十卷，起开辟，讫秦末，首太古，次三代，次春秋，次战国，每事立一标题，详其始末，且有《别录》，以当诸史之表、志，皆博引古籍，附以辨证，意在补《史记》所未备，供学人之撷取，惟其所引诸书，不尽可据，盖以多为胜，遂不复加以别择，斯则美中不足耳。至《三朝北盟会编》一书，本为编年中之纲目体，而《四库提要》以之入纪事本末类者，盖以其书专叙北盟，不杂他事故也。类此之书，又有多种，为避繁冗，故从略焉。

近年坊间印行《清史纪事本末》一书，凡八十卷，署曰黄鸿寿撰，以一题为一卷，自太祖迄德宗十一帝之事迹，悉采《东华录》，而参以私家纪载，宣统一朝，则杂采群书以成之。时《清史稿》尚未印行。然清代各帝，均有实录，视《东华》为详，宣统朝亦有政纪。又清国史馆之诸臣列传亦汇印成书，而撰者未及采取，则其内容可知矣。如以世祖贵妃董鄂氏，为冒辟疆之姬人董小宛，出于野史记载，近人孟森已谓其诬，而本书亦谩为采入，尤不得谓之信史也。兹以清代有史稿，而无纪事本末，又其为书明晰可寻，故取而并论之。

四　属于典志之通史专史

典谓典礼，志谓方志，二者之书，属于官修者，上章已略论之矣。私家著述之属于典礼者，有《通典》及《文献通考》二书，是盖古官礼之遗，而以明因革损益为务者也。昔者杭世骏课士必以“四通”，谓杜佑《通典》、郑樵《通志》及马端临《文献通考》、司马光《资治通鉴》也。于《通典》《通志》《通考》之外，益以秦蕙田之《五礼通考》，称为四通，至《通鉴》则摈而不数焉。[64]

通典卷一
唐　京　兆　杜　佑　君　卿　纂
佑少嘗讀書而性且蒙固不達術數之藝不好章句之
學所纂通典實采羣言徵諸人事將施有政夫理道之
先在乎行教化教化之本在乎足衣食易稱聚人曰財
洪範八政一曰食二曰貨管子曰倉廩實知禮節衣食
足知榮辱夫子曰既富而教斯之謂矣夫行教化在乎
設職官設職官在乎審官才審官才在乎精選舉制禮
以端其俗立樂以和其心此先哲王致治之大方也故

《通典》书影（清光绪年刻本）

初刘知幾之子秩于开元末，采经史百家之言，侔《周礼》六官所职，撰分门书三十五卷，号曰《政典》，大为时贤称赏，房琯以为才过刘更生。杜佑得其书，以为条目未尽，因广其所阙，参以《开元礼》，勒成《通典》二百卷。[65]凡分八门：曰《食货》、曰《选举》、曰《职官》、曰《礼》、曰《乐》、曰《兵刑》、曰《州郡》、曰《边防》，每门又各有子目。其自序云：

所纂《通典》，实采群言，征诸人事，施诸有政，天理之先，在乎行教化，教化之本，在乎足衣食。《易》称聚人曰财，《洪范·八政》，一曰食，二曰货。管子曰，仓廪实知礼节，衣食足知荣辱。夫子曰，既富而教，斯之谓矣。夫行教化在乎设职官，设职官在乎审官才，审官才在乎精选举，制礼以端其俗，立乐以和其心，此先哲王致治之大方也。故职官设然后兴礼乐焉，教化隳然后用刑罚焉，列州郡俾分领焉，置边防遏戎狄焉。

此盖释其编第之旨，而皆有深意存焉。兹考其书，盖采群经诸史，每事以类相从，举其始终，历代沿革废置及当时群士议论得失，靡不条载，上溯黄农，下讫有唐天宝之末，肃代以后，间有因革，亦附载《注》中。佑于代宗大历中，为淮南节度掌书记，实纂斯典，至德宗贞元十七年官淮南节度使，乃奏上之，历时盖甚久也。[66]吾考其书之美善，应与《通鉴》并称：《通鉴》穿贯十六代一千三百六十二年之事，以为一书，熔铸群史，如出一手，而《通典》亦熔铸群经诸史，成一家言，简而能备，蔚乎其文，一也。《通鉴》叙君臣事迹，详于治乱兴衰，盖出于诸史之纪、传，《通典》记典章制度，明乎因革损益，盖原于诸史之书志，二者如辅车相依，必合观之乃备，二也。《通鉴》之学，已成专门，胡注王释，均称绝业，而《通典》言礼一门，多至百卷，鸿博论辩，悉具其中，又能征引古经，时存旧诂，三也。未几杜氏又删其要为《理道要诀》十卷，凡三十三篇，皆设问答之辞，末二卷又记古今异制，自谓详古今之要，酌时宜可行，于贞元十九年表上之，盖后于《通典》之成二年也。[67]迨至宋末马端临出，乃以杜氏之书，天宝以后阙而未备，理宜续辑，乃因杜书而广之，以撰《文献通考》三百四十八卷。凡立二十门：曰《田赋》、曰《钱币》、曰《户口》、曰《职役》、曰《征榷》、曰《市籴》、曰《土贡》、曰《国用》、曰《选举》、曰《学校》、曰《职官》、曰《郊社》、曰《宗庙》、曰《王礼》、曰《乐》、曰《兵》、曰《刑》、曰《舆地》、曰《四裔》，凡十九门，俱因《通典》之成规，而离析其门类，天宝以前，则增益其事迹之所未备，天宝以后，至宋嘉定之末，则续而成之：曰《经籍》、曰《帝系》、曰《封建》、曰《象纬》、曰《物异》，凡五门，则《通典》所未有，而采摭诸书以成之者也。至其增析之故，端临于自序中曾申明之。其言曰：

有如杜书纲领宏大，考订该洽，固无以议为也。然时有古今，述有详略，则夫节目之间，未为明备，而去取之际，颇欠精审。盖古者因田制赋乃米粟之属，非可析之于田制之外也。古者任土作贡，贡乃包篚之属，非可杂之于税法之中也。乃若叙选举，秀孝与铨选不分，叙典礼，则经文与传注相汨，叙兵则尽遗赋调之规，而姑及成败之迹，诸如此类，宁免小疵。至于天文、五行、艺文，历代史各有志，而《通典》无述焉。马、班二史，各有诸侯王、列侯表，范晔《后汉书》以后无之，然历代王侯未尝废也。王溥作《唐会要》及《五代会要》，首立帝系一门，以叙各帝历年之久近，传授之始末，次及后妃皇子公主之名氏封爵，后之编《会要》者仿之，而唐以前则无其书，凡是二者，盖历代之统纪典章系焉。而杜书亦不复及，则亦未为集著述之大成也。

至其以《文献通考》名书之故。端临亦自释之曰：

> 昔夫子言夏殷之礼，而深慨文献之不足征，释之者曰，文，典籍也，献，贤者也，生乎千百载之后，而欲尚论千百载之前，非史传之实录具存，可以稽考，先儒之绪言未远，足资讨论，虽圣人亦不能臆为之说也。窃伏自念，业绍箕裘，家藏坟索，插架之收储，趋庭之问答，其于文献，盖庶几焉。……凡叙事，则本之经、史，而考之以历代《会要》，以及百家传记之书，信而有征者从之，乖异传疑者不录，所谓文也。凡论事，则先取当时臣僚之奏疏，次及近代诸儒之评论，以至名流之燕谈，稗官之纪录，凡一语一言，可以订典故之得失，证史传之是非者，则采而录之，所谓献也。其载诸史传之纪录而可疑，稽诸先儒之论辨而未当者，研精覃思，悠然有得，或窃著己意附其后焉。命其书曰《文献通考》。《自序》

盖端临为宋末宰相马廷鸾之子，家于饶州之乐平，承其家学，而有是著，名以文献，盖有由也。宋史廷鸾有传，而不为端临著一字，端临于度宗咸淳中，漕试第一，会廷鸾忤贾似道去国，端临因留侍养，不与计偕。宋亡后，曾任衢州路柯山书院山长，据《通考》卷首所载，有元仁宗延祐六年，王寿衍之进书表，英宗至治二年之抄白，去宋亡已四十余年，而端临尚健在，度已七八十岁矣。《元史》亦不为端临立传，故其事迹不甚可考。端临本南宋世家子弟，国亡之后，闭户著书以终老，其志有足悲者。今本《通考》，刊于元代，书中屡称宋朝，殊为不辞，盖即国朝二字之刊改，其不肯仕元，又可知也。[68]《通典》之美善，可比《通鉴》，然杜书行时，《通鉴》尚未出世也。至《通考》一书，则撰于《通鉴》之后，而端临之意，盖以取配《通鉴》。其言曰：

《诗》《书》《春秋》之后，惟太史公号称良史，作为纪、传、书、表，纪、传以述理乱兴衰，八书以述典章经制，后之执笔操简牍者，不能易其体。然自班孟坚而后，断代为史，无会通因仍之道，读者病之。至司马温公作《通鉴》，取千三百年之事迹，十七史之纪述，萃为一书，然后学者开卷之余，古今咸在。然公之书详于理乱兴衰，而略于典章经制，非公之智有所不逮也。编简浩如烟埃，著述自有体要，其势不能以两得也。窃尝以为理乱兴衰，不相因者也。晋之得国异乎汉，隋之丧邦殊乎唐，代各有史，自足以该一代之始终，无以参稽互察为也。典章经制实相因者也，殷因夏，周因殷，继周者之损益百世可知，圣人盖已预言之矣。爰自秦汉以至唐宋，礼、乐、兵、刑之制，赋、敛、选举之规，以至官名之更张，地理之沿革，虽其终不能以尽同，而其初亦不能以遽异。如汉之朝仪官制，本秦规也。唐之府卫租庸，本周制也。其变通张弛之故，非融会错综原始要终而推寻之，固未易言也。其不相因者，犹有温公之成书，而其本相因者，顾无

其书，独非后学之所宜究心乎。《自序》

第近贤多扬《通典》，而抑《通考》，以为其书除因袭《通典》之外，多钞取《史志》《会要》，及宋人议论，类于《册府》《类函》者，附于其中，以视《通典》之体大思精，简而得要，渺乎其莫及焉，其言未尝不是。抑吾闻李焘之撰《续鉴长编》也。曰，宁失之繁，勿失之略。《长编》之可取者，在宁繁勿略，《通考》之可取者，亦在宁繁勿略。近代名人如曾国藩，教其子先读《通考》，而未尝举及《通典》，盖曾氏毕生从政，颇得力于是书，又举《通考》即可以赅《通典》，而《通考》之有用，从可知矣。以吾所知，近人武进吕思勉，治国史颇具条贯，其书中所称引之典章制度，尝举《通考》而罕及《通典》，岂非以其称引者，多为杜书所未备乎？近贤之喜称《通典》，盖亦有故。《通典》一书，长于言礼，多存古训，极有裨于治经。而《通考》则否，此专经之彦所取资也。《通典》之文，简而不俚，首尾一贯，极有助于文章，而《通考》则否，此又缀文之士所乐道也。若夫研史之士则不然，典礼贵明其因革，

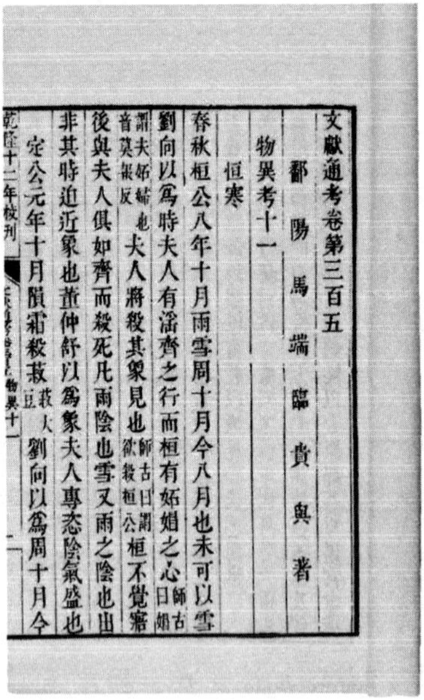
文獻通考卷第三百五
鄱陽馬端臨貴與著
物異考十一
恒寒
春秋桓公八年十月雨雪周十月今八月也未可以雪劉向以為時夫人有淫齊之行而桓有妬媢之心師古曰媢謂夫妬婦也音莫報反夫人將殺其象見也師古曰謂欲殺桓公桓不覺寤後與夫人俱如齊而殺死凡雨陰也雪又雨之陰也出非其時迫近象也董仲舒以為象夫人專恣陰氣盛也
定公元年十月隕霜殺菽菽大豆劉向以為周十月今
乾隆十二年校刊　文獻通考卷三百五　物異十一

《通考》书影（清光绪年刻本）

而不必多录旧说，文章贵详其原委，而不必过为修饰。以体例言，《通典》之详于典礼未必是，以事实言，《通考》之详于纪载未必非，虽《通典》所载魏、晋六朝议礼之文，别有其可贵之价值，乃应划入经学范围，自为专书，混而为一，未见其可，此为经学、史学不同之分际，非深通其异同之故者不能知也。清儒之治史学者，多自经学入，以治经之法治史，故盛称《通典》，不悟总览全编，窥其大略，固以简严为贵，若专取某一门而探讨之，详如《通考》，犹病其略，况《通典》乎，此又治史之术之不同于治经者矣。且吾观究心典章制度之人，无不以《通考》为宝藏，而恣其撷取，犹高语于人曰，吾取君卿，而鄙贵与，滔滔者皆是，又奚足责哉。群经之中有《周官》，以明典章制度者也；又有《仪礼》《礼记》，以明节文仪注者也。《通典》《通考》，实兼具二者之用，故曰为古官礼之遗。然《周官》一书，仅当《通典》之《职官典》《通考》之《职官考》；《仪礼》《礼记》二书，仅当《通典》之《礼典》《通考》之《郊社》《宗庙》《王礼》三考；其他各典、各考，非古官礼之所尽具也。马氏谓太史公作八书，以述典章经制，斯言最谛。是以《通典》之述州郡则仿自《汉书·地理志》，述边防则出自诸史《外国传》《通考》之述艺文，则仿自《汉》《隋》两志，苟一一取而探索之，必皆有其渊源。是故谓仿自官礼则可，谓悉出自官礼则不可。若乃郑氏《通志》之二十略，太半抄自《通典》，而无所增补，以视马书更远不如。且马书所载宋制最详，多为《宋史》各志所未备，所下案语，亦能贯穿古今，折衷至当，是又《通考》之长，非《通志》之所能尽具也。章学诚讥《通考》

无别识通裁，实为类书，便于对策敷陈之用，《释通》此殊不然，章氏尝许《通志》一书有别识通裁矣。而二十略多抄自《通典》，不易一字，不识所谓别识通裁者果何在，而《通考》之于《通典》，则无是也。浅学之士，贵耳贱目，其轻视《通考》，实由章氏启之。以上两书，为典礼类之通史，即自《通史》中之一部而贯穿古今以叙述之者。善治史者，主以《通典》之精简，辅以《通考》之详赡，则能兼取其长，而折中至当矣。

《通典》《通考》二书，私家皆有续作，宋人宋白《续通典》，起唐至德初，至周显德末，凡二百卷。计凡《食货》二十、《选举》十二、《职官》六十三、《礼》四十、《乐》五、《兵》十二、《刑》十一、《州郡》二十六、《边防》十一，又《目录》二卷，时论非其重复，不得传布，见《玉海》五十一。虽奉真宗诏撰，无异白之自作，其后魏了翁又续《宋书》，名曰《国朝通典》，皆见称于马端临《通考·自序》。而端临则谓宋之书成而传习者少，魏则属稿而未成书，今则《宋书》久佚，仅《通鉴考异》引用数事，又《通鉴注》屡屡引之，为元末其书尚在之证。《通考》叙天宝后讫五代事，自必依用《宋书》，然端临既谓传习者少，或竟未见其书，就其所称，今行世者独杜公之书，可以征之。明人王圻撰《续文献通考》二百五十四卷，上接宋宁宗嘉定，下讫明神宗万历，其于马书门类，稍有增易。盖欲于《通考》之外，兼擅《通志》之长。初意王氏之书，作于明之中叶，文渊旧藏具在，前代逸事，不难旁求，乃于明代以前，悉取宋、辽、金、元四史入录，绝少新材，为之失望。然其书以多为胜，又辑明事甚备，其经籍考著录之书，多可与焦竑《国史·经籍志》《明史·艺文志》相印证，亦为不废之典。清四库馆臣，讥其体例揉杂，颠舛丛生，遂使数典之书，变为兔园之策。[69]然取此以衡清修《续通志》，度亦无以相胜也。海宁朱奇龄字与三，清康熙时优贡也。撰《续文献通考补》十册，四十八卷，即补王圻之书，续万历以后事，讫于明末，合彼两书，可备一代之典，惜为抄本，迄未刊行。由是言之，《续通典》《通考》者，各有两种，而传世者只有王氏《续考》一书。清代官撰之《续通典》《续通考》，大体尚可，惟《通考》本为增补《通典》之未备而作，两书实为一书，而续之者，并为一书可矣，而必各依原门，一一为之续撰，既蹈重复犹床上施床之诮，抑何其不惮烦耶？今之考典制者，重视王氏《续考》，尤过于官书，是又以罕而见珍矣。清廷续《通典》《通考》而不足，又为之撰《皇朝通典》，及《皇朝文献通考》，且因有《续通志》，又撰《皇朝通志》，不过去其纪、传与谱，而仅撰二十略，以接前书耳。《通志》之二十略，去其《氏族》《六书》《七音》《校雠》《图谱》《金石》《昆虫》《草木》诸略，亦与杜、马二书无异，此亦所谓续其所不必续者。盖清高宗性喜夸大，震于三通之名，遂取而一一续之，以成其所谓九通，至于是否必要，是否重复，则又有不暇计者矣。近人吴兴刘锦藻，以清修《皇朝通考》，即《清通考》。讫于乾隆二十六年，乃取而续之，名《续皇朝文献通考》，其初稿撰于清光绪末年，故只续至光绪三十年而止。辛亥以后，锦藻又续其书至宣统三年清亡之日止，上接前书，而有清一代之典制备矣。锦藻虽续官书，实为私撰，吾检读其《经籍考》著录各书，略系解题，实远胜于《清史稿·艺文志》，其他各考，亦极详赡，继杜、马之业，而侪王、朱二氏，以续成一代之典，诚为近顷所仅见矣。

通考各代之礼制，而撰成一书者，始于徐乾学之《读礼通考》一百二十卷，助其修书者为阎若璩，或又谓其稿出于万斯同，斯同固精于三礼者也。惟所考者，特详凶礼，不能备五礼之全，后乃并吉、军、嘉、宾四礼，别撰《五礼备考》若干卷，稿本见存浙江图书馆，而书实未成。厥后秦蕙田乃撰《五礼通考》二百六十二卷，依《周礼》吉、凶、军、嘉、宾之五目，立为五门七十五类，以乐律附于吉礼、宗庙、制度之后，以天文、推步、句股、割圆，立观象授时一题统之，以古今州国都邑山川地名，立体国经野一题统之，并载入嘉礼，是则取历代之典章制度之属于礼者而通考之，视徐书为大备矣。然《四库提要》则谓其事属旁涉，非五礼所应该。而章太炎先生亦曾论及是书曰：

> 此书由戴东原、钱竹汀、方观承等参酌而成，观象授时一门，戴氏之力居多，全书记载详尽，胜于《通志》。先是徐乾学作《读礼通考》一百二十卷，特详凶礼，于是秦书于凶礼独略，名为五礼，实止四礼，此一失也。又古典章制度，本非五礼所能包举，秦书二百六十二卷，吉礼占其大半，且多祭祀一类，考古有余，通今不足，此又一失也。《通考》综朝觐、巡狩诸事，称曰王礼，选举学校，分门别立，而秦书一皆入之嘉礼，其中又设观象授时、体国经野诸

类，以统天文、舆地，此又极可笑者也。彼以为周礼朝觐属于宾礼，后世帝王一统，宾礼止行于外藩。臣工入见，无所谓宾礼，故以朝礼入嘉礼，巡狩之礼亦并入焉，不知其为大谬也。夫体国经野，设官分职，《周礼》六官皆然，而吉、凶、军、嘉、宾五礼，为春官、大宗伯所掌，大宗伯掌邦教，以佐王和邦国，以吉礼事邦国之鬼神，以凶礼哀邦国之忧，以宾礼亲邦国，以军礼同邦国，以嘉礼亲万民，以五礼为纲，其目三十有六。周代众建诸侯，礼则宜然。后世易封建为郡县，五礼之名，已不甚合。且嘉礼以亲万民，焉得以政治制度当之。《礼记》云："经礼三百，曲礼三千，"郑康成谓经礼者，《周礼》也。曲礼者，仪礼也。余以为观象授时，体国经野，设官分职，学校制度，巡狩朝觐，皆可谓之经礼。《左传》所谓礼经国家定社稷序民人利后嗣，《孝经》所谓安上治民莫善于礼，是也。经礼之外，别立曲礼一类，然后依五礼分之，如是始秩然不紊，今但以五礼分配，于是舆地归体国经野，职官归设官分职，一切驱蛇龙而放之菹，不识当时戴东原、钱竹汀辈，何以不为纠正也。**《史学略说》**

所论可谓切中其失，知经礼、典礼之宜分，则典章制度不宜混入于节文仪注之内，明矣。或谓秦书盖因徐氏《五礼备考》旧稿增补而成。吾未得见《备考》，无以断其说之然否。然取《通典》《通考》二书，与秦书比而观之，以其名言，则秦书仅当彼二书言礼之一部，以其实言，则秦书所含不止言礼，又似彼二书之别一礼。夫古人言礼，实包典制在内，故亦合称典礼，所谓经礼是也。依此言之，则《通典》《通考》俱可称为通礼，然秦书所载者，实不能赅《通典》《通考》在内，则其所注重者在节文仪注之典礼，又不待言矣。秦书之后，又有黄以周《礼书通故》一百卷，精博过于秦书，可谓后来居上。然其所重不在因革损益之迹，故仍以秦书为惟一之礼史，或取秦书以与三通相配，谓为四通，亦非无故也已。吾谓诸言通史者，于三通外，不可遗《通鉴》而不数，杭氏之说允矣。再益以秦书，则可称为五通。《通志》兼政事典制而并举之，《通鉴》则专详政事，《通典》《通考》则专详典制，秦书又于典制之外，兼详节文仪注之典礼，合此五书，乃得备通史之全，所谓典礼类之通史，亦大略尽于是矣。

通史之外，又有专史。专史者，自通史析而出之，而语又加详者也。例如《通典》，凡分八门，每门可自为一史，析为专史八种，《通考》凡分二十四门，每门可自为一史，析为专史二十四种，故自其合而言之，谓之通史，自其分而言之，又谓之专史。今世所撰之专史，或曰田赋史，则曰财政史，或曰教育史，或曰民族史，或曰边疆史，一寻其源，多由自杜佑、马端临二书，此一种通史可析为多种专史之明证也。吾国专史之最著者，首推类于传记之学术史，其述者虽有多种，然可称为代表之作者，亦不过二三种而已。朱熹于宋孝宗乾道九年，撰《伊雒渊源录》十四卷，记周敦颐以下及程颢、程颐兄弟交游门弟子言行，以明其学之所自，此稍具学史雏形者也。逮明末清初，黄宗羲撰《明儒学案》六十二卷，而吾国乃有真正之学史。先是周汝登撰《圣学宗传》，孙钟元撰《理学宗传》，宗羲则谓各家自有宗旨，而汝登见闻隘陋，主张禅学，搅金银铜铁为一器，是汝登一人之宗旨，非各家之宗旨也。至钟元则杂收不复甄别，其批注所及，未必得其要领，而其闻见亦犹之汝登也。于是搜采有明一代讲学诸人文集语录，分析宗派，以为此书。大约分全明为三期：初叶犹行程、朱之学，故先立崇仁、河东两学案，崇仁以吴与弼为首，而胡居仁、娄谅附焉。河东以薛瑄为首，而吕柟附焉，此皆纯以程、朱为主者也。此期又立《白沙学案》，以陈献章为主，一传而为湛若水，此派自立门户，不附程、朱，近于陆学九渊，实启王学阳明之机缄。中期则以王学为主，首立《姚江学案》，专述王守仁，次浙中、江右、南中、楚中、北方、粤闽各学案，皆缀以王门二字，以见传授之广，此王学极盛之时也。末期则立东林、蕺山两学案，东林以顾宪成、高攀龙为首，蕺山则为刘宗周一人，亦宗羲之所师法也。此期以修正王学末流之弊为务，而下启清儒考证学及浙东史学之绪。又立诸儒学案，以收诸家以外之讲学诸子。至于叙次之法，先为诸家撰小传，以概其生平，次录其精要语，以明论学之大旨，此可谓体大思精网罗宏富者矣。此书之佳处有三：一能分别各家论学之宗旨，二能透露其人一生之精神，三于一偏之见，相反之论，尤能著眼理会，已具见于其自撰之发凡矣。书成于清康熙十五年丙辰以后，时宗羲年近七十，犹发凡起例，续纂《宋元学案》，仅成十七卷而卒，其子百家续之，亦未卒业，其后全祖望乃为续成之。自乾隆十年以至十九年为全氏卒之前一年之十年中，全氏无岁不修此书，其所修补者，殆居全书十之七，有原本所有而为之增损者，有原本所无而为之特立者，亦有自原本析出而别为一案者。草创甫定，而祖望卒。稿本归其门人卢镐，又由宗羲之玄孙稚圭同其子正黼为之整补，写成八十六卷，又经王梓材为之校补，足成祖望《序录》百卷之数，梓材又有《宋元学案补遗》百卷，近人刊入《四明丛书》。书经五六人之手，积久而后付刊，噫！何其难也。此书之佳处，每一学案之前先立一表，备举其师友弟子，以明学派渊源，及其传授之广，次立小传，次录论学语，后缀附录，载其遗闻逸事，及后人评论，其方法视《明儒学案》为更进一步矣。所立宋儒诸学案，应以周濂溪、程明道、程伊川、张横渠、朱晦翁、陆象山六学案为主，而二程、朱、陆之传授尤广，并为学案之中坚。首以安定泰山，明其源也。次之以涑水百源，则周、张、二程之亚也，再次也张南轩、吕东莱、叶水心、陈龙川，则朱、陆二氏之亚也，其余则二程、朱、陆之支与流裔也。《元儒学案》举鲁斋、静修、草庐诸氏，略备一格而已。明人冯从吾曾撰《元儒考略》四卷，掇拾残丛，稍存梗概，或亦全氏之所取资乎。清人唐鉴撰《国朝学案小识》十五卷，专明程、朱之学，推崇清初之二陆、陆陇其、陆世仪。二张。张履祥、张伯行。而于汤斌以下兼宗陆王者，率多贬辞，门户之见太深，不如黄、全之书远甚，而坊刻取与相配，称为《四朝学案》，非其伦也。徐世昌命其门客撰《清儒学案》一百卷，最近始刊行。近人唐晏撰《两汉三国学案》十一卷，在《龙溪精舍丛书》内。以《易》《书》《诗》《礼》《乐》《春秋》《论语》《孝经》《孟子》《尔雅》为目，而次治各经之学者于下，末附《明经文学列传》，亦以明文章之本于经术，此书之作，盖以明经学之传授，而其他不得与，然亦新撰学史之一种也。清代儒先长于考证，惠栋、戴震俱为大师，言易必取荀虞，言书必斥伪孔安国，言诗必宗毛氏亨，言礼必崇二郑，郑众、郑玄。言左氏必主服虔贾逵，皆汉人之说也。惠氏之弟子江藩，为撰《汉学师承记》八卷，以尊扬之，虽以汉学先导之顾炎武，亦仅列于附录，又别撰《国朝宋学渊源记》凡二卷又附记一卷以载宋学诸家门户之深，与唐氏同，然由是书可窥见清儒治学梗概，亦学史中之后劲也。然学史之书尚有不止者，万斯同之《儒林宗派》，熊赐履之《学统》，张伯行之《伊雒渊源续录》，戴望之《颜氏学记》，或明各家之派别，或究一家之始末，若斯之类，不可殚数，姑举一二，以明其梗概而已。

专史之作，初不以上述为限也。如朱彝尊撰《经义考》三百卷，翁方纲撰《经义考补正》十二卷，专录经部之书，不论存佚，悉加比缉，谢启昆《小学考》五十卷，亦用斯例，览之可收辨章学术之效，此经学、小学二史之权舆也。章学诚仿《经义考》之例，撰《史籍考》三百二十五卷，书既未就，稿亦散佚，否则亦史学史之权舆矣。详见下章。南海张维屏撰《诗人征略》，满州震钧亦撰《书人辑略》，皆以清代为限，亦与近顷之文学史为近。阮元《畴人传》四十六卷，罗士琳《续畴人传》六卷，诸可宝《畴人传三编》七卷，周亮工《印人传》三卷，皆具专史之一体，特其所叙，前者以书为主，近于目录，后者以人为主，近于传记，与近顷以学术为主之专史，有新旧之不同耳。凡此所述，悉自典礼一类之专史扩而充之以至于无极者也。吾谓专史之作，应肇自诸史之志传，如合诸史之儒林传，可为学术史，合文苑传，可为文学史，合艺文志，可为目录学史，合地理志，可为舆地沿革史，合食货志，可为经济史，此与分析《通典》《通考》之各门可成为若干专史者同旨。故谓学史之作，至黄宗羲而具其规模，可也，谓始于黄宗羲，不可也。

析一通史可为若干专史，此学贵分析之效也。反之，亦可合若干专史而为一通史，此学贵综合之效也。今之方志，以县为单位，综合若干县志，即可成一省志，亦如综合若干专史而为一通史。然政事典礼之史，皆以纵为通，而方志之史，则以横为通，此所谓横通，以横为通，即为旁通，又非章学诚之所谓横通也。参阅《文史通义·横通篇》。吾国舆地之学，肇于晋之裴秀，而盛于唐之贾耽。《晋书·裴秀传》云：

> 秀，儒学洽闻，且留心政事……职在地官，武帝时官司空掌土地之职。以《禹贡》山川地名，从来久远，多有变易，后世说者，或彊牵引，渐以暗昧，于是甄摘旧文，疑者则阙，古有名而今无者，皆随事注列，作《禹贡地域图》十八篇。奏之，藏于秘府。其序曰：图书之设，由来尚矣。自古立象垂制，而赖其用，三代置其官，国史掌厥职，暨汉屠咸阳，萧何尽收秦之图籍，今秘府既无古之地图，又无萧何所得，惟有汉世舆地及括地诸杂图，各不设分率，又不考正准望，亦不备载名山大川，虽有粗形，皆不精审，不可依据。或荒外迂诞之言，不合事实，于义

无取。大晋龙兴，混一六合，以清宇宙，始于庸蜀，深入其阻，文皇帝乃命有司，撰访《吴蜀地图》。蜀土既定，六军所经，地域远近，山川险易，征路迂直，校验图记，罔或有差。今上考《禹贡》山海川流，原隰陂泽，古之九州，及今之十六州，郡国县邑，疆界乡陬，及古国盟会旧名，水陆径路，为地图十八篇。制图之经有六焉，一曰分率，所以辨广轮之度也；二曰准望，所以正彼此之体也；三曰道里，所以定所由之数也；四曰高下，五曰方邪；六曰迂直，此三者各因地而制宜，所以校夷险之异也。有图象而无分率，则无以审远近之差，有分率而无准望，虽得之于一隅，必失之于他方，有准望而无道里，则施于山海隔绝之地，不能以相通，有道里而无高下、方邪、迂直之校，则径路之数，必与远近之实相违，失准望之正矣，故以六者参而考之。然远近之实，定于分率，彼此之实，定于道里，度数之实，定于高下、方邪、迂直之算，故虽有峻山巨野之隔，绝域殊方之回，登降诡曲之因，皆可得举而定者，准望之法既正，则曲直远近，无所隐其形也。

盖古人虽有舆图，而粗率特甚，自裴秀出，始立制图之经。所谓分率、准望、道里、高下、方邪、迂直六者，即今日制图之新法，亦不能出其范围，此诚史学界之一大发明也。[70]《旧唐书·贾耽传》则云：

耽好地理学，凡四夷之使，及使四夷还者，必与之从容讯其山川土地之终始。是以九州之险夷，百蛮之土俗，区分指画，备究源流，自土蕃陷陇右，积年国家，守于内地，旧时镇戍，不可复知。耽乃画陇右山南图，兼黄河经界远近，聚其说为书十卷。表献曰：臣闻楚左史倚相，能读《九丘》，晋司空裴秀创为六体，《九丘》乃成赋之古经，六体则为图之新意。臣虽愚昧，夙尝师范，累蒙拔擢，遂忝台司，虽历践职任，诚多旷阙，而率土山川，不忘寤寐，其大图，外薄四海，内别九州，必藉精详，乃可摹写，见更缵集，续冀毕功。然而陇右一隅，久沦蕃寇，职方失其图记，境土难以区分，辄扣课虚微，采掇舆议，画关中陇右及山南九州等图一轴。伏以洮湟旧墟，接连监牧，甘凉右地，控带朔陲，歧路之侦候交通，军镇之备御冲要，莫不匠意就实，依稀像真。如圣恩遣将护边，敕书授律，则灵庆之设险在目，原会之封略可知，诸州诸军，须论里数人额，诸山诸水，须言首尾源流，图上不可备书，凭据必资记注，谨撰《别录》六卷。又黄河为四渎之宗，西戎乃群羌之帅，臣并研寻史牒，翦弃浮词，罄所闻知，编为四卷，《通录》都为十卷，文义鄙朴，伏增渐悚，德宗览之称善此贞元九年事。至十七年，又撰成《海内华夷图》，及《古今郡国县道四夷述》四十卷。爰献之曰："臣弱冠之岁，好闻方言，筮仕之辰，注意地理，究观研考，垂三十年。绝域之比邻，异蕃之习俗，梯山献琛之路，乘船来朝之人，咸究竟其源流，访求其居处，阛阓之行贾，戎貊之遗老，莫不听其言而掇其要，阎阎之琐语，风谣之小说，亦收其异而芟其伪。……去兴元元年，伏奉进止，令臣修撰国图。……近乃力竭衰病，思殚所闻见，藂于丹青，谨令工人画《海内华夷图》一轴。广三丈，纵三丈三尺，率以一寸，折成百里，别章甫左衽，奠高山大川，缩四极于纤缟，分百郡于作缋，宇宙虽广，舒之不盈庭，舟车所通，览之咸在目。并撰《古今郡国县道四夷述》四十卷，中国以《禹贡》为首，外夷以班史发源，郡县纪其增减，蕃落叙其盛衰，前地理书以黔州属酉阳，今则改入巴郡，前《西戎志》以安国为安息，今则改入康居，凡诸疏舛，悉从厘正，陇西十地，播弃于永初之中，辽东乐浪，陷屈于建安之际，曹公弃陉北，晋氏迁江南，缘边累经侵盗，故墟日致湮毁，旧史撰录，十得二三，今书搜补，所获大半。……其古郡国题以墨，今州县题以朱，今古殊文，执习简易。"……优诏答之。**《新唐书·耽传》较此为略。**

耽所言制图之法，大抵原于裴秀，惟所制之《华夷图》，率以一寸折成百里，深合今日经纬分度之法，视裴秀之分率法，而益为精密矣。据《新唐书·艺文志》，著录耽所著书有《古今郡国县道四夷述》四十卷，《关中陇右山南九州别录》六卷，《吐蕃黄河录》四卷，盖即《旧书》本传之所载者。又有《地图》十卷，《皇华四达记》十卷，《贞元十道录》四卷。《新唐书·地理志》末云，贞元宰相贾耽，考方域道里之数最详，从边州入四夷通译于鸿胪者，莫不毕纪，其入四夷之路，与关戍走集最要者也。其下纪入四夷之道凡七：一曰营州入安东道，二曰登州海行入高丽渤海道，三曰夏州塞外通大同云中道，四曰中受降入回鹘道，五曰安西入西域道，六曰安南通天竺道，七曰广州通海夷道，各纪其经道里甚详。吾考《武经总要·北蕃地里》一卷及登州海程下，数引贾耽《皇华四达记》，而文与《唐志》略同，是则《唐志》所谓边州入四夷道里，即节录《皇华四达记》之文也。高丽金富轼《三国史记》，亦数引贾耽之书，一曰《古今郡国志》，一曰《四夷述》，殆即耽所著之《古今郡国县道四夷述》，伪齐刘豫阜昌中，曾刊《华夷图》于石，作纵横方格，略如耽所述，中略补入宋代地名及诸夷。原石见存长安碑林，是盖用耽所续之本，寻《旧唐书·本传》所纪。盖以《华夷图》绘于《四夷述》之前，共为一书，故《新唐书》亦不复别举之也。耽之于地理学，不惟究心于图之制法，且极注意沿革，其以古郡国题以墨，今州县题以朱，至今犹为不易。而所撰《古今郡国县道四夷述》一书，兼具古今，明其因革，应为地方总志之善本，视隋代官撰之《区宇图志》，唐魏王泰命其府僚合撰之《括地志》，尤为切实有用，难能可贵，是盖纵横并用以为通者，亦为治地理沿革学者之开山也。其后元人朱思本，所画方图，为罗洪先所本，以改制《广舆图》，朱图尤为顾祖禹所见，《方舆纪要·凡例》而今亦不可复得，是亦贾耽之后劲，而不可不述者。

贾耽之后，地志之可述者，在唐则有李吉甫之《元和郡县图志》，宋乐史之《太平寰宇记》，王象之之《舆地纪胜》，至王存之《元丰九域志》，出于官撰，已述于上章者，则不之数焉。吉甫之书，以宪宗元和时之郡县为本，起京兆府，尽陇右道，凡四十七镇，成四十卷，详载四至八到。及开元元和之户数，每镇皆有图冠于篇首，故有图志之称。宋孝宗淳熙二年，程大昌称图已亡，故今仅志存，而又有阙卷，实存三十四卷。清严观有《补志》九卷，缪荃荪又辑佚文三卷，则所阙者亦仅矣。洪迈跋是书，谓为元和八年所上，然书中有更置宥州一条，乃在元和九年，盖吉甫于书成后，又自续入之也。前于此者之图经、地志，如《区宇图志》《括地志》，均已散佚，惟此书为最古，其为世所宝重，宜矣。乐史之书，撰于宋太宗时，而所叙郡县，多属唐代之旧，是时燕云十六州，久为石晋割赠契丹，而史亦取其地，一一列入版图。盖史之作此书，实以贾耽《十道志》、李吉甫《郡县图志》为蓝本，凡为原书所有者，大半录入。又宋人之意，仍以十六州为中国旧疆，恢复之念，未尝一日能忘，与其置而不数，无宁过而存之也。贾耽之书，吾所未见，吉甫之书，于前代图经、地志，采撷颇多。然乐史犹谓贾、李之书为阙漏，于列朝人物题咏，并有登载，始为后来方志必列人物艺文之所始。兹考唐、宋二代地理之书，自以《寰宇记》为最赅博，而前此佚书之逸句，亦尝藉此得以考见，此是书之所以可贵也。原本为二百卷，今本阙卷一百十三至一百十九之七卷，遵义黎庶昌自日本访得卷一百十三至十七又十八卷之半，共为五卷半，刊入《古逸丛书》之内，则所阙者，仅为一卷有半矣。王象之更取李、乐二书，及王存《九域志》之纪名胜古迹者，别为《舆地纪胜》二百卷。又就宋人诗集中之咏名胜古迹者附益之，惟其中尚阙二十二卷。元代修《大一统志》，所录李、乐诸氏之记载，多自是书间接移录，试取残本证之，可知吾说不谬。至如欧阳忞之《舆地广记》，祝穆之《方舆胜览》，虽非上述数书之比，然亦《九域志》之亚，犹附庸之于大国焉。

辽金时代，官撰之地方总志，今无所考。惟元代于官撰《大一统志》之外，又有二书。其一曰《圣朝一作大元混一方舆胜览》，其二曰《大元混一方舆要览》。《胜览》书凡三卷，无撰人名，今传《元训事文类聚翰墨全书》，后乙集地理类，及《群书通要癸集》，皆以此书录入之。首以各行省为纲，次则省属之各路府，次则各路府属之州，次则州属之县，每州县之下，略具沿革故事、山川形胜，可与《元史·地理志》互证，而时有异同。《翰墨全书》本为元代坊贾所刻，而其中往往含有遗珍，此书即元人地方总志仅存之作也。钱大昕《补元史艺文志》，于《胜览》外，并著录郭衡《大元混一方舆要览》七卷，而见无传本，厉鹗《辽史拾遗》，凡六引《要览》，其中三事，同于《胜览》。吾颇疑《翰墨全书群书通要》所著录者，即为郭氏之书，而节删七卷为三卷，钱氏集中有《跋胜览》一首，未尝语及郭作，是则《要览》，亦为钱氏所未见。盖据《千顷堂书目》而著录，然《千顷堂书目》，只有《要览》，而无《胜览》，而钱氏则并著之，亦其考古之疏也。吾又在日本京都得见《混一疆理历代国都之图》一帧，专详元代方舆，而为明人改题者，疑为《要览》所冠之图，然亦无可取证矣。

明代于官修《寰宇通志》《一统志》之外，有一巨制，即宛溪顾祖禹之《读史方舆纪要》是也。祖禹生当明末，遭亡国之痛，伏处故里，自撰一书，年三十九始功，经二十年之岁月乃成。其全书之大旨，悉具于《总序》《凡例》之中。《总序》三首，实为一首而分三段，盖仿太史公自序而作，其序作书之动机，由于禀父遗命。先是祖禹之高祖大栋，于嘉靖时官光禄丞，著《九边图说》行世，祖禹蒙此影响，故笃志于地理学。祖禹又述其父柔谦临殁之言曰：“及余之身，而四海陆沉，九州腾沸，仅获保首领具衣冠以从祖父于地下，而十五国之幅员，三百年之图籍，泯焉沦没，文献莫征，能无悼叹乎。故于父殁四年后，命笔撰述，以成此书。”而祖禹亦自谓：“凡吾所以为此书者，亦重望夫世之先知之也。不先知之，而以惘然无所适从者任天下之事，举宗庙社稷之重，一旦束手而畀之他人，此先君所为愤痛呼号扼腕以至于死也。”是即自述其作书之动机也。祖禹又释其名书之意云：

> 地道静而有恒，故曰方，博而职载，故曰舆。然其高下险夷刚柔燥湿之繁变，不胜书也；人事之废兴损益圮筑穿塞之不齐，不胜书也；名号屡更，新旧错出，事会滋多，昨无今有，故详不胜详者莫过于方舆。是书以古今之方舆衷之于史，即以古今之史质之于方舆，史其方舆之乡导乎。苟无当于史，史之所载不尽合于方舆者，不敢滥登也。故曰《读史方舆纪要》。《凡例》

吾谓史学之与舆地，相资为用者也。研史而不明舆地，则必多扞格难通之处，且舆地之属于古今沿革者，乃为史学之一部，与治自然地理、人文地理者殊途。试取诸史地理志而连贯读之，以求其通，是为舆地沿革之学，则无有善于此书者矣。书凡一百三十卷，首论《州域形势》九卷，次《十三司》一百十四卷，次《川渎》六卷，末以《分野》一卷殿之。前世撰地志者，偏重名胜古迹，至于邱壤、山川、攻守、利害，多略而不书，《纪胜》《胜览》诸书且勿论，《寰宇记》亦不免此病，独《元和志》识得此意，而后则罕有能续之者。故此书叙山川险易、古今用兵战守攻取之宜，兴亡成败之迹最详，而于景物游览之胜则从略，此又作者经世致用之微旨也。至其叙次之法，两京及各司先冠总序，次之以图，次则有正文，有分注，有特见者，有附见者，大抵以府州县为纲，而以在某一县内之城镇山川附注之，顶格写者为正文，低格写者为注，夹行写者为注中之注，凡涉史迹，纤悉靡遗，而首尾联贯如一论文。其论州域形势，则用朱熹《纲目》之法，自撰纲要，而复自为之注，眉目清晰，颇便省览。近人柳诒徵之《中国文化史》，钱穆之《国学概论》，皆以善用其法而蔚然称为名作者也。祖禹之著此书，盖集百代之成言，考诸家之绪论，穷年累月，矻矻不休，至于舟车所经，亦必览城郭，按山川，稽里道，问关津，以及商旅之子，征戍之夫，或与从容谈论，考核异同。据《自序》。而其友南昌彭士望则称之曰："是人则踽踽穷饿妻子之不惜，独身闭一室之中，心周行大地九万里之内外，别白真伪，如视掌中，手画口宣，立为判决，召东西南北海之人，质之而无疑，聚魁奇雄桀闳深敏异之士，辨之而不穷，据之而有用。据士望《方舆纪要·序》。由是言之，其用力之深，为何如也。祖禹承其先志，抱有亡国之痛，除晚年一应徐乾学之招参修《一统志》之外，未肯一入仕途，盖与黄宗羲、顾炎武、王夫之诸氏，节概意趣相同，谓之明遗民可也。故其书中壹以明之两京十三司为主，无一语及于新朝。近有传抄本出世，校以刊本，如《辽东行都司》一卷，所纪建州故实，以涉时忌而削剟者至夥，有人录出为《补遗》一卷，凡今本称明者，悉为国朝二字，又可征其微尚之所存矣。清嘉道中有许鸿磐者，撰《方舆考证》一百卷，以清代之各直省为主，体例一依顾书，虽能订其阙误，补其未备，而议论之闳博，识力之远大，不如顾氏远甚，盖以考订补缀见长，而不敢以疆域形势为务者也。近岁此书始有刻本，吾尝取校顾书，故得从而衡论之。

与祖禹年世相若者，有昆山顾炎武，年世稍后者，有无锡顾栋高，可与祖禹合称三顾。炎武著《肇域志》未成，又著《天下郡国利病书》，其志亦在经世，与祖禹为桴鼓之应。惟其书系杂取各府州县志、历朝奏疏文集及《明实录》抄撮而成，盖为所撰《肇域志》之稿本，以其中所载多为明代史实，故世人与《方舆纪要》并宝重之。栋高所著书曰《春秋大事表》，系将《左传》之全部，分为若干标题，综集一题之事实，列而为表，盖与《通鉴纪事本末》之作法相同，不过易纪事而为表耳。梁任公极称是书，亦善抄书可以成创作之一例。清代史家如万斯同，以善制表名，近人吴先生廷燮所撰《历代方镇年表》，裒然巨帙，可与万氏之《历代史表》后先辉映。至如清代官撰之《历代职官表》，陈芳绩之《历代地理沿革表》，杨丕复之《舆地沿革表》，段长基之《疆域沿革二表》，皆总考诸史以为一书，非一枝一节之比，极有裨于治史。方志具史之一体，首之以图，辅之以表，与纪传、编年之史同功，吾故取栋高之表而并述之也。

以上所述之方志，多为地方总志，合全中国以为纪述之准，其次则有省志、县志，省志概称通志，前章已略述之。清代之府、厅、州、县志，多由名家主撰，如马骕之《邹平县志》顾亭林考订，陆陇其之《灵寿县志》，王昶之《太仓州志》，戴震之《汾州府志》，洪亮吉之《怀庆府志》，章学诚之《和州志》《永清县志》，段玉裁之《富顺县志》，李兆洛之《凤台县志》，莫友芝之《遵义府志》，陈澧之《番禺县志》，郭嵩焘之《湘阴县图志》，王闿运之《湘潭县志》，李慈铭之《绍兴府志》，缪荃荪之《顺天府志》《江阴县志》，[71]或以官于其地，或以生于是乡，或以交旧延修，或以旅程所至，不必设局置属，多由一手草成。章学诚不得自撰一史，犹得寄其意于修志者，此史家之不得已也，又何可以无述乎。地方总志，属于方志类之通史，府、厅、州、县志，属于方志类之专史，而各省通志，则介乎通史专史之间，是故典礼、方志两类，各有其通史与专史，而本节所述亦大略具之矣。

本期私修诸史之四类，如上所述，不过略具梗概，然已有繁而不杀之叹，诚以作者之多也。兹总所述，括以二端：一曰本期史家之辜较大略，二曰本期史学之趋势。

吾向谓榷论吾国史家，应以史籍为依据。凡史家所擅之史学，即具于所著史籍之中，论古代然，论近代亦然，其在例外而当别论者，仅刘知幾、章学诚数人而已。以吾所知，唐代则有贾耽、杜佑，宋代则有欧阳修、司马光、袁枢、郑樵、马端临，明清之交则有顾祖禹、黄宗羲，此皆章学诚所谓具有别识通裁者。其他若唐之吴兢、柳芳，宋之宋祁、胡三省，金之元好问、刘祁，元之王鹗、苏天爵，明之宋濂、柯维骐、王维俭，清之全祖望、钱大昕、屠寄、柯绍忞，不过随时补苴，规模未远，非上述数家之比也。司马光、郑樵合十七史之纪传以为一编，而一则仍为纪、传，一则改为编年，杜佑、马端临合十七史之书志以为一编，而一以精简胜，而一以详赡胜，而顾祖禹更以方舆为经，史事为纬，冶史、地之学为一炉，于是人始知治史者不可不明地理，此皆具有通裁者也。贾耽因裴秀之成法而精研之，以制《华夷图》，袁枢析《通鉴》为若干事类，以成《纪事本末》，黄宗羲荟萃讲学家之传志学说，而创修学术史，此皆具有别识者也。然通裁之中未尝无别识，而别识之中亦未尝无通裁焉。若乃欧阳修之不假众手，奋笔暗室，自撰一史，上以追综子长、孟坚，下以开明、清二代私家撰史之风，尤为唐宋以来所仅见，又不能以别识通裁而为之限者。要之皆就其所撰之史，以为榷论之资，而其所擅之史学亦即在是，一也。论者多谓魏、晋、南北朝之世，私家修史之风最盛，后世莫能比数，此非衷于情实之论也。试观本期之私史，林林总总，多于魏、晋、南北朝时数倍，讵得谓不能比数。虽然，此两朝之私史，则不无其异致焉。后汉亡于魏，而《东观汉纪》以成，魏易为晋，而《三国志》以作，晋有东西，而作史者十八家，疆分南北，而有书者十六国，至于在南之宋、齐、梁、陈，在北之魏、齐、周、隋，私家之作，更不胜数。且如干宝《晋纪》，撰于南渡之后，孙盛《阳秋》，作于典午司马氏未终，不必易代，乃得命笔，以今例古，亦不其然。近世私家作史，困难綦多，宋之王偁，以一手一足之烈，述东都九帝之事，继武欧阳，本属罕觏。明人好撰国史，而吴炎、潘柽章、庄廷陇之徒，以修《明史》受祸，后遂相戒而不为。特撰史之风，不能因此而杀，于是避近代，而转趋前古，怯于创作，而转勇于改修，不敢谈治乱兴衰，而转考典章制度，大抵本期诸史，不出上述三端。是故私史虽多，而面目大异于昔，趋势如此，其他可知，二也。

总而言之，本期史学，自有相当之成绩，相当之进步，不过考古之作多，而通今之士少耳。时涉多忌，史难举职，虽豪杰之士，亦为之无可奈何，此刘知幾、章学诚二氏，所为徒垂空论而不能自造一史也。

注释

[1]参阅《四库提要》五十《东都事略》条。

[2]《啸亭杂录》谓鸿绪身后，其子孙镂版进呈，以版心镌横云山人史稿，遂碍颁发。今按其版心，只有“横云山人集”五字，而书之正名，则为《明史稿》。

[3]魏源《古微堂集·评明史稿》，陈康祺《燕下乡脞录四笔》，皆谓王氏为攘窃。

[4]杨椿《孟邻堂集·上明鉴纲目馆总裁书》。

[5]汤斌亦有《明史稿》若干卷，刊入集中。

[6]见《啸亭杂录》及《古微堂集》。

[7]此节据陈守实《明史稿考证》（《国学论丛》第一卷第一号），及黄云眉《明史编纂考略》（《金陵学报》第一卷第二期）。

[8]此节据《四库提要·别史》“《契丹国志》”条。

[9]此节略用《四库提要·别史》“《大金国志》”条。

[10]据《晋书》八十二《司马彪传》。传又云，彪后以周为未尽善也，条《古史考》中凡百二十二事为不当，多采《汲冢纪年》之义。

[11]周必大《萧氏续后汉书序》云，苏轼记王彭之说，以为涂巷谈三国时事，儿童听者，闻刘败则颦蹙，曹败则称快，遂谓君子、小人之

泽，百世不斩。

[12]此本诸淳熙间所进《四朝国史》本传。

[13]韩淲《涧泉日记》，及章氏所论，皆见《章氏遗书外编》一信摭。

[14]见《直斋书录解题》。又《玉海》载欧阳修事迹云：发端必以呜呼，此乱世而立治法。

[15]据《新五代史》徐注，及《二十二史劄记》二十一“欧史书法谨严”条。

[16]《十七史商榷》九十二“断代为史错综非是”条。

[17]章氏信摭云：原欧氏之意，五代典制，荒略不足为法。故存司天职方，使有稽考而已。

[18]《四库·正史类》，著录《五代史纂误》三卷，晁、陈二家书目，皆作五卷，《宋志》作三卷，原书已佚，馆臣自《永乐大典》中辑出三卷，凡百十二事，证以晁氏所称二百余事，约存十之五六，是梗概已略具矣。

[19]黄佐《宋史新编序》：景泰中，翰林学士周叙上言，自愿重修《宋史》，后竟牵于职司，未能成编，与本传作正统末者异。

[20]吴向之先生告余，在嘉靖十五年，当据《实录》。本传惟云嘉靖中。

[21]《四库提要》亦谓其纠谬补遗，亦颇有所考订。

[22]《书目答问》云，《宋史新编》有明刊本。（按：明刊本尚能觅购。）

[23]宋宾王，字蔚如，娄县人，起家市井，藏书极富，苦心校雠，精当无比。（按：宾王之世不详，当为清初人。）

[24]出陈黄中《东庄遗集》二，此书仅南京国学图书馆、日本静嘉堂有藏本。又序中所举朱彝尊语，见《曝书亭集》四十五《续通鉴长编》《宋史新编》两书后。

[25]静嘉堂本《东庄遗集》，有王芑孙识于《宋史稿·自序》眉云，此书可惜，不知安往矣。是王氏在日，已不知其下落。

[26]以上略本《四库提要》四十七“《元史续编》”条，又《千顷堂书目》著录危素《元史稿》五十卷，素是否于明初修《元史》，无

考。且《千顷堂书目》所著录者，不尽可据，故未叙入正文。

[27]语出魏源《拟进呈元史新编表》。

[28]据陆润庠《元史译文证补·序》。

[29]略采日本东京帝国大学文学部东洋史学系教授会柯绍忞《新元史》审查报告，见《学衡杂志》，及范文澜《正史考略》。

[30]同上。

[31]见《元史学案》七十六。

[32]本节所述多采自李思纯《元史学》。

[33]此书不见《隋志》，只见《文献通考》一九二引。

[34]士粦又撰《西魏春秋》若干卷，今佚不传，见《四库提要》六十六(载记类》存目"《后梁春秋》"之下。

[35]《四库提要》称元赵世延所作《陆游重修南唐书序》，有马元康、胡恢等迭有所述之语，竟以为令祖元康所作，殆当时未睹其本，传闻致误，云云。按：世延语本于陆书《烈祖本纪论》，非甚刺谬，所纠非是。

[36]汤运泰《南唐书注》十八卷，《唐年世总释》一卷，《州军总音释》一卷，道光二年绿签山房刻本，见《书目答问补正》。

[37]欧史称刘崇为东汉，《九国志》因之，而《通鉴》《十国纪年》皆作北汉，而《十国春秋》从之，又《宋史》亦为诸国作世家，惟以并于宋者为限。

[38]《罪惟录》原名《明书》，以庄廷珑狱受牵涉，先自检举得免死，乃改称《罪惟录》，详见第九章。

[39]吴郡李瑶得《南疆逸史》残本二十卷，加以改定，题曰《南疆绎史勘本》，虽能多所补苴，而以己意更定，易逸为绎，殊不可为训。近年温书足本复出，两书亦可互订。

[40]南明之称，当始自钱氏之作，又朝鲜人亦有《南明书》之作。

[41]邓实《南疆逸史叙》，余向有后明史之志，因循中辍，旧友中志余之志者，其因循多如余，按旧友殆指申叙也。

[42]清高宗敕修《通鉴辑览》，附三王事于编末，尚胜于《明史》。

[43]本节多采自谢国桢《晚明史籍考》，其有未备，原书可供参考。

[44]见《中国近百年史料》第一辑。

[45]按："上自太初"一语，本之《史通·六家》。《梁书·吴均传》，召撰《通史》，起三皇，讫齐代，均草本纪、世家功毕，列传未就卒，是太初即谓上古。及梁氏《论过去之史学界》一文，则云，上自汉之太初，似谓均书上接《史记》，非也。《史通》又谓其书自秦以上，皆以《史记》为本，则已包括《史记》在内，其非接迁书可知。《史记·自序》，谓其书讫于汉武之太初，而《史通》亦用"上自太初"一语，二语从同，未为晰举，此梁氏致误之由也。又胡三省《通鉴注·序》云，梁武帝《通史》至六百卷，侯景之乱，王僧辩平建业，吴文德殿书七万卷俱西，江陵之陷，其书烬焉。是则两《唐志》所著录者，乃为虚列其目。

[46]原注，《通志》汉魏诸人，皆据汉魏时代，非称史书也。而《史记》所载之人，亦椐《史记》，而不称时代，则误仍原文也。

[47]《梁书·武帝纪》，太清二年，《通史》成，凡六百卷。《旧唐书·经籍志》《新唐书·艺文志》，皆作六百二卷，疑有目录二卷在内。《史通·六家》作六百二十卷，疑为六百二卷之误，《隋志》作四百八十卷，与诸书皆不合，未知其审。

[48]略本《四库提要·别史类》"通志"一条。

[49]语本章太炎先生《史学略说》下篇。

[50]语本章太炎先生《史学略说》下篇。

[51]罗作初刊于《雪堂丛刻》，继重加刊定收入丙寅稿，王作见《广仓学窘丛书》。

[52]本节参阅《十七史商榷》七，汉书叙例条。又据洪颐轩《读书丛录·十九》，据《史记索隐》于《郊祀志》注，周始与秦国合而别，别五百载当运合。师古曰，是颜游秦说，又称姚察说，乐产说，非不尽注所出。今本《汉书注》，从而略之耳。

[53]参阅王先谦《后汉书·集解述略》。

[54]李肖聃《汉书补注·补正序》。

[55]杨树达《汉书补注·补正自序》。

[56]本《四库提要·四十五》。

[57]见《书目答问·补正》卷一。

[58]俞氏所考，出王明清《挥麈后录》。

[59]本司马光《进书表》。

[60]《通鉴外纪·后序》。

[61]本司马光《通鉴外纪·序》。

[62]《通鉴外纪·后序》。

[63]据《章氏遗书》十八《邵与桐别传》。

[64]杭氏语见定盦《续集杭大宗逸事状》，俞樾《序礼书通》故谓秦氏《五礼通考》，体大物博，历代典章，具在于此，三通之外，得此而四，为学者不可不读之书。

[65]刘秩著《政典》三十五卷，见《旧唐书·刘知幾传》。又《东坡志林》云，世之言兵者，咸取《通典》《通典》虽杜佑所集，然其源出于刘秩。

[66]参阅《旧唐书·杜佑传》，及李翰《通典序》，大历初，淮南节度使曰韦元甫，元甫卒于六年，故《通典》之撰，必在六年之前。《玉海》引《宋中兴书目》，谓贞元十年表上，《唐会要》则以为十九年二月，皆非是，应从旧书本传。

[67]《理道要诀》十卷，唐宋两《艺文志》，并著录杂家，亦见《崇文总目》《玉海》五十二又删存杜氏之《进书表》及《序》。朱子谓为非古是今之书。《困学纪闻》（十四）亦屡引其书，《唐会要》以为贞元十九年二月表上《通典》，实即此书之诀。日本内藤虎次郎有《拟策一道》，专论《通典》颇详及此，见《支那学论丛》。

[68]《四库提要》略叙端临行迹，不详所据。又谓端临入元终于台州儒学教授，盖因其著《文献通考》。又任书院山长，故选为教官以奖励之，而端临固未尝之官也。细读本书卷首之抄白自知。

[69]据《四库提要》十一《续通考》目下，又《四库》以王圻《续通考》入类书存目。

[70]《宋书·谢庄传》，作左氏经传方丈图，随国立篇，制木为图，山川土地，各有分理，离之则州郡殊别，合之则宇宙为一，按此亦承裴秀之风而兴起者。

[71]参阅梁启超《近三百年学术史》十五“地理学”一段。

第八章

刘知幾与章学诚之史学

吾国史家，能自造一史垂之百代，实始于司马迁，而成于班固，故吾前撰专章述之，至取诸家所作之史，为之阐明义例，商榷利病，则又始于刘知幾，而章学诚继之，前之马、班为作史家，未必不能评史，后之刘、章为评史家，亦尝有意于作史，必合而一之，乃得谓之史学。吾于古代，取马、班二氏为作史家之权舆，兹于近代，又取刘、章两家为评史家之圭臬，刘、章两家之史学，非一二语所能尽，特立专章论之，亦继轨马、班之意也。

刘知幾

史学一辞，创于十六国之石勒，《晋书》卷一百四载记，石勒于晋元帝太兴二年公元三一九年自立为赵王，以任播、崔濬为史学祭酒，是也。至刘宋文帝元嘉中，儒、玄、史、文四学并建，以太子率更令何承天立史学，[1]明帝泰始六年，又以国学废，置总明观，内分玄、儒、文、史四科，科置学士各十人，南齐因之。[2]又其时史学学生之著者，有山谦之可考，《宋书·礼志》，元嘉二十年，太祖即文帝将亲耕，以其久废，使何承天撰《定仪注》，史学生山谦之已私鸠集，因以奏闻，是也。谦之后又为史科学士，《礼志》又谓，太祖诏学士山谦之草封禅仪，是也。[3]按石勒所立，尚有律学祭酒，祭酒者，一学之长也，史学与律学分立，已树分门研习之规，刘宋以儒、玄、文、史分为四学，后又分为四科，儒以研经为务，玄则属于诸子，而文章悉具于总集别集，合以史籍，是为经、子、文、史四学，晋人荀勖类别群书分为甲、乙、丙、丁四部，洎唐人撰《隋书·经籍志》，乃有经、史、子、集之名，后来相沿无改，此又可与学科分部互证，而史学之自成一科，亦自此始矣。观夫史学生山谦之能于在学研习之日，私撰《仪注》，其邃于史学明习典礼可知。而主学之何承天，亦以明礼著称于时，惟史学设科，南齐以后无闻焉。南朝太学诸师，讲经皆具讲疏，声容之盛，冠于今古，[4]借使史学之立，继绳弗替，所具讲疏，必能流传至今，又何必待刘知幾出，而始有专论史学之书哉。

刘知幾，字子玄，以避玄宗嫌名，故以字行，彭城人也。幼年，父藏器为授《古文尚书》，业不进，及闻为诸兄讲《春秋左氏传》，辄能辨析所疑，以为书能如是，读之何难，由是遂通览群史，擢进士第，盖其喜治史学，嗜之于饥渴，殆出于天性矣。于武后时，官著作佐郎，转左史，曾以本官兼修国史，历中宗、睿宗，至玄宗立，又除著作郎，累官至左散骑常侍，开元九年，遭贬，旋卒。年六十一。刘氏自述其幼年治史之次序云：

> 先君授以《左氏》，期年而讲诵都毕，于时年甫十有二矣。……又读史汉《三国志》，既欲知古今沿革，历数相承，于是触类而观，不假师训，自汉中兴以降，迄乎皇家实录，年十有七，而窥览略周。洎年登弱冠，射策登朝，旅游京洛，颇积岁年，公私借书，恣情披阅，至如一代之史，分为数家。其间杂记小书，又竞为异说，莫不钻研穿凿，尽其利害。……始在总角，读班谢两汉，便怪前书不应有古今人表，后书宜为更始立纪，当时闻者，以为童子何知，而敢轻议前哲，于是赧然自失，无辞以对。其后见《张衡、范晔集》，果以二史为非，其有暗合古人者，盖不可胜纪。《史通·自序》

其与刘氏志同道合者，则有东海徐坚、永城朱敬则、沛国刘允济、义兴薛谦光、河南元行冲、陈留吴兢、寿春裴怀古。其于徐坚，则谓晚与之遇，相得甚欢。虽古者伯牙之识钟期，管仲之知鲍叔，不是过也。又于武后时，与朱敬则、徐坚、吴兢同修《唐书》，及中宗即位，又与坚、兢同修《则天皇后实录》。故尝自称曰，三为史臣，再入东观，凡此皆见《史通·正史自序》，及新旧两《唐书·本传》。本传又谓，子玄即刘知幾常慨时无知己，内负有所未尽，乃委国史于著作郎吴兢，是则兢之年辈又后于刘氏，兢以尽力唐国史有声于时，而刘氏则自负其才，未肯以此自限者也。

刘氏所撰之书，实有多种，今传世者，只有《史通》一书，即其研史精神之所寄也。刘氏自述作书之动机云：

> 凡所著述，皆欲行其旧议，而当时同作诸士，及监修贵臣，每与其凿枘相违，龃龉难入，故其所载削，皆与俗浮沉，虽自谓依违苟从，然犹大为史官所嫉。嗟乎，虽任当其职，而吾道不行，见用于时，而美志不遂，郁怏孤愤，无以寄怀，必寝而不言，嘿而无述，又恐没世之后，谁知予者，故退而私撰《史通》，以见其志。同上。

《新唐书》本传亦云：

> 子玄介直自守，累岁不迁，会天子西还，子玄自乞留东都，三年，或言子玄身史臣，而私著述，驿召至京，领史事，时宰相韦巨源、纪处讷、杨再思、宗楚客、萧至忠皆领监修，子玄病长官多，意尚不一，而至忠数责论次无功，又仕偃蹇，《旧唐书》谓至忠责其著述无课。乃奏记求罢去，为至忠言五不可，至忠得书，怅惜不许。楚客恶其言诋切，谓诸史官曰，是子作书，欲置吾何地，始子玄修《武后实录》，有所改正，而武三思等不听，自以为见用于世，而志不遂，乃著《史通》内外四十九篇，讥评古今。

刘氏所谓五不可，已具录于第五章，然既自谓任当其职，见用于时，何以不尽力于国史，而竟以偃蹇无功见责于时宰耶？刘氏与吴兢同撰国史，刘氏既以偃蹇无功，而又先卒，其后兢遂自成《唐书》，自创业迄开元，凡一百一十卷，见第六章。然兢又私撰《唐书》，及《唐春秋》，及兢卒，其子上进，凡八十余卷，或云使者即其家求之，得六十余篇，而论者谓其事多纰缪不逮壮年。据新旧两《唐书·本传》。今本《旧唐书》，于开元以前，多本吴兢，而世人皆称撰人为刘昫，而鲜有语及吴兢者，凡官撰之史，往往史官为其实，而宰相尸其名，以至依违苟从，互相推避，此刘氏所以偃蹇无功，而终不能自造一史也。

刘氏之著《史通》，尝以扬雄《法言》、王充《论衡》、应劭《风俗通》、刘劭《人物志》、刘勰《文心雕龙》自况。其言曰：

> 若《史通》之为书也，盖伤当时载笔之士，其义不纯，思欲辨其指归，殚其体统，夫其书虽以史为主，而余波所及，上穷王道，下挨人伦，总括万殊，包吞千有，自《法言》以降，迄于《文心》而往，固以纳诸胸中，曾不芥蒂者矣。夫其为义也，有予夺焉，有褒贬焉，有鉴诫焉，有讽刺焉，其为贯穿者深矣，其为网罗者密矣，其所商略者远矣，其所发明者多矣，盖谈经者恶闻服虔杜预之嗤，论史者憎言班马之失，而此书多讥往哲，喜述前非，获罪于时，固其宜矣，犹冀知音君子，时有观焉。尼父有

云，罪我者《春秋》，知我者《春秋》，抑斯之谓也。《自序》

又自释以《史通》名书之义云：

尝以载削余暇，商榷史编，下笔不休，遂盈筐箧，于是区分类聚，编而次之。昔汉世诸儒，集论经、传，定之于白虎观，因名曰《白虎通》，余既在史馆而成此书，故便以《史通》为目，且汉求司马迁后，封为史通子，是知史之称通，其来自久，博采众议，爰定兹名。卷首《序录》。

按：《史通》撰成于中宗景龙四年庚戌公元七一〇年，其前二年以在东都，私自著述，为人所纠，私著之书，当为《史通》。书成凡二十卷，如今传本，此据自序而知之也。同时徐坚见其书叹曰，为史氏者，宜置此于坐右也；而宋代之宋祁，则曰，知幾以来，工诃古人，而拙于用己。《新唐书·刘子玄传赞》其所见不同如是，可谓先后一揆。《四库提要》尝举其撰《疑古》《惑经》等篇，以为世所共诟。又如《六家篇》讥《尚书》为例不纯，《载言篇》讥左氏不遵古法，《人物篇》讥《春秋》不载由余、百里奚、范蠡、文种、公仪休、宁戚、穰苴，则直斥为谬妄，此盖出于儒者尊经之见，不足以服刘氏之心。此外所举，虽不无是处，究近毛举细故，有意吹求，惟谓班固、陈寿为记言之奸贼，载笔之凶人，可以肆诸市朝，投畀豺虎，《曲笔篇》则未免指斥太过。宋祁所谓工诃古人者，殆指此耳，特刘氏论史所长，初不在此，置之不论可也。

大抵论史之书，其途有二。一曰扬榷利病，一曰阐明义例。扬榷利病者，主于分析，阐明义例者，贵乎综合，二者相资，未可偏废。或谓《史通》一书，以扬榷利病为职志，盖善于用析，以演绎法为论列者，此知其一不知其二之言也。兹考本书内篇

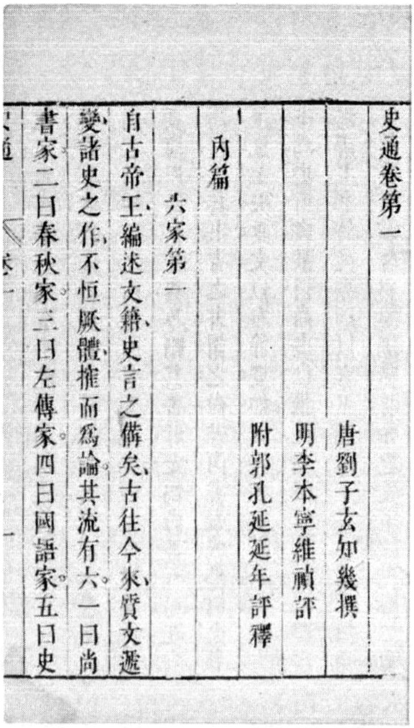
史通卷第一
唐劉子玄知幾撰
明李本寧維禎評
附郭孔延延年評釋
內篇
六家第一
自古帝王編述文籍史言之備矣古往今來質文遞
變諸史之作不恒厥體榷而爲論其流有六一曰尚
書家二曰春秋家三曰左傳家四曰國語家五曰史

《史通》书影（清刻本）

凡三十九篇，外篇凡十三篇，总为五十二篇，内篇之末三篇，曰《体统》，曰《纰缪》，曰《驰张》，皆亡佚已久，然《新唐书·本传》，已云《史通》内外四十九篇，且考内篇之序，所亡三篇，皆在自序之后，颇为不伦，或本无此三篇，抑编者之错置欤？外篇之首，冠以《史官建置》《古今正史》二篇，古代之史家，即为史官，而史籍之精者，悉为正史，子玄取古代之史官及隋、唐以往之正史，序而列之，以明源流所自，观其于内篇之首，即云自古帝王编述文籍，外篇言之备矣，编述必出于史官，文籍悉归于正史，由此可证此二篇之撰在前，而内篇之撰尚在后，否则其本末之序紊矣。次则总论诸史之体

例，而首以六家二体：六家者，《尚书》家、《春秋》家、《左传》家、《国语》家、《史记》家、《汉书》家是也。二体者，纪传、编年是也。《春秋》《左传》则属于编年，《史记》《汉书》则属于纪传，此二体之权舆也。《尚书》则属于记言，《春秋》则义在纪事，《史记》则开通史之规，《汉书》则为断代之祖，《左传》则以年分，《国语》又以国别，此六家之所以名也。至于正史之各类，一曰本纪，二曰世家，三曰列传，四曰表历，五曰书志，六曰论赞，七曰序例，各以一篇论之，又以载言一篇，继于二体之后，为衍列传一体未竟之绪而作者也。寻《史通》全书，以史官正史六家二体四篇之包蕴为最富，盖内外篇之纲领，论史者之总枢也。盖非洞究源流，则史例无以明，所谓阐明义例，贵乎综合，诚亦莫大乎是，岂仅主于分析，以扬榷利病为职志哉。若夫自题目以下讫于辨职之二十五篇，则以扬榷利病为务，亦以分析见长，所谓以演绎法为论列者，其在是矣，辨职之后，复缀以《自叙》一篇，而内篇终焉，外篇则《史官》《正史》二篇而外，有若《惑经》《申左》二篇，则尚论古经传之得失，附于古人之诤友，而《疑古》一篇，又自曝其所见，以待论定，亦后来崔述《考信录》之滥觞也，点烦杂说以下，讫于《暗惑》七篇，皆为条举件系随手札记之作，本为内篇之遗，非刘氏精意之所寄，至《忤时篇》则为专载与萧至忠书而作，又本书之附录也。要之刘氏论史，好指陈利病，言非一端，然非绝口不谈义例，浅人不察，始谓其专以扬榷利病为职志，此真知其一不知其二之言也。或谓内篇皆论史家体例，辨别是非，外篇则述史籍源流，及杂评古人得失，出《四库提要》。斯言也，大致得之。

兹取刘氏议论之精要者论之。刘氏视《春秋》《左传》为古史，《春秋》之书，为亲者讳，为尊者讳，故鲁隐公被弑，而书曰薨，周襄王实为晋文所召，而书曰天王狩于河阳，此虽为鲁史旧法，孔子不敢擅改，而去史以传信之义则远矣。《左传》则不然。《春秋》重名，《左传》征实，《春秋》略举大纲，《左传》详于纪事，研史之士，贵详而征实，是以刘氏有惑经申左之作，如王充之有问孔刺孟，言人之所不敢言，浦起龙所谓学究之所骇明者不与较者是也，此一事矣。自来记言、记事之书，概名曰史，然当时史官记载，务求详尽，巨细不遗，是为史料。后来秉笔者，据以勒定成书，是曰史著。汉世天下计书，上于太史，是为备采之史料，太史公据此以成《史记》，是为勒定之史著。然自现代史家视之，前古之所谓史著，亦正今日之所谓史料，史料、史著，本属变动不居，而其厘然有别，则古今初无二致。刘氏则曰："书事记言，出自当时之简，勒成删定，归于后来之笔，当时草创者，资乎博闻实录，后来经始者，贵乎俊识通才，必论其事业，前后不同，然相须而成，其归一揆。"《史官篇》分析之当，议论之精，后有述者，无以尚之，此二事矣。史家略远详近，由来旧矣，不晓此旨者，辄轻加诋諆。刘氏则曰："余以为近史芜累，诚则有诸，亦犹古今不同，势使之然，鲁史所书，实用此道，自宣成以前，三纪而成一卷，至襄、昭以下，数年而占一篇，是知国阻隔者记载不详，年浅近者，撰录多备，夫论史之烦省者，但当要其事有妄载，苦于榛芜，言有阙书，伤于简略，斯则可矣，必量世事之厚薄，限篇第以多少，理则不然。”又曰：“往之所载，其简如彼，后之所书，其审如此，若使同后来于往世，限一概以成书，将恐学者必诟其疏遗，尤其率略者矣。”《烦省篇》其持论之通，固最近史家之所尚，亦放之中外而皆准者，此三事矣。作史须先立例，尤贵有法，刘氏则曰：“史之有例，犹国之有法，国无法，则上下靡定，史无例，则是非莫准。”《序例篇》是则例即法，法即例矣。又论本纪、列传之作法曰：“盖纪之为体，犹《春秋》之经，系日月以成岁时，书君上以显国统，而陆机《晋纪》，列纪二祖，直序其事，竟不编年，年既不编，何纪之有？”又曰：“纪者既以编年为主，唯叙天子一人，有大事可书者，则见之于年月，其书事委曲，付之列传，此其义也。”《本纪篇》又曰：“夫纪传之不同，犹诗赋之有别，而后来继作，亦多所未详。案：范晔《后汉书》，记后妃六宫，其实传也。而谓之为纪；陈寿《三国志》，载孙、刘二帝，其实《纪》也，而呼之曰《传》。考数家之所作，其未达纪传之情乎。”《纪传篇》凡此所论，又足以垂示史法，作未来之准则，此四事矣。刘氏之论作史也，主于征实去伪，尚简汰烦。故于《载文篇》则谓，载文之失有五：一曰虚设，二曰厚颜，三曰假手，四曰自戾，五曰一概。于《邑里篇》则谓，爰及近古，其言多伪，至于碑颂所勒，茅土定名，虚引他邦，冒为己邑，此乃寻流俗之常谈，忘著书之旧体。于《言语篇》则谓，楚汉世隔，事已成古，魏晋年近，言犹类今，已古者即谓其文，犹今者乃惊其质，天地长久，风俗无恒，后之视今，亦犹今之视昔，而作者皆怯书今语，勇效昔言，不其惑乎。于《曲笔篇》则谓，汉末之董承、耿纪，晋初之诸葛、毋丘，斯皆破家殉国，视死如生，而历代诸史皆书之曰逆，将何以激扬民教，以劝事君者乎，古之书事也，令贼臣逆子惧，今之书事也，使忠臣义士羞，若使南史董狐有灵，必切齿于九泉之下。凡此皆以明征实去伪之旨也。又于《叙事篇》云，夫国史之美者，以叙事为工，而叙事之工者，以简要为贵。于《浮词篇》则谓，词寡者出一言而已周，才芜者资数句而方浃。于《书事篇》则谓，近代史笔，叙事为烦，推而论之，其尤甚者有四：凡祥瑞之出，非关理乱，而史官征其谬说，真伪莫辨，其烦一也；藩王岳牧，朝会京师，非复异同，载之简册，一何辞费，其烦二也；近世自三公以下，一命以上，苟沾厚禄，莫不备书，赞唱为之口劳，题署由其力倦，具之史牍，夫何足观，其烦三也；夫人之有传也，惟书其里邑而已，其失之者，则有父官令长，子秩丞郎，叙其名位一二无遗，此实家牒，非关国史，其烦四也。夫记事之体，欲简而且详，疏而不漏，若烦则尽取，省则多捐，此乃忘折中之宜，失均平之理，凡此皆以明尚简汰烦之旨也，此五事矣。上述五事，皆其持论之至精者，故为撷取大要，以备考览，其余扬榷利病，不名一端之论，则有不暇悉举者矣。

刘氏之论，有应节取者，有不可以为典要者。其《论艺文志》则云：“班汉定其流别，编为《艺文志》，续汉已还，祖述不暇，夫前志已录，而后志仍书，频烦互出，何异以水济水，吾谓凡撰志者，宜除此篇，必不能去，当变其体。”《书志篇》绎其意旨，盖谓总录群籍，宜别为专书，无取附入正史，不知历代艺文，可与列传互证，史所宜详，前汉以往之群籍，设无班固为之著录，岂复有他书可考耶？惟前志已录，后志仍旧，实嫌繁复，清撰《明史·艺文》不载前代，盖采刘氏之论，而加以折衷者，后有作者，亦不能违，此应节取者也。至其《论表》则云："以表为文，用述时事，施彼谱牒，容或可取，载诸史传，未见其宜，且表次在篇第，编诸卷轴，得之不为益，失之不为损，用使读者，莫不先看本纪，越至世家，表在其间，缄而不视，语其无用，可胜道哉。"《表历》不悟表之为用，便于记载烦细，凡本纪、列传所不能尽载，而又不忍遗弃者，惟有佐之以表，乃足以宏其用，唐宋以下诸史，大抵有表，近代史家如万斯同，亦以善于制表，有裨研史，刘氏此论，可谓一言不智。且刘氏亦非不知表之有用也。尝曰："观太史公之制表也，燕越万里，而径寸之内，犬牙可接，昭穆九代，而方尺之中，雁行有序，使读者举目可详。"《杂说篇》何为一书之中，前后矛盾若是？此又不可为典要者也。然刘氏又以天文、五行、符瑞诸志，作者相仍，殊为烦费，所谓古之天犹今之天也，今之天即古之天也，必欲刊之国史，施之何代不可，《书志篇》尤为至当不易之论，而后来作者，罕能悟此，为可慨也。至论其作史自注之例，则盛称挚虞、陈寿、周处、常璩之作，文言美辞，列于章句，委曲叙事，存于细书。又曰："亦有躬为史臣，手自刊补，虽志存该博而才阙伦叙，除烦则意有所吝，毕载则言有所妨，遂乃定彼榛楛，列为子注，其言是矣。"然又讥裴松之之《注三国志》，喜聚异同，不加刊定，恣其击难，坐长烦芜《补注篇》此则得失相兼有难以概论者矣。

刘氏因身任史官，与修史之役，而不得申其志，故发愤而有《史通》之作。其于《模拟篇》云："模拟之体，厥途有二：一曰貌同而心异，一曰貌异而心同。"又曰："盖貌异而心同者，模拟之上也，貌同而心异者，模拟之下也，然人皆好貌同而心异，不尚貌异而心同者何哉。盖鉴识不明，嗜爱多僻，悦夫似史，而憎夫真史，此子张所以致讥于鲁侯有叶公好龙之喻也。"此盖叹真赏难遇，而慨乎其言之矣。且刘氏尝谓自梁陈以降，隋周而往，诸史皆贞观年中群公所撰，近古易悉，情伪可求，至如朝廷贵臣，必父祖有传，考其行事，皆子孙所为，而访彼流俗，询诸故老，事有不同，言多爽实。《曲笔篇》又谓《晋书》多采《语林》《世说》《幽明录》《搜神记》，或诙谐小辨，或神鬼怪物，其事非圣，扬雄所不观，其言乱神，宣尼所不语，《采撰篇》虽所论甚当，而其放言无忌，则为后来所仅见。盖刘氏之志，既不获申于修史，故于当代官修之史，亦抨击不遗余力，纵有才堪厘革，而以人废言，勿谓秦无人，吾谋适不用，此刘氏所以借喻于绕朝也。本《浮词篇》。

吾国文史之学，以魏晋南北朝之世为极盛：以文学言，先有梁昭明太子萧统之《文选》，以为齐梁以往文章之总集，继有刘勰之《文心雕龙》，以扬榷其体例，并阐明其义蕴焉。以史学言，隋唐以往，作者如林，虽于江陵之陷，太半随梁元以同殉，然著录于《隋志》史部者，悉为私家名作，亦多至不可胜数矣。刘氏生当南北统一之世，有唐鼎盛之时，遗文间出，史籍大备，就其所见，一一取而论列之，以成《史通》一书，诚为文心之匹，宜其取以自况也。且考《隋志》著录之史书，唐初罕睹其全，半存残帙，刘氏身任史官，恣览中秘，其得尽窥，自不待言，今之言后汉者，多重谢承、华峤，言晋史者，必称干宝、臧荣绪，言十六国史者，或述崔鸿、萧方等，言南北朝史者，又推裴子野、王劭，言古史者，又取资于《汲冢纪年》及《琐语》，而刘氏则一再称引，评骘加详，原书虽亡，犹可藉此以窥其大略，是则《史通》之功，尤在宣究曲隐，保存遗佚矣。至于《疑古篇》以尧舜夏禹之禅让为可疑，《惑经篇》以《春秋》有五虚美十二未喻，不避非圣侮经之咎，更吻合近代学者为史学而治史之精神，凡此诸端，皆非可与其他史家，取而并论者也。

刘氏领国史且三十年，礼部尚书郑惟忠尝问自古文士多史才少何耶？对曰："史有三长，才、学、识，世罕兼之，故史才少，夫有学无才，犹愚贾操金，不能殖货，有才无学，犹巧匠无楩楠斧斤，弗能成室，善恶必书，使骄君贼臣知惧，此为无可加者，"时以为笃论。《新唐书》本传。兹考《史通》有《核才篇》，所以明史才也，有《识鉴篇》，所以论史识也。刘氏叹史才之难，而盛讥蔡邕、刘峻，诚为过言，然谓文史异辙，与文之胜质，实为至论。至谓假令其间有术同班彪华峤，才若固班荀悦，怀独见之明，负不刊之业，而皆取窘于流俗，见嗤于朋党，遂乃哺糟歠醨，俯同妄作，披褐怀玉，无由自陈，此又自发其愤慨也。其论史识，则谓识有通塞，神有晦明，毁誉以之不同，爱憎由其各异。又谓丘明躬为鲁史，受经仲尼，语世则并生，论才则同耻，彼二家者，师孔氏之弟子，预达者之门人，才识本殊，年代又隔，安得持彼传说，比兹亲授；末又归之于废兴时也，穷达命也，而书之为用，亦复如是。凡此皆足与前论相发明，惟只论史才史识，而不及史学，何也？夫岂不以《史通》全书，皆关论学，不待明言，而读者自能了了耶？

刘氏既不屑于撰史，而委其事于吴兢，乃别撰《刘氏家史》及《谱考》，以见其意，按据明审，议者高其博本传，此后来章学诚不得躬为史臣，而寄意于方志之意也。惜其书已不传，无由窥其意旨，又据《唐会要》所载，刘氏晚岁奉敕与诸史臣同修《姓族系录》及则天、中宗、睿宗三帝后《实录》，是则官修之史，未能终于不与也。特其治史精神，仍在《史通》一书，史称刘氏善持论，辨据明锐，视诸儒皆出其下本传，读《史通》可见其然。又谓，其殁后，玄宗诏河南府就家写《史通》，读之称善，追赠工部尚书，谥曰文本传，此与陈寿殁后由范頵表上其书略同。且刘氏之二子餗、秩，皆究心史学，秩著《政典》三十五卷，为杜佑《通典》所本，餗亦著《史例》三卷，惜皆不传，是则以名父之子世其家学，尤为史家所罕见云。

《史通》行世以后，颇有学人致力于其书者，其流别有三。其一有绎其意旨而为之注释者，其二有病其繁谬而为之刊正者，其三有以唐宋以后应并赅载而为之续作者，试分述之。

《史通》旧本，至明代流传已少，如《永乐大典》之网罗繁富，而独遗是书，其后陆深得蜀刻本，为校其伪舛重刻之，而恨无别本可参，万历壬寅三十年，长洲张鼎思又据陆本重为校定，《曲笔篇》增四百余字，《鉴识篇》增三百余字，而去其自他篇羼入者，然未详其所增益者，果据何本。惟先于此者，又有万历五年，华亭张之象刻本，疑未为张鼎思所见，惟陆氏及鼎思两本，脱误仍多，如《补注篇》则阙其下半，其采自所捐以下，又《因习篇》文也。而《因习篇》仅存十三行，多自《史官篇》窜入，非其本文，而又阙其上半，惟是时既有张之象本，凡《补注》《因习》两篇之阙文具在，据以增补，居然复完，未几李维桢本宁取《史通》评之，郭孔延又作附评者，则孔延所补也。惟《四库提要》谓郭氏所据者为张鼎思本，然据何焯所见万历郭氏刊本，已将《曲笔篇》“夫史之曲笔诬者”以下一百九十九字误入《鉴识篇》者，加以厘正，则前说亦未必可信，其后王惟俭因郭氏所释，参以张之象本，重为厘正，名曰《史通训故》，惟俭自称增入《因习》一篇，并于《直书》《曲笔》二篇有所更定，又于此外校正一千一百四十二字，然取郭本相校，则仅《曲笔篇》增入一百一十九字，而《因习》《直书》二篇，并与郭本相同，或者郭氏已据张之象本加以厘正，而惟俭更从而依据之也。郭氏所释，漏略实甚，惟俭引证较详，号称善本。迨及清代，北平黄叔琳于注《文心雕龙》之外，并取《史通》注之，因其书为订补王本而作，故名曰《史通训诂补》。同时无锡浦起龙亦撰《史通通释》，初所见者，为郑、王二家注本，乃书将成，又得见黄注本，为订补若干事，书中所称春风亭本，即王注本，所称北平本即黄注本也。《通释》出诸家后，又用力勤，故最为详密，然勇于改字，又所下按语，染时文批点之习，是为小疵。此外清代学人，如何焯、卢文弨、顾广圻，皆致力于《史通》，并有校本行世。何焯所据为张之象本，又得见冯已苍评本，又称张之象得见宋本，陆深、张鼎思两本，次《因习》为上、下两篇，题曰《因习上第十九》《因习下第二十》，然《因习》上篇佚其上半，而下半则误入《补注篇》，张之象本已为之是正矣。冯本则改题《因习上篇》为《因习第十九》，改题《因习》下篇为《邑里第二十》，不以一题分为两篇，核与全书之例相符，较为整齐画一，而诸注本多因之，此必别有所据也。卢文弨曾见华亭朱氏钞宋景本，[5]于冯、何二家外，又得钱遵王校本，据之以校《史通》，得数百事，录入《群书拾补》，又谓浦氏注释本，正字大书，皆同宋本，叹其精核。至何氏所谓《曲笔篇》之文误入《鉴识篇》者，顾广圻则以为不误，虽是非尚待论定，而诸家考订之勤，亦于此见之矣。最近《四部丛刊》取张鼎思本景印之，孙毓修为撰校记，叙诸本异同綦详，亦诸刊本之较精者。象山陈先生汉章又撰《史通》《补释》二卷，其所释者，如谓《春秋外传》始见《汉书·律历志》，不始于韦昭，《左传》鲁人以为敏，有《檀弓》可证，董生乘马三年不知牝牡，出于《御览》，皆足订正《补释》之阙误。又谓《疑古》一篇，乃子玄假古以切今，惩前而毖后，以纪氏削去为非，是则别有所见，较之纪氏所指秦人不死蜀老犹存二事，尤为能钩沉索隐也。如取所释附于《通释》，则裨益学子非浅矣，此诸家注释之大略也。[6]

唐末宰相柳灿，以《史通》讥驳经史过当，著《史通析微》十卷以正之，又名《柳氏释史》，学者服其赡博，《两唐书·本传》此订正《史通》之最先者也。明人陆深既取《史通》校刊之，又择其中精要语，别为《史通会要》三卷，见《四库存目》。附以后人论史之语，时以己见参之。明人胡应麟谓深辑《史通》，因刘氏者十七，续刘氏者十三，繁者削之，谬者刊之，俚者文之，真子玄功臣。又谓《会要》辨论甚赅，独谓艺文不必志，于义未尽。《少室山房笔丛》四及十三。吾尝自陆氏《俨山外集》中抽读之，觉其所谓精要者，殊不尽如人意，而所附诸家之论，多为书生之见，以言删定，似有未称。迨清纪昀则谓子玄自信太勇，立言好尽，第其抉择精当之处，足使龙门失步，兰台变色，而偏驳太甚，支蔓弗翦者，亦往往有之，使后人病其芜杂，罕能卒业，并其微言精义，亦不甚传，乃为之存其精要，削其烦复，所取者记以朱笔，纰谬者以绿笔点之，冗漫者以紫笔点之，除二色笔所点外，排比其文，尚皆相属，命曰《史通削繁》。据纪氏《自序》。又于书眉，别为评语，以醒眉目，其后涿州卢坤遂止录朱笔为一帙，并汰浦释之支赘者，付之剞劂，盖纪氏以《史通》一书为载笔之圭臬，故研治甚深，其所刊削，语皆穿贯，如化工裁物，天衣无缝，学者读之，洒然自喜，吾谓研史之士，先读削繁，乃知《史通》之易晓，再取原书读之，亦迎刃而解，此纪氏长于文字之效也。考纪氏于《史通》四十九篇中，删去《载言》《表历》《疑古》《点烦》四篇，尚余四十五篇，其中仍用原文者，为《载文》《补注》《邑里》《品藻》《直书》《曲笔》《鉴识》《核才》《烦省》《杂述》十篇，加以刊削者，则为其余三十五篇，然所删之处未必悉当，研史之士仍须全读，如所删之《表历篇》，固不足存，而其他三篇，尽多精言要义，而于《疑古篇》谓其是非缪于圣人，故尽去之，纪氏之见，亦与柳灿、陆深略同。此诸家刊削之大略也。

踵刘氏之后而续其书者，殊罕其伦，章学诚《文史通义》虽文史并释，实以释史为主，谓为刘氏以后仅见之作，谁曰不宜，特以其书义蕴宏深，别于下文论之。近人张尔田撰《史微内篇》八卷，自谓刘向刘歆之业，自是得一理董，然考其意旨，乃以明诸子之出于史，与专治史学者有别，不得谓为《史通》之伦类也。最近则有瑞安宋慈抱撰《续史通》内外篇，布之于世，兹就余所见者，录其篇目如下：

内篇　凡二十篇

《惜马》《斥班》《尊欧》《恨李》《国志》《晋纪》《唐书》《宋史》《四通》《两案》《曲笔》《浮词》《表志》《纪传》《补述》《方乘》《载记》《论赞》《沿革》《体例》。

外篇　凡二十篇

《考献》《监修》《模拟》《创造》《因时》《度德》《损益》《毁誉》《注释》《评断》《问断》《诘章》《点烦》《辨惑》《政治》《人物》《疑信》《功罪》《杂说》《余论》。[7]

兹就已见各篇，略致商榷。

窃谓《史通》之书，作于唐之景龙，自是迄今，时逾千载，续作本不易言，衡以史家详近略远之例，其可述者，亦奚止一端，兹语其要，应首以《史官》《正史》二篇，《续书考献》一篇，叙旧唐以下迄于《明史》，即为续前书《正史篇》而作。然《叙宋重修新唐书》，未语及宋敏求之《补唐实录》《叙宋史》，未语及元初之修本，《叙金史》，未语及张柔所得之《实录》及王鹗之初修本，其《叙元明二史》，亦多漏略；且前书所谓正史者，兼纪传、编年、别史、杂史四者而已，而续书专就纪传一体之列入正史者论之，岂足以概其全乎；其于唐、宋以来之史官，则更不著一字，此又疏略之尤者也。其次则为六家二体两篇之订补，吾以为自有袁枢《通鉴纪事本末》行世，代有踵作，于是纪传、编年二体之外，又增出纪事一体，是可谓之三体，应撰一篇论之。至如杜佑《通典》专详典礼，黄宗羲《明儒学案》专详学术，是于上述三体之外，别创通史、学史之一格，亦子玄所未及窥见者也。续书有《四通》《两案》二篇，略阐斯旨，然于通史、专史之分，既病语焉不详，而于纪事本末一体，尤未能尽量阐发，以补前书之未备，大者如是，小者可知矣。续书喜用俪语，好为诋谋，文效《史通》，而逊其栗密，盖宋氏生长浙东，习于永嘉一派，所论近于《东莱博议》，张溥《史论》，又时时采取《四库提要》及朱彝尊、赵翼之说，而不甚别白，非严正史家所应出，至其略于唐、宋以后，不中论史之程，又其小焉者矣。观其标目，曰惜马斥班尊欧恨李。班有何可斥，李有何可恨，以此论古，直同儿戏，客观未树，成见不捐，乌睹所谓通乎。且如《三国志》《晋纪》为刘氏所已言，何必重标是目，《唐书》《宋史》固应论列，何为遗辽、金、元、明诸史而不数？表志箴子玄之失，补史为近代所长，方志备史之一体，论之是矣，然所应续者讵止于此？至《沿革篇》本论、史部之如何分类，《体例篇》本论作史之宜有凡例，合标体例一目可矣，何为分列两篇？沿革之名，尤难索解。他如萧常、郝经之《续后汉书》，本为改撰《三国志》，而称为《补汉书》，王洙、柯维骐之改修《宋史》，意在删繁就简，尤与增补无关，《补述篇》又盛称郭伦《晋纪》，而不及周济《晋略》，此皆可解而不能解者也。然其中亦多有精语存焉：其《论五代史》云："薛史据列朝实录，事迹颇详，欧公仿马迁遗文，体例尤谨，薛史病于丛脞，欧史失在阙遗，二书盖不可偏废。若《选举》《刑法》之详，《礼乐》《职官》之要，上继唐余下开宋始者，能于薛史是弃乎尊欧。"其论《南北史》云："盖《南北史》无他技，但以删削迁移为务，删削不问其事之有关系与否，但以减官名裂字句为工，迁移不问其人之应离合与否，但以编家传忘品汇为先，不知官名减则职掌不明，字句裂则事迹必漏，家传多则朝代难分，品汇忘则褒贬相互，以史迁之才，删削迁移，《左传》《国策》，援引多误，况延寿乎恨李。"其论《新唐书》云："唐有天下几三百年，虽文人学士之星驰，亦令主明辟之代出，圣诏原出于臣手，谠言岂乏于帝心，至德宗大赦改元，下诏罪己，山东士卒，见之感泣，李抱真谓人情如此，贼不足平，则文字之用大矣，欧公删之，岂徒没陆贽之功，亦且失兴元之政。"《唐书》其《论史记》云："项羽崛兴陇亩，五年之间政由已出，尊为本纪，明其革命，且迁史以政治共主，即尊为主，故项羽剖符行封则称纪，吕雉临朝称制则称纪，此意盖非刘氏所能知，厥后《唐书》以武曌篡窃后事，跻诸本纪，以武曌琐屑秽史，别入后传，宗法迁史，信得其宜，而《宋史》以瀛国公及益王广王附本纪，虽江山之不复，尚朝廷之犹存，正统绪余，虚名仅见，胜于《汉书》以孺子婴附《王莽传》者。”《纪传》其论《明儒学案》云：“黄氏学案，上自吴与弼，下逮刘宗周，叙其遗行则如睹丰仪，诠其微言则如亲承謦欬，时代近则采访易周，笔削严则纪载可信，不以考古凌人，而以知今治世，其书盖契《春秋》大义，而以因时为贵。”《因时》以上所论，皆属甚当。

以上已将刘知幾史学之源流，叙述略竟，再进而叙述章学诚之史学。

章学诚，字实斋，浙江会稽人也，生于清乾隆三年戊午，卒于嘉庆六年辛酉一七三八——八〇一，年六十四，幼不甚慧，二十岁后始究心史，学后游北京，依朱筠，得见当世名流，由此知名，与邵晋涵相友善，以同治史学也。四十一岁成进士，历主北方各书院讲席，为和州永清亳州修志，又居毕沅幕府，修《湖北通志》，后归故里，时游扬州以老。

章氏曾自述早岁治史之次第云：

> 二十岁以前，性绝骏滞，读书日不过三二百言，犹不能久识，二十一二岁骎骎向长，纵览群书，于经训未尝领会，而史部之书，乍接于目，便以夙所攻习者，然其中利病得失，随口能举，举而辄当，人皆谓吾得力于《史通》，其实吾见《史通》已二十八岁矣。二十三四时，所笔记者，今虽亡失，然论诸史于纪、表、志、传之外，更

当立图，列传于《儒林》《文苑》之外，更当立《史官传》，此皆当日之旧论也。……至吾十五六岁，性情已近于史学，塾课余暇，私取《左》《国》诸书，分为纪、传、表、志，作《东周书》几及百卷，则儿戏之事，亦近来童子所鲜有者。《遗书》第九《家书》六。

章氏又自谓，吾于史学，盖有天授，自信发凡起例，多为后世开山，其自负为何如，观其所自述者，与刘子玄之所自述者，奚以异焉，此所以前后旷然相接，为史家不祧之宗也。

章学诚

章氏所著之书，以《文史通义》《校雠通义》二书为最著，其所论者，亦不尽属于史学，如《文史通义》所述或论理学，或言文事，包蕴颇富，命名《文史》，即非专论史学之征，其他所著之杂文亦然。校雠之学，虽近于史，然亦渐成专门，本编所论，既以史学为范围，则应专取其论史之语，及整理史部者比次之，以详其史学之究竟。

第一所宜论者，则六经皆

史之说也。往者王守仁尝谓五经皆史，是则此论，非章氏所独创，特阐其义而益精，则自章氏始耳。其说曰，六经皆史也，古人不著书，未尝离事而言理，六经皆先王之政典也。夫《尚书》《春秋》之为古史，人人得而知之矣，古人于典章仪注，通称为礼，是礼为典志之一，亦得称史，而《易》为卜筮之专书，《诗》为韵文之总集，《乐》则诗歌被于管弦之谱也，何为命以史称？推章氏之意，以为诗三百篇，悉出史官之所录，易掌于太卜，太卜亦史官之一，惟乐亦然，古人于史官以外无著作，故掌于史官者，悉得称史。且以《易》详吉凶，有前民用之效，如后世之颁历，韩宣子称《易》与《春秋》为《周礼》，此亦《易》得为史之证，其说可谓极辨析之能事矣。信如所言，古代之典籍，无不得名为史，史之范畴，抑何广乎。夫史籍有史料、史著之分，史官所掌，属于史料之科，即章氏所谓记注也。《诗》《易》所包，诚具有史料之一部，然亦不尽属于史料，即让一步言之，凡《易》《诗》《乐》之所包蕴，悉可以史料目之，亦不过曰六经皆古之记注也。且考古代官署治书之吏，皆名为史，其所典录者，不过如今日之档案，径称之为史，不几于撰述之史著无别乎。然章氏亦未尝不考见及此，其言曰：“三代以上，记注有成法，而撰述无定名，所谓有成法者，即掌于诸史之档案。”由此推之，则章氏所谓六经皆史者，不过档案之渐就整理者耳。且考章氏之所谓史，非仅以六经为限也，尝曰：“愚之所见，以为盈天地间，凡涉著作之林，皆是史学，六经特圣人取此六种之史以垂训者耳。子集诸家，其源皆出于史。”《报孙渊如书》后来之扬其波者，如张尔田、江瑔、金兆丰，皆谓诸子百家，莫不原本人事，共出于史官。夫史学不专家，而文集之中有传记亦章氏语，是则集部含史之一体，亦属可信，废经子集之名，而悉集于史，可谓整齐画一矣，其奈名不副实何。是故谓《尚书》《春秋》为史，可也。谓《易》《诗》《礼》《乐》为史，不可也。谓《易》《诗》《礼》《乐》为史料，可也。径谓为史著，不可也，此吾夙日所持之论也。

第二所宜论者，则记注、撰述之分是也。记注、撰述之分，初申其旨于刘知幾，所谓书事记言出自当时之简，勒成删定归于后来之笔，是也。章氏则谓三代以上记注有成法，而撰述无定名，三代以下撰述有定名，而记注无成法，记注即今日所谓史料，撰述即今所谓史著，前已略论之矣。见第三章。然在章氏以前，不仅刘知幾榷论及此，而郑樵亦为之说曰：

> 有史，有书，学者不辨史、书，史者官籍也，书者书生之所作也，自司马以来，凡作史者，皆是书，不是史。《夹漈遗稿·与方礼部书》

刘氏所谓当时之简，与郑氏所谓史，皆指属于记注之史料，刘氏所谓后来之笔，与郑氏所谓书，皆属于撰述之史著，与章氏所论，前后若合符节，特二氏所言，不过摘举其要，迨至章氏乃为之发挥尽致耳。章氏又引申其旨云：

> 撰述欲其圆而神，记注欲其方以智也，夫智以藏往，

神以知来，记注欲往事之不忘，撰述欲来者之兴起，故记注藏往似智，而撰述知来拟神也。藏往欲其赅备无遗，故体有一定，而其德为方，知来欲其抉择去取，故例不拘常，而其德为圆。《文史通义·书教下》

第章氏犹以为未尽，又有所谓著述与比类之别，比次独断考索之分，其论著述与比类云：

古人一事，必具数家之学，著述与比类两家，其大要也。班氏撰《汉书》，为一家著述矣，刘歆、贾护之《汉记》，其比类也，司马撰《通鉴》，为一家著述矣，二刘范氏之《长编》，其比类也。两书本自相因，而不相妨害，但为比类之业者，必知著述之意，而所次比之材，可使著述者出，得所凭藉，有以恣其纵横变化，又必知己之比类，与著述者各有渊源，而不可以比类之密，而笑著述之或有所疏，比类之整齐，而笑著述之有所畸轻畸重，则善矣。盖著述譬之韩信运兵，而比类譬之萧何转饷，二者固缺一不可，而其人之才，固易地不可为良者也。《报黄大俞书》

又论比次、独断、考索云：

天下有比次之书，有独断之学，有考索之功，三者各有所主，而不能相通。自汉代以来，学者以其所得之撰述，以自表见者，盖不少矣。高明者多独断之学，沉潜者尚考索之功，天下之学术，不能不具此二途。譬如日昼而月夜，暑夏而寒冬，以之推代而成岁功，则有相需之益，以之自封而立畛域，则有两伤之弊。……若夫比次之书，则掌故令史之孔目，簿书记注之成格，其原虽本柱下之所藏，其用止备稽检而供采择，初无他奇也。然而独断之学，非是不为取裁，考索之功，非是不为按据，如旨酒之不离乎糟粕，嘉禾之不离乎粪土，是以职官故事案牍图牒之书，不可轻议也。……然独断之学考索之功欲其智，而比次之书欲其愚，亦犹酒可实尊彝，而糟粕不可实尊彝，禾可登簠簋，而粪土不可登簠簋，理至明也。《答客问》

按此所谓比类、比次，皆指记注而言。所谓著述，固与撰述无殊，而独断、考索二者，又为撰述之所必具，皆与前说互相发明，而又语益加详者也。考史部分类，始于《隋志》，其后诸史未有大异，其分类之标准，概以纪传、编年之史为主，而以其他之属于史者附入之，刘知幾概称前书为正史，其余则榷为十流，于《史通·杂述篇》论之，亦导源于《隋志》者也。现世史籍之分类，其法不一，而以史料、史著分为两类，为最新之方法，或谓此受远西史学传来之影响，与中国无与，不知百余年前，有若章氏，已为之阐发无遗，此较六经皆史之说，尤为可贵而有据，故治史之士，乐为述之。

第三所宜论者，则通史之倡导也。章氏虽以记注与撰述并言，亦谓记注为古人所重，然终不以记注为作史之极则，故甚尊扬通史，其持论大旨，具于《释通》《申郑》二篇，前于述郑氏《通志》时，已为略举之矣。其他诸作，于重撰述而轻记注之旨，时时流露于字里行间，试举数例，以见其然。

其一云：

迁、固书志，采其纲领，讨论大凡，使诵习者，可以推验一朝梗概，得与纪传互相发明，足矣。至于名物器数，以谓别有专书，不求全备，犹左氏之数典征文，不必具周官之纤悉也。司马礼书，末云俎豆之事则有司存，其他抑可知矣。自沈范以降，讨论之旨渐微，器数之加渐广，至欧阳《新唐书》之志，以十三名目，成书至五十卷，官府簿书，泉货注记，分门别类，惟恐不详，《宋》《金》《元》史，繁猥愈甚，连床叠几，难窥统要，是殆欲以周官职事，经礼容仪，尽入《春秋》，始称全体，则夫子删述《礼》《乐》《诗》《书》，不必分经为六矣。马班岂不知名物器物不容忽略，盖谓各有成书，不容于一家之言曲折求备耳。惟夫经生策括，类家纂要，本非著作，但欲事物兼该，便于寻检，史家纲纪群言，将勒不朽，而惟沾沾器数，拾给不暇，是则不知《春秋》、官礼意可互求，而例则不可混合者也。《亳州志·掌故例议·上》

其二云：

或曰，王伯厚氏搜罗摘抉，穷幽极微，其于经、传、子、史，名物制数，贯串旁骛，实能讨先儒所未备，其所纂辑诸书，至今学者，资衣被焉，岂可以待问之学而忽之哉。答曰，王伯厚氏盖因名而求实者也。王氏因待问而求学，既知学则超乎待问矣。然王氏诸书，谓之纂辑可也，谓之著述则不可也，谓之学者求知之功力可也，谓之成家之学术则未可也。今之博雅君子，疲精劳神于经、传、子、史，而终身无得于学者，正坐宗仰王氏，而误执求知之功力，以为学即在是尔，学与功力，实相似而不同，学不可以骤几，人当致功乎功力则可耳，指功力以为学，是犹指秫黍以谓酒也。……今之俗儒，且憾不见夫子未修之《春秋》，又憾戴公西周时宋之先祖得《商颂》而不存七篇之阙目，充其僻见，且似夫子删修，不如王伯厚之善搜遗逸焉，盖逐于时趋，而误以襞积补苴，为足尽天地之能事也。《博约上》

寻章氏之意，盖以古人之史籍，于撰述之外，别有记注一种，所谓别有专书，即属于记注之类也。即其所指名物器数之微，所称策括纂要之书，悉当属于记注，而与撰述无与者也。章氏尊扬《通史》，故极称郑樵，视记注之书，下于通史一等，故谓王伯厚之书为纂辑，而不得谓之著述。同时有戴震，以精于名物器数，见称一时，而章氏不以为然。其曰以襞积补苴为学者，指戴震一派而言也。以史学见解言，襞积补苴，本属于纂辑一类，亦得名之为记注，而不得以撰述称之，故章氏又谓吾于史学，贵其著述成家，不取方圆求备，有同类纂。《家书》是其立言之旨，仍以撰述为极则，求之古人，则马、班其首选也。抑章氏之论史，又有不止于此者。如云：

> 孔子作《春秋》，盖曰其事则齐桓晋文，其文则史，其义则孔子自谓有取乎尔。夫事即后世考据家之所尚也。文即后世词章家之所重也。然夫子所取，不在彼而在此，则史家著述之道，岂可不求义意所归乎。自迁、固后，史家既无别识心裁，所求者徒在其事其文，惟郑樵稍有志乎求义，而缀学之士，嚣然起而争之，然则充其所论，即一切科举之文辞，胥吏之簿籍，其明白无疵，确实有据，转觉贤于迁、固远矣。《申郑》

又云：

> 吾于史学盖有天授，自信发凡起例，多为后世开山，而人乃拟吾于刘知幾，不知刘言史法，吾言史意，刘议馆局纂修，吾议一家著述，截然分途，不相入也。《家书》

又云：

> 郑樵有史识，而未有史学，曾巩具史学，而不具史法，刘知幾得史法，而不得史意，此余《文史通义》所为作也。《和州志·志隅自序》

是则章氏之所自负者，惟在深通史意，亦即孔子自谓窃取之义也。其所谓史意史义，又即所称别识心裁，凡此皆申明重撰述而轻记注之旨也。章氏又云：

> 《通志》精要，在乎义例，盖一家之言，诸子之学识，而寓于诸史之规矩，原不以考据见长也。……《文献通考》之类虽仿《通典》，而分析比次，实为类书之学，书无别识通裁，便于对策敷陈之用。《释通》

章氏之盛称《通志》，以为其书有别识通裁，近于撰述，而甚鄙马端临不明史意，无别识通裁寓乎其中，故以类书目之，亦以其近于记注也。窃尝论之，记注、撰述之分，变动不居者也。前日视为撰述者，正为今日之记注，后日视为记注者，亦即今日之撰述，《左传》《国语》，可谓撰述矣，而太史公据之史料，以修《史记》，是即以记注视之。今之撰新通史者，亦尝据《二十五史》为史料，故论者谓吾国旧史，悉当以史料视之，是亦不以为撰述矣。即以今之通史、专史论之，皆所谓撰述也。通史所述为概括之事实，专史所述具一类之始末，撰通史者，必取资于各专史，是则视专史如记注矣，然则谓之史钞类纂可乎。有如李焘之《续通鉴长编》，李心传之《系年要录》，马端临之《文献通考》，章氏视为史钞类纂者，为之正自不易，必先有此等史钞类纂之书，然后具有别识心裁之撰述，乃易于措手，章氏尊扬通史，故重撰述而抑钞纂，似谓专史亦不得撰述之名者，岂其然乎，岂其然乎。

第四所宜论者，则方志学之建立也。刘、章二氏皆有志于修史，刘氏为史官甚久，承命修国史实录，而以不得行其志，遂不甚措意于此，终亦不能自撰一史，以见其志，仅撰《史通》，以示作史之准则而已。章氏虽成进士，而不得与翰林之选，清之翰林，即前世之史官也。官修之史，章氏既不得与，乃欲自撰一史，致力于赵宋之书，终以力有不逮，而徒托空言，转而寄其意于修志，盖以方志亦一方之史也。章氏于此旨颇有阐发，如云：

> 有天下之史，有一国之史，有一家之史，有一人之史，传、状、志、述，一人之史也，家乘、谱牒，一家之史也，部、府、县志，一国之史也，综纪一朝，天下之史也，比人而后有家，比家而后有国，比国而后有天下，惟分者极其详，然后合者能择善而无憾也。《州县请立志科议》

又云：

> 郡县志乘，即封建时列国史官之遗，而近代修志诸家，误仿唐宋州郡图经而失之者也。《周官》外史，掌四方之志，注谓若晋之《乘》、楚之《梼杌》、鲁之《春秋》，是一国之史，无所不载，乃可为一朝之史之所取裁，夫子作《春秋》，而必征百国宝书，是其义矣。若夫图经之用，乃是地理专门，按天官司会所掌《书契版图》。注，版谓户

籍，图谓土地，形象田地广狭，即后世图经所由仿也。是方志之与图经，其体截然不同，而后人不辨其类，盖已久矣。……知方志非地理专书，则山川都里坊表名胜，皆当汇入地理，而不可分占篇目，失宾主之义也。知方志为国史取裁，则人物当详于史传，而不可节录大略，艺文当详载书目，而不可类选诗文也。知方志为史部要删，则胥吏案牍，文士绮言，皆无所用，而体裁当规史法也。夫家有谱，州县有志，国有史[8]，其义一也。然家谱有征，则县志取焉，县志有征，则国史取焉，今修一代之史，盖有取于家谱者矣，未闻取于县志，则荒略无稽，荐绅先生所难言也。然其故实，始于误仿图经、纂类之名目，此则不可不明辨也。《代张吉甫司马撰大名县志序》

盖国史与方志，本为同条共贯之书，不过一纪国家之事，一纪地方之事，范围有广狭之殊，而同属于史，则无疑义。第自来论者，多谓方志为专详地理之书，与章氏同时之戴震，即力持其义，曾谓志以考地理，但悉心于地理沿革，则志事已竟。见章氏《记与戴东原论修志》。故隋唐以来诸史之经籍、艺文等志，皆以方志之书入史部地理类，直至章氏，始辨析方志与图经之别，方志应如《吴越春秋》《华阳国志》，为别史之一种，此可谓创通大义前无古人者矣。余考章氏立论之精者，无过于《方志立三书议》，其略云：

凡欲经纪一方之文献，必立三家之学，而始可以通古人之遗意也。仿纪传、正史之体而作志，仿律令、典例之体而作掌故，仿文选、文苑之体而作文征，三者相辅而行，缺一不可，合而为一。

考章氏此论，盖与上文六经皆史之说，记注与撰述之分，以及通史之倡导，皆有互相贯通之义。何以明之？兹以六经皆史为原则，而六经即有撰述与记注之分，如《尚书》《春秋》，则撰述也，三礼及《诗》，则记注也。再细分之，则三礼属于记注中之掌故一类，诗属于记注中之文征一类，是则方志之立三书，实原于六经皆史之旨矣。章氏尝谓古人之于名物器数，别有专书详之，撰史者不必求备，故所倡导之通史，必以合于撰述者为依归，而于掌故、文献二者，则述之不必太详，以别于史钞、类纂，皆此旨也。且章氏之于方志，不仅坐而言之已也，如所撰和州、亳州、永清、天门诸志，及《湖北通志》，皆能以其义例，实现于著述之中，可谓能实践其言矣。又有进于此者，章氏所撰诸志，纪传、表考，易志称考又称书以避大名。诸体略备，一如正史，以树方志为史之规，其于列传，则佐之以表，凡其人已于正史有传者，则具其名于表，并曰事详某史，其正史所不具者，或史具而多漏略者，始为传以传之。又极重图，不惟舆地宜有图，建置水道，更宜分列专图。又谓艺文应专列书目，附以提要，别以诗文，入之文征。又为别撰掌故，以实现其方志分立三书之旨。又其治史主于诸史目录之后，另撰别录附焉。且为之说云，诚得以事为纲，而纪、志、表、传之与事相贯者，各注于别录，则详略可以互纠，而繁复可以检省，治史要义，未有加于此也。《史篇别录例议》此又推其修志之法以治史，以明史、志之相通，以上所述，皆章氏所建立之方志，具有别识通裁成一家之言者也。

第五所应论者，则校雠学之阐明也。吾国校雠之学，始于刘向、刘歆父子，汉成帝时，诏光禄大夫刘向总群书，每一书已，向辄条其篇目，撮其指意，录而奏之，迨向卒，哀帝复使向子歆，卒其父业，歆于是总群书而奏其《七略》，据《汉志》。而向复有《别录》二十卷，夫条其篇目，是谓著录，撮其指意是为提要，《七略》《别录》，由是而分，亦后世解题提要之书之所本也。未几班固据《七略》而撰《汉书·艺文志》，有著录而无提要，又去其《辑略》一篇，而为《六略》《隋志》以下，继以著录，于是流而为目录之学，而校雠之旨微矣。宋代曾巩奉时君之命，校理秘阁群书，每一书已，必撰一序以述其旨，录而奏之，即师向歆之成法。然巩为辞章之士，远于学术，非真能究明校雠之旨者。其后郑樵，乃于《通志》中撰《校雠略》，以明部次群籍之法。惟当郑氏之世，《七略》《别录》均已亡佚，仅就《汉志》考论，未能窥向歆学术之全，且樵重通史而轻断代，诋諆班氏太过，其于《汉志》亦有吹毛索瘢之病，不得以为定论也。章氏承樵之风，而作《校雠通义》，以发明古人官师合一之旨为最精。其言曰：

有官斯有法，故法具于官，有法斯有书，故官守其书，有书斯有学，故师传其学，有学斯有业，故弟子习其业，官守学业，皆出于一，而天下以同文为治，故私门无著述文字。……秦人禁偶语《诗》《书》，而云欲学法令者，以吏为师，其弃《诗》《书》非也，其曰以吏为师，则犹官守学业合一之谓也。由秦人以吏为师之言，想见三代盛时，《礼》以宗伯为师，《乐》以司乐为师，《诗》以太师为师，《书》以外史为师，三易《春秋》，亦若是而已矣，又安有私门之著述哉。《校雠通义·原道》[9]

盖自表面观之，秦人以吏为师，似为衰世之法，不知其正合古制，此由《七略》诸子十家出于王官之说推而得之，可谓发前人之所未发矣。次则谓著录之法，甲、乙部次不同，而其书含有两种学术以上者，可用《七略》互注之法，分见各部，据班氏《汉志》自注。以收申明流别曲尽其用之效。又如孔子《三朝记》出于《礼记》《弟子职》出于《管子》，而《七略》两著其目，是为裁篇别出之法，此亦章氏之所阐明也。至如所云，校雠之先，宜尽取《四库》之藏，中外之籍，择其中之人名地号官阶书目，凡一切有名可治，有数可稽者，略仿《佩文韵府》之例，悉编为韵，乃于本韵之下，注明原书出处，及先后编第，自一见再见，以至数千百，皆详注之，藏之馆中，以为群书之总类，遇有疑似之处，即名而求其编韵，因韵而检其本书，参互错综，即可得其自是，同上《校雠条理》。又即今日盛行之索引法。同时汪辉祖撰《史姓韵编》《三史同姓名录》二书，章氏曾为叙之，即本此论而作者也。其于郑氏所论，多所订正，兹不悉举，惟其后又撰《史籍考》，期与朱彝尊《经义考》相配，其纂辑要旨，具于《论修史籍考要略》《史考释例》二篇之中。《要略》所举之例："一曰古逸宜存，二曰家法宜辨，三曰翦裁宜法，四曰逸篇宜采，五曰嫌名宜辨，六曰经部宜通，七曰子部宜择，八曰集部宜裁，九曰方志宜选，十曰谱牒宜略，十一曰考异宜精，十二曰板刻宜详，十三曰制书宜尊，十四曰禁例宜明，十五曰采摭宜详。"《释例》则谓："著录之书，肇自刘氏《七略》，班氏因之，而述《艺文》，自是《荀簿》《阮录》《隋籍》《唐艺》，公私迭有撰记，其因著录而为考订，则刘向《别录》以下，未有继者，宋晁氏公武、陈氏振孙始有专书，而马氏《文献通考》遂因之以著经籍，学者便之。"又云："考订与著录，事虽相贯，而用力不同，著录贵明类例，求于书之面目者也。考订贵详端委，求于书之精要者也。"盖晁氏之《郡斋读书志》，陈氏之《直斋书录解题》，于著录、书名、卷数、撰人之后，系以提要，说明其书之旨趣，间以考订其得失，此即清修《四库全书总目提要》之所由始也。朱氏《经义考》，先分四柱，首著书名，名下注其人名，次行列其著录卷数，三行判其存佚及阙与未见，次系以序论、类跋、目次，最后附以考证，故其书原称《经义存亡考》。章氏仿之，而于序论、题跋多从节删，以避烦冗，盖其所论校雠之法，悉实现于此书，惜以其亡而不得窥见也。

上述五事，已将章氏之史学，撷举大要，不必再为旁举矣。惟章氏既以能得史意自负，故于史学亦有所阐明，此不可以无述也。章氏之言曰：

古无史学，其以史见长者，大抵深于《春秋》者也。陆、贾、史迁诸书，刘、班部于《春秋》，家学得其本矣。古人书简而例约，虽治史者之法《春秋》，犹未若后世治经学者之说《春秋》繁而不可胜也。故《春秋》之义行，而名史皆能自得于不言之表焉。马、班、陈氏不作，而史学衰，于是《史书》有专部，而所部之书，转有不尽出于史学者矣。盖学术歧而人事亦异于古，固江河之势也。《史考释例》

又云：

古人史学口授心传，而无成书，其有成书，即其所著之史是也。马迁父子再世，班固兄妹三修，当显肃之际，人文蔚然盛矣，而班固既卒，《汉书》未成，岂举朝之士不能赞襄汉业，而必使其女弟曹昭就东观而成之，抑何故哉？正以专门家学，书不尽言，言不尽意，必须口耳转授，非笔墨所能罄，马迁所谓藏名山而传之必于其人也。自史学亡，而始有史学之名，盖史学之家法失传，而后人攻取前人之史以为学，异乎古人以学著为史也。同上。

盖章氏喜陈古以刺今，故谓马、班、陈氏不作而史学衰，然谓古人史学无成书，其有成书，即其所著之史，则为精确不易之论。试考刘知幾以前，何曾有论史专书，考史学者，即于所著之史求之，此外则无有也。至谓史学亡而始有史学之名，史学之家法失传，而后人攻取前人之史以为史，此则出于尊古卑今之见，即实论之，未见其然。夫古人之作史者，如左、马、班、陈，诚卓卓可称矣。然于史学之科律，既未之阐明，即后学之治史者，亦苦无从著手，非古人之智虑不及此也，尔时去古未远，著述尚质，文成而后法立，学即寓于书中，作史者本不需法，又何史学之足云。魏晋以后，史籍渐繁，载言之士，不必尽预作史之选，预其选者，亦未必尽申其志，于是以其余暇，囊括诸史，榷其利病，而《史通》一书，缘之以作，而史学之成家，亦始于是时。凡一学术之成，皆由时势孕育激荡使然，不有子玄，亦必有人能撰是书。章氏谓郑樵有史识，曾巩具史学，刘知幾得史法，岂所谓史识、史法，皆不得谓之史学乎？夫别史识于史学之外，始于刘知幾，然非谓有史识者，不必具有史学也。章氏又谓刘言史法，吾言史意，似史意又超乎史法之上，不知史学之包蕴至广，所谓史识、史法、史意，皆具史学之一体，盖必知孔子所谓其事、其文、其义，三者合而一之，乃得谓之史学也。第章氏又分史学专部，为考订、义例、评论、蒙求四门，并为之区分曰：

> 世士以博稽言史，则史考也；以文笔言史，则史选也；以故实言史，则史纂也；以议论言史，则史评也；以体裁言史，则史例也。南宋至今积学之士，不过史纂、史考、史例，能文之士，不过史选、史评，古人所为史学，则未之闻矣。《上朱大司马论文》

兹以吾见论之，蒙求之书，固不足以当史学，然如史纂、史考、史评、史例四者，岂不通史学者所能为乎，鄙屑而不屑道，未见其可。盖史纂属于事，史选属于文，史评、史例属于义，即章氏所分之四门，亦未尝不以考订、义例、评论列于史学之内，吾故曰，必三者合而一之，乃得谓之史学也。然章氏又昌言史德，其言曰：

> 才、学、识三者，得一不易，而兼三为难，千古多文人，而少良史，职是故也。昔者刘子玄盖以是说，谓足以尽其理矣。虽然史所贵者义也，而所具者事也，所凭者文也，非识无以断其义，非才无以善其文，非学无以练其事，三者固各有所近也，其中固有似是而非者也。记诵以为学也，辞采以为才也，系断以为识也，此良史之学、才、识也。能具史识者，必知史德，德者何谓，著书者之心术也，所患夫心术者，谓其有君子之心，而所养未底于粹也，而文史之儒，竞言才学识，而不知辨心术以议史德，乌乎可哉。《史德》

是则史德一项，又为史家三长之本，盖因前代撰史之士，多为无行之文人，故章氏慨乎言之，若为严正之史家，则必不尔，是则刘氏三长之论，仍属至当不易也。

其次尚有宜述者，则章氏尝以因事命篇，为作史之极则是也。于纪传、编年二体之外，因事命篇始于袁枢之《通鉴纪事本末》，章氏盛赞之，以为体圆用神，真得《尚书》之遗矣。而于此旨，更有阐发。如云：

夫史为记事之书，事万变而不齐，史文屈曲，而适如其事，则必因事命篇，不为常例所拘，而后能起讫自由，无一言之或遗而或溢也。……或考典章、制作，或叙人事终始，或究一人之行，或合同类之事，或录一时之言，或著一代之文，因事命篇，以纬本纪，则较之左氏之翼经，可无局于年月后先之累，较之迁史之分列，可无歧出互见之烦，文省而事益加明，例简而义益加精，岂非文质之适宜，古今之中道欤。至于人名事类，合于本末之中，难于稽检，则别编为表，以经纬之，天象地形舆服仪器，非可本末该之，且亦难以文字著者，则绘为图以表明之，盖通《尚书》《春秋》之本原，而拯马史、班书之流弊，其道莫过于此。《书教下》

章氏此论，合于近世新史之体例，前已论之。又以因事命题之法，有时而穷，佐之以图表，其于史学，可谓极尽研几之能事矣。章氏又引申自注之法，以撰别录，以极因事命篇之用。其说云：

史以纪事者也，事同而人隔其篇，犹编年之史，事同而年异其卷也。左氏年次正文，忽入详具某年之句，人知无是理也。马班纪传正文，遽曰详具某人之传，何以异乎。然杜氏之治左也，于事之先见者，注曰为某年某事张本，于事之后出者，注曰事见某公某年，乃知子注不入正文，则属辞既无扞格，而核事又易周详，斯无憾矣。……

纪传、纪年，区分类别，皆期于事有当而已矣。今于纪传之史，取其事见某传互见某篇之类，以其紊入正文，隔阂属辞义例，因而改为子注，洵足正史例矣，而于史之得以称事而无憾，犹未尽也。一朝大事，不过数端，纪传名篇，动逾数十，不特传文互涉，抑且表志载记无不牵连，逐篇散注，不过便人随事依检，至于大纲要领，观者茫然，故于纪传之史，必当标举事目，大书为纲，而于纪、志、表、传与事连者，各于其类，附注篇目于下，定著别录一类，冠于全书之首，俾览者如振衣之得领，张网之挈纲，治纪传之要义，未有加于此者也。《史篇别录例议》

别录之法，非仅用于纪传已也，亦可用之于编年。其说云：

今为编年，而作别录，则如每帝纪年之首，著其后妃、皇子、宗室、勋戚、将相、节镇、卿尹、台谏、侍从、郡县守令之属，区别其名，注其见于某年为始，某年为终，是亦编年之中，可寻列传之规模也。其大制作、大典礼、大刑狱、大经营，亦可因事定名，区分品目，注其终始年月，是又编年之中，可寻书志之矩则也。至于两国聘盟争战，亦可约举年月，系事隶名，是又于编年之中，可寻表历之大端也。如有其事其人，不以一帝为终始者，则于其始见也，注其终详某帝，于其终见也，注其始详某帝可也。其有更历数朝，仿其意而推之可也。同上。

盖章氏论史，尝称自注之善，谓使自注之例得行，则因援引所及，而得存先世藏书之大概，因以校正艺文著录之得失，是亦史法之一助，《史注》此说诚为至当不易。宋代二李李焘、李心传所撰之史，其自注之可贵，尤逾于本文，即其证也。惟其所谓别录，虽视《通鉴目录举要历》为加密，然亦仅为索引之一种，须附本书而行，不能自成一史，上较袁枢，尚恐未逮，若夫以事为纲，经纬详明，可备古今之要删者，其即近人所称之通史、别史乎。

汉儒谓《春秋》有大义数十，炳如日星，吾昧于经学家法，不敢妄有论列，惟如章氏之所阐明，实有皦然不可磨灭之处，而所阐明者，厥为史之义例，盖善于用综合，以归纳法而得之者也。章氏尝谓胡太学虔，于襞积编纂之功，比小子为缜密，而小子于论撰裁断，亦较胡君为长，不特取材互省功力，即成书亦互资长技，《上朱大司马书》可谓知己知彼矣。盖以章氏比于刘知幾，一则以扬榷利病为先，一则惟阐明义例是务，惟以扬榷利病为先，故详于批评，亦兼及体要，惟以阐明义例是务，故挈其纲领，而略于节目，试以经学家之派别喻之，刘氏如治古文学，正文字，明训诂，究名物器数，而微言大义，即寓乎其中，章氏如治今文学，惟宣究微言大义之是务，而以文字训诂名物器数之琐细者，为不足措意焉，此则二氏之辨也。

《文史通义》始撰于乾隆三十六七年之间，其候朱春浦书所云，出都以来，颇事著述，斟酌艺林，作为《文史通义》，是也。按：章氏于三十六年十月出都。其后续有所作，以迄于卒，如《浙东学术》一篇，系作于嘉庆五年庚申，是年所撰之文

文史通義卷第一

內篇一　　會稽章學誠　實齋著

易教上

六經皆史也古人不著書古人未嘗離事而言理六經皆先王之政典也或曰詩書禮樂春秋則既聞命矣易以道陰陽願聞所以為政典而與史同科之義焉曰聞諸夫子之言矣夫易開物成務冒天下之道知來藏往吉凶與民同患其道蓋包政教典章之所不及矣象天法地是興神物以前民用其教蓋出政教典章之先矣周官太卜掌三易之法夏曰連山殷曰歸藏周曰周易各有其象與數各殊其變與占不相襲也然三易各有所本大傳所謂庖犧神農與黃帝堯舜是也歸藏本庖犧連山本神農周易本黃帝由所本而觀之不特三王不相襲三皇五帝亦不相沿矣蓋聖人首出御世作新視

章氏遺書　卷一　文史通義　內篇一　一

《文史通义》书影
（清光绪年刻本）

总题曰《庚申杂订》。即章氏卒前一年也。章氏于病笃时，以著述全稿，属萧山王宗炎字谷塍编定，宗炎旋写定一目，未及付刊而卒，章氏之次子华绂先勘定《文史通义》内篇五卷，外篇三卷，并《校雠通义》三卷，初刊于道光十二年壬辰，于王氏旧目颇有更定，即今之通行本也。兹考内外两篇，各为六十一，外篇所载，悉论方志之作，后已别署为《方志略》，内篇之纯论史学者，不过《史德》《史释》《史注》《传记》《释通》《申郑》《答客问》凡三篇九篇而已。卷一凡十一篇，专明六经皆史之义，其余皆文史兼论，其意以为史须载之以文，离文不足以言史也。惟其中又有泛论学术者，如《朱陆》、朱熹、陆九渊。《浙东学术》二篇是也；有专论文学者，如《文德》《文理》《古文公式》《古文十弊》诸篇是也；然论史之旨，亦以寓焉，其命名《文史通义》，亦以此也。《校雠通义》撰于乾隆四十四年，初为四卷，后二年游汴，遇盗失去，幸前三卷有友人钞存本可据，据《酉冬戌春志余草》。此即初刊本所据也。

其后有《文史通义补编》《章实斋文集钞》散见于各丛书

中，一九二一年，浙江图书馆始将所藏钞本《章氏遗书》十八册，编为二十四卷，排印行世，然犹未备，是年吴兴刘承干亦汇刊《章氏遗书》三十卷，外篇十八卷，其所收者，除两《通义》外，有《方志略》《文集》《外集》《湖北通志》检存稿及未成稿，又以《信摭》《乙卯札记》《丙辰札记》《知非日札》《阅书随札》五种，附以《永清县志》和《州志》及《补遗附录校记》，是为外编。后又取其《纪元经纬考续》为外编之第十九、二十两卷，章氏遗著，大略具是，非浙本之比矣。兹考其编次之法，大抵依王宗炎所编旧目，而又为之变通，如改《文史通义》内篇为六卷，原刊本外篇之《论方志》者，多具于《方志略》及永清和州两志，无事复载，故取诸论文史之散篇，别编为《外篇》三卷，又原刊《校雠通义》无外篇，乃取诸论校雠之散篇，编为一卷，核以浙本，盖用王氏旧目也。又《文史通义》内篇文字，与原刊本多所异同，而篇目亦有增并，[10]所可考者，大略如此。

章氏所一意经营者，厥惟《史籍考》一书，其书始功于乾隆五十三年，时居湖广总督毕沅幕中，初为撰《论修史籍考要例》一文，未几开局纂修，实由章氏主持其事，而洪亮吉、凌廷堪、武亿等亦与其役，中间因别撰《湖北通志》，未得专力于此，迨五十八年毕氏失职，章氏亦去湖北，然是时已程功十之八九矣。[11]然此书实代毕沅而作，执笔者亦非一人，及毕氏殁，稿已散失大半，章氏乃就其家收拾残丛，欲以独力续成之。嘉庆三年居杭州，藉谢启昆之力，乃得著手补修，并为重订凡例，遗书中所载《史考凡例》是也。兹录其总目如下：

《史籍考》总目

制书　二卷。

纪传部　正史十四卷，国史五卷，史稿二卷。

编年部　通史七卷，断代四卷，记注五卷，图表三卷。

史学部　考订一卷，义例一卷，评论一卷，蒙求一卷。

稗史部　杂史十九卷，霸国三卷。

星历部　天文二卷，历律六卷，五行二卷，时令二卷。

谱牒部　专家二十六卷，总类二卷，年谱三卷，别谱三卷。

地理部　总载五卷，分载十七卷，方志十六卷，水道三卷，外裔四卷。

故事部　训典四卷，章奏二十一卷，典要三卷，吏书二卷，户书七卷，礼书二十三卷，兵书三卷，刑书七卷，工书四卷，官曹三卷。

目录部　总目三卷，经史一卷，诗文即文史五卷，图书五卷，金石五卷，丛书三卷，释道一卷。

传记部　记事五卷，杂事十二卷，类考十三卷，法鉴三卷，言行三卷，人物五卷，别传六卷，内行三卷，名姓二卷，谱录六卷。

小说部　琐语二卷，异闻四卷。

共三百二十五卷。[12]

考史籍之分类，应以《阮录》孝绪[13]、《隋志》为祖。刘知幾则谓：偏记小说自成一家，能与正史参行，爰及近古，斯道渐烦，史氏流别，殊途并驾，榷而为论，其流有十，一曰偏记、二曰小录、三曰逸事、四曰琐言、五曰郡书、六曰家史、七曰别传、八曰杂记、九曰地理书、十曰都邑簿，《杂述篇》是皆别于纪传、编年二体之外者也。其后史籍多祖《隋志》，其流或殊，大体未异，章氏所分十一部，五十五子目，是否悉当，别待榷论，惟与刘氏用意正同，而又加详者也。《史考》本未杀青，原稿以未刊而佚，杨守敬、李之鼎合撰之《丛书举要》，言毕沅未刊书有《史籍考》百卷，不过虚标其目，或谓其残稿见藏美国国会图书馆，据《书目答问补正》。亦未知其审也。[14]

章氏《史籍考》一书今既不传，亦未尝无人为之重作，长沙余苹皋未详其名撰《史书纲领》一书，俞樾为之序云："余氏竭数十年之心力，撰述成书，体规朱氏彝尊《经义考》，网罗古今史书、志乘，录其叙目凡例，视《经义考》加详，而卷帙倍之，匹于甲乙二部之藏，不啻握其铅辖"，其推许可谓至矣。湘阴郭嵩焘亦为此书作序，见《养知书屋集》。惜其书迄未付刊，不知流落何所。湘潭黎君泽济首考及此，或称余氏所撰本名《史考纲目》。近日研史之士每欲发愤重撰《史籍考》，而惮其繁重，有撮萧梁旧史而为之考者，如海盐朱氏是，有萃晚明史籍而为之考者，如安阳谢氏是，以言理董全帙则尚有待，倘得是书为蓝本，而补其未备，不亦事半功倍乎。

章氏所撰诸志，以《永清县志》二十五篇今分十卷为最全，和州仅余残本今分三卷，《亳州》《天门》两志，则未之见，

《湖北通志》为章氏主修，稿本略具，始以毕沅入觐之际，为陈燴所驳，继以毕沅失职，主者易人，而全书易其面目，兹就检存未成两稿求之，可以见其大凡。其书分为四部：一为《通志》本书，二为掌故，三为文征，四为丛谈。本书分为纪、图、表、考、政略、列传六目，掌故分为吏、户、礼、兵、刑、工六科，文征分为甲正史列传、乙经济策画、丙、丁词章诗赋四集，此本于方志立三书之议也。附以丛谈，以补其未备，章氏所撰诸志，以此志为用力最深，乃今仅得见其残稿，惜哉惜哉。

校雠之学，为治书而生者也。先章氏为此学者，有明人胡应麟之《经籍会通》《四部正讹》。《经籍会通》四卷，一曰源流，二曰类例，三曰遗轶，四曰见闻，篇章略具，亦《校雠通义》之先声矣。又有焦竑于所撰《国史经籍志》后，附以《纠缪》一卷，驳正汉、隋、唐、宋诸志及诸家书目分门之误，亦论校雠学之可称者。其于章氏之后，续其书者，凡得两家：一曰双流刘咸炘之《续校雠通义》，一曰杜定友之《校雠新义》。刘氏所撰诸书，多涉皮相，殊鲜精义，盖不足论；杜氏用西方人十进法，部次吾国旧籍，因谓书籍分类，与学术分类，不能并为一谈。《新义》一书，即为发挥此义而作，惟杜氏所论《书籍编目》之法，为近来图书馆所通行，非有湛深之理据也。且中西书籍，源流各异，强异为同，捉襟肘见，杜氏之论，亦多扞格难通，以为定论，尚有待焉。夫校雠之学，为史学之支裔，然尚有人赓其业而续其书，刘向刘歆造端，郑樵章衍绪，上下千载，此道不孤，至于《文史通义》一书，尚未闻有人为之续作，范围有广狭之殊，撰述有难易之别，率尔操觚之士，其不敢轻于从事，又不待问矣。

近人或推郑樵，以为可与刘、章二氏鼎足而三，吾谓非其伦也。[15]章氏尝盛推郑氏《通志》，以为其精要在乎义例，此盖章氏自道其所得，而引郑以自助耳。郑氏以一人之力，穿贯诸史，会为一书，体大气锐，诚可惊叹，然其力不副心，漏略百出，且语多袭旧，迹不可掩，前已略论之矣。其史学之识解，略具于《通志·总序》及《夹漈遗稿》与《方礼部书》，总其精要之语，亦不过百数十言而止耳，求如刘、章二氏之自具篇章，首尾一贯，则郑氏病未能也。且郑氏治史之精神，尤在校雠一略，其中精语虽多，已不能掩其粗疏之迹，况下于此者乎？或又谓吾国自有左丘明、司马迁、班固、荀悦、杜佑、司马光、袁枢诸人，然后有史，自有刘知幾、郑樵、章学诚，然后有史学。同上。吾谓能撰史者，必通史学，左、马、班、荀诸人皆长于撰史，其精于史学必矣。且史学之名，始于后赵石勒，则刘知幾之前，亦不得谓之无史学，惟论史学之专书，具有家法，言成经纬，则自刘氏始，而章氏继之，郑氏不得与焉。此吾所以于马、班二氏之后，极有取于刘、章二家之作也。[16]

注释

[1]《宋书·雷次宗传》，会稽朱膺之，颍川庾蔚之，并以儒学总监诸生，时国子学未立，上留心艺术，使丹阳何尚之立玄学，太子率更令何承天立史学，司徒参军谢元立文学，凡四学并建。

[2]见《南齐书·百官志》。

[3]《隋志》著录山谦之《吴兴记》《南徐州记》《丹阳记》三种，又《宋棘阳令山谦之集》十二卷，是谦之后又出为县令，又沈约《宋

书·自序》云，宋故著作郎何承天，始撰《宋书》，草立纪传，止于武帝功臣，篇牍未广，其所撰志，唯天文、律历，自此外悉委奉朝请山谦之，谦之孝建初，又被诏撰述，寻值病亡，是谦之曾与修《宋书》，为当代史学名家矣。

[4]柳诒徵《南朝太学考》，论此甚详，载《史学杂志》各期。

[5]卢文弨谓何焯曾见朱氏景钞宋本，微误，细校丛刊本《史通·何氏跋语》自见。

[6]以上参阅《四库提要·文评类》，及《四部丛刊》本《史通》。

[7]原书见《瓯风杂志》各期及《国学论衡》。

[8]江瑔《读子卮言》谓百家之学俱源于史。金兆丰《中国通史》谓诸子十家莫不原本人事共出史官（叶七六〇）。

[9]参阅《文史通义·原道中》。

[10]如内篇之《礼教》《所见》《士习》《博杂》《杂说》《感赋》六篇，皆原刊所无也，原刊以《妇学篇书后》与《妇学篇》并列，兹则附于《妇学篇》之后。

[11]《遗书》与阮学使《论求遗书》。

[12]此目及《史考释例》，均出马叙伦钞杨见心藏章氏未刊稿，今收入《遗书补编》。

[13]阮氏《七录·序录》，见《广弘明集》卷三。

[14]《沅湘通艺录》卷二，有杨概拟仿朱氏《经义考》之例纂《史籍考》一文，实为书院之课艺，凡朱氏所有各类，均拟仿之，以见其旨，又谓长沙余氏仿《经义考之例》，作《史考纲目》，而未之见，近人郑鹤声《史部目录学》引之，并缘所论，为之列目，题曰《史籍考二》，非实有其书也。

[15]见梁启超《过去之中国史学界》。

[16]本章论章氏者，参阅胡适、姚名达合撰之《章实斋年谱》。

《日知录》十七，有“史学”一条，谓唐穆宗长庆二年，谏议大夫殷侑有比来史学废绝之语，于是立三史科以课士，又宋孝宗淳熙十一年十月，太常博士倪思有举人轻视史学之语，又大司成薛昂在哲宗时，请罢史学，哲宗斥为俗佞，此可供本章之参考者。

第九章

清代史家之成就

撰史之例，详近略远，清代史家，卓有成就者，无虑数十人，兹取其最著者论之。或以章学诚生于浙东，于《文史通义》中著有《浙东学派》一篇，因谓史学为浙东所独擅，此似是而非之论也。考浙东学派起于宋，时有永嘉学派、金华学派之称，永嘉之著者为陈傅良止斋、叶适水心，金华之著者为吕祖谦东莱、陈亮同甫。祖谦与朱熹同时，于朱、陆二派之歧异，则兼取其长，而辅之以中原文献之传，陈傅良、叶适、陈亮皆好言事功，同时又有唐仲友说斋，以经制之学，孤行其教，当时号称浙学。吕祖谦既著大事记，其后又有王应麟伯厚籍于浙东之庆元，究心史学，著述最富，亦承永嘉、金华之风而兴起者也。浙东人研史之风，元明之世，本不甚盛，至清初黄宗羲出，昌言治史，传其学于万斯同，继起者又有全祖望、章学诚、邵晋涵，皆以浙东人而为史学名家，于是浙东多治史之士，隐然以近代之史学为浙东所独擅，并上溯于宋之永嘉、金华，以为渊源之所自，世人之不究本末者，亦翕然以此称之，一哄成市，岂得为定论哉。观黄宗羲承其师刘宗周之教，而导

黄宗羲

源于王阳明，盖与宋代吕、叶、二陈绝少因缘，其源如此，其流可知，万斯同固亲承黄氏之教矣，全祖望私淑黄氏，续其未竟之学案，亦不愧为黄氏嫡派，至于章、邵二氏，异军特起，自致通达，非与黄、全诸氏有何因缘，谓为壤地相接，闻风兴起则可，谓具有家法互相传受则不可。兹篇所著，一以专门名家者为断，生存者不以入录，弗取学派之说，以捐偏党之见，研史之士，或有取焉。

世谓黄宗羲为清代史家之开山，非虚言也。宗羲字太冲，学者称梨洲先生，余姚人也，其学虽导自其师刘宗周，然亦源于家学，其父尊素，明末东林党之巨子也，以讦魏忠贤被逮，途中谓宗羲曰，汝近日心粗，不必看时文，且将架上之《献征录》略涉读之。自斯以来，黄氏始治史。同里则世学楼钮氏，澹生堂祁氏，南中则千顷堂黄氏，绛云楼钱氏，皆富于藏书，资而读之，其学日进。考其治史之旨，盖一由于矫时弊。全祖望曾论及之云：

> 自明中叶以后，讲学之风已为极敝，高谈性命，束书不观，其稍平者，则为学究，皆无根之徒耳。先生始谓

学必源于经术，而后不为蹈虚，必证明于史籍，而后足以应务，元元本本，可依可据，前此讲堂痼疾，为之一变。《甬上证人书院记》

二由于寄其故国之思，其为万斯同作《历代史表序》云：

嗟乎，元之亡也，危素趋报恩寺，将入井中，僧大梓云，国史非公莫知，公死，是死国之史也，素是以不死，后修《元史》，不闻素有一辞之赞，及明之亡，朝之任史事者众矣，顾独藉一草野之万季野以留之，不亦可慨也夫。

盖当其时，不惟王学已届末流，有不胜其弊之势，必须以实学挽之，而黄氏遁居草野，声闻甚著，时君必欲致之京师，且畀以修《明史》之任，意雅愿为，而义不可出，故委其责于弟子万斯同，斯同出而黄氏之志售矣。其曰，危素不死，而于修史无一辞之赞，已则不然，其度量不亦远哉。黄氏又云：

自科举之学兴，史学遂废，昔蔡京、蔡卞当国，欲绝灭史学，至欲废《资治通鉴》之版，然卒不能，今未有史学之禁，而读史顾无其人，此人才所以有日下之叹也。《历代史表序》

此盖以治史期勉后学，而卒能继起有人，此黄氏所以为一代史学之开山也。黄氏所撰诸书，以《明儒学案》为最，又撰

《宋元学案》，未成，前已论之，又辑《明史案》二百四十四卷，《明文海》六百卷，皆与有明一代之史相关，史案久佚，而世传之《行朝录》，则其残帙也。《明文海》收入《四库》者仅四百八十二卷，所缺一百十八卷，盖以忌讳而去之耳。自言阅明人文集二千余家，《文海》与《十朝国史》相首尾，则其究心明史，不仅限于实录矣。黄氏又谓读史不多，无以证理之变化，多而不求于心，则为俗学，故上下古今，穿贯群言，自天官、地志、九流、百家之教，无不精研，而尤究于历法，于鲁监国时，作《监国鲁元年大统历》。暇则注授时、泰西、回回三历，据《清史稿》本传。或又以所著《明夷待访录》见推，此盖寄其政治思想，而无与于史学者也。

次于黄宗羲者，则万斯同也。斯同字季野，鄞县人，从宗羲游，博通诸史，尤熟于明代掌故，曾以布衣参修《明史》，已略叙于前章，卒年六十，钱大昕作《万先生传》，方苞作《万季野墓表》，皆纪其学行甚详。方苞述万氏之言云：

> 史之难为久矣，非事信而言文，其传不显，李翱、曾巩所讥，魏晋以后贤奸事迹，并暗昧而不明，由于无迁固之文是也。而在今则事之信尤难，盖俗之偷久矣。好恶因心，而毁誉随之，一室之事言者三人，而其传各异矣，况数百年之久乎。故言语可曲附而成，事迹可凿空而构，其传而播之者，未必皆直道之行也，其闻而书之者，未必有别裁之识也，非论其世知其人，而具见其表里，则吾以为信，而人受其枉者多矣。吾少馆于某氏，其家有列朝实

录，吾默识暗诵，未尝有一言一事之遗也。长游四方，就故家长老求遗书，考闻往事，旁及郡邑志、乘、杂家、志传之文，靡不网罗参伍，而要以实录为指归，盖实录者直载其事与言而无可增饰者也。因其世以考其事，核其言，平心以察之，则其人之本末可八九得矣。然言之发或有所由，事之端或有所起，而其流或有所激，则非他书不能具也。凡实录之难详者，吾以他书证之，他书之诬且滥者，吾以所得于实录者裁之，虽不敢具谓可信，而是非之枉于人者盖鲜矣。昔人于《宋史》已病其繁芜，而吾所述将倍焉，非不知简之为贵也，吾恐后之人，务博而不知所裁，故先为之极，使知吾所取者有可损，而所不取者，必非其事与言之真而不可益也。《望溪集》十二。

此即万氏治史之梗概也。寻其意旨有三，一贵征实，而不应杂好恶毁誉之见；二以实录为本，而于杂记、短书则博观而慎取之；三史之初稿贵详，以免不应去而去之病。史贵征实，刘知幾已为之发挥尽致矣。史之初稿贵详，亦李焘《长编》宁详勿略之旨也。若夫实录之书，盖亦不无文饰，唐高祖、太宗实录，于玄武门之变，多所讳饰，不可尽据，夫人而知之矣。明成祖靖难之师，杀侄自立，怀有惭德，故于《太祖实录》，修改至于数次，又削建文一朝之事而不书，则实录又可为信史乎？万氏之意，盖谓诸史料中以实录为比较可信，所录多为谕旨章奏，不烦笔削，所谓直载其事其文，无可增饰者也。实录有未核未备者，再慎取他书以订补之。盖杂记、短书，语多诬

万斯同

妄，最难取信，故曰，凡实录之难详者，吾以他书证之，他书之诬且滥者，吾以所得于实录者裁之。近人多重野史而轻官书，而流弊至于无等，是则万氏所论，乃两害相权姑取其轻之意耳。万氏又长于礼，曾助徐乾学修《读礼通考》，或以全祖望有乾学更请季野编成五礼之书二百余卷之语，遂谓秦蕙田《五礼通考》，由攘窃万氏之作而成，[1]无征不信，厚诬古人，吾不敢妄为附和，然万氏治史之广博，亦可于此窥见矣。

继万斯同而起者，则有全祖望。祖望字绍衣，学者称谢山先生，亦鄞人也，成进士后，膺馆选，已而被摈，遂不复出，以著述自娱，其所究心者，为《晚明文献之学》。初李绂见其文曰，此深宁王应麟、东发黄震后一人也。在翰林时，与李绂共借《永乐大典》读之，日各尽二十卷，其学问之博以此。时开明史馆，祖望为书六通移之，先论艺文，次论表，次论忠义、隐逸两传，其表章遗献之意，隐然可见，生平服膺黄宗羲，亦深蒙万斯同之影响，卒年五十一，所著书曰《鲒埼亭集》《经史问答》《宋元学案》。集中所载如钱忠介、张苍水诸传，皆明末死节之士，又为顾亭林、黄梨洲、李二曲、陆桴亭、万贞文、刘继庄诸氏，志墓作传，皆以表彰隐逸高蹈不仕之大节，试取全书读之，十九皆史料也。盖明季北都既陷，诸臣展转南方，孤力支撑，屡仆屡起者，先后相望，惜无人为之表彰，将有就湮之势，全氏痛心于此，取以自任，就所闻者，泚笔记载，今日考《南明史》者，得以左右逢源，取用不竭，以祖望保存之力为多。阮元称之曰，经学、史才、词科三者，得一足传，而祖望兼之。又谓百尺楼台，非积年功力不可。吾谓全氏之可称者，厥惟史才，经学、词科，不过藉以润色其史才耳。夷考其时，文网正密，以喜谈明史受祸者，不知凡几，而全氏独夷然不顾，口询手纂，积稿等身，殁后又得流传，亦无人为之讦发，抑何幸也。《经史问答》中，论史者约百余条，首论《战国策》，余皆论《史》《汉》，后汉以下未暇为也。全氏颇喜言史法，曾论《史记》窦田为一传附灌夫固非，《汉书》合韩安国为一传尤不合。其言曰：

全祖望

窦田薰莸，相去远甚，窦本不以外戚得封，自以七国时功，而争梁王，争栗太子，其大节甚著，在景帝时，当与条侯作合传，晚节不善处进退之间，自是无学术，然安得谓之凶德，而使与田蚡同列。田蚡特竖子，无一可称，晚有交通淮南之大逆，只合黜之在《外戚传》。史公生平习气，乐道人盛衰荣枯之际，以自写其不平，而不论史法，故以灌夫之故，强合窦田为一传。《汉书》则因韩大夫在东朝与议窦田之狱，而并牵合之，尤非也，安国只应与郑庄辈合传。

又论《汉书·东方朔传》云：

《史》《汉》皆喜于文字见奇诡，而不论史法，《汉书》较《史记》略减，然如司马相如、东方朔传，仍所不免。以史法论，朔之斥吾邱，麾董偃，戒侈奢，其生平大节，三者已足，何得滑稽之娓娓乎，其实文字，亦不尚此秽语。

吾按《窦田传》，为《史记》中最生色文字，其所以生色者，即在善写其盛衰荣枯之际，设去此一节，便觉索然寡味矣。大抵撰合传者，不必其人人铢两悉称，但能以事联缀之，彼此相关，能合而不能分，即为极合传之能事。《史记》中诸合传，每能贯彻此旨。后来诸史，惟欧、宋所撰之《新唐书》，偶尔有之，如张巡、许远合传，其事并不分叙，又能附以南霁云、雷万春事，此真善学太史公者。若诋南、雷与张、许不伦，岂得谓之通识哉。至论《东方朔传》，亦与之同病，盖东方朔之卓然可传，为人乐道而不衰者，即在托讽而谲谏。所谓托讽谲谏，即以其为滑稽之雄，本传所述，皆以著其滑稽，虽畔于奇诡，不足为病，而全氏以史法绳之，不亦远乎。全氏所谈史法，大抵如是，盖全氏所著悉为史料，不能与成家之史相提并论，就其所表著者论之，已为吾侪心折久矣，《宋元学案》，别著于前，故不复论。

次于全祖望，而可称之史家，则钱、王、赵三氏是也。钱氏名大昕，字晓征，一字辛楣，嘉定人也，以进士入翰林，累官至少詹事，年未五十，丁父艰，遂不复出，卒年七十七。王氏名鸣盛，字凤喈，号西庄，亦嘉定人，与钱氏同年进士及第，累官内阁学士，兼礼部侍郎，后亦因丁母艰不复出，卒年七十六。赵氏名翼，字云松，号瓯北，阳湖人也，亦进士及第，累官贵西兵备道，因案镌级，遂乞归，不复出，卒年八十六。三氏皆邃于史学，钱氏著《二十二史考异》，王氏著《十七史商榷》，赵氏著《廿二史劄记》，皆统释诸史，逐年积累而成，历时久而后出者也。阮元之论钱氏曰，先生于正史、杂史，无不讨寻，订千年未正之讹，校正地志，于天下古今沿革分

钱大昕
——从清道光九年（1829）长洲顾氏刊本《吴郡名贤图传赞》

合，无不考而明之，精通天算，三统上下，无不推而明之，于金石无不编录，于官制史事，考核尤精，因叹以为人所难能。盖钱氏于正史、杂史而外，兼及舆地、金石、典制、天算，治史范围，广于同时诸家，故所著又有宋、辽、金、元四史《朔闰考》《潜研堂金石文字跋尾》，而精意所寄，尤在《十驾斋养新录》一书，可与顾炎武《日知录》相伯仲，宏博不如，而精实过之。文集中所载《与袁简斋书》，论唐、宋官制，守判试、知、检校诸称，援引精确，分析入微，为前人论史书中所罕见。即如所论三史一条云，三史：谓《史记》《汉书》及《东观汉记》也，引《续汉郡国志》《春秋》三史会同征伐一语为证，唐以后《东观汉记》失传，乃以范书当三史之一，所论何等明晰。[2]至王鸣盛《十七史商榷》，则论三史者凡三条：其一，亦引《续汉郡国志》，而谓后汉为指谢承或华峤书卷三十二；其二，则以《三国志·吕蒙传·注》引《江表传》有省三史诸家兵书之语，是时尚无谢、华二氏之书，无以解之，乃谓三史似指《战国策》《史记》《汉书》卷四十二；其三，则取前两说而并举之卷九十九，是盖忘记三国之世已有《东观汉记》流传于世也。是则钱氏所释，为至当不易矣。[3]文集中又有《答问》十二卷卷四至十五中有两卷论史，似胜于全氏之问答。如《辽史·地理志》有头下军州，而《元史》则多用投下字，似为部落之称。钱氏则释之曰：

元之投下，即辽之头下，辽代之投下军州，皆诸王外戚大臣，及诸部从征俘掠，或置生口各团，集建州县以居之，横帐诸王国舅，公主，许创立州城，自余不得建城郭，朝廷赐州县额，其节度使朝廷命之，刺史以下，皆以本立部曲充之，官位九品之下，及井邑商贾之家，征税各归头下，唯酒税课纳上京盐铁司。元时各头下，不设节度使，自鲁赵王外，亦未见有建立城郭者，其余大略，与辽制同。

钱氏又据《元史》诸传所载投下之目，有两投下，三投下，四投下，五投下，七投下，十七投下诸称，各举证以明之，其解释可谓审矣。吾向读头下投下之称，未得其审，钱氏所释虽审，而未及详释其字义，以吾考之，清代王公有圈地之制，有带地投充之人，就所投充之丁户，而加以编制，是为王公之包衣奴仆，其义亦犹辽代于所俘掠生口而部勒以团集之制也。头下之义即就投充之丁户加以部勒，故亦谓之投下，辽代之头下军州，元代之投下，皆在边地，正如汉代之立属国以处置降夷者，不过一则直属于国家，一则拨归诸王外戚大臣而为之奴属耳。就所投之丁户，编一集团，而建州县，设官以管理之，正与清代之王公设包衣以管理其投户者同意，辽、元、清三代之制，可取互证，钱氏未及详言，吾故从而引申之。《答问》之中，如此条之精湛者，甚多，不及悉举，或多称其考异，不知其所重者为文字之异同，及训释之当否，其精言要义，多不具于此，读者不察，遂谓钱氏史学，似未出于王赵二氏之上，此则皮相之论也。王氏史学，悉具《十七史商榷》一书，曾论治史宜考典制，又谓与治经不同。其说云：

> 大抵史家所记典制，有得有失，读史者不必横生意见，驰骋议论，以明法戒也。但当考其典制之实，俾数千年建置沿革，了如指掌，而或宜法，或宜戒，待人之自择焉可矣。其事迹则有美有恶，读史者亦不必强立文法，擅加与夺，以为褒贬也。但当考其事迹之实，年经事纬，部居州次，纪载之异同，见闻之离合，一一条析无疑，而若者可褒，若者可贬，听之天下之公论焉可矣。……治史之法，与读经小异而大同，何以言之，经以明道，而求道者，不必空执义理以求之也。但当正文字，辨音读，释训诂，通传注，则义理自见，而道在其中矣。读史者不必以议论求法戒，而但当考其典制之实，不必以褒贬为与夺，而但当考其事迹之实，亦犹是也，故曰同也。若夫异者则有矣，治经断不敢驳经，而史则虽子长孟坚，苟有所失，无妨箴而砭之，此其异也。抑治经岂特不敢驳经而已。经文艰奥难通，若于古传注，凭己意择取融贯，犹未免于僭越，但当墨守汉人家法，定从一师，而不敢他徙，至于史，则于正文有失，尚加箴砭，何论裴骃、颜师古一辈乎。其应择善而从，无庸偏徇，固不待言矣，故曰异也。要之二者虽有小异，而总归于务求切实之意，则一也。
>
> **《十七史商榷·自序》**

或据此序，谓《商榷》一书，重在典章故实是也，然细考其书，典章故实固居其大半，然亦论及版本义例，不拘一体，与钱氏《考异》，皆善于用析以演绎法而得之者也。至赵氏之《廿二史劄记》则不然，赵氏意在总贯群史，得有折衷，自序所谓多就正史、纪传、表传，参互勘校，至古今风会之递变，政事之屡更，有关于治乱兴衰之故者，亦随所见附著之，即此意也。兹考其书，如《论汉书》多载有用之文，《旧唐书》《旧五代史》多用实录、国史，《宋》《辽》《金》三史初修重修之始末，皆叙次綦详，不待他求而略具；至东汉之宦官与党禁，六朝之清谈，南北朝通好之使命，唐代宦官及节度使之祸，五代诸帝多由军士拥立，宋代制禄之厚，冗官之多，和战之是非，元代百官以蒙古人为之长，明代内阁首辅之权重，及才士诞傲之习各条，皆属一代大事，而能列举多证，娓娓而谈，以明其事之因果嬗变，尤合近代治学之方法；即其细者，如汉多黄金，三国关张之勇，五代人多以彦字为名，明初文字之祸，亦皆本末洞然，富有逸趣，读其书者，乃至不忍释手。盖他人之治史者，喜以稗乘脞说为证，而赵氏则以本书证本书，或以其他正史证某一史，盖由清贤以经证经之法，推而出之，其识见尤高人一等。统观全书，悉由善于用综合以归纳法而得之者，记曰："属辞比事，《春秋》教也"，赵氏可谓善于属辞比事矣。李慈铭谓《劄记》为乾嘉时一老儒所作，赵氏据而有之，不知何据。此其治史之术，又与钱、王二氏不同者也。钱、王二氏之书，皆以廿二史命名者，明代以旧唐、旧五代不列正史，故只有廿一史，清代增《明史》，则为廿二史，赵氏《劄记》并《旧唐书》《旧五代史》而释之，而不称廿四史者，其时二史未奉有列入正史之明谕也。钱氏《考异》，分后汉之志为续汉，增《旧唐书》而无《旧五代》及《明史》，故亦为廿二史，至王氏所释，迄于五代而止，虽论及旧唐、旧五代，亦不列于数内，称十七史，用宋人语也。《考异》《劄记》之名，无待详释，至王氏之书命名《商榷》，盖取《史通·自序》《商榷·史篇》遂盈筐箧之义；又谓商度也，榷粗略也，言商度其粗略也。[4]王氏又著《蛾术编》，不专言史，钱氏尚有《三史拾遗》《诸史拾遗》，附《考异》以行，又曾究心《元史》，先撰《氏族》《艺文》二志以见志，或谓别有《元史稿》若干册，著录于日本岛田翰之《古文旧书考》，因疑其书未亡，[5]然钱氏未尝一语及此何也。赵氏又著《陔馀丛考》，成书在《劄记》之前，其中论史之语，再加订正多入《札记》。其后临海洪颐暄亦喜治史，其《读书丛录》中，有七卷为论史之语，专考《史记》、两《汉》，其后又续《三国志》以下迄隋，为诸史考异十八卷，然仅小有补苴，不逮三氏远甚，故亦不复详论云。

与钱、王、赵三氏同时，以治史有声者，又有邵晋涵。晋涵字与桐，号二云，余姚人也，以进士入四库馆，任编纂，仕至翰林院侍讲学士，卒年五十四，晋涵与章学诚同里，俱喜治史，故最相得，章氏亟称其从祖廷宷之史学。廷宷字念鲁，著有《东南纪事》《西南纪事》，详于南明匡复之事，而章氏尤称其《思复堂集》，以其中多载明人轶事也。全祖望尝诋廷宷之短，章氏则谓全氏通籍馆阁，入窥中秘，出交名公钜卿，闻见自宜有进，然其为文，与《思复堂集》不可同日语也。全氏修辞饰句，芜累甚多，不如《思复堂集》辞洁气清，若其泛滥驰骤，不免漫衍冗长，不如《思复堂集》雄健谨严，语无枝剩，至于数人共为一事，全氏各为其人传状碑志，叙所共之事，复见叠出，至于再四，不知古人文集，虽不如子书之篇第相承，然同在一集之中，必使前后虚实分合之间，互相趋避，乃成家法，而全氏不然，以视《思复堂集》，全书止如一篇，一篇止如一句，百十万言，若可运于掌者，相去又不可以道里计矣。至于闻见出入，要于大体无伤，古人不甚校也。王弇州之雄才博学，实过震川，而气体不清，不能不折服震川之正论，今全氏之才，不能远过弇州，而《思复堂集》高过归震川数等，岂可轻相非诋，是全氏之过也。《邵与桐别传·章贻选跋》引章氏语。于此可窥见廷宷之史学，而全氏之短亦于此得见仿佛焉。晋涵尝自《永乐大典》中，辑出《旧五代史》，又撰《南都事略》，并有志重修《宋史》，而易其名为《宋志》，更为毕氏校订《续通鉴》，前章已略及之矣。邵氏论史之语，见于章学诚之所记，其言曰："宋人门户之习，语录庸陋之风，诚可鄙也，然其立身制行，出于伦常日用，何可废耶。士大夫博学工文，雄出当世，而于辞受取与出处进退之间，不能无箪食万钟之择，本心既失，其他又何议焉，此著《宋史》之旨也。"《邵与桐别传》章氏督促邵氏修史甚力，其言曰："足下博综，十倍于仆，用力之勤，亦十倍于仆，而闻见之择执，博综之要领，尚未见其一言蔽而万绪该也。《宋史》之愿，大车尘冥，仆亦有志，而内顾枵然，将资足下而为之耳。足下如能自成一史，仆则当如二谢谢承、谢沈、司马彪诸家之《后汉》，王隐、虞预诸家之《晋书》，亦备一家之学，如其未能，则愿与足下共功，其中立言宗旨，不谋而合，亦较欧、宋《新唐》必有差胜者矣。"《与邵二云论学书》其后又曰："足下《宋史》之愿，大车尘冥，恐为之未必遽成，就使成书，亦必足下自出一家之指，仆亦无从过而问矣。但古人云，载之空言不如见之实事，仆思自以义例，撰述一书，以明所著之非虚语，因择诸史之所宜致功者，莫如赵宋一代之书，而体例既与马、班殊科，则于足下之所欲为者，不嫌同工异曲。”《与邵二云论修宋史书》章氏又尝与邵氏论《宋史》，谓俟君书成后，余更以意为之，略如《后汉》《晋史》之各自为家，听抉择于后人；又谓当取名数事实，先作比类长编，卷帙盈千可也；至撰集为书，不过五十万言，视始之百倍其书者，大义当更显也。邵氏则曰：“如子所约，吾亦不能，然亦不过参倍于君，不至骛博而失专家之体也。”《邵与桐别传》其所论者，大略具是，而二氏之《宋史》，卒用未底于成，亦徒托空言而已矣。章氏为邵氏作传，亦略及浙东史学，其言曰：“南宋以来，浙东儒哲讲性命者，多攻史学，历有师承，宋明两朝纪载，皆稿荟于浙东，史馆取为依据，其间文献之征，所见所闻所传闻者，容有中原耆宿不克与闻者矣。”此又略明己与邵氏之史学渊源甚早，亦浙东学术一文之所由作也。

与邵晋涵同时，以目录校雠之学擅名者，则纪昀是也。昀字晓岚，直隶献县人，起家进士，入翰林，累官礼部尚书，协办大学士，卒年八十二。生平著作甚少，其精力所萃，只有《四库全书总目提要》一书。初历城周永年撰《儒藏说》，略谓：“明人曹学佺欲仿二氏为儒藏，邱琼山欲分三处以藏书，陆桴亭欲藏书于邹鲁，其意皆欲为儒藏，而未尽其说，惟分藏于天下学宫书院名山古刹，又设为经久之法，即有残缺，而彼此可以互备，释者之书，正伪参半，美恶错出，惟藏之有法，故历久不替，然立藏以后，自成一家之言，初不多见，儒者则一代之内，必有数种卓然不朽之书，可以入藏，释老之藏，盛于前而衰于后，儒者则代有增益，此亦闲卫吾道之一端也。”又立儒藏条约曰：“儒藏不可旦夕而成，先有一变通之法，经、史、子、集，凡有版之书，在今日颇为易得，若于数百里内，择胜地名区，建义学，设义田，凡有志斯事者，或出其家藏，或捐金购买，于中以待四方能读之人，终胜于一家之藏，即如立书目，名曰《儒藏》，未定目录，由近及远，书目可以互相传钞，因以知古人之书或存或佚，如此则数十年之间，奇文秘籍，渐次流通，始也积少而为多，继则由半以窥全，力不论其厚薄，书不论其多寡，人人可办，处处可行。”[6]是则周氏所论，正为现制之图书馆，化私人藏书为公有，可以便人阅览，向日学者叹求书之难者，今日则视为故常矣。惟其所谓儒藏，即用丛书之法，荟萃儒者之书，而为一编，略如明代之《永乐大典》，而清代之《四库全书》，亦继此而起者也。自周氏有此论，至乾隆三十七年，安徽学政朱筠乃有奏请开馆校书之议。其言计分四项：一、旧书

纪　昀

抄本应急搜，二、中秘书籍当标举现有者以补其余，三、著录校雠当并重，四、金石图谱在所必录。清廷遂据此议，以设立《四库全书》馆，然其初不过先就《永乐大典》从事校核，凡外间所无及流行不甚广者，悉为签出发钞而已。后乃内外所有各书，悉加网罗，分为经、史、子、集四部，每校一书，即为撰一提要，签于书端，盖用刘向总录群书条而奏之之法，后乃荟萃诸书之提要，以为《四库全书总目》，所谓分之则散异诸编，合之则共为《总目》是也。时任总纂者，为纪氏与陆锡熊，分纂官则有多人，故各书提要之初稿，出于各分纂官所撰，而送总纂为之核定焉。昔会稽李慈铭谓："《四库总目》虽纪、陆二氏总其成，然经部属之戴东原，史部属之邵南江，子部属之周书昌永年，皆各纂所长，纪氏名虽博览，而于经史之学则实疏，集部尤非当家。"《越缦堂日记》此语殊不尽然，兹考聚珍版，戴氏所撰提要，《仪礼》《大戴礼》《方言》等书，固属经部矣，然如《水经注》则属于史，《项氏家说》及《算经》诸书则属于子，是戴氏未尝专立经部也。再考邵氏《四库全书》分纂稿，凡正史各提要，邵氏所撰，固居其大部矣，然其中尚有四种属于经，一种属于子，四种属于集，而聚珍版之《融堂书解提要》，亦为邵氏所撰，是邵氏亦不专主史部也。又聚珍版之《老子道德注》，属于子部，其提要固为周氏所撰，而公是、彭城、浮溪《诸集》，属于集部之提要，亦出周氏之手，是周氏亦不专主子部也。且纪氏专主集部，更无明证，且职居总纂，无所不赅，讵能专任一部以自隘乎？盖当日分纂诸氏，各就所长，分任其事，则有之矣，而提要各稿，俱经纪氏笔削增窜，有大异其原来面目者，试取邵氏分纂稿与提要，加以衡较，则知邵氏原稿，多经纪氏修改，且有十无一存者矣。考提要有《原本提要》亦称《书前提要》。与《总目提要》之分：《原本提要》，冠于《四库》各书卷首者也；《总目提要》，荟萃别为一编者也。两种提要，异同亦复甚多，或谓《原本提要》出之各分纂官，《总目提要》则为纪氏所修改，此亦非也。兹取邵氏分纂稿一一对校，特与《总目提要》相去甚远，即与《原本提要》合者亦甚少，盖《书前提要》已于进呈时经纪氏一度之修改，迨其后荟为一书，又复再度修改，多所增益，大抵《总目提要》往往较《原本提要》为精核，盖经融会贯通悉心厘正故也。提要出于纪氏之笔削，实有多证。朱珪为纪氏撰《墓志铭》云："公馆书局，笔削考核，一手删定，为全书总目，裒然巨观。"其祭纪氏文亦云："生入玉关，总持《四库》，万卷提纲，一手编注。"又阮元《序纪氏文集》亦云："高宗命辑《四库全书》，公总其成，凡六经、传注之得失，诸史记载之异同，子集之支分派别，罔不抉奥提纲，溯源彻委，所撰定《总目提要》，多至万余种。"盖珪与纪氏同时，又为修书时总阅官之一，元亦及见纪氏，皆以提要为纪氏一手删定，所言当不诬也。不惟朱、阮二氏言之如此，即《纪氏文集》《笔记》中亦时时自言之，兹不悉举。《总目提要》之各部，有总序，每部各类之前有小序，后有案语，为《原本提要》所无，皆纪氏荟萃为《总目》时所撰，与各分纂无与者也。又高宗尝命纪氏撰《简明目录》，以便检阅，每书皆记卷数、撰人，并略叙其书之梗概，为书二十卷，见于高宗题《文津阁诗》之《自注》《乾隆御制诗》五集卷六十七。此又未尝假手他人者。纪氏一生，除文集、笔记外，其他著述甚少，盖精力已尽于此书矣。《四库》著录之书，凡三千四百七十种，七万九千十八卷，存目之书，凡六千八百十九种，九万四千三十四卷，而吾侪所尤应重视者，乃在存目，盖著录之书，今尚易求，存目之书，则不可尽见，依《存目提要》而求此书，不难得其大略，且往往于无意中获之，此又纪氏立例之善也。同时章学诚著《校雠通义》，以明向歆部次群籍之法，然徒托空言，未能见之实事，惟纪氏于著录、校雠二者，以毕生之力从事于此，所著《总目提要》，实兼《七略》《别录》而有之，讵非向、歆以来之所仅见者乎？虽其书尚多漏误，近已有人为之校补，[7]但其大体精善，可议甚少。总之校雠之学，为史家之支与流裔，尤为治史者所不可废，近代擅此业者，纪氏而外，殊罕其俦，吾故取而述之，或以纪氏喜诋宋儒，尊扬汉学，目之为经学家，[8]则失其实矣。[9]

有清中叶，有异军特起自树一帜之史家，与纪昀同起于北方者，是为崔述，述字武承，一号东壁，大名人也，乾隆举人，官知县，嘉庆二十一年卒，年七十七。其学始于治经，以怀疑、辨伪、考信三者为主旨，其所考辨之对象，则为尧、舜、禹、汤、文、武、周公、孔、孟，其意在尊经，而屏战国、秦、汉以后之杂说，非惟《史记·孔子世家》，以其出于汉人，多不之信，即《礼记》之《檀弓》，亦以为出于汉儒所造，又以《论语》中公山弗扰及佛肸二章，为汉人张禹所更定。寻其所考辨者，名为治经，实为研治中国之古史，特自秦、汉以后，为群经所不具者，则略而不言耳。崔氏所著之书，曰《考信录》，而释其作书之旨于提要略云：

余年三十，始知究心六经，觉传记所载，与注疏所释，往往与经互异，然犹未敢决其是非，乃取经文，类而辑之，比而察之，久之而后晓然，知传记、注疏之失，顾前人罕有言及之者，屡欲茹之而不能茹，不得已乃为此《录》以辨明之。

又释其书之例云：

（一）唐虞三代之事，见于经者，皆醇粹无可议，至于战国秦汉以后所述，则多杂以权术诈谋之习，与圣人不相类，故《考信录》但取信于经，而不敢以战国魏晋以来度圣人者，遂据之为实也。（二）今为《考信录》，于殷周以前事，但以诗、书为据，而不敢以秦汉之书，遂为实录。（三）余为考信汉晋诸儒之说，必为考其原本，辨其是非，非敢诋骐先儒，正欲平心以求一是。（四）今为《考信录》，不敢以东汉、魏、晋诸儒之所注释，悉信以为实言，务皆究其本末，辨其同异，分别其事之虚实，而去取之，虽不为古人之书讳其误，亦不为古人之书增其误。（五）今为《考信录》，凡无从考证者，辄以不知置之，宁缺所疑，不敢立言以惑世。（六）今为《考信录》，宁缺毋滥，即无所言，亦仅列之备览，宁使古人有遗美，而不肯使古人受诬于后世。（七）大抵文人学士，多好议论古人得失，而不考其事之虚实，余独谓虚实明而后得失或可不爽，故今为《考信录》，专以辨其虚实为先务，而论其得失者次之。

寻崔氏之意，盖欲以经论经，亦犹赵翼之欲以正史证正史，此固治经史者，所必遵之程也。虽然，崔氏之治经，不以明音训、究名物为事，与专门治经者异趣，崔氏盖视六经如史，而考辨古代某事之为真为伪，不特史应怀疑，即经亦何尝不应怀疑。惟崔氏胸中，横亘一旦取信于经之见，而战国以下之书，皆以为不可尽信，是则先立主观，不免自有所蔽，亦为未达一间者也。近人钱穆尝论及崔氏之失云：

> 崔氏之于古史，有信之太深者，亦有疑之太勇者，崔氏因不信文丁杀季历，文王囚羑里，而遂谓周之立国，与商无涉。又谓今日修贡，明日扰边，弱则受封，强则为寇，曾谓圣人而有是，彼不知三代之与汉唐，固不知天壤之悬绝，百家之与经、传，亦非即是非之分限，以曾谓圣人而有是之见治史，此所以终不免于信之深而疑之勇也。……崔氏深信经、传，常以曾谓圣人而有是之见遇之，此我所谓信古太深也。而结果所至，遂不得不并经、传而疑之，此我所谓其疑古太勇也。《崔东壁遗书序》

钱氏所论，诚得其平，治史之术，以求是为归，于其可信者信之，信古太深，不可也，于其可疑者疑之，疑古太勇，亦不可也。惟往昔之治史者，多失之信古太过，不啻为古人之舆儓，独崔氏能出其所疑，以与世人共见，求之往代，惟汉之王充，唐之刘知幾，有此气概，王充非究心于史者，可置弗论，崔氏曾称，知幾于秦、汉之书，纪春秋之事，考之详而辨之精，而犹以其疑经之作为非，《考信录提要》是以己为疑所当疑，而知幾为疑所不当疑矣。不悟二氏皆以怀疑、辨伪、考信，为史学之名家，知幾之见称于世久矣，崔氏卒后近二百年，而始有人称之，信显晦之有时，抑犹其人而后兴耶。崔氏所著之书，曰《考信录提要》二卷，《唐虞考信录》二卷，曰《夏考信录》《商考信录》各四卷，曰《丰镐考信录》八卷，曰《洙泗考信录》四卷，是为正录二十卷；曰《考信录提要》二卷，曰《补上古考信录》二卷，是为前录；曰《丰镐别录》三卷，《洙泗余录》三卷，《孟子事实录》二卷，《续说》二卷，《附录》二卷，是为后录；统称为《考信录》，凡三十六卷。《补上古考信录》，辨唐虞以前之史事，既已无经可证，颇能疑所当疑，亦以无取信于经之见，为之桎梏也。自言始功于四十以后，至七十成书，复加增改，又五年而始定，前后四十余年，盖毕生精力之所萃矣。又合以杂著若干种，凡八十八卷，自署为“薄皮茧”。“薄皮茧”者，大名之方言也，盖蚕有强弱，故其茧亦有厚薄，以喻其为举人而官知县，树立甚浅，如薄皮之茧也。其书初为其弟子陈履和刊行，后又收入《畿辅丛书》，然于杂著未能全刊，近顷顾颉刚又获崔氏之《知非集》《莜田剩笔》，及其夫人之《二余集》，其弟其妹之稿，汇刊为《东壁遗书》，于是新学后生，几无人不知有崔氏矣。

北方之史家，继崔述而兴者，又有徐松。松字星伯，大兴人也，嘉庆十年，以进士入翰林，十四年任全唐文馆提调兼总纂，于是将旧贮翰林院之《永乐大典》，移存馆内，以供采撷，松于其时，得由其中辑出《宋会要》，至五百卷之多，可谓富矣。初俞正燮颇留意及此，所撰《宋会要辑本跋》，初谓其书元时已亡，继谓明时犹存，乃从类书说部，钩稽辑成五卷，盖正燮未窥中秘，不知《宋会要》已收入《大典》，故勤勤于此举也。徐氏不仅自《大典》辑出《会要》，又得《宋中兴礼书》及《河南志》二种，同时李兆洛与之书云："《会要》一书，自当钩稽异同，拾遗补坠，使本末灿陈，为故宋一代考证渊薮，若草草属录，复何与于存亡之数，执事敏于识而练于古，一此不懈者数年，自当纲目详备，宏富绝特，卓冠流略，为宇宙留此奇籍，幸无复以欲速致悔也。"《养一斋文集·十八》严铁桥亦与之书云："足下在全唐文馆，从《大典》中写出《宋会要》，此天壤间绝无仅有者，及今闲暇，依《玉海》所载《宋会要》体例，理而董之，存宋四百年典章，肆力期年，粗可竣事，而来书言苦无助我为力者，助得附名，非有议叙，废时悬望，难必其人，异日或蒙恩大用，无暇及此矣，时哉不可失，盍早图之。"《铁桥漫镐·三》合两书观之，一则勉其无以欲速致悔，一则劝其盍早图之，主张虽有不同，皆切望此书成为完帙。龚自珍《别徐氏诗》，亦曰："笥河寂寂覃溪死，此席今时定属公"，即谓北方学者自朱筠、翁方纲后，继起者惟徐氏一人，其语诚为不诬。然吾谓徐氏于史学之贡献与其努力，实为最大，不惟《宋会要》一书而已，如所撰《西域水道记》《汉书·西域传补注》《新斠注地理志集释》，皆极精博，又有《唐两京城坊考》《唐登科记考》，乃自群籍中多方搜求，排比联缀以为一书，读者惊叹其难，亦《宋会要》之亚，盖徐氏之长在辑逸阐幽，详人之所略，为人之不能为，清代学者，自惠栋、卢文弨、顾广圻诸氏外，殊罕见其匹也。徐氏后官湖南学政，坐事戍伊犁。出关之后，置开方小册，随所至图其山川曲折，而《西域水道记》《汉书·西域传补注》，皆成于此时。徐氏以《水道记》拟《水经》，复自为释，以比郦道元之注，又以新疆素无专书，乃纂述成编，于建置控扼钱粮兵籍，言之尤详，将松筠其书奏进，清仁宗为赐名《新疆事略》，因以赦还，道光中起内阁中书，累补御史，出知榆林府，卒年六十八。清代自嘉道以后，学人多究心西北地理，其初仅以新疆伊犁为范围，继则扩及蒙古全部，后移其重心于《元史》，不惟亚洲西部北部，在所究心，即欧洲东部，亦在研究范围之内，精于此者，有祁韵士，初在史馆撰《蒙古王公表》，凡阅八年，成书一百二十卷，后以事谪戍伊犁，则于谪地成《西陲总统事略》十二卷，《西域释地》二卷，又成《藩部要略》十六卷，《西陲要略》一卷。其云西陲者，则新疆也，其云藩部者，则蒙古诸部也。其后徐氏遂据韵士之《总统事略》，以成其《新疆事略》，其继起者，更有张穆、何秋涛，以治边疆地理得名，实则吾国之地理学家，皆不以人文地理为基础，其所重者，悉在沿革史迹，盖以治史之方法以治地理，可名之曰《地理沿革史》，亦为边疆史之一部，故一转移间，即变为以蒙古为中心之《元史》，此其因革嬗变之迹，不可不知者也。

兹再进而叙述张穆、何秋涛之史学。穆字石洲，平定州人，亦北方之学者也。道光中优贡生，善属文，歙县程恩泽见之，惊曰，东京崔、蔡之匹也。秋涛，字愿船，光泽人，道光进士，官主事，擢员外郎，穆所著之书，曰《蒙古游牧记》十六卷，以蒙古各盟之旗为单位，用史志体，而自为之注，考证古今舆地及山川城镇之沿革，悉能殚见洽闻，究明本末，与祁韵士《要略》用编年体者，可以相埒，惟属稿未竟而卒，秋涛为续成之。穆又撰《魏延昌地形志》，盖以《魏书》原志，分并建革，一以天平、元象、兴和、武定为限，以上皆东魏孝静帝年号。纯乎东魏之志，其雍、秦诸州地入西魏者，遂挩失踳驳不可读，乃更事排纂，为之补正，仅成十二卷，而其书则未见传本。秋涛所著书曰《北徼汇编》八十卷，首以圣训钦定书十二，继以经略六、考二十四、传六、纪事本末二、记二、考订诸书十五、辨正诸事五、表七、附以图说一卷终焉。李鸿章序其书曰：

秋涛究心时务，博极群书，以为俄罗斯东环中土，西接泰西诸邦，著录之家虽事纂辑，未有专书，秋涛始为汇编，继加详订，本钦定之书及正史为据，旁采图理琛、陈伦炯、方式济、张鹏翮、赵翼、松筠以及近人俞正燮、张穆、魏源、姚莹之徒，与外国人艾儒略、南怀仁、雅稗理之所论述，并上海、广州洋人所刊诸书，订其舛讹，去其荒谬……为《考》，为《传》，为《纪事》，为《辨正》，自汉、晋、隋、唐迄于明季，又自康熙、乾隆迄于道光，代为之图，各为之说，凡八十卷。文宗垂览其书，赐名《朔方备乘》。进呈之后，书旋散亡，吏部侍郎黄宗汉因取副本，拟更缮进，复毁于火。秋涛之子芳稏，奉其残稿来谒，篇帙不完，涂乙几遍，鸿章爰属编修黄彭年与畿辅志局诸人，为之补缀排类，复还旧观，图说刊成，全书次第，亦付剞劂。

据此则是书亡失两次，终以残稿尚在，又得整理复旧，甚矣著书之不易也。至《北徼汇编》为其初名，今称《朔方备乘》，则用文宗之赐名耳。张、何二氏之书，皆以覃究西北地理为主，而一以蒙古为范围，一以北徼与俄罗斯关联者为范围，并叙及东海索伦诸部，北徼界碑，库叶附近诸岛，艮维诸水，艮维窝维，及辽、金、元北徼诸国，则于西北地理之外，并包及东北矣。因此之故，引起学者研究东北边疆之兴味，而从事考订探讨者，大有人在，特不如研究西北地理者之材料富而收获丰耳。

与张、何二人同时者，则有魏源，后于魏源者，则有洪钧、屠寄、柯绍忞，皆以精研元史擅名，此就西北地理推而衍之，以转其重心于元代者也。初邵远平继其父经邦之志，以撰《元史新编》，钱大昕继之，欲改造《元史》而未成，然其绪则已启矣。源字默深，邵阳人，道光进士，官知县卒，究心史学，成《圣武记》《海国图志》《元史新编》诸书。钧字文卿，吴县人，同治状元，以侍郎出使英、法、俄、德诸国，在欧洲时，搜得拉施特、多桑等所撰之《蒙古史》，因之成《元史译文证补》一书。寄字敬山，武进人，光绪进士，曾客黑龙江，修志，撰《黑龙江舆图及图说》，至为精核，后乃萃其精力以修《蒙兀儿史记》，随撰随刻，卒时虽未成书，已得十之七八矣。绍忞字凤荪，胶县人，光绪进士，曾与修《畿辅通志》，晚年撰《新元史》，以集清代治《元史》者之成。其时又有顺德李文田，著《元秘史注》十五卷，虽未精核，考证颇详。秀水高宝铨又撰《元秘史李注补正》十五卷，其勤与李氏相埒。宝铨又有《元史疏证》，附《元史通考》若干卷，稿本数十巨册，近年始自其家散出，朱先生希祖曾见其首册，欲购而先为他人所得，如能为之刊传，亦盛德事也。凡关于改修《元史》者，前已约略述之，惟诸氏之致力《元史》者，皆不解西文，魏氏之世，史材未多，李、高二氏悉因中国故籍以为校注，固无论矣，洪、屠、柯三氏，则皆假译人之助，供其编纂，屠氏并究心于蒙文，又曾取材于东籍，校其成绩，自胜往昔，以视近贤，又有不逮，盖于西北地理，虽已覃究尽致，而蒙古史材之浚发，尚有待于后来之学者，若谓屠、柯诸氏已为登峰造极，则非笃论也。

兹更进而略述专治东北地理之史家，以愚所知，不下十余人，取其著者述之。初宋人洪皓使金被留，撰《松漠纪闻》，纪载在金之见闻，时金都于上京会宁府，即今吉林阿城县南五里之白城，唐封契丹首领为松漠府都督，其地在今热河省辽河上游，洪氏取以包举东北全疆，盖举其大略言之也。金人王寂官辽东提刑，著《辽东行部志》《鸭江行部志》二书，皆于行部时，纪其见闻，与洪氏之书相埒，书久不传，清开《四库全书》馆，自《永乐大典》辑出，而未著录于《四库》，亦不见其名于存目，后《辽东行部志》辑本，展转入缪荃孙手，收入所刊《藕香零拾》中，得以行世。至《鸭江行部志》辑本，则转入盛昱之手，盛氏殁后，遗书散出，为朱先生希祖所购得；为撰成《考证》一篇，而原本迄未付刊。吾取朱氏《考证》，附于《辽东行部志》，收入《辽东丛书》第八集刊行之。此前代治东北地理之史家也。清初，山阴杨宾为省其父出关，至宁古塔，纪其见闻，为《柳边纪略》一书。柳边以清代插柳为边得名，宁古塔适在柳边之外，杨氏取以概举东北，亦犹洪氏之以松漠名书也。其后则吴兆骞之子振臣，撰《宁古塔纪略》，摭举见闻，然非《纪略》之比，方式济撰《龙沙纪略》，徐宗亮撰《黑龙江述略》，萨英额撰《吉林外纪》，西清撰《黑龙江外纪》，皆为纪载东北地理之书。如杨、吴、方三氏，皆为流人，或其子孙，以内地人为客观之纪载，大抵视东北如化外，随笔纪载，未能为精密之探讨，犹有待于后来之阐发也。清季有曹廷杰，实为后起之劲。廷杰字彝卿，枝江人，官至吉林劝业道，所著之书有三种，曰《东三省舆地图说》，曰《东北边防纪要》，曰《西伯利东偏纪要》。初曹氏以知县需次吉林，光绪甲申，奉将军希元命：考查吉、江两省边界，凡七阅月，历二万里，归来撰《简明图说》，随文进呈，即《东三省舆地图说》也，边防、东偏两《纪要》，盖为《舆地图说》之余稿。兹考其中所载，如谓辽金之韩州即今八面城，金之黄龙府即今农安，上京会宁府即今阿城县之白城，渤海之率宾府即今绥芬河，金之五国城在今依兰以下，皆属确当不易，盖由身履其地，多方考订，于伏处一室专取证书卷者，不可同日而语，信哉其能极考古之能事也。前乎曹氏者，有杨同桂，通州人，光绪中官长春府知府，与修《吉林通志》，初著《沈故》二卷，继同孙宗翰撰《盛京疆域考》六卷，颇能提要钩玄，详人所略，亦《柳边纪略》之亚。近人武进孟森，乃不为东北地理所囿，进而搜集清初史料，所获甚丰，是盖受日本学者之影响，于杨、曹诸氏之外，别辟一途，所著诸书，已述于前。又有丁谦字益甫，仁和人也，所著书曰《蓬莱轩地理学丛书》，后经浙江图书馆刊刻，遂易名为《浙江图书馆丛书》。书凡二集，第一集共十七种，三十五卷，皆为自汉迄明各各《外国传考证》，第二集共十三种，三十四卷，于《元秘史》《圣武亲征录》《经世大典图》之外，又取法显、玄奘、耶律楚材、李志常、刘郁之书，一一为之考证。第二集多属元史之范围，故著意于西北地理，然第一集所考，四裔具备，又非一域所能限。象山陈先生汉章，尝称其从《魏志·裴注》中刺取《鱼豢西戎传》，从《天下郡国利病书》刺取《张耀卿纪行》，并为诸家所未详。盖丁氏著书不惟能博览旧籍，亦时时取材于外籍，读破万卷，而后下以己意，虽其中考证间有未当，又值今日轮轨棣通，其误益复昭然，究为近世有数之地理学家，不可遗而不数者也。

清初因私修《明史》，而数兴文字狱，其中受祸最酷之史家有二，一则吴炎，一则潘柽章也。炎字赤溟，柽章字力田，皆吴江人，柽章之弟耒，尝称吴、潘二氏发愿私修《明史》，先撰《长编》，聚一代之典章而划分，或以事类，或以人类，条分件系，汇群言而骈列之，异同自出，参伍错综，归于至当，然后笔之于书。《松陵文献序》又称潘氏博极群书，长于考订，谓著书之法，莫善于司马温公，其为《通鉴》也，先成《长编》，别著《考异》，故少牴牾。于是博访有明一代之书，以实录为纲领，若志乘，若文集，若家传，凡有关史事者，一切抄撮荟萃，以类相从，稽其异同，核其虚实，去取出入，皆有明征，不徇单辞，不逞臆见，信以传信，疑以传疑。《国史考异序》据此则搜集之富，致力之深，当于万氏《史稿》相伯仲，竟以垂成而毁，良可惜矣。同时顾炎武尝以己所藏书，假于吴、潘二氏，资其修史，其后二氏受祸，而顾氏之书，亦随以俱亡。当二氏修史未成之时，又有乌程庄廷珑，得明人朱国祯之《明史稿本》，[10]延人重加修辑，并补入启、祯两朝事迹，署以己名刊之，名曰《明史辑略》。卷首所列参校诸氏，多为一时名宿，而吴、潘二氏亦列名其中，未几去任归安知县吴之荣，初以索诈不遂，有怨于廷珑，以其初刊本上之于朝，遂兴大狱。时廷珑已卒，戮及其弟其子，凡列名参校者，多罹极刑，吴、潘二氏与焉，以诛死者，七十余人，世所称南浔史狱是也。潘氏撰《国史考异》三卷，今存六卷，曾收入《四库》，后以引用钱谦益辨证，被撤出，今尚有传本，刻入《功顺堂丛书》。近年自故宫检出清臣所撰之提要，称其引据赅洽，辨析详明，所考止洪武、永乐两朝，盖所见非全帙也。[11]又著《松陵文献》。潘氏之史学可于此二书窥之。庄氏之书，今有残本二册，署曰《明史钞略》，刊入《四部丛刊三编》。凡存《神宗本纪》三卷，《光宗本纪》一卷，《熹宗本纪》二卷，李成梁、戚继光等列传一卷，《释教列传》一卷。李、戚两传，传论皆始以“庄珑曰”三字，文中涉及清室，并无讪谤语，惟偶见建夷、夷氛、夷寇等字，夷，夷狄，借指清人。此惨祸之所由生也。列名参校者，又有海宁查继佐，以先首告，谓廷珑纂其名，列之参校中，又得吴六奇力为奏辨，得免祸。继佐字伊璜，号东山，明季举人，明亡后易姓名为左尹，字非人，盖隐用其名字也。继伊亦自撰《明书》，后以庄氏狱起，乃易名《罪惟录》，取孔子罪我者其惟《春秋》乎之义也。书凡百余卷，今存本纪二十二，志二十七，列传三十五，惟无表耳。南明四王皆入本纪，其事略具首尾，视傅维鳞之《明书》为胜，稿本为海宁张宗祥所藏，今已景印行世矣。《四部丛刊三编》查氏有《东山国语》，所纪皆明亡殉国诸氏传略，亦《罪惟录》之附庸也。庄氏史狱之后，又有戴名世及陆生枬之狱，名世所著《南山集》，多采录方孝标《滇黔纪闻》，又致余生书，称明季三王年号，如宋末之二王，为撰史者所不可废，以此为都御史赵申乔所纠，因以论死，然名世固未尝自撰一史也。生枬官工部主事，因案革职，发往军前效力，旋著《通鉴论》十七篇，论及封建建储，为清世宗所恶，亦论死，生枬以论史获罪，尤非廷珑、名世之比。戴、陆二氏，又以论史而锻炼以成其罪者也。清代于康、雍、乾之世，文纲颇密，受祸日有所闻，乾隆间，御史曹一士曾请宽比附妖言之狱，兼禁挟仇诬告诗文，以息恶习。其扼要之语云：

> 比年以来，小人不识两朝所以诛殛大憝之故，往往挟睚眦之怨，借影响之词，攻讦《诗》《书》，指摘字句，有司见事生风，多方穷鞫，或致波累师生，株连亲故，破家亡国，甚可悯也。臣愚以井田封建，不过迂儒之常谈，不可以为生今反古，述怀咏史，不过词人之习态，不可以为援古刺今，即有序跋偶遗纪年，亦或草茅一时失检，非必果怀悖

逆，敢于明布篇章，使以此类，悉皆比附妖言，罪当不赦，将使天下告讦不休，士子以文为戒，殊非国家义以正法仁以包蒙之意。请敕下直省大吏，查从前有无此等狱案，现在不准赦原者，条例上请，以俟明旨钦定，嗣后凡自举首文字者，苟无明确踪迹，以所告本人之罪，依律反坐，以为挟仇诬告者戒，庶文字之累可蠲，告讦之风可息矣。

此请虽未见何明令，然此后告讦之风稍息，文字之狱日杀，未始非曹氏推言其敝娓娓动人之效。[12]清代文字之狱，于近代史学之发展，予一极大之挫阻，足以影响一世学者之趋向，故愚略述其概，亦本书重要之一叶也。

清代史家，足称为殿军者，其海宁王国维乎。国维字静安，号观堂，蚤依上虞罗振玉，资其力以游学于日本，后又挈家随振玉居日本京都，初治欧文，及西洋哲学文学美术，及居东，改治清儒戴震、程瑶田、钱大昕、段玉裁及王念孙引之父子之朴学，兼治古文字，古器物，与法国沙畹，伯希和，日本内藤虎，狩野重信，藤田丰八诸治汉学之士，相与论学，所造益深邃。久之返沪上，为欧人哈同主编学

王国维

报，并刊《广仓学窘丛书》，又至北京清华学校，主讲国学，民国十六年四月，自沉于颐和园之昆明湖，闻者莫不惜之。王氏所著书，曰《观堂集林》，内分《艺林》八卷，《史林》十卷，《缀林》二卷，王氏所自定，乌程蒋汝藻为之校刊于民国十二年，及王氏卒后，振玉重订为二十四卷，《史林》增为十四卷，余则仍旧。又有《别集》三卷，《外集》四卷，《译稿》一卷。又有《今本竹书纪年疏证》《古本竹书纪年辑校》《圣武亲征录校注》《西游记注》《蒙鞑备录》《黑鞑事略两笺证》，此四书合称《蒙古史料四种》。《宋元戏曲考》，及其他杂著，合为《遗书》三集，集中所载，十九皆考史之作也。又振玉所辑《殷墟贞卜文字考》《殷墟书契考释》，及《待问编》《流沙坠简》诸书，胥由王氏为之助，为甲骨文之渊海，此最近学术界之新发见，而大有助于研史者也。王氏论学之旨趣，具于所撰《国学丛刊序》，其略云：

> 今之言学者，有新旧之争，有中西之争，有有用之学与无用之学之争，余正告天下曰，学无新旧也，无中西也，无有用无用者，凡立此名者，均不学之徒，即学焉而未尝知学者也。

学有三大类，曰科学也，史学也，文学也。凡记述事物，而求其原因定其理法者，谓之科学。求事物变迁之迹，而明其因果者，谓之史学。至出入二者间，而兼有玩物适情之效者，谓之文学。然各科学有各科学之沿革，而史学又有史学之科学。如刘知幾《史通》之类。若夫文学则有文学之学焉，如《文心雕龙》之类。有文学之史焉如各史文苑传，而科学史学之杰作，亦即文学之杰作，故三者非斠然有疆界，而学术之蕃变，书籍之浩瀚，得以此三者括之焉。凡事物必求具真，而道理必求其是，此科学之所有事也。而欲求知识之真，与道理之是者，不可不知事物道理之所以存在之由，与其变迁之故，此史学之所有事也。若夫知识道理之不能表以议论，而但可以表情感者，与夫不能求诸实地，而但可求诸想像者，此则文学之所有事。古今东西之为学，均不能出此三者，惟承学之士，资力有偏颇，岁月有涯涘，故不能不主此学，而从彼学，然为一学，不无有待于一切他学，亦无不有造于一切他学，故是丹而非素，主入而奴出，昔之学者或有之，今之真知学真为学者，可信其无是也。

何以言学无新旧也，夫天下之事物，自科学上观之，与自史学上观之，其立论各不同，自科学上观之，则事物必尽其真，而道理必求其是，凡吾智之不能通，而吾心之所不能安者，虽圣贤言之有所不信焉，虽圣贤行之有所不慊焉，何则，圣贤所以别真伪也，真伪非由圣贤出也，所以明是非也，是非非由圣贤主也。自史学上观之，则不独事理之真与是者，足资研究而已，即今日所视为不真之学说，不是之制度风俗，必有所成立之由，与其所以适于一时之故，其因存于邃古，而其果及于方来，故材料之足资参考者，虽至纤悉，不敢弃焉。故物理学之历史，谬说居其半焉，哲学家之历史，空想居其半焉，制度风俗之历史，弁髦居其半焉，而史学家弗弃也，此二学之异也。然治科学者，必有待于史学上之材料，而治史学者，亦不可无科学上之知识，今之君子，非一切蔑古，即一切尚古，蔑古者，出于科学上之见地，而不知有史学，尚古者出于史学上之见地，而不知有科学，即为调停之说者，亦未能知取舍之所以然，此所以有古今新旧之说也。

何以言学无中西也，世界学问，不出科学、史学、文学，故中国之学，西国类皆有之，西国之学，我国亦类皆有之，所异者广狭疏密耳。即从俗说而姑存中学西学之名，则夫虑西学之盛之妨中学，与虑中学之盛之妨西学者，均不根之说也。余谓中西二学，盛则俱盛，衰则俱衰，风气既开，互相推助，且居今日之世，讲今日之学，未有西学不兴而中学能兴者，亦未有中学不兴而西学能兴者，特余所谓中学，非世之君子所谓中学，所谓西学，非今日学校所授之西学而已。治《毛诗》《尔雅》，不能不通天文博物诸学，而治博物学者，苟质以《诗》《骚》草木之名状，而不知焉，则于此学固未为善，必由西人之推算日食，证梁虞劆唐一行之说，以明《竹书纪年》之非伪，由《大唐西域记》，以发见释迦之支墓，斯为得矣。故一学既兴，他学自从之，此由学问之事本无中西，彼鳃鳃焉虑二者之不能并立，真不知世间有学问事者矣。

顾新旧中西之事，世之通人，率知其不然，惟有用无用之论，比前二说为有力，余谓凡学皆无用也，皆有用也，欧洲近世农工商业之进步，固由于物理化学之兴，然物理化学高深普遍之部，与蒸汽电信有何关系乎。动植物之学，所关于树艺畜牧者几何，天文之学所关于航海授时者几何，心理社会之学其得应用于政治教育者亦鲜，以科学而犹若是，而况于史学文学乎。然自他面言之，则一切艺术，悉由一切学问出，古人所谓不学无术，非虚语也。夫天下之事物，非由全不足以知曲，非致曲不足以知全，虽一物之解释，一事之决断，非深知宇宙人生之真相者，不能为也。而欲知宇宙人生者，虽宇宙中之一现象，历史上之一事实，亦未始无所贡献，故深湛出渺之思，学者有所不避焉，迂远繁琐之讥，学者有所不辞焉，事物无大小，无远近，苟思之得其真，纪之得其实，极其会归，皆有裨于人类之生存福祉，己不竟其绪，他人当能竟之，今不获其用，后世当能用之，此非苟且玩愒之徒所与知也。学问之所以为古今中西所崇敬者，实由于此，世之君子可谓知有用之用，而不知无用之用矣。

以上三说，其理至浅，其事至明，此在他国所不必言，而世之君子犹或疑之，不意至今日而使余为此哓哓也。

观上所论，可以窥见王氏论学之旨趣，盖欲合新旧中西有用无用于一炉而冶之，其以史学与科学文学鼎足而三，即以史家之识解，而重视其史学地位之意也。大抵吾园之旧学，多侧重于文史，故科学不甚发达，自轮轨棣通，西学输入，外人挟其富强之势，战胜之威，以科学之发达进步，雄于一世，而国人亦自视欲然，以为不及，不悟吾国本自有其科学，而外人亦非不通文史之学，三者实相济而非相妨，而史学尤别于文学以外，而自有其独立之价值，故科学上以为无用，而史家往往宝之，又借助于文学之技术，以助长其史学之功用，故含科学文学，而不能成其为史学，以史家之识解言之，无论新旧中西有用无用，而各有其相当之价值，而尤为史家所重视，此王氏之论所由生也。故王氏非科学家，亦非文学家，而实为史家，凡所著论，悉基于史学，而以求事物变迁之迹，明其因果为务者也。王氏又精于声音文字之学，以治古史，并能推治史之法以治经，近代史家喜治元史，王氏校注蒙古史料四种，其精辟处往往突过前人，亦兼治辽金二史，多所考释，盖于西北东北史地之学，并能兼综不遗，故吾以近代史家殿军称之也。不特此也，其因甲骨文字之发见，以撰《古史新证》，为今日研究商代史之先河，又其所阐明之古文字学，尤为新史家之所取资，为语其详将于下章论之。兹读《王氏遗书》，觉其穷原竟委，殚见洽闻，篇篇皆然，可与全氏之《鲒埼亭集》相埒，而精湛过之，于其殁也，无论中外人士皆为悼惜不已，岂无故哉。

清代史家，尚有应补述者，如厉鹗之撰《辽史拾遗》，曾以《三国志》裴注自命，诚非夸语，扬复吉又有补作，非其伦也。杭世骏曾撰《金史补》，以仿鹗作，未能成书，又有施国祁究心《金源故实》，所撰《金史详校》《金源札记》，最为有名，又为元好问诗作笺注，多载《金源遗事》，亦厉氏之亚也。[13]清代治辽、金史，本无多人，有此数氏，亦一时之星凤矣。如黄以周之于古代典礼，李兆洛、杨守敬之于地理沿革，洪亮吉之于补志，章宗源、姚振宗之于考证，崔适之于古史，梁启超之于学术史，皆属专门名家，各树一帜。至于今之诸氏，如罗振玉之于甲骨档案，陈垣之于元史，陈寅恪之以殊方文字证史，吴廷燮之于史表，柳诒徵之于文化史，朱先生希祖之于南明史，尤能自成家言，不愧作者，其间有属于新史之阐发者，别述于下章，余则不暇备举云。

清代史家之成就大略如上，综其趋向，可分三期：第一期多治现代史，以研讨明代事迹为本位，如黄、万、全、吴、潘诸氏皆是，吴潘二氏，卒竟以此构祸，而全氏不过幸免耳。治史之士不敢再谈现代，于是第二期转而治前代史，有为文字之考订者，如钱大昕是，有为典制之阐发者，如王鸣盛是，有以史证史而为属辞比事之学者，如赵翼是，有就书籍部次而为著述校雠之业者，如纪昀是，而其研治之史，多属古代，而自宋以下则不甚详言也。洎乎嘉庆道光以后，中国多故，外患日深，远识之士，引以为虑，于是第三期又移其考治前代之的，转而治边疆史，如徐松、张穆、何秋涛、丁谦、曹廷杰、洪钧、屠寄皆其著者。诸氏初则究心西北史地，继乃覃及东北，更进而治蒙古全部之史，凡此皆随时君之好尚，世势之推移，而异其治史之的、有不知其然而然者。不惟清代如是，古代亦莫不然，然吾谓前代诸家史学之识解，除刘知幾章学诚二氏外，多具于所著史籍之中，已述于前，无事复举，惟于清代则不然者，撰史之例，详近略远，固矣，亦以最近史学之趋势，与诸家有因果演变之关系，非详述之，则无以明也。[14]

注释

[1]陈训慈《清代浙东之史学》，见《史学杂志》二卷六期。

[2]见《十驾斋养新录》六十三“史”条。

[3]李光季《三史考》，谓两晋南北朝人所称三史，实兼《东观汉记》《三国志》在内，盖因刘子玄《史通》属称三史，又称读《史》《汉》《三国》，其所称《汉》，或兼二《汉》而言，其说亦通，但于

《三国志·吕蒙传·注》所引之《江表传》，则无以为解矣，盖是时《陈书》尚未出也，李作见《史学杂志》二卷四期。

[4]参阅《十七史商榷》卷八百“史通”一条。

[5]见范希曾《书目答问补正》。

[6]《儒藏说》全文，见仁和吴氏《松邻丛书》甲编第三册。

[7]余嘉锡撰《四库全书提要校补》，尚未成书。

[8]《书目答问附录》，列纪氏于经学家。

[9]吾于二十三年之夏，撰《四库全书原本提要解题》，冠于原书之首，刊印行世，其中于《编纂四库总提要之始末》，叙述綦详，近见郭伯恭君《四库全书纂修考》，系二十六年八月印行，其中虽于鄙说略一叙及，而语焉不详，其他引用余说，又不注所出，而所引证义，殊少异同，窃用怪之，兹叙纪氏修提要之语，又据旧稿立言，非袭取于郭君，恐读者不察，特郑重言之。又纪氏《史通削繁曲笔篇》书眉批云，秦人不死，验苻生之多诬，事见杨炫之《洛阳伽蓝记》，蜀老犹存，知诸葛之多枉，事见《魏书·毛修之传》，浦氏以为无考，非也，按：此语亦见《四库提要·史通》之下，此《史通提要》出于纪氏之证。

[10]朱国桢著《皇明大政记》《大事记》《大训记》，合称《明史概》，有明刊本，今尚易得，又有列朝诸臣传稿本，未刊，即为《史概》外之别一种。

[11]《国史考异提要》，见《四库全书纂修考》，称不著撰人名氏，或由有所讳而然。

[12]《中国秘史》有《康、雍、乾间文字之狱》一文，本章节采之，而庄、戴二案，又本之全祖望《鲒埼亭集》。

[13]范锴花《笑厂杂笔》卷五，施北研《记金源杂事十九则》，可供参考。北研，国祁之别号也。

[14]本章论黄、万、全、邵四氏，间取材于陈训慈《清代浙东之史学》一文，其他诸氏间取材于《清史稿》儒林、文苑两传，并应附志，以示不敢掠美。

第十章

最近史学之趋势

近人王国维谓学无新旧、中西、有用与无用，是矣。然因时代及环境之关系，而不能无所偏重，有若去今四五十年前之学者，大抵笃旧，以为中土之学术，远胜于西人。西人之所擅长者，不过器物技巧之末，遂有中学为体西学为用之说，此一世也。迨清季怵于外患，知旧学之不尽适用，学者转而骛新，民国以还尤甚。盖以旧者为不足道，而新者为足以应变，此又一世也。故以今视前，多数学者，以新自泽，沾丐西方之学术，而以有用相高，因之其所偏重者，又在此而不在彼，凡百学术有然，而史学亦无不然，此为最近之新趋势，而不可不述者也。

最近史学之趋势，可分两端言之，一曰史料搜集与整理，一曰新史学之建设及新史之编纂，取斯二者述之，则大略具矣。

何谓史料之搜集与整理也，前古如孔子壁中书出于汉，汲冢竹简出于晋，而有宋以来，又有金石器物之出现，其中十九，皆史料也，已有人为之搜集整理矣。近四五十年内所发见之史料，其最有价值者，凡六：一曰殷墟之甲骨文字，二曰敦煌及西域各地之汉晋简牍，三曰敦煌石室之六朝唐人所书卷轴，四曰内阁大库之书籍档案，五曰古代汉族以外之各族文字，六曰各地之吉金文字。如此多属于有文字记载之旧藏，可供专门学者之研讨者，其应搜集整理，自不待言，兹为分别述之。

殷墟甲骨文字一称龟甲又称龟版，为殷代卜时命龟之辞，[1]刊于龟甲及兽骨牛骨上，清光绪戊戌二十四年已亥二十五年间公元一八八八至一八八九年，始出于河南安阳县西北五里之小屯，其地在洹水南岸，水三面环之，《史记·项羽本纪》，所谓洹水南殷墟上者也。《彰德府志》谓即河亶甲城。崖岸为水所啮，乃得出土，土人以为龙骨，拾之以疗病，后乃入估客之手，潍县估人得其数片，携至京，售之福山王懿荣，懿荣命秘其事，一时所得，先后皆归之。庚子二十六年秋，懿荣殉难，所藏千余片，悉归丹徒刘鹗，铁云，即老残。而洹水之墟，土人于农隙掘地，岁皆有得，鹗复命估人搜之河南，故续所得者，亦归刘氏，所藏至三四千片。丙午三十二年上虞罗振玉至京师，命估人大搜之，又命其弟亲至洹水采掘，于是丙午以后所出，多归罗氏，迄于宣统辛亥三年，所得约二三万片。其余散在诸家者，又以万计，而驻彰德之长老会牧师明义士I.M.Men ies加拿大人所得亦五六千片，总计出土者约有四万片，乃至五万片，民国以后乃不多见，且有伪造者。以上据樊抗父及王国维所纪。惟此项出土之甲骨，悉由人民自由发掘，售与商贩转市，曾无人亲莅此地，以为有组织并合乎科学之发掘。自民国十七年至二十一年，中央研究院历史语言研究所，始从事于此，前后凡发掘七次，其地点为小屯及其附近。与其役者，为李济、董作宾等，所得之甲骨至夥，且有铜、陶、瓷等器物及箭镞。尤以十八年冬季所获之成绩为钜，其中有刻字之大龟四版及无字之整龟，又得白麟头骨一具，上刻获白麟等字。其后又续有发掘，其范围亦为之扩大。二十三年在洹河北岸侯家屯，更获大龟七版，亦由董作宾董其役，此为罗、王以后重要之发见，有裨于考史甚大，以上据李济、董作宾所记，见《安阳发掘报告》及《田野考古报告》。是为近年殷墟续出之品，此其搜集之大略也。光绪壬寅二十八年。刘鹗始选其所藏千余片，影印行世，凡得十册，所谓《铁云藏龟》是也。罗氏影印之片尤夥，民国元年壬子十二月，始成《殷虚书契前编》八卷，五年丙辰三月，续成《殷墟书契后编》二卷，三年甲寅十月，成《殷墟书契菁华》一卷，四年乙卯五月，成《铁云藏龟之余》一卷，而日本林泰辅有《龟甲兽骨文字》三年甲寅十二月，明义士亦有《殷墟卜辞》一九一七年刊于上海，英人哈同一作迦陵复得刘鹗所藏之一部八百片，印行《戬寿堂所藏殷虚文字》一卷六年丁巳五月，凡得八种。始考甲骨文字者，为瑞安孙贻让所撰书曰《契文举例》，盖据《铁云藏龟》为之，又撰《名原》，亦颇审释及此，惟创获无多，后则罗振玉撰《殷商贞卜文字考》宣统二年，《殷虚书契考释》民国三年及《待问编》五年，商承祚则取材于罗氏改定之稿，以撰《殷墟文字类编》，而王国维亦撰《戬寿堂所藏文字考释》七年，其于殷人文字，盖已十得五六。近年则中央研究院所发刊《安阳发掘报告》，内多李济董作宾之作，而作宾又撰《甲骨文断代研究例》，刊入《田野考古报告》，郭沫若亦撰《卜辞通纂通考》，于甲骨文例有所发明，足补罗、王二氏所未备。罗氏初考定小屯之为故殷墟及审释殷帝王名号，并及地名制度典礼，然亦不无附会，王氏复因罗氏所说，以作《殷卜辞中所见先公先王考》及《续考》，以证《世本》《史记》之为实录，间亦辨其舛误。[2]又作《殷周制度论》六年，以比二代之文化，王氏盖就经传之旧文，为深邃绵密之研究，其于史学裨益甚多，而董作宾尤能因王氏之所说，而更补其未备，兹举其重要者言之。商自成汤以前，绝无事实，《史记·殷本纪》惟据《世本》书其世次而已。王氏于卜辞中，发见王亥、王恒之名，复据《山海经》《竹书纪年》《楚辞·天问》《吕氏春秋》中之古代传说，于荒诞之神话中，求历史之事实，更由甲骨断片中，发见上甲以来六代之世系，与《史记》之纪表，大同而小异，董氏又取《史记》及王氏所作，证以甲骨刻辞所得殷先公先王之名，作《殷代先公先王世系图》，视王氏所考，尤为详明可据，见《甲骨文断代沿革例》，下同。此真古史中之一重要发见也。又书序，《史记》均谓盘庚迁殷，即为宅亳，罗氏引古本《竹书》，谓殷为北蒙，即今安阳，王氏于《三代地理小记》中，证成其说，已无疑义，惟罗氏谓殷墟所包时期，为武乙、文丁及帝乙三世，遂谓殷墟建于武乙，去于帝乙。《殷墟书契考释·自序》王氏则谓盘庚以后，帝乙以前，皆宅殷墟，《古史新证》第五章。至董氏则以躬与发掘之役，得种种之实证，既谓王氏之语为可信，又谓不仅至帝乙为止，《竹书》所称，自盘庚徙殷至纣之灭，更无徙都之语，乃渐可信，而王氏之《殷周制度论》，从殷之祀典世系，以证嫡庶之制，始于周之初叶，由是于周之宗法丧服，及封子弟尊王氏之制，为有系统之说明，其书虽寥寥二十页，实为研古史之重要文字，是则王氏实为治斯学极有成就之大师，又非罗氏所能及。惟自甲骨文字出世，学者多致力于拓本之研究，罕能注意实物，自李、董诸氏为发掘之工作，始知注意实物，为现地之研究，有房基，有石础，有居人之穴，有藏器物之窖，就一窖所出之器物，而判断其时代。如董氏自大版四龟中，发明龟卜，有一事两法，左右对贞之法，且谓卜辞中卜下贞上之一字，为贞人名，此又为王氏卒后，为进一步之研究者。董氏又谓，鉴定甲骨文字之标准，有十项，一曰世系，二曰称谓，三曰贞人，四曰坑位，五曰方国，六曰人物，七曰事类，八曰文法，九曰字形，十曰书体。依此标准，可断某片之属于某时代，盖除文字有年月、人名、地名可推断外，舍此别无鉴定之法，是其说为尤密矣。以上亦参合樊、王、李、董四氏所记而成。吾国汇考文字，莫古于许慎《说文解字》，其序云，今叙篆文，合以古籀。又曰，壁中书者，鲁恭王坏孔子宅，而得《礼记》《尚书》《春秋》《论语》《孝经》。又北平侯张苍献《春秋左氏传》，郡国亦往往于山川得鼎彝，其铭即前代之古文，皆自相似。按其所谓篆，即秦代画一之小篆，所谓古籀，多出于壁中书及鼎彝之铭文，即周太史籀所定之大篆也。而甲骨文字发于殷墟，即为商之遗文，其时代又在周代大篆之前，故近人谓今人生许氏一千八百年后，而能见许氏未见之文，以为快事，诚非虚语。惟章太炎先生不信甲骨文，曾作《理惑论》以辟之。其言曰：

> 近有掊得龟甲者，文如鸟虫，又与彝器小异，其人盖欺世豫贾之徒，国土可得而鬻，何有文字，而一二贤儒，信以为实，斯亦通人之蔽。按《周礼》有衅龟之典，未闻铭勒，其余见于《龟策列传》者，乃有白雉之灌，酒脯之礼，梁卵之祓，黄绢之里，而刻画书契无传焉。假令灼龟以卜，理兆错迎，衅裂自见，则误以为文字，然非所论于二千年之旧藏也。夫骸骨入土，未有千年不坏，积岁少久，故当化为灰尘，龟甲蜃珧，其质同耳，古者随侯之珠，血乘之宝，珕珌之削，余蚳之贝，今无见世者矣，足明垩质白盛，其化非远，龟甲而能长久若是哉。鼎彝铜器，传者非一，犹疑其伪，况于速朽之质，易薶之器，作伪有须臾之便，得者非贞信之人，而群相信，以为法物，不其慎欤。《国故论衡》上。

章氏所论，专属于甲，而不及于骨，据近顷发掘所得，有史前之兽骨，其形完具，殊鲜朽坏，盖以地当亢燥，不易浸蚀之故，其于龟甲，亦当作如是观，往年后出之骨文，或不免出于伪造，至近年中央研究院所得之甲骨文字，既为有组织之发掘，尤合乎科学方法之整理，其为确实可信，且有裨于证史，亦无可致其非难。闻章氏晚年，虽不称引甲骨，然亦不甚非薄之，讵非以诸氏之所考释者，多属信而有征乎。夫殷墟之藏历年三千，甲骨累累，胥未朽坏，且经多人发掘，众目共见，谓为作伪，夫岂其然，至其作字形体，不尽合于许书，则由其时先于成周，古今未能尽同之故，许书具有条贯，而刻辞亦可参证，沟而通之，所得益宏，章氏达者，殆已有喻乎此矣。至于整理之法，有所谓补其文字者，有所谓接其断片者，前者王氏已有发明，后者则郭沫若之《卜辞通纂考释》，为最详悉矣。断片之接法，有以二片相接者，有三片相接者，中有阙文，或以意补之，其接补之法，或据文义，或据字形，其所取材，多以刘、罗、林、哈之书为据，亦时时附以新得之片，《通纂考释》中所举之例甚多，思考虽已入微，然亦不免有牵强武断之弊，此又其整理之大略也。此属于甲骨文字者一。

汉人之木简，宋徽宗时始于陕右发见二简，为金人索之而去，光绪庚子二十六年辛丑二十七年间公元一九〇〇至一九〇一年，英属印度政府派遣匈牙利人斯坦因博士A.Stein，访古于我国新疆天山南路，于和阗之南，尼雅河下流，发掘古寺废址，得魏晋间人所书木简数十枚，曾于所著《和阗之故迹》中，揭其影本。嗣于光绪丁未三十三年戊申三十四年（公元一九〇七至一九〇八年）复游新疆全土及甘肃西部，于敦煌西北长城遗址发掘，得两汉人所书木简，约近千枚，复于尼雅河下流，得后汉人所书木简十余枚，于罗布淖尔东北海头故城，得魏、晋间人木简百余枚，皆当时公牍文字，及屯戍簿籍。其后日本伯爵大谷光瑞所派遣之西域探险队，以其所得，辑为《西域图考》，据其所载，仅于吐鲁番近侧，得魏、晋间木简三四枚而已。此外瑞典人斯文赫定希亭Hedin亦有所得，惟斯氏于民国三年至五年公元一九一四至一九一六年，为第三次之探访，撰有《西域考古记》一书有向达译本，叙述游程之所经，及其所获至详，更于十九年为第四次之探访，以为政府所禁阻，无所获而去，近年中瑞合组之西北科学调查团，由徐旭生等领导，曾在居延河畔，发见汉人木简至千余枚，所得之富，为斯氏以后所仅见，此其搜集之大略也。斯氏所得之简，法国沙畹教授为之考释，其第一次所得，印于《和阗故迹》中，第二次所得，则别为专书，于民国二三年间出版，未几沙氏以手校之本，寄之罗振玉，罗氏乃与王国维重行考订，并斯氏在和阗所得者，以成《流沙坠简》三卷，《考释》三卷，《补遗》一卷四年出版。王氏序其书，略谓，古简所出，厥地凡三，一为敦煌迤北之长城，二为罗布淖尔北之古城，其三则和阗东北之尼雅城，及马咱托拉拔拉滑史德三地也。敦煌所出，皆两汉之物，出罗布淖尔北者，其物大抵上自魏末，讫于前凉，其出和阗旁三地者，都不过二十余简，皆无年代可考，然其最古者，犹当为后汉遗物，其近者，亦当在隋唐之际也。又谓魏、晋木简残纸，则出于罗布淖尔涸泽北之古城，光绪庚子，瑞典人希亭赫定始至此地，获古书后，德人哈尔亨利及孔拉第二氏，据其所得遗书，定此城为古楼兰之墟，沙畹博士考证斯坦因博士所得遗物，亦从其说，余由斯氏所得简牍，及日本橘瑞超氏于此所得之西域长史、李柏二书，知此地决非古楼兰，其地当前凉之世，实名海头，而《汉书·西域传》及《魏略·西戎传》之居庐仓水，经河水注之龙城，皆是地也。王氏又作《敦煌汉简跋》十四首，具于集中，盖汉、晋木简之研究，罗氏则劬于审释文字，王氏则精于考证史事，其所发见，如汉时西域两道之分歧，塞上各烽燧之次第，魏晋间葱岭以东之国数，及西域长史之治所，均足以补史阙，以上据樊、王二氏所记并补以他书。至最近发见之木简，虽已定议影印行世，且经有人研考，然迄今尚无具体之发表，姑不置论，此又其整理之大略也。此属于汉、晋简牍者二。

敦煌千佛洞，在鸣沙山，本为佛寺，今为道士所居，当光绪甲午二十年之顷，道观壁坏，始发见古代藏书之窟室，其中书籍居大半，而画幅及佛家所用幡幢等，亦杂其中，浭阳端方曾藏敦煌出土开宝八年灵修寺尼塑观音像，乃光绪已亥二十五年所得，又乌程蒋氏曾藏沙州曹氏二画像，乃为光绪甲辰三十年以前，叶昌炽视学甘肃时所收，然中州人皆不知，且有视为废纸者矣。至光绪丁未戊申之岁三十三年三十四年，斯坦因与伯希和，先后至敦煌，各得六朝及唐五代宋初人所书卷子本至伙，正与汉晋简牍同时发见，亦斯坦因二次来游之日也。木简以人工发掘而得，而此次出世之卷轴，则于无意中得之，斯氏所得约三四千卷，伯氏所得约六千卷，并有古梵文、古波斯文及突厥、回鹘诸国文字无算，俱携之以去。此项写本，初为一王姓道士所发见，乃砌置一密室中，且呈报于兰州官署，谓共有七车之多，而官署则仅令其封闭而已。斯氏已先知千佛寺贮有此藏，至则以甘言诱之，比于玄奘取经，可以恢弘佛法，三道士遂许其尽窥密藏，斯氏遂假涉猎之名，将其佳者，予以盗窃，道士知之，亦无可如何，盖斯氏并已贿买道士，许其装运出寺，当时地方官署，视若无睹，且多方为之援助，以示好感于外人，遂为吾国古物上最大之损失。迨斯氏回英发表之后，我国人始稍稍知之，乃取其余，犹得万余卷，载至北京，置诸学部所立之京师图书馆，复经盗窃，散归私家亦当不下数千卷，市中亦有流传出售者，其中佛典居百分之九十五，可据以补藏经之阙，及校勘误字，世所谓唐人写经是也。其四部书为宋以后所久佚者，经部则有未改字《古文尚书孔氏传》，未改字《尚书释文》，糜信《春秋谷梁传解》《论语郑氏注》，陆法言《切韵》等。史部则有孔衍《春秋后语》《唐西州》《沙州诸图经》，慧超往《五天竺国传》等。以上俱伯希和所得，今在法国。子部则有《老子化胡经》英法俱有之，《摩尼教经》，京师图书馆一卷，法国一卷，英国亦有残卷，书于佛教之背。《景教经》。德化李氏盛铎藏，《志玄安乐经》《宣元至本经》各一卷，日本富国氏藏《一神论》一卷，法国国民图书馆藏《景教三威蒙度赞》一卷。集部则有《云谣集杂曲子》，及唐人通俗诗、小说，各若干种。《云谣集》藏伦敦博物馆，通俗诗及小说，英法皆有之，德化李氏亦藏有二种。而已逸四部书之不重要者，及《大藏经论》，尚不在此数，此其搜集之大略也。宣统元年戊申之冬，罗振玉就伯希和所寄景本，写为《敦煌石室遗书》，排印行世，越一年，复印其景本，为《石室秘宝》十五种，民国二年癸丑复刊行《鸣沙石室逸书》十八种，七年戊午刊行《鸣沙石室古籍丛残》三十种，及《鸣沙石室佚书续编》四种，十年辛酉伯氏复以陆法言《切韵》三种景本，寄罗氏未及精印，而王国维先临写一本，石印以行世，此皆巴黎所藏书也。京师图书馆所藏《摩尼经》，亦经罗氏印入《国学丛刊》，至伦敦所藏，则武进、董康、日本狩野直喜、内藤虎次郎、羽田亨诸氏，各钞录景照若干种。王氏《观堂集林》中，如唐写本残职官令，灵棋经残卷，太公家教，大云经疏，韦庄《秦妇吟》，宋初写本《敦煌县户籍等跋》，皆为审定石室遗物而作，近顷留心及此，而勤于探讨者，亦大有人在，此又其整理之大略也。以上据樊、王二氏所记并参以他书。此属敦煌写本者三。

内阁大库在北平旧内阁衙门之东，临东华门通路，素为内阁典籍厅所掌，凡大楼六间，其中书籍居十之三，档案居十之七，其书多明文渊阁之遗，其档案则为清代诸帝之朱谕、敕谕，臣工缴进之批折、黄本、题本、奏本，外藩属国之表章、历科殿试之大卷，其他三百年间档册文移，往往而在。而元明遗物，亦间出其中，盖清之内阁，自明永乐至清雍正，历两代十五帝，实为百政从出之地，雍、乾以后，政务移于军机处，而内阁尚受其制，故政府之重要档案，悉储于此，盖兼宋时之宫中龙图、天章诸阁，省中之制敕库，班簿房而一之。然三百年来，除舍人省吏循例编目外，学士大夫罕有能窥见者。宣统元年大库屋坏，有事缮完，乃暂移于文华殿之两庑，地隘不足容，其露积库垣内者尚半，时南皮张之洞、方以大学士管学部事，乃奏请以阁中所藏书籍，别设京师图书馆以庋置之，其档案则移置国子监之南学，试卷等置诸学部大堂之后楼，民国以后，又以学部及南学之藏，移于午门上之历史博物馆，移馆之后，即堆置于端门之门洞中。越十年，馆中费绌，乃斥其所藏四分之三，以售诸故纸商，以麻袋计者九千，以斤计者十有五万，得银币四千元，时民国十年辛酉冬日也。先是罗振玉官学部参事，已得见大库之档案，偶抽一束观之，则管干贞督漕时奏折，又取观他束，则阿桂征金川时所奏，皆当时岁终缴进之本，排比月日，具有次第，盖已心识之矣。十一年二月罗氏至京，于市肆见洪承畴揭帖，及高丽国王贡物表，识为大库遗物，因跟踪之，得诸某纸肆，则库藏具在，将毁之以造纸，已载数车赴西山矣。亟三倍其直易之以归，贮于彰仪门之善果寺，拟别建库书楼，属王国维为之记，而历史博物馆之剩余，亦为北京大学取去，此其发见搜集之大略也。以上据樊、王二氏所记。罗氏以其所得，分量太大，仅整理其十分之一，取其要者，汇为《史料丛刊》十册，其余半归德化李盛铎，贮于天津，又以其半移置于旅顺，近年又从事整顿，印成目录数册，而原件未及刊行，北京大学之所得，亦逐渐整理，发表其目于大学日刊中。民国十八年中央研究院之历史语言研究所，购得李氏之大库残档，几经整理，前后刊行明清史料三集，每集十册，其整理未竟，及未及整理者，尚未刊行。又自民国十□年，清帝出走后，设故宫博物院于清宫，搜集其所旧藏，又获得大量之史料，已取其重要者，先后刊为《掌故》《文献》两丛编及《史料旬刊》等以发表之，此又其整理之大略也。此属于阁库档案者四。

吾国汉族以外之各族各属国，如契丹、女真、蒙古、西夏，皆曾自制文字，以代表其语言，其他各族，亦多类此，所遗留者，多在西北东北两部。元时耶律铸见突厥阙特勒碑及辽太祖碑，元末陶宗仪亦曾见契丹文字，著录于《书史会要》，而元人赵崠石墨镌华，著录之《乾州大金皇弟郎君行记》，名为女真文，实则近于契丹国书之石刻也。蒙文石刻，著录尤夥，明代所修之《华夷译语》，于女真、蒙古语外，尚有多种之殊方语，可谓研究各族语文之珍本。光绪十五年己丑俄人拉特禄夫访古于蒙古，于和林故城北，访得突厥阙特勒碑，苾伽可汗碑，回鹘如娃可汗碑三种，突厥二碑，皆有中国、突厥二种文字，回鹘碑并有粟特文字，及光绪之季，英、法、德、俄四国探险入新疆，所得各族文字写本尤夥，其中除梵文、结卢文、回鹘文即维吾尔文外，更有三种不可识之文字，为伯希和所发见，其一种为粟特语，而他二种则伯氏假名之曰第一言语、第二言语，后亦渐知为吐火罗语及东伊兰语，[3]此正与玄奘《西域记》所记三种语言相合。粟特即玄奘之所谓窣利，吐火罗即玄奘之睹货逻，其东方语则其所谓葱岭以东语也。当时粟特、吐火罗人，多出入于我新疆，故今日犹有其遗物，惜国人尚未有研究此种古代语者，势不可不求之英、法、德诸国耳。宣统二年庚戌俄人柯智禄夫大佐，于甘州古塔得西夏文字，其中有一种名曰《掌中珠》，盖即西夏图书之译语也。而元时所刻之河西文即西夏图书《大藏经》，后亦出于北京，上虞罗福苌振玉之子乃始通西夏图书之音读，以撰《宋史·西夏传考证》，苏俄使馆参赞伊凤阁博士Iuanobb更为西夏语言之研究以上据王氏所记，近则陈寅恪、王静如二氏精通西夏图书，尤过于罗福苌，凡河西文《大藏经》，悉能译读，是则继起者，有青出于蓝之誉焉。民国十九、二十两年间，热河省主席汤玉麟，有发掘辽陵之事，辽圣祖、兴宗、道宗三主，皆葬于庆州，即今热河林西县西北之白塔子，而三陵又在白塔子之附近，土人称为阿里曼哈是也。此陵早经有人发掘，明器业已无存，惟其哀册石刻尚在，凡十七石，俱经汤氏掘获，运存沈阳之居第。先是有法人牟里，Mull，一译作闵宣化。以宣教师资格，游历至辽陵所在，发见之哀册石刻凡二，即为辽兴宗、帝后二哀册，皆契丹国书也。而汉文哀册，则未之见，此民国初年事也。汤氏所发见者，为圣宗及仁懿皇后、钦爱皇后汉文哀册，又道宗帝后汉文及契丹国书两种哀册，契丹国书之二石皆五六百字，此为近年重要之发见，其中之字，多可与郎君行记石刻互相印证，吾曾汇刻发见各石，为辽《陵石刻集录》，并撰序文以详其始末。然自是以来，研究契丹国书，虽大有人在，而不能明其音读，至今犹为悬而未决之问题，盖缘无《掌中珠》《华夷译语》一类之字典，为之审释，欲强通之而不能也。近年发见女真国书，凡得数石，一为河南开封之宴台碑，二为吉林石碑崴子之金太祖誓师碑，三为辽宁海龙杨木林山之收国二年碑，四为柳河界之金太祖大破辽军息马立石碑，皆汉文与女真国书并刻，此亦研究女真国书之瓌宝也。近人丁文江等，考究西南夷之语文，是为爨史，著有专书详之，盖以中外人士数十年之努力，于各族文字悉能求通，其中尤不乏重要之发见，最近吾国学术之进步，此盖为其一端，未可自为菲薄者矣。此属于各族文字者五。

吾国吉金文字之发见，汉代即已有之，许慎《说文叙》所指，郡国往往于山川得鼎彝，其铭即前代之古文，皆自相似，是也。宋代出土之古器物尤多官撰之书，有《博古图录》，亦称《宣和博古图》，凡三十卷，或谓此书为王黼承徽宗之命而作，未知其审，要为官撰无疑也。私撰之书，以吕大临之《考古图录》十卷，阙名之《续考古图录》五卷，薛尚功之《历代钟鼎彝器款识法帖》二十卷，以及欧阳修之《集古录》、赵明诚之《金石录》最为最著。著录各古器物，皆有资于考史，特以是时重在赏鉴，藉以娱耳目之观，为斋堂之清供，不足以言学问也。清代官撰之书，有《西清古鉴》四十卷，《宁寿鉴古》十六卷，《西清续鉴》甲乙编各二十卷，著录之品，颇多珍异，私家之作，则以阮元之《积古斋钟鼎彝器款识》，吴荣光之《筠清馆舍文》，吴大澂之《愙斋集古录》为最著，大澂尝因金文，以撰《说文古籀补》十四卷，以订补许氏《说文》之阙佚，孙贻让《续古籀拾遗》，实开后来治甲骨文字者之先声。近人以金文治史者，首推王国维，所撰《鬼方昆夷猃狁考》，悉以金文为证，足以订补经训，其他以金文证古史者，尤不胜枚举，而郭沫若更撰《两周金文大系》，以文字鉴定古物时代，颇有发明，盖近人于此用力既劬，故较前阮、吴二氏为进步。至其鉴定之法，亦有多端，或以称谓，或以制度，或比其事，或属其辞，或考字形，或详书体，如董作宾所论以鉴定甲骨文者，亦可借用以鉴定金文，例如殷代器文，未有子孙二字连举者，而周器中则子子孙孙子孙永宝之文，随处可见，此由宗法制度，创自周公，有宗法而子孙之观念始重，此殷世所未有也。又如殷代视其先公先王之名，上一字为称谓，下一字乃为名，如祖庚兄丁是也。周初天下未定，尚无谥，故武王元年之师旦鼎，尚称文王为周王，迨周公立谥法之后，始有文王、武王之称，如毛公鼎有丕显文武之语，一望而知为成康时所制器也。此皆就其称谓制度，而可以辨其时代，金文之可以证史，此其最著者矣。此文间采李氏《方志学》。此属于吉金文字者六。

以上所述，悉为近三四十年间之收获，而太半属于文字之史料，[4]或有论及此者，称此时期，为中国旧学之进步。其言曰，旧学者，因世俗之名以名之，实则我中国固有之学术也。今人辄谓中国无学术，或谓中国虽有学术，绝无进步，或谓中国学术虽有进步，至今日则几衰息者，皆大谬不然之说也。中国义理之学，与书画诸技术，及群众普通旧学之程度，在今日诚为衰颓，然昔人所谓考证之学，则于最近为从古未有之进步，然今日专门旧学之进步，实与群众普通旧学之退步为正比例，此奇异之现象，殆遍于世界，不独中国为然。[5]此其所论，或不免失之过当，然吾谓与其谓为旧学之进步，无宁谓为国学之别辟新机，与其谓从古未有之进步者为考征学，无宁谓为史学。盖近人之研甲骨、金文、木简、卷子、档案、各族文字，悉以史学为出发点，而考证学不过为研史过程中之一种方法耳。考证之学，本不能独立成一学科，而吾国之治经，即等于研史，不惟治经当用考证学，即就史学而论，亦无不用考证学，为其治史之方法也。果其所用之方法，日有进步，则旧书可变为新，否则不惟不进步，而日呈衰颓之象，则新者亦变为旧矣。是故研究之对象，不论其为新为旧，而其研治之方法，则不可拘守故常，而应日求其进步，其所谓新，亦在是矣。近年研治国学，别辟新机，非止一端，此为蒙受西方之影响而然。盖吾国既为世界各邦之一，其于学术，亦难自外，其因时间空间之关系，而随之变迁，本为自然之趋势，其因而日辟新机而不自觉，凡百学术皆然，而史学为尤著矣。

关于史料之搜集与整理，又不止有文字者为然也，其无文字之史料，亦与有文字者有同等之价值，抑或过之，属于此类者，是为史前之遗迹，而所谓史前之史，亦即未有文字记载以前人类栖息活动之状况之可考见者也。缘近代人类学、地质学、考古学发达之结果，而史学之受其赐者实钜，远西各国而然，而中国亦蒙其影响焉。例如民国九年，地质调查所采得河南之石器若干件，明年遂就河南渑池县仰韶村，从事发掘，所得石器骨器陶器甚多。与其役者，为瑞典人安特生等，所获之物，定为属于新石器时代末期，同年六月，又于奉天锦西县沙锅屯，掘得新石器时代之遗物，主其事者，仍为安特生等。后则于甘肃贵德县，山西西阴村夏县，黑龙江之昂昂溪，热河之林西县等处，发掘或采集，皆有石器时代之器物发见。其在甘肃掘得之器物，考古学家分为六期，一曰齐家期，二曰仰韶期，三曰马厂期，四曰辛店期，五曰寺洼期，六曰沙井期。前三期属于新石器时代末期，与铜器时代初期，后三期属于紫铜器时代，及青铜器时代初期。齐家期以齐家坪得名，甘肃洮沙县所得器物，近似齐家坪者，故以名之，其时代约当公元前三五〇〇年以至前三二〇〇年。仰韶期以仰韶村得名，甘肃所得之大器物，与出于仰韶村类是，出于西阴村者亦然，其时代约当公元前三二〇〇年以至前二九〇〇年。马厂期以马厂得名，其时约当公元前二九〇〇年以至前二六〇〇年。辛店期者以辛店得名，其时约当公元前二六〇〇年以至前二三〇〇年。寺洼期以寺洼山得名，其时代约当公元前二三〇〇年以至前二〇〇〇年。沙井期以沙井得名，其时代约当公元前二〇〇〇年以至前一七〇〇年。前三期所出器物皆无金属品，后三期则铜器逐渐增多，故可云一在史前，一在有史以后，此安特生氏《甘肃考古记》所区分之时期也。前乎此时期者，是为旧石器时代，法国博物学者德日进等，在宁夏鄂尔多斯、榆林等处，有旧石器之发见，或断其时代谓在今五万年前。往者远西学者，尝谓中国无旧石器之一时代，近乃渐知其不然矣。又民国十年以至十二年之间，澳洲古生物学家师丹斯基，有北京猿人之发见，此地则在北平西南百余里房山县属之周口店，师氏整理其所得化石，发见前臼齿及臼齿各一，与今日之人齿相似，研究结果断为人齿，至其年代，或云去今五六十万年，或云且百万年。十五年冬世界考古学会会长瑞典皇太子来华，由安特生提倡，于北京各学术团体欢迎席上，公布此齿，安定名为北京齿，而称生是齿者为北京人。翌年步林博士，续在原穴得下臼齿一枚，经步达生测量结果，亦断为原人遗骸，并定名生是齿者，为北京种之中国猿人。十七年北平地质调查所杨钟健、裴文中二君，更在周口店掘得猿人化石牙齿数枚，不完整之牙床二个，破碎头骨数块。十八年十二月，裴君又在一洞内发见一未经破碎之成年人猿头骨及牙齿十余，于是人类最古之北京猿人，遂为科学界所公认，更名生此齿者为震旦人。以上所述，虽有外人参与其间，且为重要之鉴定，然主持者，必为中国之学术机关，而地质调查所又其主要机关之一也。至于外人自行在中国发掘之成绩，亦有可述之价值，如日本人在旅顺牧羊城大连附近貔子窝等处，亦发见史前之遗迹，所获石器甚多，据安特生、步达生诸氏研究之结果，则谓仰韶村与沙锅村二址所得之器物，同属新石器时代，且为同一之民族所留遗。又谓仰韶村、沙锅屯二处居民之体质，与近代华北居民体质为同派，亦与史前甘肃居民之体质相似，盖此三处古代人民之体质，均似现代华北人，即所谓亚洲嫡派人种也。依此结论，则可证明汉族人种西来之说不确，是可谓中国古史上之一重要发见矣。以上所述，皆为史前时代之史迹，未有文字之记载者，今日谈古史者，不能遗此一节而不言，亦谈新史学者之重要纪载也。[6]

研究古史，不限于有文字之纪载，不仅以史前时代为然也，其于制有文字以后，所发见之古器物，虽无文字可考，亦当极端重视之，以为史料之一种焉。属于是类之史料凡三，一曰金类，二曰石类，三曰陶类。其属于金类者，如钟鼎彝器，如佛像，如古泉钱，如度量衡，如古镜古印皆是，其中有文字固甚多，如古泉、古印，大抵皆有文字，而钟鼎彝器及古镜，则不必尽有文字，佛像及度量衡，则有文字甚少，或就其形式，或就其花纹，或就其物质，或就其制工，而断定其为某一时代之物，而其为真为伪，亦藉此判断焉。其属于石类者，以造像石画为最著，如大同、云冈、义州万佛堂等处之元魏造像，山东境内之汉画像石，皆为考古学家之所珍视，汉画石像多为外人窃买捆运出境，此又吾国宝器之重要损失也。属于陶类者，或为古陶，或为砖瓦，或为明器，古代陶器，有形式、制法、彩色、物质之不同，可以断定其时代，汉、晋砖瓦，间有文字，为人所贵，其无文字者，亦可用以证史，明器为殉葬之用，其中土俑之一种，范死者当时之风俗好尚，而制为人物用具，为研究古代社会史之绝好资料。又有古币之范，亦为陶制，其他瓦当上之文字花样，亦无不先有范畴，而后从事制造也。近年由地下发掘所得古器物，如河南新郑出土之周器，安徽寿县出土之楚器，山东城子崖发见之谭国故城，河北钜鹿之古城，皆为有史以后之重要史迹，其他未发见者，不知凡几，别有专书详之，兹不暇一一备述矣。

梁启超氏于所撰《中国历史研究法》中，论史料者有二章，一曰说史料，二曰史料之搜集与鉴别。其所称史料之种类，具如下表：

- 史料
  - 文字记录以外的
    - 现存之实迹及口碑，实迹即现代史迹，口碑即躬亲其役或目睹其事之人之口说。
    - 实迹之部分存留者，如长城及云冈造像。
    - 已湮之史迹，其全部意外发见者，如钜鹿古城。
    - 原物之实存或再现者，实存者，如高昌壁画，再现者，如礼器、兵器、度量衡器、符玺镜、属货币、玉石、瓷瓦砖、地下之石器等。
    - 实物之模型及图影，如明器及唐宋画本等。
  - 文字记录的
    - 旧史，正史、别史、杂史、杂传、杂记等。
    - 关系史迹之文件，墨迹、档案、函牍、家传、行状、墓志等。
    - 史部以外之群籍，经、子、集中之含有史料者。
    - 类书及古逸书辑本，类书、如《太平御览》《永乐大典》等，辑书如《世本》《竹书纪年》等。
    - 古逸书及古文件之再现，古逸书如《汲冢书》等，古文件如敦煌木简、晋、唐写本书等。
    - 金石及其他镂文，金石如彝器、石刻等，镂文、如甲骨文。
    - 外国人著述，如马可波罗游记、拉施特、元安等。

其次则论及搜集鉴别之法，搜集之旨，在求史料之丰富，鉴别之旨在求史料之真确，无论纪某一人或某一事，古人所述虽甚简略，而今人致其搜集之功，则变简略而为丰富者有之矣。梁氏所举之例，谓《史记》记墨子事迹于孟子荀卿列传，不过曰，盖墨翟宋之大夫，善守御，为节用，或曰并孔子时，或曰在其后，寥寥二十四字而已。而孙诒让生二千年后，能作一极博赡翔实之《墨子传》，其文多至数千言，此善于搜集史料之效也。搜集之法，应先立某人某事为纲，遇有关于某人某事，随时纪于其下，积时既久，不能再有所得，然后加以排比，即成一长编式或年谱式之纪载，而搜集之功毕矣。次则就所搜得之史料，加以辨别，某者为正为真，某者为误为伪，正者真者宜取，误者伪者宜弃，譬如榨油，应先去其渣滓。又如制米，应先去其糠壳，然后得其精华，而成可用之品矣。《尚书》为极可贵之古史，而其中之伪古文，必须删弃，然后二十八篇今文之真面目，乃焕然复明。又如今人谓《左传》中有刘歆掺入之文，不尽可信，是其极可珍贵之史籍，而含有少数之伪史料矣。究竟刘歆能否作伪，作伪之后，何以汉博士不即为之发覆，又何以近二千年之后，始有人言其作伪，而在前者，反无人疑及于此，此又辨别古书真伪一待决之问题也。至于古书之记载，因传闻疑似而未尽得真者，是谓之误，如宋将康保裔因兵败而降于辽，《辽史》载之甚详，而《宋史》列于《忠义传》，此盖南北传闻之误，待后人刊正是也。梁氏所举之例，曰，执一人而问之曰，今之万里长城，何人所筑，则必答秦始皇时，不知秦始皇以前，燕赵齐皆筑长城，秦以后北魏北齐亦筑长城，而秦长城不过占其一小部分，易能举全城以傅诸秦耶，此即所谓误也。因长编式或年谱式之记载，而辨其伪，刊其误，则鉴别之功，亦具于此矣。盖搜集不丰富，则无以发见真确之史料，鉴别不真确，则将为伪误之史料所混淆，二者之功，固缺一不可也。又梁氏之所谓鉴别，即吾之所谓整理，鉴别者，整理之始功，整理者，鉴别之终事也。故不精于鉴别者，不能侈言整理，盖自罗、王诸氏，以及中央研究院之致力于此，搜集整理之功，可谓著有成绩，而梁氏又详言其方法，以为搜集整理之准，最近史学之趋势，此盖其一端也。

何谓新史学之建设与新史之编纂也，倡言新史学之建设，始于梁启超，而何炳松尤屡言之而不厌，所谓新史学及新史，即用近代最新之方法，以改造旧史之谓也。

梁氏论旧史之短，尝曰，私家之史，自为供读而作，然其心目之读者，各各不同，孔子成《春秋》而乱臣贼子惧，盖以供当时贵族中为人臣子者之读也。司马光《通鉴》，其主要目的以供帝王之读，其次要目的以供大小臣僚之读。司马迁《史记》，自言藏诸名山传之其人，盖后世少数学者之读也。质而言之，旧史中无论何体何家，总不离贵族性，其读者皆限于少数特别阶级，故其效果亦一如其所期，助成国民性之畸形发达，此二千年史家所不能逃罪也。又曰，旧史家之史，盖十九为死人而作也。史官之初起，实由古代人主，欲纪其盛德大业，以昭示子孙，而主旨则在隐恶扬善，观《春秋》所因鲁史之文可知也。其为良史，则善恶毕书，然无论为褒为贬，而立言皆以对死人，则一也。后世奖励虚荣之涂术益多，墓志家传之属，汗牛充栋，其目的，不外为子孙者欲表扬其已死之祖父，而最后荣辱，一系于史，驯至帝者亦以此为驾驶臣僚之一利器。试观明、清以来饰终之典，以宣付史馆立传，为莫大恩荣，至今犹然，则史之作用可推矣。至梁氏所谓新史之创造，基本条件有三，一曰史以生人为本位，二曰史应近于客观性，三曰史学范围应重新规定，以收缩为扩充。所谓以生人为本位者，即史为生人今人而作，而非为死人古人而作是也。其义理至明，无待详解。孔子作《春秋》，朱熹作《通鉴纲目》，或在拨乱反正，或在褒善贬恶，先有一种主观见解，而后以古人成事为我注脚，此非为史而作史，所谓借著书以垂戒万世也。史之本质，有若绘画人物，须各还其本来面目，以存其真，人之不同，各如其面，乙之不能似甲，亦犹丙之不能似乙，持鉴空衡平之态度，而不杂入丝毫之己见，是之谓客观，然纯客观之史，实际未必作到，故又谓之近于客观，此新史之条件，应近于客观者也。旧史之体，或为纪传，或为编本，虽非尽属陈腐，而不尽适用于新史，且近世新著，凡专言某一种学术者，谓之某学，进而研究其所术之历史，谓之某某学史，如研究天文，则所撰天文学，而别有所谓天文学史，推之地理、社会、政治、经济诸学，莫不皆然，天文学与天文学史，各有其一定范围，而不相侵越，凡属于学术上之研究，皆属天文学之范围，而学史中则不必详述，两方严守其范围，则无广泛之病，而收缩之效见矣。然学史之种类至多，非旧史儒林、文苑诸传之所能限，故自他一方言之，又时时扩充其领域，故又谓之以收缩为扩充，即以正史之列传而言，记各个人之籍贯门第等事，此谱牒家所有事也。其嘉言懿行，扩之以资矜式，此教育家所有事也。皆与一时代人类之总活动，无大关系，而旧史皆不惮烦而述之，此即以谱牒、教育二学混入其中之故也。新史则不然，一面将其旧领域划归专门各科学，使其日为发展，一面则以总神经系自居，凡各活动之相，悉摄取而论列之，乃至前此未入版图之事项，亦吞纳之而无所让，此又新史之条件应重新规定范围者也。

何炳松曾取美国鲁滨孙博士之《新史学》，译为汉文，书凡八章，其第一章曰新史学，第二章曰历史的历史，第三章曰历史的新同盟，第八章曰史光下的守旧精神，以此四章为最重要，其他四章，概论西史，可以从略，其所述新史学之意义，则谓历史之功用，在助吾人明了人类之现在将来，又可根据历史之知识，以明了现在之一切问题，而以历史上事实，为吾人前车之鉴。吾则以为不然，盖现代社会之改变，有一日千里之势，吾人对社会，欲有所贡献，必先明了现代之状况，而于现代状况之来历，尤须彻底明了，此新史学一辞所由来也。其次则历史须具有科学化，对于史料，应为严密之批评，对于著述，应秉笔直书，且研究历史，不但须究其当然，并应究其所以然，是之谓历史的历史。历史具有科学化，故趋重于分类研究，然其结果，不惟不能瓜分历史之本身，而反因此将概括人类活动之全部，以及融会贯通之责任，须由史家独负其责，此即新史学之意义也。再次则历史与各新科学之关系，所谓新科学，即人类学、古物学、社会学等是也。研究历史，非有新科学为之基础，则无以说明历史之真相。例如研究史前史或上古史，非以人类学、古物学，抑或动物学为之基础，必致茫然无所措手，此则显而易见之理矣。再次则研史之士，不可守旧，勿为旧日文化所束缚，而应利用旧日文化，以树改革之精神，用以改革现代之社会，此又新史学最后之目的也。寻其总义，在消极之一方，为破坏旧史学之思想，在积极之一方，为建设新史学之方法，所谓以综合社会科学之结果，而写过去人类生活之实况者也。校以上文梁氏所论，初无不同之处，此云历史之功用，以明了现在为职志，其以生人为本位可知矣。又云，非以历史上之事实为吾人之前鉴，则为客观，而非主观可知矣。又云，研究历史重于分类，是亦以收缩为扩充之说也。以西哲所说之原理，以为中国新史学之建设，梁、何二氏实最努力于此，吾故乐为述之。[7]

至近人之所谓新史，不出通史、专史二类，何者为通史，即普通史之谓，何者为专史，即专门史之谓，取古今史实之全部，而为概括之记述，以求其时间之递嬗，空间之联系为原则者，是之谓通史。自全部史实中，抽出其一部，而为比较详尽之纪述，其于时间之递嬗，空间之联系，亦以范围收缩之故，而易于寻求者，是之谓专史。前者主于联贯，其文贵简要有序，后者贵乎详尽，其文应比次有法，此二者之辨也。《史记》通黄帝至汉武之世，而为一书，是可谓为通史之创作，刘知幾列为六家，而未尝名其为通史也。通史之名，始于梁武帝，后则郑樵之《通志》，亦与通史之体例相同。此所谓通者，不过通诸断代史而为一书，而去其重复牴牾者耳。语其繁重，亦与断代史等。故吾尝称《通志》为总辑之史，未尝以通史许之也。章学诚尝于《答客问》一文，论及作史之旨云：

> 史之大原，本乎《春秋》《春秋》之义，昭乎笔削，笔削之义，不仅事其始末，文成规矩已也。以夫子义则窃取之旨观之，固将纲纪天人，推明大道，所以通古今之变，而成一家之言者，必有详人之所略，异人之所同，重人之所轻，而忽人之所谨，绳墨之所不可得而拘，类例之所不可得而泥，而微茫秒忽之际，有以独断于一心。及其书之成也，自然可以参天地而质鬼神，契前修而俟后圣，此家学之所以可贵也。

章氏此论即为《通志》而发，何炳松则深取之，以此为通史之定义，虽通诸现代西洋之所谓通史，亦可当至理名言之评语而无愧色。[8]然章氏论史，以《春秋》为极则，以古人之守于王官者为百世不易之成法，其称史义，称家学，皆含有崇古之见，斯则尚有商量余地耳。夫通史之可贵，不仅详人所略，异人所同，重人所轻，忽人所谨而已。又当略人所详，同人所异，轻人所重，谨人所忽，不在事迹之详备，而在脉络之贯通，不在事事求其分析，而在大体之求其综合，所谓成一家之言，固非必要，而通古今之变，则为必具之要义。与其谓为通史，不如径称为普通史，普通亦义同普遍，即含有概括叙述之意，其造端虽大，其措辞则简，不必高语《史记》《通志》，以马、郑诸氏为师，一人闭户而可殚，假以数年之岁月而可成，此即现代之所谓通史也。鲁滨孙博士以历史为连续而成，故主作通史，以求时间之联贯，而以断代史及国别史，不能表现其功能，故不甚重之，何氏因其说以撰《通史新义》，凡分两编，上编专论社会史料研究法，凡史料考订与事实，编次之理论及应用属之，下编专论社会史研究法，凡社会通史之著作，及与他种历史之关系，皆加以说明，同时于其他似是而非偏而不全之义例，亦加以相当之估值。至其所述之原理，则十九采自法国史家塞诺波所著《应用社会科学上之历史研究法》一书。盖新史之对象，为社会之全部，而非为特殊阶级之局部，能就社会史料而加以研究整理，则通史之骨干立矣。若夫专史之作，初则有断代史、国别史之分，继则有典制史、学术史之作。所谓断代史，如汉、晋、唐、宋、元、明，皆以一代之事编为一史，此就纵贯之通史，而截取其一部而为叙述者也。所谓国别史，如三国、十六国，就纵断之一部，横剖而为数段以为叙述者也。所谓典制史，如《通典》《通考》，盖汇合诸史之志，而联贯为一书者也。所谓学术史，盖汇合诸史之《儒林》《文苑》诸传，联贯而为一书者也。何氏于所撰《通史新义》中，曾论及西洋专史之发生云：

自博学之道兴，学者始习于古代书籍之研究，并叙述各种不同之事实，以评定古书之优劣，自此专心搜集，关于中古时代习惯、制度、语言、文字之史料，及事实，专著、类纂，因此出世，于是西洋始有各种特殊之历史，如文字史、语言史、教会史、法律史、文学史、建筑史、雕刻史、制度史、风俗史等，此种专史，本为全史之重要部分，唯各成自主之一支，各有其专门之作家，及特殊之传统习惯，史家之真意此类事实者既寡，故此种专史之创造，多非史家之功。此种专史，往往自取独立科学之态度，盖历史上特殊之事实，为数极多，吾人欲视同普通历史研究之，实际上已不可能也。而专史遂不能不依年代与地域，而划成其范围，以国家与时代为界限，每一种专史，更分段落，是故吾人既有宗教史、法律史、文学史，同时又有埃及史、亚洲史、希腊史、罗马史、法国史、英国史，并有中古史、近世史、现代史也。历史之分支既多，通史之范围因之而缩小，旧日概念，所视为服务公家可资借鉴，而且在历史占有最大地位之各类事实，至此皆变为专史之原料，如外交史、军事史、宪法史是也。《通史新义》第一百四十四——百四十五页。

寻此所论，诚与中西专史之发生，无大殊异，吾国古代，先有联贯记载之通史，如周室太史柱下之所掌是也。继乃有国别史，如鲁《春秋》、晋《乘》、楚《梼杌》以及《国语》《国策》之作是也。继则有断代史，如《汉书》《三国志》以下之正史是也。继则有制度文物之史，近于类纂者，如《通典》《通考》是也。继则有学术史，如《明儒》《宋元》等学案是也。最近乃有所谓上古史、中古史、近世史、现代史，此自纵贯之通史，横截而为数段者也。又有所谓哲学史、文学史、语言文字学史、宗教史、美术史、法制史、财政史、社会史，又自普遍之通史，纵分而为数部者也。此又受西洋学术之影响，而为科学之分类者也。梁任公亦论及专史之作，分为五种，一曰人的专史，即专以纪人为本位者，如合传、专传、年谱、人表之类是也。二曰事的专史，即专以纪事为本位，如《东林列传》《复社纪略》，专纪明季士大夫之集团活动者是也。三曰文物的专史，即专以纪文物制度为本位者，如政治、经济、文化诸专史是也。四曰地方的专史，即专以纪载某一地方为本位，如各省《通志》《县志》，称为地方志是也。五曰断代的专史，即专纪载某一时代之史，如旧作之《唐书》《宋史》，新作之《近世史》《现代史》是也。然又有国别史之一种，梁氏未曾叙及，兹就《三国志》《十六国春秋》《南北史》诸书言之，以一时代之事迹，划分为数部而分载之，正如后世之地方志。然三国之一时代，上以承汉，下以启晋，南北朝之一时代，则又上以承晋，下以启唐，亦居断代史之一部，盖又介乎地方的专史、断代史的专史之间者也。梁氏盖以国别史，纳于断代史之中又不复叙及之耳。何氏又论及通史、专史之分云：

一套之专史，如风俗、美术、宗教制度等之历史，无论其内容如何完备，决不足使吾人了解社会之演化，或世界之历史也。盖其所述者，仅一种连续抽象之描写而已。而在所有此种抽象现象中，本有其具体之连锁，此种现象，或皆产生于同一人群之中，或皆为同一人群之产品，而此种人群，又往往有其共同之伟业，如迁徙、战争、革命、发见等，为各种现象之共通原因。例如吾人试究魏晋六朝之文学，将见自东晋直至隋朝四百年间，所谓南朝之文学，大体承吴语文学之后，继续发展，而成为南方新民族文学，至于北方，则自晋分东西以后，直至北魏灭亡时止，先之以文学之衰替，继之以文学之中兴，终至产出一种尚武好勇之新文学，文学之变化如此，不可谓之不繁矣，然吾人迄不能就文学史本身，求其所以演化之原因也。此种演化本身，极难了解，吾人如欲了解所有此种文学上之特殊变迁，将非求援于通史不可。盖唯有通史，方述及东晋偏安之后，中国文化实保存于东南之一隅，而北方则先有五胡十六国之大乱，继之以北方异族之华化，而终于北魏之完全屈服于吾国文化之下。是故所谓通史，即共通之历史，吾人于此可知所有专史之编著，虽完备异常，而在吾人之历史知识中，始终不肯留有或缺之部分，此不可或缺之部分非他，即吾人所谓通史者是也。其特性在描写具体之真相，叙述社会人群之行为与伟业，故通史之为物，无异一切专史之连锁，通史中之事实，无异专史中事实之配景。实际上此种共通事象之足以联络，或驾驭人类之特殊活动者，皆属影响及于大众，及足以变更一般状况之事实，因侵略或殖民而起之民族移动也，人口中心之创设也，人群一般制度之创造或变更也，皆其类也。政治史之重要以及通史中政治史所占之地位之特大，其故皆在于此。《通史新义》第一百四十七—一百四十八页。

何氏以鲁滨孙博士之说为基础，故甚重视通史，以为通史能说明共通之演化，及特殊之变迁，而专史则不能也。第吾则谓通史、专史之分，则由比较而定，其范围之广狭，亦因所述之事实而定。例如《通志》，政治、典章无所不包，不可不谓之通矣。而《通鉴》则专纪政治，《通典》《通考》则专纪典章，取以衡之《通志》，则彼为通史，而此为专史矣。荀悦《汉纪》，袁宏《后汉纪》，仅纪前后汉之政治，仅当《通鉴》之一段，取以相校，则《通鉴》为通史，《汉纪》为专史矣。《读史方舆纪要》《天下郡国利病书》，仅当《通典》之《州郡典》《通考》之《舆地考》，取以相校，则《通典》《通考》为通史，而《纪要》《利病书》为专史矣。依此推之，则专之下又有专焉。前之号为专者，又含有通之性质，而相引至于无极矣，此以旧史为例者也。又如新著之文化史，本自通史划出而自为一部者也。然学术为文化之一部，乃自文化史而分为学术史，而文学史又为学术史之一部，诗史、词史又为文学史之一部，亦相引而至于无穷，文化史视通史为专，视学术史则为通，文学史视学术史为专，而视诗史、词史则为通，是通史专史之名，因比较而异，即通史专史之分，亦由比较而定也。大抵划通史之一部，以为专史，则其纪述必较通史为详，以此递推，则范围愈狭，记述亦愈详，《方舆纪要》之详于州郡典，《通典》之详于诸史之志，必不待言也。再自他一方言之，通史既划其若干部分，而属于专史，而同时复吸收其他部，以入通史范围之内，盖其吸收愈多，包蕴愈广，而通史乃得独成其大，且与专史，有两不相妨相得益彰之效，此即梁任公之所谓新史也。是故通史专史之分，既由比较而定，则非一成不易之称，而通史之与专史，又非各立疆界，若胡越之相视，歧通史专史而二之，固为治史者所不许，重视通史，而夷视专史，亦岂通人之见哉。

近人主造新史者，莫先于章太炎先生，曾于所著《訄书》中，撰《中国通史略例》，以见其旨，后改署《訄书》为《检论》，删去此篇，然其精言胜义，闳识孤怀，颇能发前人所未发，亦为后来论史者所不及。爰取其全文，移录如下：

> 中国秦汉以降，史籍繁矣，纪、传、表、志，肇于史迁，编年建于荀悦，纪事本末作于袁枢，皆具体之记述，非抽象之原论，杜、马缀列典章，闿置方类，是近分析法矣。君卿杜佑评议简短，贵与马端临持论鄙俗，二子优绌，诚巧历所不能计，然于演绎法皆未尽也。衡阳王夫之之圣，读《通鉴》《宋史》而造论，最为雅驯，其法亦近演绎，乃其文辩反复，而辞无组织，譬诸织女，终日七襄不成报章也。若至社会政法盛衰蕃变之所原，斯人暗焉不昭矣。王国维、钱诸彦，昧其本干，攻其条末，岂无识大，犹愧贤者，今修《中国通史》约之百卷，熔冶哲理，以祛逐末之陋，钩汲眢沉，以振墨守之惑，庶几异夫策链计簿相斫书之为者矣。
>
> 西方作史，多分时代，中国则惟书、志为贵，分析事类，不以时代封画，二者亦互为经纬也。彪蒙之用，斯在扬榷大端，令知古今进化之轨而已。故分时者，适于学校教科，至乃精研条列，各为科目，使一事之文野，一物之

进退，皆可以比较得之，此分类者，为成学讨论作也。亦犹志方舆者，或主郡国，则山水因以附见，其所起讫，无必致详，或主山川，记一山必尽其脉带，述一水必穷其出入，是宁能以郡国封限矣。昔渔仲纭粗，用意犹在诸略，今亦循其义法，改命曰典，盖华峤之故名也。

诸典所述，多近制度，及夫人事纷，非制度所能限，然其系于社会兴废，国力强弱，非眇末也。会稽章氏谓，后人作史，当兼采《尚书》体例，《顾命》《金縢》，就一事以详始卒，机仲袁枢之纪事本末，可谓冥合自然，亦大势所趋，不得不尔也。故复略举人事，论纂十篇，命之曰记。

西方言社会学者，有静社会学、动社会学二种，静以藏往，动以知来，通史亦然，有典则人文略备，推迹古近，足以藏往矣。若其振厉士气，令人观感，不能无待纪传，今为考纪别录数篇，非有关于政法、学术、种族、风教四端者，虽明若文汉文帝景汉景帝，贤若房玄龄魏徵，暴若胡亥秦始皇之子，奸若李林甫，一切不得入录，独列帝王、师相二表而已。昔商承祚作《益部耆旧传》，胪举蜀才，不遗小大，及为《蜀志》，则列传几亡，盖史职所重不在褒讥，苟以知来为职志，则如是足矣。按：太史公引《禹本纪》，杨子云作《蜀王本纪》，皆帝者之上仪也，然《艺文志·儒家》，有《高祖传》十三篇，《孝文传》十一篇。而刘滔《圣贤本纪》，亦列子产，见于《文选·王文宪集序注》所引，是知纪传本无定称，今亦聊法旧名，取（班）孟坚《考纪》，（刘）子政《别录》，以为识别云尔。

列表五篇，首以帝王，以省考纪，复表师相，以省别录，《儒林》《文苑》，悉数难尽，其纂述大端，已见于文言、学术二典，斯亦无待作传，故复列文儒表，略为第次，从其统系而已。方舆古今沿革，必为作典，则繁文难理，职官亦尔。孟坚百官公卿，上于列表，一代尚然，况古今变革，可胜书耶。故于帝王表后，即次方舆职官二表，合后师相文儒，为表凡五云。

史职范围，今昔各异，以是史体变迁，亦各殊状，上世瞽史巫祝，事守相近，保章灵台，亦官联也。故作史必详神话，降及迁、固，斯道无改，魏、晋以来，神话绝少，律历五行，特沿袭旧名，不欲变革，其义则既与迁、固绝异，然上比前哲，精采黯淡，其高下相距则远，是繇一为文儒，一为专职耳。所谓史学进化者，非谓其廓清粗翳而已。已既能破，亦将能立，后世经说古义，既失其真，凡百典帝，莫知所始，徒欲屏绝神话，而无新理以贯彻之，宜矣其肤末茸陋也。要其素知经术者，则作史为犹愈，允南古史，昔传过于子长，今不可见，颜师古、孔颖达《隋书》，亦迁、固以后之惇史，杜佑君卿《通典》，事核辞练，绝异于贵与之伧陋者，故以数子皆知经训也。近世如赵翼辈之治史，戋戋鄙言，弗能钩深致远，由其所得素浅尔。惜夫身通六艺之士，滞于礼卑，而乏智蒙之用，方之古人，亦犹倚相射父而已。必以古经说为客礼，新思想为主观，庶几无愧于作者。

今日治史，不专赖域中典籍，凡皇古异闻，种界实迹，见于洪积石层，足以补旧史所不逮者。外人言支那事，时一二称道之，虽谓之古史无过也。亦有草昧初启，东西同状，文化既进，黄白殊形，必将比较同异，然后优劣自明，原委始见，是虽希腊、罗马、印度诸史，不得谓无与域中矣。若夫心理、社会、宗教各论，发明天则，烝人所同，于作史尤为要领，道家者流，出于史官，庄周韩非，其非古之良史耶。

设局修史，始自唐代，由宋逮明，监修分纂，汗漫无纪，《明史》虽秉成季野，较宋元为少愈，亦集合数传以成一史云尔。发言盈廷，所见各异，虽有殊识，无由独著，孟德斯鸠所谓古事谈话者，实近史之良箴矣。

今修通史，旨在独裁，则详略自异，欲知其所未详，旧史具在，未妨参考，昔《春秋》作而百国宝书崩，《尚书》删而《三坟》《穆传》轶，固缘古无雕版，传书不易，亦由儒者党同就简，致其流亡。然刘子骏《七略》《尚书》家，犹录周书，周官而外，周法周政，亦且傍见儒家，固非谓素王孔子删定以后，自余古籍，悉比于吐果弃药也。通史之作，所以审端径隧，决导神思，其他人事浩穰，乐胥好博之士，所欲知者何既，旧史具体，自不厌其浏览，苟谓新录既成，旧文可废，斯则拘墟笃时之见也已。

《中国通史》目录

一、表凡五，帝王表，方舆表，职官表，师相表，文儒表。

二、典凡十二，种族典，民宅典，浚筑典，工艺典，食货典，文言典，宗教典，学术典，礼俗典，章服典，法令典，武备典。

三、记凡十，周服记，秦帝记，南胄记，唐藩记，党锢记，革命记，陆交记，海交记，胡寇记，光复记。

四、考纪凡九，秦始皇考纪，汉武帝考纪，王莽考纪，宋武帝考纪，唐太宗考纪，元太祖考纪，明太祖考纪，清三帝考纪，洪秀全考纪。

五、别录凡二十五，管商萧葛别录，李斯别录，董公孙张别录，崔苏王别录，孔老墨韩别录，许二魏汤李别录，顾黄王颜别录，盖傅曾别录，王猛别录，辛张金别录，郑张别录，多尔衮别录，张鄂别录，曾李别录，杨颜钱别录，孔李别录，康有为别录，游侠别录，货殖别录，刺客别录，会党别录，逸民别录，方技别录，畴人别录，叙录。

都六十一篇。

此即章氏改造新史之方案也。寻其所论，胜义非一，如以纪事一体，比于纪传编年，故于所立表、典、考纪、别录之外，别立十记，专详历代大事，以弥班、马之缺，既树新体之骨干，亦为通史之楷模，一也。又如通史一体，应举大纲，以明人事衍变，制度因革，其不合于此旨，及繁而难理者，则具列于表，以补典记、考纪别录之未备，此为史家详人所略，略人所详之法，二也。又谓考史不专赖中籍，应穷及地下之藏，此晚近研史之新法也。章氏不信甲骨文字，尝作论非之，证以此文亦非坚持己见，三也。又谓旧史应与新史并重，非谓新史成而旧史可废，此即史料与史著可以并存不废之义，无论中外，理无或爽，四也。夫吾国古史，即为《尚书》《春秋》及三传、三礼，学者非通经不能治古史，此章氏所以又有知经术者始能作史之说也。盖章氏邃于经术，以其余力治史，故喜以治经之法治史，其称君卿而抑贵与，则以知经训与否别之耳。《瓯北札记》，时有善言，讥其浅鄙，亦以此故。愚谓史家之视古经，一如古史，当以治史之法治之，而不可杂以治经之见。由此言之，则贵与马端临之书未必不如君卿，已于前章略论之矣。惟谓史学进化，不仅廓清粗翳，能破尤贵能立，则为无上之胜义，吾见世之学者，能破而不能立者多矣，抨击前人，不遗余力，而不能本其所论，以自撰一史，能立之难，至于如此，有若章氏，不仅自创史例，议论章明，又能撰许、二魏、汤、李及扬、颜、钱两别录，[9]以示大凡，诚庶几于能立者，然六十余篇之《通史》，亦迄无成书，改造新史，亦难矣哉。

次于章氏，欲造通史者，则为梁启超。兹将其所拟《中国通史》及《中国文化史》目录，表列于下：

表见《饮冰室专集·国史研究六种·附录》

《中国通史》目录	《中国文化史》目录（附子目）
一、政治之部 朝代篇 民族篇 地理篇 阶级篇	朝代篇 神话及史阙时代，宗周及春秋，战国及秦两汉三国南北朝，隋唐及五代，宋辽金元明，清民国，历代政况与文化之关系观。

（续表）

《中国通史》目录	《中国文化史》目录（附子目）
政制组织篇上 政制组织篇下 政权运用篇 法律篇 财政篇 军政篇 藩属篇 国际篇 清议及政党篇 二、文化之部 语言文字篇 宗教篇 学术思想篇 上中下三篇 文学篇 上中下三篇 文、诗、词、典本、小说 美术篇 上中下三篇 绘画　书法　雕刻 铸冶　陶瓷　建筑 音乐剧曲篇 图籍篇 教育篇 三、社会及生计之部 家族篇 阶级篇 乡村都会篇 礼俗篇 城郭宫室篇	种族篇上 汉族之成份，南蛮诸族。 种族篇下 北狄诸族，东胡诸族，西羌诸族。 地理篇 中原，秦陇，幽并，江淮，杨越，梁益，辽海，漠北，西域，卫藏。 政制篇上 部落时代，周之封建，秦之郡县，汉之郡国及州牧，三国南北朝之郡县及诸镇，唐之郡县及藩镇，唐之藩属统治法，宋之郡县及诸使，元之行省及封建，明清之行省及封建，清之藩属统治法，民国之国宪及省宪。 政制篇下 政枢机关之制度及事实上沿革，政务分部之沿革，监察机关之沿革，清末及民国之议会，司法机关。 政治运用篇 神权，贵族，世卿，君主独裁，母后及外戚，宦官，武人干政，舆论势力，政党。 法律篇 古代法律蠡测，自战国迄今法典编纂之沿革，汉律，唐律，明清律例及会典，近二十年制律事业。

（续表）

《中国通史》目录	《中国文化史》目录（附子目）
田制篇 农事篇 物产篇 虞衡篇 工业篇 商业篇 货币篇 通运篇 以上凡三部，四十篇	军政篇 兵制沿革，兵器沿革，战术沿革，历代大战比较观，清末及民国军事概说，海军。 财政篇 力役及物质，租税，专卖，公债，支出分配，财政机关。 教育篇 官学及科举，私人讲学，唐宋以来之书院，现代之学校及学术团体。 交通篇 古代路政，自汉讫清季驿递沿革，现代铁路。历代河渠，海运之今昔，现代邮电。 国际关系篇 历代之国际及理藩，明以前之欧亚关系，唐以后之中日关系，明中叶以来之中荷中葡关系，清初以来之中俄关系，清中叶以来之中英中法关系，清末以来之中英关系，现行之国际条约。 饮食篇 猎渔耕三时代，肉食，粒食，副食，烹饪，麻醉品，米盐茶酒烟之特别处理。 服饰篇 蚕丝，卉服，皮服，装饰，历代章服变迁概观。 宅居篇 有史以前之三种宅居，上古宫室蠡测，中古宫室蠡测，西域交通与建筑之影响，室内陈设，城垒井渠。

（续表）

《中国通史》目录	《中国文化史》目录（附子目）
	考工篇 石铜铁器三时代，漆工，陶工，冶铸，织染，车，舟，文房用品，机械，现代式之工艺。 通商篇 古代商业概想，战国秦汉间商业，汉迄唐之对外商业，唐代商业，宋辽金元明间商业，《恰克图**俄罗斯邻于蒙古的地名**条约》以后之对外商业，《南京条约》以后之对外商业，近代国内商业概况。 货币篇 金属货币以前之交易媒介品，历代圜法沿革，金银，纸币，最近改革币制之经过，银行。 农事及田制篇 农产物之今昔观，农作物技术之今昔观，荒政，屯垦，井田均田之兴业，佃作制度杂观。 语言文字篇 单音语系，历史的嬗变，古今方言概观，六书之孳乳，文字形体之蜕变，秦汉以后新造字，声与韵，字母，汉族以外之文字，近代之新字母运动。 宗教礼俗篇 古代之迷信，阴阳家言及谶纬家言，道家之兴起及传播，佛教信仰之史的观察，摩尼教犹太教之输入，回教之输入，基督教之输入与传播，历代祀典及淫祀，丧礼及葬礼，时令与礼俗。

（续表）

《中国通史》目录	《中国文化史》目录（附子目）
	学术思想篇上 古代学术思想之绍述机关，思想渊源，儒家经典之成立，战国时诸子之勃兴，两汉时儒、墨、道、名、法、阴阳六家之废兴及蜕变，两汉经学，南北朝隋唐经学，佛典之翻译，佛学之宗派，儒佛道之诤辩与会通，宋元理学之勃兴，程朱与陆王，清代之汉学与宋学，晚清以来学术思想之趋势。 学术思想篇下 史学、考古学、医学、历算学，其他之自然科学。 文学篇 散文，诗骚及乐府、词、曲本、小说、骈文及八股。 美术篇 绘画，书法，雕塑，建筑，刺绣。 音乐篇 乐律，古代音乐蠡测，汉后四夷乐之输入，唐之雅乐，清乐，燕乐，唐宋间燕乐，四十八调之变化，元明间之南北曲，乐器，乐舞，戏剧。 载籍篇 古代书籍之传写装潢，石经，书籍印刷术之发明及进步，活字版，汉以来历代官家藏书，明以来私家藏书，类书之编纂，丛书之辑印，目录学，制图，榻帖。 以上凡二十八篇。

由上列二目观之，梁氏初稿，本名《通史》，后乃易称《文化史》，故于原目有所更定，惟梁氏之所欲创造者，实赅通史、专史二种。尝曰：

> 新史之作，可谓今日学界最迫切之要求……启超窃不自揆，蓄志此业，逾二十年，所积丛残之稿，亦极盈尺，顾不敢自信，迁延不以问诸世。客岁在天津南开大学任课外讲演，乃裒理旧业，益以新知，以与同学商榷，一学期终，得《中国历史研究法》一卷，凡十万言，吾治史所持之器，大略在是。吾发心殚三四年之力，用此方法，以创造一新史，吾之稿本，将悉以各学校之巡回讲演成之，其第二卷为《五千年史势鸟瞰》，以今春在北京清华学校讲焉，第三卷以下，以时代为次，更俟续布也。**《中国历史研究法·自序》**

此为梁氏创造《通史》之意见，考其所创《通史》之初稿，乃自题曰《中国文化史稿》，而以历史研究法为第一编，此盖依据上列目录，以次撰述，而以文化史为通史也。然近代科学分类，文化与政治经济，各有疆界，不得径谓文化史为通史，然梁氏有志撰中国学术史，蓄愿甚奢，规模亦广，盖欲通古今而为一书，如早岁在《新民丛报》发表之《中国学术思想变迁之大势》一文，即其具体而微者也。其后则以力有不逮，乃划分为数段撰之，以为学术史中之断代史，如曰《先秦政治思想史》，则东周时代之学术史也，曰

《中国佛教史》，则两晋南北朝、隋唐时代之学术史也此书略见于梁任公近著，曰《中国近三百年学术史》，曰《清代学术概论》，则近代学术史也。然《佛教史》及《近三百年学术史》，皆撰仅及半，是取一部分而专撰之学术史，亦有不易成功之势，甚矣，其难也。余考梁氏自谓富于学问欲，尤擅长于史学，涉览既泛无涯际，而文笔又能达其胸中所欲言，刘知幾所谓才学识三长，梁氏实已备而有之。是故学如梁氏，才如梁氏，识如梁氏，始足以言修史，始足以言改造新史，吾于早岁甚期望梁氏撰成一完备之新史，以弥史界之匮乏，以慰学者之饥渴，然卒未见其有所造述，仅能得其所悬拟之目录，及片段之纪载，如上文所举者而读之，其未能餍求者之望，又可知也。盖梁氏有所著作，皆造端弘大，非百余万言不能尽，久之不能卒业，乃弃去转而之他，如是者非一例，其意中所欲造之新史，迟之又久，不能成功，亦正如此。昔人有言，务博而业精，力分而功就，自古及今，未之见也。[10]持此以论梁氏，可谓切中其病矣。

梁启超

近世努力于专史之著，作者颇不乏人，兹举其要者如下：

书　名	卷数	撰　者	附　　考
《经学历史》	一卷	皮锡瑞	
《中国伦理学史》	一册	蔡元培	
《中国哲学史》	上卷	胡适	
《中国哲学史》	二卷	冯友兰	又《哲学史补》一卷
《中国文学史》	一册	曾毅	文学史之作甚多，兹举其精要者。
《中国文化史》	三卷	柳诒徵	
《中国佛教史》	三册	蒋维乔	
《中国氏族史》	一册	吕思勉	
《国学概论》	一册	钱穆	

其他如政治思想史，社会经济思想史，法制史，财政史，皆有成书，而商务印书馆主编之《中国文化史丛书》，多至四十余种，虽多亦率尔操觚，不如人望，然已能一易旧日之面目，而呈璀璨绚烂之观矣。

近人有志作通史者，又有益阳陈鼎忠、曾运乾二氏。自云，民国三年滥竽湖南官书局，怆念国故，爰述通史，首成《叙例》三卷，《原始》五篇，正史以下，先为《长编》，以待纂订，未几局解，书未及成，是其何日杀青，正在未可知之数。据其《叙例》所论，则有卓卓可称者，其例曰，综二家，通三体，纵有通古即通史二家，横有编年、纪传、记事三体。画分全书为十五编，曰三皇，五帝，曰夏商周，曰东周秦，曰汉，曰后汉，曰晋，曰宋、齐、梁、陈，曰隋，曰唐，曰五代，曰宋，曰元，曰明，曰清，一编之中，自为经纬，本通史之规模，寓断代之义例，舍短取长，并行不悖，分之可考一代源委，合之即得千古会归，此综二家之旨也。上师孔子并纂《春秋》《尚书》之遗意，中仿丘明撰述《左传》《国语》《世本》之成法，下考近代史家三体之流变，为例目五：曰纪，曰传，曰志，曰录，曰谱。纪以纪年月，非以纪帝王，大事书之，小事削之，名仍《史》《汉》，实法《春秋》也。传以序事，非以序人，限题名篇，详著颠末，取足与纪相发明，虽本《春秋》《内传》名称，实则《外传》《国语》体制，即近世所称纪事本末也。志以汇记朝廷法度，官礼之遗制，班、马之旧式也。录以综括士女行谊，名本何氏《晋书》，[11]实法正史类传也。谱以理董纠纷，记载委曲，补纪传之阙漏，作志录之助，《世本》《周谱》之成规，华峤、郑樵之素悉也。综斯五例，词取错综，竖则纵贯二家，横则檃括三体，此通三体之旨也。考其精义所在，尤在传以叙事非以纪人一端，二氏曾详释此义云。

古人著书，前或综举大纲，后则缕陈细目，殆犹《洪范》先列九畴，《周官》首陈六典，纲即其经，目乃称传故也。五家之传，体制各异，同为解经。孔颖达云，大率秦汉之际，解书者多名为传，以此推之，传者对经而名，传依经而作，经须传而解，为周秦时之定法，司马迁作史，既举纪名以奉君上，又称传号以授人臣，人各一篇，两俱无当，而孔门传注之家法晦，诸子自为经传之义例亦乖，夫史文之传，类详本事，书传左氏，其成法也。书传述本经之委曲，左氏推本事之始终，安有以人为别，牵于类次，书事则病人，书人则病事者哉。书传左氏，依经作传，管子韩非，自经自传，陈编具在，皆所取裁，若司马所列，直家传之滥觞，恶在其能仿佛古人也。然则传以事别，固已正司马之失，传以释经，则又守前史之成，经纬厘然，名实相副，奚不可者，此所以革迁史之体，而仍袭其名也。《通史新义》例六。

果如二氏所论，改传之纪事一体，别名汇传为录，诚足革新史体，以合近代以事为纲之法，又与章太炎先生之别立十记，以详历代大事，同一旨趣者也。惟以一二人之精力，改造二十余代之陈编，纪、传、录、志、谱五体悉备，必蹈郑樵好为大言实不副名之讥，举鼎绝膑，力不能胜，正堪借喻，此二氏之书，终至于无成也。吾谓纂造通史，应以普通普遍为涵义，取其概括之事实，只求其通，不求其详，其余之繁而不杀者，则仍让之专史，庶乎各举其职，两不相犯，郑樵不避其难，毅然以独力成之，结局乃成一通不成通专不成专之通志，梁启超之志量，视郑氏为狭隘，于一局部之通史，仍不能成书，不得不改为寸寸而断之专史。由是言之，二氏欲为毅然为之，始终不懈，以至穷老气尽，其终无成功之一日，又不待言也。惟如章先生所创之体例，此一方有所取，他一方又有所弃，缩千数百卷之书，于百数十卷之内，虽其体裁，是否合于近代通史之新例，盖亦庶几乎近之矣。若二氏所举之五例，无论为纪为传为录为志为谱，任举其一，皆委曲繁重，累世而不能终其业，而谓一手一足之烈，及身而能观成，不但为吾之所未敢信，抑亦理所绝无之事也。

由上所举诸例，可得一结论曰，凡造一史，包含太广，则不易成功，诚得其要，则无往而不宜，通史如此，专史亦如此，通史专史之相需为用，亦不外此理，此验之古今而不爽，推之中外而皆准者也。兹依此理求之，史之进化，往往由合而分，由极大析而至于极小。例如列传，本为纪传史中之一体，后乃任为一人作传，可以独立成书。又如纪载某代之大事，本为纪事史中之一目，后乃任为一目作纪事。独立可以成书，在昔本不乏此例，而在近代为尤盛，此皆自合而分之明证也。

欲明史籍分析之始末，应先详考史籍分部之由来，兹考史部盖有新旧二种，昔者刘知幾曾于正史之外，榷为十流，前已略举之矣。再自《阮录》《隋志》以来，史部分类，不外下列各类，列表明之：

按：表列正史、编年、纪事本末，以及别史、霸史、杂史、起居注、实录、史评之属，多已述于前矣，职官、仪注、刑法、政书、地理诸目，或属于典礼，或属于方志，亦为述其梗概，皆史部之大者也。传记、谱牒，皆为纪人而作，传记即自正史中之列传、书、志划出而自为一书者，而纪人之年谱，亦由本纪蜕变而出，是虽不能概其全部，亦史部之支与流裔矣。至于目录之学，近世研图书学者，辄别为一目，命曰总类，初不以史部为限，故本编亦不复详论之，此旧式史部分类之大略也。近人梁启超，始将《隋志》以来分类之法，略事变通，乃于原有各类之中，分为通体、别体、综记、琐记诸子目，又立学史一类，取《明儒学案》等书隶之，此又自旧日子部儒家划出而自成一类者。柳、朱诸氏，亦有应声，兹萃其说，列而为表：[12]

类别	《阮录》	《隋志》	两《唐书》	《宋史》	《明志》	清《四库书目》	刘氏《史通》	附考
正史	国史	正史	正史 集史	正史	正史	正史	正史	集史 一名通史
编年	入国史	古史	编年	编年 实录	入正史	编年	入正史	
纪事本末	无	无	无	入编年	入正史	纪事本末		纪事一体 始于宋代
别史 杂史	入国史	杂史	杂史 史钞	别史	杂史	别史 杂史	附正史	
霸史	伪史	霸史	伪史	霸史	入杂史	载史	附正史 伪史	
起居注 诏令奏议	注历	起居注	起居注 实录诏令	入编年	入正史	诏令奏议时令	小录	
故事	旧事	旧事	故事	故事	故事	或入杂史或 入子部儒家 考订一类	逸事 琐言 杂记	
职官	职官	职官	职官	职官	职官	职官		

（续表）

类别	《阮录》	《隋志》	两《唐书》	《宋史》	《明志》	清《四库书目》	刘氏《史通》	附考
仪注	仪典	仪注	仪注	仪注	仪注	正书		
刑法	法制	刑法	刑法	刑法	刑法	入政书及诏令		
传记	杂传 鬼神	杂传	杂传 女训	传记	传记	传记	别传	
地理	土地	地理	地理	地理	地理	地理	郡书 地理书 都邑浔	郡书即地方史地理书即国经
谱牒	谱状	谱系	谱牒	谱牒	谱牒	改入子部谱录	家史	
目录	簿录	簿录	目录	目录		目录		
史评 史钞			入杂史	史钞 史评	史钞 史评	史评 史钞		史评一称史学

按：《通志·艺文志》有食货一目，《补宋史·艺文志》有通史一目（即《唐书》之集史），《补辽、金、元艺文志》有史学一目，书目含同及《清史稿·艺文志》有金石一目，兹不备列。

各家	分类法	附考
梁启超氏史部分类说	一、正史 甲、官史，《二十四史》。 乙、别史，《十六国春秋》《华阳国志》。	见《饮冰室文集·新史学》一文。
	二、编年，《资治通鉴》。	
	三、纪事本末 甲、通体，《通鉴纪事本末》《铎史》。 乙、别体，平定某某方略。	
	四、政书 甲、通体，《通典》《通考》。 乙、别体，《唐开元礼》《清会典》《通礼》。 丙、小记，《汉官仪》。	
	五、杂史 甲、综记，《国语》《国策》。 乙、琐记，《世说新语》《明季稗史》。 丙、诏令奏议。	

（续表）

各　家	分类法	附　考
梁启超氏史部分类说	六、传记 甲、通体，《满汉名臣传》《清先政事略》。 乙、别体，某帝实录，某人年谱。	
	七、地志 甲、通体，各省通志。 乙、别体，纪行等书。	
	八、学史，《明儒学案》《汉学师承记》。	
	九、史论 甲、理论，《史通》《文史通义》。 乙、事论，《读通鉴论》。 丙、杂论，《二十二史劄记》《十七史商榷》。	
	十、附庸 甲、外交，《西域图考》《职方外纪》。 乙、考据，《禹贡图考》。 丙、注释，裴松之《三国志注》。	

（续表）

各　家	分类法	附　考
又分史部为二类	第一类　史著之原料 官书 起居注，实录，论旨，方略等。 仪注，通礼，律例，会典等。 私书 专记一地方者，如赵岐《三辅决录》。 专记一时代者，如陆贾《楚汉春秋》。 专记一类一物者，如刘向《烈女传》。 另为一人或一家作传者。如江统《江氏家传》。 记载游历见闻者，如郭象《述征记》。 采录异闻者，如《山海经》。 拾遗识小者，如刘义庆《世说》。 其他。	
	第二类　局部之史著 地方史，如《华阳国志》。 法制史，如《历代职官表》《历代盐法志》。 宗教或学术史，如《佛祖通载》《明儒学案》。 其他。	此指通史以外之专史而言。

（续表）

各家	分类法	附考
柳翼谋氏 史料分类说	史料 分代史 通史 检摄群书　《史姓韵编》《历代史表》。 汇录史籍　正史艺文经籍，诸史部目录。 逐年排纂　《通鉴》《东华录》。 以事分别　各种纪事本末，会要。 备具各体　《史记》《绎史》。 以人为主　《古今人表》《疑年录》。 新立条贯　夏德《支那古代史》，邢氏《支那通史》。 专考古代　《古生物志》《三灵解》。 杂述事实　《七纬》《山海经》。 评论史事　《读通鉴论》《宋论》。 历代的 商代史料　《商书》《商颂》。 秦代史料　《秦风》《秦誓》。 唐代史料　《南唐书》《唐六典》。 元代史料　《元史》《元史新编》。 其他	此为向中华教育社历史研究组所提，拟编全史目录，盖欲打破从来经史子集之范围，俾学者欲治某朝某类之史，可先按目而求，尽得其原料之所在。

（续表）

<table>
<tr><th>各　家</th><th>分类法</th><th>附　考</th></tr>
<tr><td>柳翼谋氏
史料分类说</td><td>史　料
分类史：
　固有的：
　　原属史籍　《通典》《通考》。
　　视为类书　《太平御览》《玉海》。
　待编的：
　　教育史料　《学记》《文王世子》。
　　工世史料　《考工记》《博古图》。
　　其他
分地的：
　全国的：
　　专述一时　《禹贡》《职方氏》。
　　考证沿革　《读史方舆纪要》《历代地理沿革表》。
　各地的：
　　本部地志　各省通志。
　　边疆各书　《北徼汇编》《中俄交界图说》。
　　专记山水　《水经注》《万山纲目》。
分国史：
　国内的：
　　《国语》《国策》。
　　《华阳国志》。
　国外的：
　　分述的　《三国史记》《日本国志》。
　　综述的　《东西洋考》《海录》。</td><td></td></tr>
</table>

（续表）

各家	分类法	附考
朱希祖氏史部分类说	一、以时区分者，谓之时代史，亦称编年史。 甲、综合，《通鉴》。 乙、各别，《春秋》《左氏传》《汉纪》。	
	二、以地区分者，谓之地方史，亦称国别史。 甲、综合，《三国志》《十六国春秋》。 乙、各别，《越绝书》《华阳国志》。	
	三、以人区分者，谓之传记。 甲、综合，《列女传》《高士传》。 乙、各别，《东方朔别传》《诸葛武侯传》。	
	四、以事区别者，大别之为政治史与文化史。 政治史 甲、综合，《通典》《五礼通考》。 乙、各别。 法制　《唐六典》。 经济　《元和国计簿》（亡）。 法律　《庆元条法事类》。 军事　《唐代兵制》《马政纪》。 社党　《元祐党人传》《东林列传》。	

（续表）

各家	分类法	附考
朱希祖氏 史部分类说	外交　《三朝北盟会编》。 文化史 甲、综合，《别录》《七略》《七录》。 乙、各别。 学术　《宋元学案》《汉学师承记》。 宗教　《高僧传》《开元释教录》。 文学　《文士传》（亡），《乐府杂录》。 艺术　《历代名画记》《画征录》。 农业　《齐民要术》《桂海虞衡志》。 工业　《陶说》《刀剑录》《砚史》。 商业　《通商集》（亡），《广南船舶录》（亡）。 风俗　《桂林风土记》《岳阳风土记》。	
	五、混合各体者，谓之正史，如本纪、年表之区别以时，世家之区别以地，列传之区别以人，书志汇传之区别以事。 甲、综合《史记》《通志》（通史）。 乙、各别《汉书》《明史》（断代史）。	
	六、以事之本末区别者。 甲、综合《通鉴纪事本末》。 乙、各别《西夏纪事本末》。	

以上所述，又新式史部分类之大略也。综观新旧两式，自以新者为胜，盖无论何类，皆有综、别二体，不惟其大者有通史、专史之分，而各专史中，亦皆有综、别二体，兹为较其总量，大抵综合各体以为一书者少，得其一体而别为一书者多耳。试取上举各类证之，正史一体，固无所不包矣，其他如编年则具本纪之一体，政书、地志则具书志之一体，传记则具列传之一体，学史则具汇传之一体，正史为综体之通史，而其他各类则为别体之专史，此史籍由合而分之证一也。又如传记一类，盖合传与记而言，或云传以纪人，记以叙事，此亦不然，晋杜预撰《女记》，又有《毋丘俭记》，皆以纪人者也。传有别传、家传之分，要之皆以纪人为主，自宋以来，名人多有年谱，于一人生平之事，寓以编年之法，又传记一体之别开生面者矣。然无论传记、年谱，皆以一人为本书之主体，而以与其有关涉之事附之，如作《王安石传》《王荆公年谱》或《张居正传》《张江陵年谱》，而二人之相业，必详述于传记年谱之中，是虽为一人作传作谱，而一时期之史事，亦备具于其中矣。是故近顷传记一类，颇为发达，无间中外皆然，此史籍由合而分之证二也。

上述史部分类有新旧之不同，然皆就旧有之史籍而为之区分耳，至于近人新撰之通史、专史，亦有榷论之必要焉。旧史于通史之外，有断代国别诸体之分，概言之，皆称为专史，而新撰之史亦分通史、专史二体，前已略论之矣。以通史言，为便于论次，或分为三期，曰上古，曰中古，曰近世，或分为四期，一析中古之后半为近古，一析近世之后半为现代，盖仿西史分期之法，所谓画虎不成反类犬者也。以专史言，或损截通史为数段，曰远古史，曰商周史，曰秦汉史，曰魏晋南北朝史，曰隋唐五代史，曰宋辽金元史，曰明清史，曰近代史，亦概称为断代史，或纵剖通史为数部，曰政治史，曰社会史，曰经济史，曰学术思想史，亦概称为专门史，此则参用中西之法，所谓刻鹄不成犹类鹜者也。总而言之，皆由史部分类一法推而出之者也。其他姑不具论，第就通史分期一事言之，近人尝以自邃古讫晚周为上古，秦汉讫五代为中古，宋讫明中叶为近古，明季讫现代为近世，总为四期，盖从每期史事演变之大者为之区分，如上古为汉族创建时期，中古为汉族竞胜时期，近古为汉族中衰时期，近世为西力东渐时期，各有显著之征象，是其证也。近贤研究国史者，多谓近代史应自鸦片战争叙起，罗家伦氏于所撰《研究中国近代史的意义及方法》一文中论及此云：

历史有两个特性，一个是连续性，一个是交互性。近代史的名称，不过是就研究便利而划分的一个段落，就历史的连续性而论，不是说近代是一个特殊的时代，可以不问过去一切的，如西洋近代史，有许多的西洋史家只从法兰西大革命叙起，这不是说法兰西大革命以前，西洋就没有文物制度，也不是说法兰西大革命一起，西洋的文物制度就一齐变了，……不过史学家为研究便利，和认识这件事和某方面的重要性起见，姑且把他作一个重要时代的开始。若是把中国近代史从鸦片战争讲起，也不是说近代的中国就始于鸦片战争，别的不说，即就中国对于西洋交通一事而论，也不是从这个战争开始的，近之如十六世纪中西海路交通，如方济各、利玛窦的东来，和西洋文化与商品的输入，远之如中西当汉、唐时代在中央亚细亚的交通，和中国所受希腊与阿拉伯文化的影响，那一件不应当提到，鸦片战争以前，中国不能真正闭关，海禁大开，也只能注重这个大事便了。如果史家从鸦片战争开始讲近代史，也不过为研究便利，认定这件事对于中西短兵相接后所发生的各种影响的重要性起见，把他作个重要的时期开始而已，原不是认为这个时代可以和从前一切历史分开的。就历史的交互性而论，则中国近代史是个最好的例子，而且是一个最有趣味的对象，我方才说过中国和西洋的接触，不是最近开始，但是在最近一段里，中国确是和西洋一天一天的增加了许多国际的关系，发生了许多深刻的影响，不只是军事经济和所谓一切物质文明，因此发展了新的局势，而且政治制度社会制度和文明基础，也因此受了剧烈的震动和变更。现在没有几件中国的事实是可离开世界环境，可以讲得通的，要研究中国的政治改革和变动，非打通国际情形来看不可，要研究社会的改变和生活，非综合他国的现象来看不可，要研究文化的演进，非考察世界的学术思想不可。下略。

考其所论近代史划分时代之理由，不外外力之侵入中国，中国之门户开放，使中国对外之局势为之一变，皆自鸦片战争一役为之关键耳。依此见解以论中国通史之分期，其上古一期可以仍旧，中古一期可由秦、汉叙起讫于清中叶鸦片战争以前，绵延二千余年，与为期不过百年之近世史，两相比较，似有长短不侔之嫌，且考中古近世二期之划分，概以对内对外之关系为准，然近代西力之东渐实始于明季清初，讲近世史者似不能遗此一段而不言，此可谓为近世史之前期，且可补救此期过短之病，如果自鸦片战争化分叙起，亦可称中国近百年史，此说亦言之成理，此撰通史者所应折衷考量者也。吾谓罗、蒋二氏从对外关系着眼，近百年内，中国内政鲜有可述，对外关系，实居主位，划为一段以资讲说，正无不可，且横截数段，而为断代之叙述，鸦片战争以来之史实，为其中最后之一段，姑名之为近世史，亦可予学者以研究之便利，惟贯通中国五千年之事迹，而为一书前后，脉络相寻，则近世史可上延于明季，以明西力东渐之来源，此又愚之主张不敢苟同于二氏者也。

近顷颇盛行主题研究之法，即取古今或一代之事，析为若干主题，各个而讨论之之谓也。主题研究，本取法于纪事本末一体，如《通鉴纪事本末》一书，即取《通鉴》一书，分为二百三十九个主题，而各就本题，详纪其事之始末，此研史最善之法也。惟袁枢以下诸氏之撰纪事本末，不过取已成之书，而加以分析之功，非能自取多量史料，融会贯通，以寻得新断案也。前贤能采用主题研究方法，得有新断案者，无过于赵翼之《廿二史劄记》，其中所立各题，悉能采摭多量史料，以归纳法而得新断案，次如全祖望之《跋庚申外史》，钱大昕与袁简斋书之论唐宋时判守知试检校之官称，亦能就一主题，而为殚见洽闻之讨论，皆其伦也。近人之善用其法者，多至不胜枚举，其最者，为王国维、陈垣二氏，王氏所撰《卜辞中殷先公、先王考》《殷周制度考》二文，[13]陈氏所撰《西域人华化考》《也里可温考》诸篇，皆为史学界公认之名著，以其所用之方法，尤远胜于前人，大抵皆从事搜集材料，以为观察测验之工具，次则整理其所得之材料，或为之分析，或为之归纳，暂为定一假说，次则以实证及审核，以从事实验之工作，由此以求得最后之断案，此即所谓科学方法也。搜得若干材料，为之分析归纳之后，如皆无当于真理，则必弃去，而别求其真实之材料，即有单文孤证，而不足以说真理之所在者，亦必待得有多证，而后敢下断案，研究科学，应用此法，研究史学，亦不外此理，诸氏之获得良绩，要以其研究方法之善耳，而主题研究又为比较近于科学方法之研究也。

无论以人为主，而作传记年谱，以事为主，而用主题研究，其为以分功之法，集中精力，以求彻底之了解，不待言也。然部分之研究，其手段也，整个之贯通，其目的也，不能因在手段过程中，得有大量之收获，而遂忘其最后之目的，即不应以部分之研究，而忘却整个之贯通，譬如清代学者之治小学，本为通经，通经之旨，本为求得古代社会之真相，及其典章制度之所在，乃多数学者，终身徘徊于声音、训诂之间，而不能自了，是注意部分之研究，而忘却整个之贯通也。是以手段为目的，而不知手段之外而别有其目的也，学者甘心蹈此而不悟，岂得谓之善学耶。盖为人而作传谱，为事而立标题，皆为治史之手段，而其目的，乃在造有系统有组织之通史专史，亦必各个部分咸有精确之断案，然后造作通史专史，乃易于成功，亦即吾理想中比较完善之新史，所谓新史之创造，其方法亦不外此，最近史学之趋势，此又其一端也。

自王充作《论衡》，于古圣哲盛致讥损，而刘知幾《史通》，乃有《疑古》《惑经》之篇，清代又有崔述，以考而后信为职志，此在前代史家所仅见者也。近顷学者，深受崔氏之影响，而致力于疑古辨伪者，则有顾颉刚氏，而古史辨一派之学者生焉。顾氏治史之意见有三，一谓时代愈后，则古史之传说愈长，如周代人心目中之古人为禹，孔子时又有尧舜，战国时又有神农黄帝，秦时又有三皇，汉以后又有盘古，是也。二谓时代愈后，则传说之古人范围愈大，如舜在孔子时为无为而治之圣君，至孟子时又为百代模范之孝子，是也。三谓吾人虽不能知古代事迹之确状，而可以知其最早之传说，如东周时代所撰《东周史》，虽不易窥见，而可窥见战国时代之《东周史》，虽不能窥见夏、商时代所撰之《夏商史》，亦可窥见东周时代之《夏商史》，是也。基此意见，以论古史，因《说文》有禹虫也从内象形内兽足蹂地也之语，遂谓禹为九鼎上所铸动物之一，约为蜥蜴之类，一也。又因《商颂》有洪水芒芒禹敷上下方之语，遂谓禹为上帝所派之神，而非人，二也。又因《论语》有禹、后稷耕稼而有天下之语，遂谓禹为耕稼国家之王，三也。推其所疑，因疑禹而并及尧舜，谓皆为史前人物，不必实有其人，盖崔述之疑古，以经为据，凡古经及孔子所不道者，乃始疑之，如《补上古考信录》是也。若尧、舜、禹以下，为孔子所已言者，则不之疑，犹为有其断限，若顾氏则并孔子所已言崔氏所不疑者，亦疑而考辨之，是盖不以古人之说为桎梏，较崔氏更为进一步之研究者也。顾氏之说出后，辩驳者有之，讥笑者有之，从而赞许者亦有之，然辩论最精者，无过于陆懋德，懋德固以精研古史名家者也。顾氏之论，以《商颂》为据，盖从王国维之言，以为西周作品也。然陆氏则谓，《商颂》词句多与《鲁颂》相似，应为东周作品，而《尚书》中之《尧典》《禹贡》《吕刑》等篇，皆有禹字，而顾氏不信《尧典》《禹贡》，而谓《吕刑》亦非西周作品，然禹字又见于《尚书·立政篇》，而其时代又较《吕刑》为早，决为西周作品。然顾氏不引《立政》，而引《商颂》，何也。顾氏疑禹，而不疑汤文王武王以下者，以其祖先子孙皆明白可据也。陆氏则谓顾氏之谓可信者，有《商书》之《盘庚》，然于此篇内未能考得汤之祖先子孙为何人也，若以东周时代之《商颂》为可信，为汤有祖先子孙之证，则东周时代之《洪范》《左传》，及古本《竹书》又何不可为禹有祖先子孙之明证乎。现时地下发见之甲骨文字，颇能证明汤之祖先子孙，与《史记·殷本纪》所载大半相合，是则《史记》于三代世系，必根据王家所藏之历代牒记，而非出于伪造，推之《夏本纪》，或亦如是，惟尚有待地下之发见以为证明耳。或曰，欲辩顾氏古无夏禹之说，当取《秦公敦》“鼏宅禹责”《齐侯镈钟》“处禹之堵”等古器证之，此讥某氏徒以《说文》证史之未当也。陆氏则曰，以《秦公敦》《齐侯镈钟》之铭文，证明禹有其人，王静安（国维）已先言之，然此二器，均为东周作品，如能据此证明禹有其人，则论语之禹有天下，早足为禹有其人之证，不待秦敦、齐钟而后明，持此岂足以服顾氏之心，然顾氏于此，乃不加辩正，何也。陆氏箴顾氏之失，谓有好奇立异望文生训之病，又为原谅之词，曰，如以禹为蜥蜴，则怪物也，以禹为天神，则非人也，以为国王则又人而非神矣，顾氏于此，未尝坚执一说，此盖假定之词，而非决定之论也。考顾氏于发表意见之后，因钱玄同谓据金文甲文，禹字不同禸，《说文》禹字所从之禸，为汉人据讹文而杜撰，乃谓《说文》禹字之释，不能代表古义，从而放弃其前说，盖顾氏之所说，悉为假定，以表现其疑古辨伪之精神，由前所述治古史之三意见而发生者也。然吾终谓古书不可轻信，亦不可轻疑，专从故纸堆中，搜求证据，考论古史，固难断其真伪，即从地下发见之简古文字，片断记载，据以判断古史，亦易陷于谬误，如陆氏所论《史记·三代世系》，必根据王家所藏之历代牒记，由殷墟甲骨文字，而可证明其非伪造，此真为卓识伟论，为诸家所不及，持此义以论史，鲜有陷于谬误者矣。尝谓考史之失有二，读书不多，举证不富，轻为论断，则失之陋，列举多证，以伪为真，轻为论断，则失之妄，肯虚心者，或患读书太少，而读书太多者，或未必肯虚心，故陋之病尚可补救，而妄之病每至不可医也。有若顾氏，闻钱玄同一言，而遽放弃其意见，可谓勇于服善，又以其疑古精神，为治史者别开生面，亦可一扫从前拘泥罕通之病，其功与过，亦略相等，故是不可轻于信古，亦不可轻于疑古，必如崔氏之考而后信，乃能得其正鹄，此又近顷疑古一派学说之大略也。[14]

综观上文所述，可知近顷学者治史之术，咸富于疑古之精神，而范以科学之律令，又以考古、人类诸学，从事地下发掘，以求解决古史上一切问题，因以改造旧史，别创新史，盖蒙远西学术输入之影响，以冲破固有之藩篱，利用考见之史料，而为吾国史界别辟一新纪元者也。虽来日之衍变，未知所极，然即今以推来，而大略可知。孔子曰："其或继周者，虽百世可知也。"（《论语·为政》）吾亦惟就所可知者，大略述之而已。

注释

[1]以龟卜占验吉凶的时代，盛行于上古夏、殷、周三代。其方法是，钻孔以烧龟壳，视其裂纹以见其所卜问之事，如祭祀征伐、渔猎、晴雨等。

[2]卜辞即指甲骨文字，以其所刻之文字，俱是卜筮之辞。

[3]王国维云，发明粟特语者，为法人哥地奥，吐火罗语者，为西额及西额林二氏，东伊兰语，则伯希和之所创通也，又释阙特勒碑之突厥语，为丹麦人汤姆生。

[4]民国十一年一月，《东方杂志》载樊抗父《最近二十年间中国旧学之进步》一文，又《学衡杂志》四十五期载王国维《最近二三十年中中国新发见之学问》一文，王文作于十四年，两文所叙，大致略同，为本章之所采取。

[5]此据樊抗父《最近二十年间中国旧学之进步》一文。

[6]本节取材于《生物学杂志》《科学杂志》，章鸿钊《石雅》，而近人缪凤林《中国通史纲要》“史前之遗存”一节，叙述尤详。

[7]参阅何炳松译《新史学》及朱先生希祖序。

[8]据何炳松《通史新义·自序》。

[9]两别录见《訄书》及《检论》，许、二魏、汤、李者，许衡、魏象枢、魏裔介、汤斌、李光地也，扬、颜、钱者，扬雄、颜之推、钱谦益也，《检论》不载《通史略例》一文，无以明二录之由来，似不如《訄书》之备。

[10]清人吴定语，见所撰《紫石尔山房记》。

[11]何法盛《晋中兴书》，改传曰录。

[12]此节多取材于郑鹤声《中国史部目录学》。

[13]梁任公序王静安先生《国学论丛》纪念号云，先生于学术之整个不可分的理想，印刻甚深，故虽好从事于个别问题，为窄而深的研究，而常能从一问题与他问题之关系上，见出适当之理解，绝无支离破碎专己守残之蔽。

[14]本节参阅顾颉刚《古史辨》。

结　论

本编十章，叙次已竟，兹再总括所述，撰为结论，以殿编末。

首宜论者，是为史学之分期，吾谓吾国史学，可分五期论之，第一，自上古讫汉初，是为史学创造期，初则史官即为史家，而史籍亦史官之所掌也。继则孔子删《尚书》，作《春秋》，定《礼》《乐》，而左丘明为《春秋传》，或谓左氏又作《国语》，虽不能遽指孔子为史家之祖，然因鲁史而作《春秋》，实树史体之圭臬，而左氏则又身为史官，善于作史者也。有《春秋》及《左氏传》，乃有编年史，有《国语》乃有国别史，有《尚书》，乃有纪事之史，有《周礼》《仪礼》，乃有典礼之史，是皆为后代各体史籍之所因，吾故以创造期称之也。第二，则两汉之世，是为史学成立期，此期史家甚少，而以司马迁、班固二氏最为杰出，而荀悦次之，而所撰之史，则《史记》《汉书》与《汉纪》也。迁创为纪传体，而固因之，迁书通叙古今，而固书则专叙一代，而通史、断代，因以分焉。《汉纪》仿《左传》为编年体。而为《晋纪》《宋略》《通鉴》诸书之所因，自斯以来，时历二千，撰史之士，咸莫能外，吾故以成立期称之也。第三，则魏晋南北朝以迄唐初，是为史学发展期，此期私家撰史之风最盛，《后汉书》有十一家，《晋书》有十八家，三国，十六国，南北朝，各有多数分撰之史，而陈寿，崔鸿，李延寿因之，以成合撰之《三国志》《十六国春秋》《南史》《北史》等作，而编年之书，亦略相等，胥汲马、班、荀三氏之流，而结璀璨光华之果者，不谓之发展期不得也。第四，则自唐讫清末，是为史学蜕变期，此期近于现代之正史，悉由官修，定于一尊，私家偶有纂述，辄以肇祸，后遂相戒而不为，而于他方，则远于近代之史，多汲汲为之改造，更于典礼、学术之史，多所撰述，无体不备，且有专论史法史例，以批评推理为职志者，于是史域日廓，而史学亦日进，改前期之因习，启来日之革新，不谓之蜕变不得也。第五，则清季民国以来，是为史学革新期，亦即现代三四十年间之史学也。本期学者，如章太炎先生，论史之旨，已异于前期，而梁启超氏，更以新史学相号召，而王国维氏，尤尽瘁于文字器物以考证古史，其他以西哲之史学，灌输于吾国者，亦大有人在，其势若不可遏，有中西合流之势，物穷则变，理有固然，名以革新，未为不当，此吾所分之五期也。而吾所述之各章，亦略与之相当，第一第二两章所述，则创造期之史学也，第三章所述，则成立期之史学也，第四章所述，则发展期之史学也，第五章以下迄于第九章所述，则蜕变期之史学也，第十章所述，则革新期之史学也。譬有人焉，由童子而成年，驯至壮盛，中因身体之发育，而渐致心理之变化，而尚未届于老大之境，吾国史学之进展，殆与此同一理乎。虽然史学之分期，与通史异，不得略得其似，藉以窥见变迁进化之迹，非有明确之界画可指数也。

何炳松氏，则分吾国史学为三期，第一期，自孔子作《春秋》，以迄荀悦述《汉纪》，凡七百余年，为编年、纪传二体，由创造而达于成立之期。第二期，由荀悦以迄北宋之末，其间约千年，为旧式通史之发展期。（一）自南宋迄今，由儒家一派，衍化而成，所谓浙东之史学，实为史学衍为派别并有进步之一期，此其分期之大概也。（二）案何氏所谓第一期，即吾所分之创造、成立两期，何氏盖专就二体之创造与成立，合而为一言之也。何氏所谓第二期，当吾所分之发展期，及蜕变期之前半，考何氏以梁武《通史》，司马光《通鉴》，郑樵《通志》，袁枢《通鉴纪事本末》，为此期重要之史著，故以为通史最盛之时期，不知此期史著之发展，不仅通史一体为然，又有断代，国别，典礼，方志之史，举其一而遗其八九，究嫌偏而不全，愚未敢以为然也。何氏所谓第三期，又当吾所分之蜕变期之后半，以及革新期，南宋之浙东史家，虽与儒学之程颐有渊源，而不得谓其出于颐，且明末清初之黄宗羲，精研史学，传于万斯同，衍而为全、邵、章三氏，史学之绪，尤盛于宋，而亦别有所受，与南宋浙东史家无与。（三）至清代之浙东史学，能否代表此期之全部，又为疑问，何氏生长浙东（何氏金华人），囿于地方之见，故有是论，究不得谓之允当也。由何氏之说，则吾国史学之成立发展，以至变迁进化，最后必以浙东为尾闾，何氏分期之说，不过证明史学之衍变，极于浙东，而浙东史家，乃得当史学嫡派之称，语有所蔽，难与论古，故吾不甚取之。

其次所宜论者，则为本编之作，含有二义，一备史籍之要删，一为史学之总录，是也。往代之史籍，林林总总，多至不可胜数，非惟著录于各史经籍、艺文二志之史部书，宜为论列，即经、子、集三部之书与史部有关或其一部含有史料在内者，亦未可遗而不数，依此求之，纤悉靡遗，恐非百数十卷书所能尽载，此章氏史籍考所以未溃于成也。兹总古今史籍，分为二类，一为史料，一为史著，史料、史著之分，即为记注、撰述之分，以今视昔，则吾国史籍，则十九皆史料也。英人威尔斯尝谓，距今二百年前，世界未尝有一著述，足称为史者，西国有然，吾华尤甚，欲由大量史料中，别造一极能如人意之新史，则尚有待，姑从旧日史籍，加以理董，取其详故实而具史法者，各从其类，以次论列，而历代史学之成立发展变迁进化，皆一寓于所述史籍之中，所谓备史籍之要删者一也。近代西方史家分为二派，一曰记述派，一曰推理派。记述派，以述史实为职志，推理派，以明史法为指归者也。求之吾国，记述派，最为发达，以左、马、班、荀、范为之杰，且发源于东周之世，而推理一派，直至刘知幾出，始有成家之论著，又间以千余年，而章学诚始出而继之，呜呼，何其难也。近则衍刘、章之绪，而证以西哲之新说者，颇有其人，推理一派，渐呈发皇之象，此又今与古异者也。惟唐代以前，无推理之史家，非从所著之史籍，无以考见其史学之面目，如左、马、班、荀、陈、范之史学，即寓乎所著《左传》《史记》《汉书》《汉纪》《三国志》《后汉书》之中，故述其史著，即所以传其人也。刘、章以来，论史之语，乃别比次为书，不藉史籍以传，而此后之史家，亦得别辟一途，而不必躬自作史，如清代之史家，钱、王则属于考证，赵、崔则属于批评，而皆未尝作史，是其明证，兹取其要者述之，且以详近略远为主，所谓为史家之总录者又其一也。虽然，又有辨焉，本编著录之史籍，非以详其部次，论次之史家，非以概其平生，本编就历代史家、史籍所示之法式义例，及其原理，而为系统之纪述，以明其变迁之因果为职志者也。其非出于此者，则概从略，以明断限，若夫详史籍之部次，则应别撰史籍考或史部目录，概史家之平生，则应别撰史家考或史家别传，而与本编则无与也。